古代歷史文化 研究輯刊

二九編

王明蓀 主編

第 17 冊

東西交會之際：
清末知識分子對香港觀察之研究

范棋崴 著

國家圖書館出版品預行編目資料

東西交會之際：清末知識分子對香港觀察之研究／范棋崴 著 --
初版 -- 新北市：花木蘭文化事業有限公司，2023〔民 112〕
目 4+256 面；19×26 公分
（古代歷史文化研究輯刊 二九編；第 17 冊）
ISBN 978-626-344-161-3（精裝）
1.CST：文化研究 2.CST：香港特別行政區
618   111021689

ISBN-978-626-344-161-3

9 786263 441613

古代歷史文化研究輯刊
二九編 第十七冊   ISBN：978-626-344-161-3

東西交會之際：
清末知識分子對香港觀察之研究

編　　者　范棋崴
主　　編　王明蓀
總 編 輯　杜潔祥
副總編輯　楊嘉樂
編輯主任　許郁翎
編　　輯　張雅淋、潘玟靜　美術編輯　陳逸婷
出　　版　花木蘭文化事業有限公司
發 行 人　高小娟
聯絡地址　235 新北市中和區中安街七二號十三樓
　　　　　電話：02-2923-1455／傳真：02-2923-1452
網　　址　http://www.huamulan.tw 信箱 service@huamulans.com
印　　刷　普羅文化出版廣告事業
初　　版　2023 年 3 月
定　　價　二九編 23 冊（精裝）新台幣 70,000 元
版權所有 • 請勿翻印

東西交會之際：
清末知識分子對香港觀察之研究

范棋崴　著

作者簡介

　　范棋崴，台灣新竹人，成功大學歷史研究所博士，目前於成功大學博物館擔任博士後助理研究員。

　　主要研究興趣與專長為香港華人社會史及中國近代史，因香港本身即為東亞地區航運網絡中之重要港市，加上博士班時期隨指導教授執行近世東亞海港城市等研究計畫，故研究涉獵亦擴及東亞海洋史、越南史等領域；近期則因為工作緣故較常接觸日治以來臺灣史之範疇。未來研究方向預計進一步探索香港與東亞區域如新加坡等其它重要港市的聯繫，並持續探究不同華人族群在這些港市中獲取之文化經驗等議題。

提　　要

　　鴉片戰爭之後，長久以來被中原王朝視為邊陲之地的香港，在英國殖民政府落力經營下，形成具備文化上中西交匯，政治上鄰近中國卻不受清廷干預，輸出西方文化等多元獨特性的國際港市，並成為週邊國家與地區學習效法的對象，與香港緊鄰的晚清中國，亦不例外。當思想多數被儒家傳統形塑的晚清外交使節、長期寓居香港使思想介於中西間之文化人、接受殖民地西式教育之華人菁英等不同背景的清末知識分子置身於香港，與其多元獨特性接觸，他們分別對此又會有那些不同的回應？

　　本文以 1860 ～ 1900 年間上述三種華人知識分子之日記、遊記、改革思想論述等著作為材料，檢視其中與香港相關之記載，通過比較分析其內容，了解他們在置身香港時，因所承載的思想與文化背景之差異，對香港客觀存在的環境產生各種主觀的描述與觀察，並在此種過程中獲得異文化的衝擊、文化涵化、文化認同等各種文化經驗，以及形成文化傳播等現象。另一方面，對不同的華人知識分子群體而言，在其生命歷程中的特定時間與香港這個城市產生交會時，也因為其各自背景的差異，香港又被塑造為不同的角色，且具備多種不同的功能。

第一章　緒　論 ……………………………………… 1
　第一節　研究緣起與目的 ………………………… 1
　第二節　研究對象、範圍與研究方法 …………… 9
　　一、研究對象與範圍 …………………………… 9
　　二、研究方法 …………………………………… 12
　第三節　文獻探討 ………………………………… 12
　　一、相關研究成果 ……………………………… 13
　　二、歷史文獻 …………………………………… 39
　第四節　章節安排 ………………………………… 49
第二章　近代海港城市知識櫥窗：晚清外交使節
　　　　香港見聞錄分析 ………………………… 53
　第一節　晚清中西交流及前期外交遣使在港見聞
　　　　　之背景介紹 …………………………… 54
　　一、同治五年（1866）赫德、斌椿使團 ……… 55
　　二、同治七年（1868）蒲安臣使團 …………… 59
　　三、同治九年（1870）崇厚赴法道歉使團 …… 61
　第二節　1870 年代中晚期駐外使節途經香港之
　　　　　見聞 …………………………………… 64
　　一、光緒元年（1875）首任駐英、法公使
　　　　郭嵩燾及其隨員 ………………………… 64
　　二、光緒二年（1876）李圭赴美國建國百年
　　　　費城博覽會參訪 ………………………… 71
　　三、光緒三年（1877）德國使館人員錢德培 … 72
　　四、光緒四年（1878）駐英、法公使曾紀澤 … 74
　　五、光緒四年（1878）駐美、日斯巴尼亞
　　　　（西班牙）、秘魯公使陳蘭彬 ………… 77
　　六、光緒五年（1879）徐建寅赴歐考察 ……… 79
　第三節　1880 年代後到訪香港之赴外使節及其
　　　　　見聞 …………………………………… 81
　　一、光緒七年（1881）馬建忠奉使印度 ……… 81
　　二、光緒十二年（1886）出使英俄等國大臣
　　　　劉瑞芬與隨員 …………………………… 87
　　三、光緒十三年（1887）余思詒監督運送
　　　　鐵甲艦返國 ……………………………… 89

四、光緒十三年（1887年）赴俄海外遊歷使
繆祐孫 …………………………………………… 90

五、光緒十三年（1887）德國使館參贊張德
彝 ………………………………………………… 93

六、光緒十六年（1890）英、法、義、比
四國公使薛福成 ……………………………… 93

七、駐英使館參贊張德彝（1896）………… 98

第四節　晚清使節途經香港見聞之文本分析 ……… 99

一、香港多元獨特性形成之異文化衝擊 ……… 99

二、自強運動不同階段對見聞內容之影響 …… 101

三、晚清使節香港見聞之侷限性及特點 …… 102

第三章　於新舊思想變遷中寓居香江的世局觀察
者 ……………………………………………… 105

第一節　王韜著作中之香港文化觀察 ………… 106

一、王韜生平介紹 ……………………………… 106

二、王韜著作中之香港文化觀察 …………… 108

第二節　潘飛聲記述之香港文化見聞 ………… 132

一、潘飛聲之家世與生平 ……………………… 132

二、潘飛聲之香港見聞及文化觀察 ………… 136

第三節　王、潘二人著作中香港見聞之文本分析
……………………………………………… 144

第四章　接受西式教育之新型態華人菁英的香港
論述 …………………………………………… 153

第一節　香港西式教育培養之雙語華人菁英階層
……………………………………………… 153

一、香港開埠初期西式教育發展概述 ……… 153

二、兼通中英文之新型態華人菁英群體 …… 157

第二節　何啟、胡禮垣及《新政真詮》中之香港
文化觀察 ……………………………………… 163

一、何啟與胡禮垣之生平與《新政真詮》之
撰寫背景 ……………………………………… 163

二、《新政真詮》中之香港論述 ……………… 169

第三節　陳鏸勳與《香港雜記》之香港論述 …… 184

　　　一、陳鏸勳之生平與《香港雜記》背景
　　　　　概述 ···································· 184
　　　二、《香港雜記》一書對香港之觀察 ·········· 187
　　第四節　新型態華人菁英香港論述之文本分析···· 202
第五章　「地方」、「文化」與「人」之關係：清末
　　　　華人知識分子香港見聞反映之文化現象
　　　　與文化經驗 ···························· 209
　　第一節　多元「文化」視角對香港「地方」的
　　　　　再定義 ···························· 209
　　第二節　相異之「人」所建構之文化現象與獲取
　　　　　的文化經驗 ···················· 224
第六章　結　論 ································ 235
徵引書目·································· 241
表目錄
　　表一　1841 至 1891 每十年人口增長統計 ········ 188
　　表二　1891 年香港各國人口分布情況 ········· 188
　　表三　香港國家醫院自 1887 至 1891 年入院及
　　　　　病故人數統計 ···················· 191
　　表四　1887 年至 1891 年入皇家書館就讀、獲
　　　　　政府獎助者人數及香港殖民政府補助金額 · 194
　　表五　1847 年至 1891 年每十年商船出入口及
　　　　　載貨量統計表 ···················· 197
　　表六　1890 年代自香港行船至世界各地港埠之
　　　　　距離與所需時日表···················· 197
　　表七　1886 年至 1890 年香港出洋人口統計 ······· 198

第一章 緒 論

第一節 研究緣起與目的

在從事研究而審視歷史發展的進程中,若將歷史事實發生之所在,即大至跨越海洋與國家範圍,小至不知名偏鄉村落的「地方」,比擬為上演歷史事件的舞台,則懷抱著各種情感、信仰、意識形態並彼此在合作、衝突或融合等互動關係下,進而推動歷史事件發生的「人」,或仿若在其中扮演各種各樣的角色。然而,如同一齣戲劇的精髓是來自賦予其靈魂的劇本、情節設定等內涵,在歷史事件發生的「地方」與推動歷史的「人」之外,「文化」才更具有重要且關鍵性的意涵。

實際上,在文化地理學的概念中,「地方」(place)的概念是被加以定義而來的,在此之前,它只是一種抽象的,具有面積與體積,名為「空間」的單位。正是因為「文化」的存在,「人」才得以通過「文化」給予原本單純的「空間」更深一層且具體的定義,使其成為「地方」。〔註1〕而所謂「文化」,借用人類學之定義,意指「人類社會的全部活動方式。它包括一個特定的社會或民族所特有的一切內隱與外顯的行為、行為方式、行為的產物及觀念和態度。」,〔註2〕「文化」是由人類所創造的非自然產物,它具有傳承性,人類通過學習與繼承先祖們不斷積累且逐漸深厚之傳統獲得屬於其「文化」的內

〔註1〕 Tim Cresswell 著,王志弘、徐苔玲譯,《地方:記憶、想像與認同》(臺北:群學出版公司,2006),頁16~19。

〔註2〕 陳國強主編,《文化人類學辭典》(臺北:恩楷出版社,2002),頁116。

涵，並成為可將其再次進行繼承或傳播的載體；它同時具有民族性，因為多元化的歷史發展及其導致的思想脈絡分歧，使不同國家、不同民族、不同群體的人類所乘載的「文化」也因此各有所差異，反過來說，這種差異也因此成為區別彼此的依據。〔註3〕

當不同的「文化」發生接觸時，或因為彼此的差異而使蘊含著不同內涵的「人」，在對「文化」的認識上獲得新的經驗。舉例來說，在「人」利用文化對「地方」進行詮釋的過程中，便有可能因為其自身的思想與該「地方」固有的「文化」相互刺激，而得到來自異文化的衝擊，以及產生文化涵化、〔註4〕文化認同等諸多與文化有關的經驗回饋，〔註5〕並可能因此形成文化傳播等現象。〔註6〕「地方」、「文化」與「人」三者之間的互動關係，始終都是歷史研究的重要課題之一，而將此種關係套用在本研究以及作為本研究探討主題的海港城市：香港之上，亦不例外。

道光二十二年（1842），英國挾著船堅炮利的優勢，迫使清廷不得不中止閉關自守的政策，開放通商，並將香港島割讓為英國殖民地。對清廷來說，來自海上西方強權的衝擊，是前所未見的，更有人形容為「古今一大變局」，〔註7〕然而香港這個清廷眼中僻處華南，蠻煙蜃雨的小島，卻在英國殖民政府的戮力經營下，自此與世界接軌，走向與中國不同的發展道路。

在英國殖民前，長久以來，對中原歷代王朝而言，不論是東晉以前隸屬於

〔註3〕 陳國強主編，《文化人類學辭典》，頁116。

〔註4〕 文化涵化意指兩種以上之文化互相接觸進而影響或變遷的過程。在不同文化接觸後，會因接觸雙方（或更多）產生變化，包括接受（有自願或被迫接受的可能）、適應（可能為單方或雙方的適應，單方之適應亦稱「文化同化」，雙向之適應則可稱為「文化融合」）、對文化涵化的抗拒等現象；參見陳國強主編，《文化人類學辭典》，頁127～128。

〔註5〕 文化認同意指人與人之間或人類群體間共同文化的確認，認同的基礎或來自於相同之文化符號、理念或思想，而文化的認同也常成為民族認同或社會認同的前提。一般通過同一民族文化、同一宗教信仰文化、同一文化圈等模式呈現。參見張雲鵬，《文化權：自我認同與他者認同的向度》（北京：社會科學文獻出版社，2007），頁212～213。

〔註6〕 在文化人類學中，「文化傳播」意指一種文化元素由一個社會向另一個社會或多個社會的轉移或互動，而在傳播過程中，接受之一方通常需經過評價、選擇、調整等過程才能將外來文化納入自身文化體系中，是造成文化變遷的重要動因；參見陳國強主編，《文化人類學辭典》，頁128。

〔註7〕 徐繼畬，《瀛寰志略・凡例》，道光三十年刊本（臺北：華文書局，1968），頁20。

南海郡的寶安縣，或是唐代隸屬於東莞縣，抑或是明代隸屬於廣東省新安縣，香港都僅是帝國的邊陲，即便如此，在唐、宋時期，此地已是珠江外濱的交通要衝，且因位在南下航線的優良位置，成為宋代閩浙船隻南下要地，居民因地緣關係多從事航運及漁業，故天后信仰在此地頗為普遍；〔註8〕而居民除了從事與航海相關職業外，亦有務農耕作者，及利用地利之便發展產鹽、採珠等產業，並種植及出產香木，有一說此即為香港名稱之由來。〔註9〕另一方面，自宋代開始此地便有不少學子投考科舉，並設立書院與學舍。〔註10〕由此可知，在成為殖民地之前，香港已不僅是抽象的「空間」，而是已具備中國傳統內涵之「地方」。

　　然香港之獲得發展，並躍昇為國際都會，實際上仍與英國人在此的都市經營有莫大之關係，殖民政府利用香港本身擁有之天然良港，及其位處海運交通要道之優良條件，將其發展成為西方傳教士與商人前往中國與東北亞必經之孔道，在此情況下，西方文化也隨之傳入，與來自鄰近中國地區輸入之文化及香港原有的傳統底蘊交融，形成香港獨特的中西交匯文化氛圍，可說是香港這個最鄰近中國的殖民海港城市所具備的一種獨特性。

　　除了中西文化匯聚的文化環境外，香港同時亦具備政治環境及文化輸出的獨特性。香港作為一個由外國政府統治居民卻以華人為主的殖民地都市，在只有香港島被割讓的初期，便僅隔維多利亞港，與當時尚為清帝國領土的九龍半島相望，待九龍半島與新界陸續納入殖民政府管轄，這座都市的範圍實際上已與中國接壤。在此種地緣上與中國鄰近，社會組成也以華人為主的情況下，香港的經濟、文化等層面無可避免的受到中國影響；政治上，英國的殖民統治卻排除了清政府的大部分干預，故香港政治局勢相對穩定，在言論、出版等方面也得以比晚清中國擁有更多自由，形成鄰近中國，卻與中國有極大區別的特殊氛圍，此即所謂香港在政治環境上的獨特性。

　　另一方面，甚麼又是文化輸出的獨特性？具體來說，香港作為英國在中國沿海的首個殖民據點，塑造了東亞新型態的、近代自由海港城市的模式，包括

〔註8〕　羅香林等著，《一八四二年以前之香港及其對外交通：香港前代史》（香港：中國學社，1959），頁171～192。

〔註9〕　羅香林等著，《一八四二年以前之香港及其對外交通：香港前代史》，頁2～4、47～56。

〔註10〕　羅香林等著，《一八四二年以前之香港及其對外交通：香港前代史》，頁193～199。

免除關稅的自由貿易模式、都市設計、海港規劃、政法體制、科學技術、社會文化、公共建設等西方制度與知識，或是山頂纜車、電力、煤氣、電話等現代化建設，香港在東亞地區皆常居領先地位，並成為周邊國家或地區效法之範本。在十九世紀中葉後，以香港為重要樞紐，輸出西方文化與知識，通過直接與間接的、連動式的文化擴散，影響東亞地區，建構了香港對東亞世界文化傳播的網絡。

香港殖民政府在香港的經營，創造了中西兼具的文化環境，以及政治環境與文化輸出等獨特性，可以說是一種新的文化特色，並以此破壞了香港原有的，具備中國傳統文化內涵的定義，相互融合後，重新將其形塑為東西方兼具，卻又不完全類同於東西任一方的一個獨特文化場域〔註11〕，一個具有新定義的「地方」。

如同前文所述，香港在地緣上鄰近中國，其居民之組成又是以華人為主體，當香港所具有的多元獨特性呈現在數量如此眾多的華人面前時，也勢必會引起此龐大群體中較常人更具有識見之知識分子的關注，並常在著作中留下對當時香港觀察的記述。這些華人知識分子與香港的關聯各異，他們或只是途經此地，或長期客居於香港，又或者是自年少時便在香港接受新式教育並定居於此，因此他們思想的養成背景及對西方文化的認識與接受程度都各有不同，這同時也會對他們觀察事物的視野造成影響。若套用前述文化地理學的概念，思想不同的華人知識分子位處香港時，所面對的這座城市是已被殖民政府賦予了多元獨特性文化內涵的「地方」，他們便是在此基礎上，以各自相異的「文化」觀點進行詮釋，再次賦予香港定義之「人」。

在對賦予定義之「人」，即前述各種不同背景之華人知識分子進行討論前，或應先清楚界定本研究中「知識分子」的定義。據過去學者的研究，「知識分子」此一名詞應翻譯自英文 intellectual 一詞，中國傳統中與之相應比如有「士人」、「士大夫」等詞彙，廣義的知識分子可與「讀書人」、「運用文字

〔註11〕 法國學者皮耶‧布迪厄（Pierre Bourdieu，1930～2002）所提出的場域理論，認為場域是具有相對獨立性的社會空間，不同場域通過相對獨立性而區分並存，而在場域中具有權力關係，此關係由資深、資淺或掌握資源、資源匱乏者構成，形成鬥爭關係。但本文使用之「場」乃指涉一特定範圍之區域，而所謂文化場域，是將香港視為一個鄰近中國，但在文化上與其有明顯差異的區域，希望以此概念突顯香港與中國兩者之不同，故與布氏所提出之場域理論不盡相同。參見徐賁，〈布迪厄論知識場域與知識分子〉，《二十一世紀雙月刊》，70（香港：2002），頁 75。

之人」之意義畫上等號。〔註12〕但此種定義仍稍嫌廣泛而簡略，若要更貼近本研究中各種華人知識分子群體的行為，應進行更精確的定義。本研究借用學者金耀基之說法，認為知識分子可指「一個從事創發、詮釋、傳播及適用具有一般重要性的觀念的人」，〔註13〕在這種定義下知識分子便不再廣泛的指稱所有的讀書人及使用文字者，而是對那些探尋表象之下更深層社會文化議題者的指稱；〔註14〕也因為如此，更可以稱知識分子是「關心他個人身處的社會及時代的批判者與代言人」，〔註15〕對所處時代與社會付出關懷，觀察問題並提出批判或解決方法，是他們與普通讀書識字者的差別，同時也是知識分子對自我的期許，這些行為模式在本研究各華人知識分子群體之香港見聞中可說皆表露無遺。那麼，本研究中提及的華人知識分子，其所指涉者又究竟為何？

首先，晚清時長久以來天朝上國的迷思被列強叩關打破，時值危急存亡之秋，不少有識之士亟思圖存救亡之道，香港多元的獨特性，給予其極大的刺激，成為他們認識西方、了解世界局勢的重要窗口，其中也有部分知識分子在著作中留下對香港的觀察。這些知識分子中，存在一個有別於一般知識分子的群體，他們具有官員身份，故其對香港的所見所聞與記述能直達中樞，與名不見經傳的普通士人相比，在朝堂上能見度更高，也較具影響力。這個特殊的族群，乃是晚清出訪外邦之外交使節。清同治五年（1866）後，清廷開始派出外交使節，使團乘船前往外邦途經香港時，常會在此停留數日，外交使節與隨行屬吏往往也在此期間登岸拜訪，並記述相關見聞。在這些記載中，可以呈現出部分當時香港的政治、社會、經濟情況，也可以通過使團成員的拜訪行程，如與香港殖民政府官員的交遊往返，來了解香港的人文風貌。這些思想多啟蒙於傳統儒家之晚清外交官員，即為本文所欲探討的華人知識分子之其一。

晚清外交官員們雖開啟了清末知識分子親身前往異地接觸西方事物的先河，並常能在香港這個其旅途中所經過的第一個由外國政府統治之城市，得到不少文化上的刺激，但或許受到只重視器物以平亂禦外，而不從基本思想制度

〔註12〕金耀基，《中國現代化與知識分子》（臺北：時報文化出版公司，1991），頁61～62。
〔註13〕金耀基，《中國現代化與知識分子》，頁62。
〔註14〕金耀基，《中國現代化與知識分子》，頁62。
〔註15〕金耀基，《中國現代化與知識分子》，頁63。

著手的自強運動侷限，外交官員們多半仍無法跳脫「師夷長技以制夷」的器物模仿範疇。相較於器物的模仿，一些同樣近距離見識過西方事物，接觸時間更長，了解也更為透徹的華人知識分子，進一步認識到西方列強之所以富強，非單靠堅船利炮之威，而是在制度、文化等方面根本的差異，中國如果要與列強並肩，便必須進一步改革。對這些人來說，香港此具備多元獨特性之城市，正是給予他們刺激，促使其思想的轉化與融合的「地方」，屬於此輩且又在著作中留下對香港見聞者，前有王韜（1828～1897），後有潘飛聲（1858～1934），皆堪稱這類知識分子之代表。

兩人經歷頗具相近之處，王韜曾遊歷英、法等國數年，潘飛聲則曾前往德國東方語言學院教授中文一段時間，皆曾親身接觸過西方事物；前者身兼文學家、史學家、改革思想家、新聞人等不同面向，後者則兼具畫家、文學家與新聞人之身分。更重要的是，兩人也都曾長期寓居在香港，王韜在 1874 年創辦《循環日報》，[註16]潘飛聲則在 1894 年赴港擔任《華字日報》主筆，同樣在香港通過報刊之社論及著作針砭時政，發表改革思想。[註17]如他們這類的知識分子，雖然提倡變法改革，但思想仍以傳統儒家為基礎，在離開中國後才受到西方思想影響而轉變，這除了與他們曾遊歷歐洲，恐怕也和長期寓居香港具有密切關係。

在文化中西交匯，兼具近代新型態海港城市模型的香港，久居其中耳濡目染，自然會受到相當程度的影響，加上政治環境之獨特性，更能使他們享有較多的言論與出版自由，進而在此多元獨特性的「地方」，培養出介於新、舊與中、西間特色之思想。不論是王韜或潘飛聲，皆對他們的寓居地投注知識分子的關懷，並記述在著作中，因久居香江，其觀察相比晚清外交使節，更深入且更貼近香港社會的真實面貌。故王韜、潘飛聲此類思想啟蒙於傳統儒家，曾遊歷海外，且長期寓居香港者，即為本研究所欲探討的第二種華人知識分子。

王韜與潘飛聲在寓居香港的十餘年間，受到多元獨特性環境的影響而形成混融了中西特色的思想；這種思想的形成並非經過正規教育，而是通過自學及來自他們自身接觸西方事物的經驗，審視其在香港之見聞，仍偶爾會出現有所誤解的情形。相較於此，香港在開埠之始，便陸續有新、舊教會創辦之新式

〔註16〕羅香林，《香港與中西文化交流》（香港：中國學社，1961），頁 187。

〔註17〕羅香林，《香港與中西文化交流》，頁 190。

學校在香港設立，招收香港華人學生入學，以培養兼通中西文的傳教士，希望能加強中國內地的傳教事業。另一方面，二次鴉片戰爭結束後，英國政府欲進一步擴展並維持其在華商業利益，亦亟需培養可通中英文的人才，而香港鄰近中國的地緣關係使其成為首選，故香港殖民政府在1862年設立了第一所官方創立的新式學校中央書院（今皇仁書院）。不論其目的為何，教會與官方設立的學校，都培養出新一代受過正統西方教育的華人社會菁英，其觀點往往較親近並贊同殖民地政府，將暮氣沉沉的清帝國與在香港經商取得社會地位的舊式華人領袖視為一種不進步的象徵。

即便如此，在香港由受過新式教育之華人知識分子寫作並留下對香港論述的著作仍不多見。在香港開埠初期時大部分華人與文化水準普遍較低，即便對香港情勢有所觀察，卻沒有意識到留下紀錄的重要性；當新一代華人社會菁英出現時，他們又常進入政府部門，或是在洋商公司擔任買辦之工作，又或從事宗教經典翻譯，〔註18〕未必有志於此，加上彼時話語權仍大多掌握在香港殖民政府與歐籍人士手中，或許是導致此種情況出現之原因，故此輩在著作中論述香港之華人知識分子可謂極為珍貴，其中又以何啟、胡禮垣及陳鏸勳最具代表性。

何啟（1859～1914）為近代香港重要的新式華人菁英及社會領袖，出身於受到基督信仰影響之牧師家庭，中學時期就讀於中央書院，後又留學英國取得醫學與法律學位，並娶英國人雅麗氏（Alice Walkden）為妻，〔註19〕可說是徹底西化的華人知識分子典型。胡禮垣（1847～1916）為近代香港知名改革思想家，年幼時受傳統儒家教育，以科考為目標，因屢試不果而放棄，後因太平天國起事隨家人避居香港，他曾向亦為香港新式華人知識分子之伍廷芳學習英文，〔註20〕在中西文皆有基礎，後進入中央書院就讀，於此結識何啟；畢業後則先留校擔任中文教師，後又進入《循環日報》擔任翻譯，與

〔註18〕羅香林，《香港與中西文化交流》，頁181～187。

〔註19〕劉智鵬，《香港早期華人菁英》（香港：中華書局，2011），頁66～67。

〔註20〕伍廷芳（1842～1922）是在香港華人社會中接受過西式教育的新派菁英，他青少年時期就讀於聖保羅書院，之後曾於1874年赴英國攻讀法律，取得大律師之資格，在香港是第一個獲得此資格之華人；1878年，伍廷芳獲頒太平紳士，而他也是香港華人社會中率先獲得此殊榮者，1880年成為首位華人立法局議員，1882年後前往中國發展，成為李鴻章幕僚，後曾任駐美公使，民國後曾擔任外交部長等職務，1922年病逝；參見劉智鵬，《香港早期華人菁英》，頁76～80。

王韜交往甚密。〔註21〕胡禮垣雖然以儒家思想啟蒙，卻在香港受過正式且有系統的西方教育，又與改革思想家王韜熟識，則他雖然背景略有不同，但同樣是思想更趨向西方文化的華人知識分子。

關於陳鏸勳（？～1906）之生平，雖與其相關的現存文獻及研究並不甚詳，不過目前可以了解的是，他出身廣東南海，在香港從事商業經營，先後擔任過多間公司之司理人，1904 年出任香港重要華人慈善機構東華醫院之總理。〔註22〕從其著作中又可得知，他曾在香港接受教育，與王韜創辦之中華印務總局，以及十九世紀末之重要華人學術團體輔仁文社皆有所關聯，〔註23〕由此經歷可以推測，陳鏸勳應是接受西式教育，並在香港從事買辦工作的華人菁英。

陳鏸勳所著作之《香港雜記》，是第一本由受過西式教育的香港華人菁英所著作全面性介紹香港之書籍；何啟、胡禮垣合著的《新政真詮》一書，則指出同時期清帝國官員及思想家之改革思想及晚清推動洋務及變法改革的弱點與不足之處。因三人與香港之密切關係，他們或以受西方教育之華人知識分子之觀點來詮釋 1890 年代之香港樣貌，又或者引用對香港之觀察與評

〔註21〕王壽南主編，《中國歷代思想家（十八）》（臺北：臺灣商務印書館，1999），頁297～298。

〔註22〕1870 年代時許多華人仍對西醫有所抗拒，生病時主要仍尋求中醫協助，故常有病重之華人病逝家中，或在供客死異鄉華人停屍之廣福義祠等待死亡的情形。但這樣的做法遭受輿論的攻擊，故在 1869 年禁止廣福義祠再收容瀕死之病患。1869 年 5 月，第六任港督麥當奴（Sir Richard Graves MacDonnell，1814～1881）向布政司提出設立中醫院的建議，專門為華人提供中醫治療，制定「華人醫院則例」（Chinese Hospital Incorporation Ordinance）。籌建醫院的資金來源，一方面來自有名華商的募捐，一方面則來自香港殖民政府捐助的 115,000 元。1872年，東華醫院正式開幕，設十二名總理，多由南北行、洋行等富裕華商出任，總理之下另設協理，輔助總理處理公務，東華醫院的早期宗旨是為一般貧苦大眾施醫贈藥，提供免費的醫療服務，隨著醫院規模的擴大，華商影響力提升，也開始發揮其社會影響力。在第八任港督軒尼詩（Sir John Pope Hennessy，1834～1891）有意協助下，東華醫院在實質上成為香港殖民政府通過華人領袖管制華人的單位，為華人社會進行仲裁，同時替華人向港府爭取權益，並投入災難賑濟、社會救助、喪葬服務、興辦義學等社會慈善事業。參見王賡武主編，《香港史新編》上冊（香港：三聯書店，1997），頁 167～171。

〔註23〕輔仁文社為成立於 1892 年，由楊衢雲等人創辦之學術團體，成員多為受過西式教育之香港華人，其創立目的在於開啟民智，宣傳政治改革之思想，其中部分主要成員之後進而投入革命，組成興中會。參見王賡武主編，《香港史新編》上冊，頁 176～177。

述來加強其論點，通過這些著作中的內容，更能映証香港這個「地方」所具備的多元獨特性。不論是陳鏸勳或是何啟與胡禮垣，與前述兩種華人知識分子相比，很明顯的在思想養成與觀察視角都有所不同，故本研究將其定義為「新型態華人菁英」，以進行區別。此種受過西式教育，在思想及價值觀的光譜上更趨近於西方文化者，便是本研究欲探討的第三種華人知識分子類型。

綜合以上敘述之脈絡，應能發現在本研究欲進行的「地方」、「人」與「文化」相關的討論中，香港便是已被香港殖民政府定義，且為歷史事實之發生所在的「地方」，而三種思想養成背景各異的華人知識分子群體，則為賦予「文化」以定義「地方」的「人」。將以上的論述反映在本研究欲討論的各種華人知識分子著作中的香港見聞上，即在香港這個「地方」所見到的，被英國殖民政府所賦予的多元獨特性之現象，皆為客觀意義上的存在，但當身份與思想各異之「人」，即各類華人知識分子群體置身其中，用其所承載之「文化」，具差異之思想背景投注於相同的事物上，會產生何種主觀上不同的描述與觀察？而當不同背景的華人知識分子佇足於香港這個多元獨特性的城市，面對西力東漸，他們各自對此又會有那些不同的回應？在此種過程中因異文化的衝擊，產生文化認同等各種不同的文化經驗，以及文化傳播等現象的內容又為何？而更進一步來說，對不同的華人知識分子群體而言，在其生命歷程中的特定時間與香港這個城市產生交會時，所呈現「地方」、「人」與「文化」三者之間的具體互動關係又是如何？這都是本研究富有興趣並欲加以了解的問題。

第二節　研究對象、範圍與研究方法

一、研究對象與範圍

關於本研究之對象，在前文已有述及，一方面即為曾對香港留下見聞，「以傳統儒家為思想根基」、「思想介於中西之間」、「受新式教育而思想趨於西化」等三種具有不同的思想背景，並分別對應了接受西方文化程度的三種不同層次之華人知識分子群體；另一方面則是香港這個經過英國殖民政府所賦予了多元獨特性的現代新型態海港城市。蘊含著不同文化內涵的華人知識分子，與已具有多元獨特性定義的香港相遇並產生交流，華人知識分子以其各自具備的文化背景對「地方」進行再定義，反過來香港也對華人知識分子輸出其多元獨特性，並與其各有不同之文化傳統形成衝突、融合等過程後，

使華人知識分子獲得不同之文化經驗，並通過其著作之被閱讀而產生文化傳播的現象。此處需要指出的是，通過文獻記載，亦可以發現到此種文化傳播的現象的展現，舉例來說，主張變法維新的康有為於光緒五年（1879）時曾遊歷香港，〔註24〕有研究者認為，康氏訪港時極有可能深受《循環日報》上王韜政論之啟發。〔註25〕此後在光緒二十三年（1897），面對德國強租膠州灣等一系列列強在中國劃分勢力範圍的態勢，康有為在北京成立保國會，並在第一次集會中發表演說，提到過去被帝國主義入侵的國家或地區遭殖民之慘況，其中亦包括香港，〔註26〕對此何啟鼓勵胡禮垣撰寫〈康說書後〉一文，對康有為之說法及錯誤認識進行反駁。〔註27〕但同時在其他文獻中也可以發現，康有為及其弟子們曾極為認真的閱讀何啟、胡禮垣的著作，〔註28〕有研究者便認為其在某種程度上受到何、胡思想的影響。〔註29〕

另一方面，最初亦主張變法，並在光緒二十年（1894）上書李鴻章敘述改革思想的孫中山（1866～1925），其書信乃由王韜協助潤飾，王韜並為其撰寫引薦信，更有研究者認為孫中山之思想曾受到王韜著作的影響；〔註30〕孫中山後轉向革命，曾在1923年於香港大學的演講中，提到他的革命思想來自香港，〔註31〕而何啟與孫在西醫書院就讀時便是師生關係。〔註32〕則不論是康有為還是孫中山，都與本研究中之華人知識分子有相當程度的關係，他們或受到王韜、何啟等人之影響，或在思想上的交鋒導引出胡禮垣對香港的論述，此即是一種受華人知識分子群體所造成之文化傳播影響的體現，故雖然本研究未擬將他們列入主要討論的三種華人知識分子中，但仍會放入論述的過程與最終的比較分析中進行討論。上述「文化」、「人」與「地方」間相互影響的關係，即為本研究欲探討之核心。

〔註24〕（清）康有為著，《康南海自編年譜》（臺北：宏業書局，1976），頁 11。

〔註25〕羅香林，《香港與中西文化交流》，頁 60、73。

〔註26〕梁啟超，《戊戌政變記》（臺北：五南出版社，2014），頁 125～135。

〔註27〕胡禮垣，〈新政真詮‧卷十三〉，收錄於《胡翼南先生全集》（臺北：文海出版社，1974），頁 783～854。

〔註28〕謝纘泰，〈中華民國革命密史〉，收錄於《孫中山與辛亥革命史料專輯》（廣東：廣東人民出版社，1981），頁 804。

〔註29〕許政雄，《清末民權思想的發展與歧異》（臺北：文史哲出版社，1992），頁 20。

〔註30〕柯文（Paul A. Cohen）著，雷頤、羅檢秋譯，《在傳統與現代性之間——王韜與晚清改革》（南京：江蘇人民出版社），頁 5。

〔註31〕區志堅等著，《改變香港歷史的六十篇文獻》（香港：中華書局，2011），頁 144。

〔註32〕羅香林，《國父之大學時代》，（臺北：臺灣商務印書館，1971），頁 44～46。

　　這種交互影響關係之形成，必需在特定地理空間與特定的時間區段交會時，才能形成其背後的思想背景與文化脈絡，也才得以在進行比較時觀察到個別之間的異同。而特定地理空間的範圍，即為香港這個本研究論述所圍繞著的都市，一般所謂的「香港」，其實是一種廣泛定義的稱謂；狹義的「香港」僅限定在香港島，而普遍概括式的「香港」，則是包含了 1842 年取得的香港島，1860 年割讓的九龍半島，以及 1898 年租借的新界等區域。港島及九龍半島南端原本便屬於清帝國邊陲中的邊陲，受中國文化影響較新界來得低，故雖然原本亦擁有部分中國傳統之內涵，但在英國殖民政府來到之後，可以較容易地將其改造為不具有傳統宗族及仕紳影響力的移民社會；新界則因其根深蒂固的以宗族仕紳進行基層社會控制之風俗傳統，讓香港殖民政府正視其統治上的需要，尊重當地原有的風俗與律法，採用因地制宜且具有彈性的雙軌殖民地治理方式，使港、九與新界形成高度都市化與傳統社會的鮮明對比。也因為如此，新界在近代有相當長的一段時間並未有大規模的發展，這便是在本研究中香港此特定地理空間的概況。

　　在將特定的地理空間劃定之後，要考量的就是與之交會的特定時間區段為何？本研究時間斷限的設定為自 1860 年代開始往後延伸至 1900 年，之所以選擇此時段作為本文的觀察重心，是因為在這段時間中，前述之廣義香港版圖才逐步形成，除了 1898 年甫租借不久，且在未來不短的時間內大體上皆保持傳統型態的新界外，港島已高度都市化，九龍也有一定程度的發展，故能觀察到的應更為全面，同時王韜寓居香港的生涯，以及香港殖民政府著手推動教育改革政策，設立中央書院培育何啟等親近殖民政府之華人菁英，也都是始於 1860 年代的同一時期，也是在此之後，華人知識分子才逐漸開始向歐籍人士爭取話語權。

　　相對於香港，在晚清中國，這段時期則是與掙扎摸索著往現代化道路嘗試邁進的自強運動高度重疊的階段，姑不論其成敗，以在實質上的確且逐漸開拓晚清知識分子眼界這點來說，相信並沒有爭議，隨著他們對西方文化認識的加深，則在與自強運動相同的時間軸上，於不同時期先後赴港的出使官員，是否又會受此影響而產生不同的見聞與論述？〔註 33〕而在自強運動結束後不久的

────────────

〔註33〕一般認為，甲午戰爭突顯了自強運動的不成功，亦使其就此終結，而有論者指出，甲午戰爭對清帝國造成之衝擊，使中國知識分子更急切且浮躁的追趕西方，故到此時清末外交官員在日記或遊記中見聞之重要性已大幅下降，此後也較少有重要且具影響力的代表性著作，故實際上主要被關注的相關著作應

光緒二十六年（即本研究斷限結束之 1900 年），對晚清中國又是一個重要的轉捩點，在此年趨於激化之義和團運動，導致八國聯軍進攻中國，由此造成之重大打擊，終迫使以慈禧太后為首之清帝國中樞在光緒二十七年（1901）開始推動新政，總理衙門在此過程中亦改組為外務部，受此影響，此後外交官的選拔開始大量採用曾負笈海外、受過正統西式教育的留學生。〔註 34〕或許可以說，光緒二十六年（1900）也代表了本研究欲探討的第一種華人知識分子，即多數以傳統儒家為思想背景之外交官員及其著作見聞所具備之影響力的一種階段性終結。曾留學西方的外交官在思想上已逐漸與本研究探討的第二種（王韜等人），甚至第三種華人知識分子（何啟等人）趨於相近，以致無法突顯三者之間的差異，因此似乎也不再有將觀察分析的時間點再往後延伸的必要，故本研究將之設定為時間軸的斷點。

二、研究方法

本研究使用的研究方法主要為蒐集歷史文獻並加以整理、分析、比較。首先將利用相關文獻並參考前人研究成果，建構出本研究欲探討的三種華人知識分子背後之時代及思想養成背景，再將其分為三個脈絡，個別對其著作中對香港的觀察進行整理爬梳，分析其受到思想差異所影響的觀察內容。

另一方面，將借用文化地理學、文化社會學、旅遊人類學等歷史學以外之理論來分析華人知識分子們的見聞。具體而言，在本研究主軸的「地方」、「文化」與「人」的觀點，便是採用文化地理學家 Tim Cresswell 之著作《地方：記憶、想像與認同》中提出的論述；對於華人知識分子們在與香港多元獨特性接觸過程中因異文化的衝擊所獲得之文化認同、文化傳播等經驗或是現象，也都將使用文化社會學等學科之相應理論來進行解讀，並進一步探討他們分別是如何對香港原有的客觀事實以其主觀的視角進行再次的詮釋。

第三節　文獻探討

在文獻探討的部分，以下將略分為探討與華人知識分子之香港見聞相關研究成果，與本研究所欲探討之三種不同型態華人知識分子著作中見聞之相

集中在自強運動時期；參見尹德翔，《東海西海之間——晚清使西日記中的文化觀察認證與選擇》（北京：北京大學出版社，2009），頁 11、22。
〔註34〕蔡振豐，《晚清外務部之研究》（臺北：致知學術，2014），頁 188。

關研究成果，及本研究相關之歷史文獻，來進行說明。

一、相關研究成果

（一）香港史研究概況及有關華人香港見聞之研究成果

與香港史研究相關的著作，最早可以追溯到十九世紀，在香港開埠之後這些著作便陸續出現，但早期不是與香港相關之資料文獻，便是一些西方人士之遊記，舉例來說，Rudyard Kipling 的著作 *From Sea to Sea and Other Sketches, Letters of Travel* 為集結了他 1892 年自印度出發，途經緬甸、中國、日本，再經過美國返回英國途中發表在報紙上的旅程經歷，其中便有紀錄他途經香港時的見聞。但這些著作在性質上似乎更偏向於文獻資料，而非對香港歷史的書寫。普遍認為真正符合學術定義上之香港史最早著作，應該是 1895 年德籍傳教士歐德理（Erenst John Eitel，1838～1908）的 *Europe In China : The History Of Hongkong From The Beginning To The Year 1882*，歐德理撰寫的此第一本香港史論著，內容包括從十九世紀以來英國對華貿易等政策之演變到如何殖民香港，以及從開埠到 1882 年殖民地的政法體制發展，與香港殖民政府對香港發展的貢獻，其最大的特色是採用總督任期作為分期，並歷述其政績，一度被早期不少由西方人士撰寫的香港史著作所沿用；這種或被稱為「殖民行政史」的分期方式雖被較後期之香港史研究者批評，且後世研究者或認為歐德理在書寫間明顯有為殖民政府辯護之特色，如將華人描述為「落後而野蠻」，殖民政府之政策可對其加以改造，歐德理此一著作亦未有忽略作為香港社會主體的華人，這在當時華人往往被視而不見的風氣中頗為特殊。〔註35〕

整體來說，從十九世紀到二戰後初期，香港史研究一方面仍多文獻式的著作，另一方面則仍普遍不重視華人在殖民社會中的角色，且在頗長一段時間中香港皆背負著只注重商業而缺乏文化的刻板印象；在這種氛圍下，香港史研究著作雖有進展但並不甚多，如 Geoffrey Robley Sayer 在 1937 年的著作 *Hong Kong, 1841～1862: Birth, Adolescence and Coming of Age* 即為此時期的代表之一。1950 年代之後，西方人撰寫的香港史著作逐漸開始發展，〔註36〕到此時

〔註35〕李培德編，《香港史研究書目題解》（香港：三聯書店，2001），頁 18；霍啟昌，〈百年來港人研究香港史方向述評〉，《香港史研究論著選輯》（香港：香港公開大學出版社，1999），頁 48。

〔註36〕其中極具代表性的為 G. B. Endacott 1958 年的 *A History of Hong Kong* 及 1964 年的 *Government and People in Hong Kong, 1841～1962: A Constitutional History*，

期為止，雖非所有西方人著作的香港史皆有此種現象，但仍可以發現部份英文撰寫的香港史著作，在敘述上仍承繼了歐德理的寫作風格，帶有較濃的殖民史觀，其特色為盛讚英國殖民香港期間各方面之成就，且將這些成就歸功於殖民政府之統治與經營，華人的努力與扮演的角色往往被淡化，〔註37〕甚至有利於華人權益之政策被推動還可能遭受批判。〔註38〕另一方面值得注意的是，1960年代開始在香港何福堂神學院講授神學的 Carl Smith（施其樂）牧師，因其自身對歷史的興趣，在工作之餘至香港政府檔案處及大學圖書館蒐集資料並建立資料卡，其內容涉及教會史、傳教士及宣教史、社會史、商業貿易史及都市化史等種類，以此建立起之資料庫對研究香港教會史及社會史之研究者提供極大幫助，而其本身之研究領域，也涵蓋了西方傳教士與華人信徒及其家庭關係等主題之教會史、華人菁英、勞工史、涉外婚婦及妹仔問題等婦女史及香港城市發展等議題，其著作則於 1995 年集結為 *A Sense of History: Studies in the Social and Urban History of Hong Kong* 一書（1999 年譯為中文版《歷史的覺醒：香港社會史論》），其研究對香港社會史的發展有深遠的貢獻。〔註39〕

　　與英文之香港史著作相比，用中文來書寫香港史的著作仍是缺乏的，由於早期研究香港史並不特別受到鼓勵，學者也未必有意識到研究香港史的重要性，故較無法形成可提供以中文進行香港史研究的基礎。在 1970 年代以前，以中文書寫的香港史研究較多的是對香港過去文獻史料、典故及地理的考證與整理，其中值得注意的是在十九世紀末，本文研究對象之一的陳鏸勳在 1894年的著作《香港雜記》；這本著作的獨特之處，除了在內容上分為十二個章節，從地理、歷史、政治、經濟、社會、教育等各個層面有系統地對香港進行介紹論述外，更是第一本由香港華人視角出發所寫作介紹香港的著作。對此有研究

以及 1978 年 Henry J. Lethbridge 的 *Hong Kong, stability and change*；在 1980 年代之後發展更為蓬勃，如 1988 年 Jan Morris 的 *Hong Kong: Epilogue to an Empire*，1993 年 Frank Welsh 的 *A History of Hong Kong*，1995 年 David Faure 所編 *History of Hong Kong* ……等；參見李培德編，《香港史研究書目題解》，頁 22。

〔註37〕霍啟昌，〈百年來港人研究香港史方向述評〉，《香港史研究論著選輯》，頁 48。

〔註38〕如 G. B. Endacott 對第八任港督軒尼詩（Sir John Pope Hennessy，1834～1891）試圖對華人釋出善意且提升華人地位的政策，解讀為只著重與華人建立關係，反而使其與西方人社群的關係惡化，此種歷史書寫被認為乃一種明顯的殖民主義史觀展現；參見徐承恩，《城邦舊事：十二本書看香港本土史》（香港：青森文化，2014），頁 14。

〔註39〕李家駒、黃文江合著，〈施其樂牧師：傳教士成為歷史學者〉，《香港中國近代史史學會刊》6，（香港：1993），頁 91～97。

者將其與歐德理的著作相提並論，認為若歐德理的著作代表了香港史殖民史觀的開山之作，那麼比歐德理還早一年出版的《香港雜記》則代表了中國史觀的先驅，具有一種親身經歷過西方文化的華人菁英以中國人角度出發之香港史觀。〔註40〕而自戰後到 1970 年代，較具代表性的研究則有簡又文、羅香林、葉靈鳳等人所做的清代以前香港之史料、史蹟整理或風物、傳說故事的考證整理，〔註41〕亦有一些與香港歷史相關之研究，如黎晉偉 1948 年的《香港百年史》、〔註42〕羅香林 1959 年收錄其與學生所寫文章所編成之《一八四二年以前之香港及其對外交通：香港前代史》，〔註43〕及 1961 年的《香港與中西文化之交流》，〔註44〕林友蘭的《香港史話》與《香港報業發展史》，〔註45〕都是早期以中文寫作香港史的代表著作。

到 1984 年，中英兩國簽訂《中英聯合聲明》，根據此協議文件的約定，雙方同意於 1997 年 7 月 1 日開始將香港之治權交還給中國，而此一重大的歷史性事件對香港史研究著作的類型也產生了影響。隨著回歸時間的迫近，中國學者發現了對香港史研究之缺乏與其急迫性，為了掌握對香港歷史的話語權，故在 1990 年代開始出現一種以中國人視角出發的香港史觀，其主要特色在於雖然不否定英國殖民期間的施政對香港發展成為國際港市的貢獻，但更著力於批判英帝國主義以武力從清帝國手中奪取香港，同樣常見的是諸如控訴英國政府在殖民期間對華人的壓榨與掠奪等民族主義色彩鮮明的論述。此類以中國內地史觀出發所撰寫的研究成果，其代表如余繩武、劉存寬的《十九世紀的香港》、〔註46〕《二十世紀的香港》，〔註47〕劉蜀永的《簡明香港史》，〔註48〕劉存寬的《香港史論叢》等著作。〔註49〕

另一方面，自開埠以來香港華人流動性較高，且身分認同並不是非常明

〔註40〕（清）陳鏸勳著，莫世祥整理，《香港雜記（外一種）》，頁 xxi。

〔註41〕李培德編，《香港史研究書目題解》，頁 19。

〔註42〕黎晉偉主編，《香港百年史》，香港：心一堂出版，2018。

〔註43〕羅香林等著，《一八四二年以前之香港及其對外交通：香港前代史》，香港：中國學社，1959。

〔註44〕羅香林，《香港與中西文化交流》，香港：中國學社，1961。

〔註45〕林有蘭編著，《香港史話》，香港：香港上海印書館，1980；林有蘭編著，《香港報業發展史》，臺北：世界書局，1977。

〔註46〕余繩武、劉存寬，《十九世紀的香港》，北京：中華書局，1994。

〔註47〕余繩武、劉存寬，《二十世紀的香港》，香港：麒麟書業，1995。

〔註48〕劉蜀永，《簡明香港史》，香港：三聯書店，1998。

〔註49〕劉存寬，《香港史論叢》，香港：麒麟書業，1998。

確，或常偏向中國，雖然從十九世紀末以來包括辛亥革命等一連串的政治運動，已經促使部分富裕華商及具社會地位人士產生對香港的歸屬感，但這種認同開始擴及到其他階層華人，則要到 1949 年在中共建立政權之後。〔註50〕1949 年後，大量親國民黨政府之殘兵遊勇與難民流入香港，獲香港政府安置，在 1956 年 10 月因能否懸掛中華民國國旗一事爆發衝突，形成以右派引起的雙十暴動；到 1967 年，又有左派在香港引發動盪的六七暴動，社會動盪不安。經歷此兩次暴動，一方面強化了香港華人社會對殖民政府的認同，另一方面也讓大多數的香港華人，體認到自己是一個既有別於殖民政府，但又有別於中國大陸華人的特殊群體。〔註51〕而到 1970 年代末期中國推動改革開放及開放探親等政策後，更多的香港華人前往中國大陸遊歷，這反而加深了他們作為「香港人」的自覺，發現自己的確與中國人有所區別，他們常認同自己是文化上的中國人，但在政治上卻未必接受中共，〔註52〕故在 1980 年代開始，開始逐漸形成一種新型態的，既有別於英國傳統殖民地史觀，又有別於中國鮮明民族主義史觀，更貼近於從香港人本身觀點出發的本地史觀；〔註53〕到 1997 年，更有一部本土史觀極具代表性的香港史著作問世，即王賡武主編的《香港史新編》。此部著作分為二十三個章節，聚集二十餘名香港史相關學者，時間涵蓋史前到近現代，主題則包含考古、政治體系、社會組織、城市發展、工商業發展、文教、娛樂、宗教等極多元且極廣泛之議題，參與撰寫此書的諸多作者如丁新豹、冼玉儀等人，有不少即為前述早期開始嘗試以本土史觀研究香港史的學者。在本書序言中，編者王賡武也明確指出 1970 年代「香港人」認同意識

〔註50〕高馬可，《香港簡史》（香港：中華書局，2013），頁 213。

〔註51〕高馬可，《香港簡史》，頁 195。

〔註52〕高馬可，《香港簡史》，頁 216。

〔註53〕具備這種史觀的著作，舉例來說，如有冼玉儀 1986 年研究東華三院的 The Tung Wah Hospital, 1869～1896: a Study of a Medical, Social and Political institution in Hong Kong 及 1989 年研究華人慈善機構與權力關係的 Power and Charity: A Chinese Merchant Elite in Colonial Hong Kong，丁新豹 1988 年研究開埠至 1860 年代香港華人社會與殖民政府統治華人政策的《香港早期之華人社會》，陳偉群 1989 年探討英商、華商及華人之社會階層與權力關係的 The making of Hong Kong Society: a Sociological Study of Class Formation in Hong Kong，鍾寶賢 1995 年關於研究香港殖民政府及華人菁英聯手介入二十世紀廣東省政治的 Chinese Business Groups in Hong Kong and Political Change in South China，李培德 1994 年的 A study of 'new business' in modern China: Canton, Hong Kong and Shanghai ……等著作；參見李培德編，《香港史研究書目題解》，頁 23～24。

的出現，這種特性也是驅使這本著作完成，並重新評估過去香港歷史著作的動力。〔註54〕這或許是香港的本土史觀漸趨成形的一種標誌，於此同時卻也恰逢1997年香港回歸，故在此前後本土與中國民族主義兩種截然不同的史觀產生了碰撞，並對某些問題產生爭論。本土史觀學者常認為中國內地學者的香港史是為國家服務，而中國學者則往往提出證據指出香港在被殖民前已有相當發展，推翻過去香港是在英國人手中，才由一個荒島或小漁村發展為國際港式的論述，展現其試圖淡化英國殖民者貢獻的意圖。〔註55〕

在香港回歸之後，以本土史觀撰寫香港史的嘗試仍未中斷，舉例來說有2000年由王宏志撰寫的著作《歷史的沉重：由香港看中國大陸的香港史論述》，作者雖非歷史學者出身，但卻以香港本土史觀對中國內地學者的民族主義史觀進行批判。〔註56〕較特別是2001年出版，蔡榮芳的《香港人之香港史》，該書是一本在書名及主旨上皆明確表達以香港人之角度出發撰寫之香港史著作，有趣的是，作者卻是一台灣人，其撰寫此書是在當時面臨中國逐漸崛起，並對東亞區域擴大其影響力的同時，通過本土史觀來強化文化上認同中國，在政權認同上則與中共保持距離的「香港人」意識，以突破有國家機器推動，且日漸強大的中國民族主義史觀，其真正的目的則是藉此類似的處境，期許同樣面臨中國影響逐漸擴大的故鄉台灣能吸取經驗。〔註57〕另如2004年Steve Tsang（曾銳生）的著作 *A Modern History of Hong Kong*，採用通史方式撰寫，採用大量的政府及私人檔案，自香港開埠後的發展一路敘述至二戰日本佔領香港、戰後香港殖民體系變革，以及鄰近回歸中國影響日益增加等內容。〔註58〕此外，在2007年有John M. Carroll（高馬可）的著作 *A Concise History of Hong Kong*，該書在2013年由中華書局翻譯為中文版《香港簡史》，〔註59〕其觀點認為不應

〔註54〕王賡武，〈序〉，《香港史新編》上冊，頁2。

〔註55〕李培德編，《香港史研究書目題解》，頁22、25。

〔註56〕王宏志，《歷史的沉重：由香港看中國大陸的香港史論述》，香港：牛津大學出版社，2004。

〔註57〕蔡榮芳，《香港人之香港史，1841～1945》（香港：牛津大學出版社，2001），頁289～295。

〔註58〕Steve Tsang, *A Modern History of Hong Kong.* Hong Kong: Hong Kong University Press, 2004.

〔註59〕該書交由中華書局發行中文版時曾發生刪減部分批評中共政權章節之事件，參見 BBC NEWS 中文版網站：〈《香港簡史》作者不滿中譯本刪敏感內容〉，2013年7月19日。https://www.bbc.com/zhongwen/trad/china/2013/07/130719_hk_history_book

該過度偏廢於中國性質或英國殖民對香港的影響，因正是兩者的交會，型塑出華人與英人的權力關係與今日所見的歷史面貌。〔註60〕

香港回歸後，包括中國孕婦赴港產子、中國民眾赴港搶購奶粉、水貨客或是對國教科（德育與國民教育科）過分強調民族主義不滿……等諸多「中港矛盾」之情勢逐步加劇，香港本土史觀之歷史著作在「香港人」的自我認同意識上更趨於強烈。如徐承恩在2014年的著作《城邦舊事：十二本書看香港本土史》便挑明其宗旨是通過引介十二本香港本史觀著作，來還原在殖民史觀及大中國史觀下面目模糊的香港人史觀；〔註61〕其2017年的著作《香港，鬱躁的家邦：本土觀點的香港源流史》更是視中共政權為侵略者，認為香港特區政府通過國史教育淡化對中共尖銳的批評，進而洗腦學生淡化香港認同，其成書之目標便是突破此種抹除香港意識的圖謀。〔註62〕姑且不對其所提出之意識型態做出價值判斷，但這仍代表著香港本土史觀近年發展趨勢的一種面向。

在通論性的著作之外，近年亦有不少各類專題的香港歷史著作出版，如包括香港史研究回顧、在香港殖民統治政策、香港殖民時期政務官體系及政府機構史、香港警察歷史、社會史、產業史、古蹟文物、家族人物史、學術教育史、宗教史、社會組織、醫療史、翻譯著作、社會調查、族群史、華僑史各種研究層面，大致可知近年來香港史的研究主題已有多元化發展的趨向。

過去與香港史的主要研究發展歷程概略敘述如上，但與本研究較為相關的，是華人知識分子之香港見聞的相關研究著作，在過去研究中可說是較為特殊的一種分支，故在數量上也較為稀少，嘗試列舉本研究所掌握的著作如下：

1. 馬金科主編《早期香港史研究資料選輯》〔註63〕

此書分為上、下兩冊，出版時間在1998年，距離1997年香港回歸不久，且從其前言中敘述成書過程中對香港回歸的期待，不難發現此書頗為明確的政治目的。以內容來說，此書收錄的香港史料以明、清時期為主，除了納入《清實錄》、《籌辦夷務始末》、《廣州府志》、《新安縣志》等官方檔案及志書外，還收錄了《申報》等當時報刊，及時人的日記、遊記、筆記詩文等與香港相關之

〔註60〕高馬可，《香港簡史》，頁4。
〔註61〕徐承恩，《城邦舊事：十二本書看香港本土史》，頁15。
〔註62〕徐承恩，《香港，鬱躁的家邦：本土觀點的香港源流史》（新北：左岸文化，2017），頁38。
〔註63〕馬金科主編，《早期香港史研究資料選輯》，香港：三聯書店，1998。

史料，以及志書中的地圖及部分舊照片，資料極為豐富，應可說是目前以中文為主之香港史料編纂方面收錄數量最多也最齊全的著作。

在本書第三編的第六節〈十九世紀中國官紳眼中的香港〉中，收錄大量晚清華人知識分子對香港之見聞，除了有斌椿、張德彝、郭嵩燾、曾紀澤、薛福成……等晚清外交官員外，也包括王韜等改革思想家之香港觀察，惟這些史料文獻都僅列出原文並加以句讀，並對少部分較艱澀的詞語有所注釋，沒有進一步進行分析解釋，雖有不足之處，但已對本研究蒐集華人知識分子之香港見聞提供頗多的幫助。

2. 陳鏸勳著，莫世祥點校《香港雜記（外二種）》〔註64〕

此本著作在前文中曾提到，是第一本由華人撰寫有關介紹香港之書籍，在 1894 年由中華印務總局刊行，1996 年時由當時暨南大學教授莫世祥點校評註，並與其他幾種與香港相關文獻合訂為《香港雜記（外二種）》，在書前的序言中大致提到，1996 年版的出版原因同樣是為了呼應 1997 年香港回歸，為了讓中國讀者對十九世紀的香港有所了解，所以加以校註，並附加了《勘建九龍寨城全案》，及部分晚清出洋外交使節等日記、遊記中關於香港的見聞編訂而成。在內容方面，陳鏸勳的《香港雜記》是本研究中的三種華人知識分子的重要參考文獻之一，該書內容幾乎對 1890 年代的香港進行全面性的介紹，且其特殊之處是以受過西式教育之華人知識分子的觀點來論述，其內容更具討論性。本書編者莫氏亦並未對內容有太多分析與探討，但其對本書完成注釋與句讀，使研究者在使用上更具便利性；另一方面，在本書第三部分所附有關晚清外交官員等人之日記、遊記內容，與馬金科所編略有幾篇不同，整體來說則大同小異，兩者作為本研究蒐集文獻之參考可具有互相補充的作用。

3. 楊國雄《舊書刊中的香港身世》〔註65〕

此書作者楊國雄為香港大學孔安道圖書館首任館長，任職期間，適逢 1970 年代香港本土意識興起，部分有識之士認識到保存香港歷史之重要性，故開始將相關文獻或書籍贈送給香港大學收藏，而管理圖書館之職責除了蒐集圖書並進行整理編目外，還要為圖書撰寫簡介以促進其知名度與被流通率，此書形成

〔註64〕（清）陳鏸勳著，莫世祥整理，《香港雜記（外二種）》，廣州：暨南大學出版
　　　　社，1996。
〔註65〕楊國雄，《舊書刊中的香港身世》，香港：三聯書店，2014。

之背景便是集結了香港舊書刊及出版物的簡介而成。在內容方面，此書大致分為五個部分：一、舊書中的香港風貌，二、刊物中的香港各階層，三、戰前的香港報業，四、新舊交替的香港文藝（清末至七七事變），以及第五部分的附錄。第一輯以各種香港戰前之舊書籍中所記載當時香港風貌為主，其中包含作為史料文獻在本研究中使用之陳鏸勳所著《香港雜記》。第二輯討論之重點為婦女雜誌或鄉族、工會、學校出版之刊物；第三輯討論香港戰前的華文報刊；第四輯則論述香港的文藝期刊發展。在此書第一輯「舊書中的香港風貌」中，所收錄的其實便有不少是時人對香港之見聞，且在文獻整理之外，亦有不少對文獻著者之背景介紹及內容分析，提供本研究頗多參考之處。

4. 周佳榮《歷史絮語：教與學的文化情懷》〔註66〕

此書出版時，作者周佳榮擔任香港浸會大學歷史系系主任，作為一名教育工作者，他期望學生能在求學時充實自己，但求學時間有限，故師長的指引更形重要，而為了在有限的時間內學習到更多，除了歷史本科課業之外，他認為接觸一些過去學者及史學家的經驗、傳記等是極好的方式。基於此想法，他將彙整了過去教學研究經驗、感想之文章編寫為此書，提供給研讀歷史系所之學生們參考，這也是書名所謂「教與學的文化情懷」之涵義。此書內容主要涉及近代東亞的變遷與演進，包括中日關係、亞太文化特色，及作者所在地香港於近代東亞史扮演之角色……等，其中關於香港之內容，主要收錄於最後一章〈香港情懷〉；章中的每一篇都用簡短而深入淺出的文字來介紹與香港有關之歷史及人物，此外尚包括康、梁等維新派及孫中山等革命派在香港的活動、香港與日本之關係、香港之文物古蹟、香港報刊、香港與華人移民史的關聯，及香港歷史教育等主題。在香港歷史人物方面，便包括作為本研究對象的王韜、陳鏸勳及部分的晚清外交官員。本書寫作之對象以本科大學生為主，且主題繁多，故內容皆未太過深入，但對本研究而言，在研究方向之形成上具有一定的參考價值。

5. 周佳榮、侯勵英、陳月媚等編《閱讀香港——新時代的文化穿梭》〔註67〕

此書為周佳榮、侯勵英、陳月媚等人所主編，其宗旨一如書名，既把香

〔註66〕周佳榮，《歷史絮語：教與學的文化情懷》，香港：牛津大學出版社，2004。
〔註67〕周佳榮、侯勵英、陳月媚等編，《閱讀香港——新時代的文化穿梭》，香港：香港教育圖書公司，2007。

港當作一本深奧又富有趣味與動態感且富有趣味的書，另一方面，則希望通過介紹可供閱讀的文獻給讀者，使他們藉此了解及加深對香港的認識。本書分為三編，第一編為「歷史的座標：經典和常見著作述要」，此編內容收錄的是香港較早期的文獻，包括早期著作、中國近代名人之香港見聞、香港研究英文著作、日文著作中所介紹香港……等；第二編與第三編重點則放在香港回歸十年間的著作點評，包括圖說、論文集、城市史、經濟、宗教、醫療、娛樂、文學、報刊、教育、藝術、音樂、影視、文化品牌經營等主題的整理。很明顯，第一編的主題與本研究頗有相關，包括王韜、陳鏸勳與《香港雜記》、斌椿等部分晚清外交使節都有提及，惟在論述上皆未深入，篇幅也不長，撰文者對這些華人知識分子見聞的論述解讀，亦可作為本研究的參考。

6. 周佳榮《潮流兩岸：近代香港的人與事》〔註68〕

作者認為，香港自從十九世紀中葉開始，就是中外文化交流史上有重要地位的都市，且其現代化在亞洲引領潮流，甚至影響亞洲其他國家，而此書的內容分為三大部分：首先是香港與文化交流及亞洲發展的關係，包括近代中國知識分子訪港見聞，香港書刊、報紙及翻譯等文化活動與日本等亞洲地區的交流及影響；第二部分則是探討商會社團與文教活動之關係，除了商會組織、慈善機構外，也述及文化人在香港地區的活動；第三部分則是關於史地研究與文物考察，收錄多篇香港史地文化考察書籍的序言，總體來說，即從「人與事」的角度，來呈現香港在近代包括中國在內的亞洲地區所扮演的角色。其中第一部分有關於晚清外交官員在香港對海防的看法，以及王韜在香港與晚清外交官員、文化人會面交遊的經歷，對本研究來說，其收錄關於香港之見聞雖不夠全面，但附加上作者的分析與解讀，仍具有參考學習之價值。

7. 趙雨樂《近代南來文人的香港印象與國族意識》〔註69〕

作者趙雨樂編寫此書的概念，乃認為香港作為英國殖民地，中、英兩國在政體上相對而立，文化卻不受國界的限制而流動，且香港穩定的政治環境反而成為中國動盪時代文化人的安身之所，亦即本研究所認為香港所具備之「政治環境的獨特性」。然則對從晚清至近現代因各種原因南來香港的文化及知識人而言，面對中國的亂局，其在著作展現了怎麼樣的民族情懷？各自的國族觀念

〔註68〕周佳榮，《潮流兩岸：近代香港的人與事》，香港：中和出版有限公司，2016。
〔註69〕趙雨樂，《近代南來文人的香港印象與國族意識》，香港：三聯書店，2016。

又是如何建構？對此作者將本書通過上、中、下三卷，收錄了晚清到近現代南來香港近現代文人，或是特定職務、團體、結社之成員之香港印象，在上卷中主要為民國以前來港的王韜、晚清外交官員與康、梁等維新派，以及在將香港作為基地的孫中山等革命黨；中卷討論的，是清帝國滅亡後隱逸於香江的前朝遺老，與遺老們在港的文化活動及傳承；下卷收錄的則是如更近代如郭沫若、陳寅恪等學者寓居香港的歲月，或如來自上海的名作家張愛玲，又或是神州易手後流亡香港的錢穆等新亞學人。對本研究而言，更具關聯性的是此書上卷所收錄王韜等晚清華人知識分子之香港印象，其中論述王韜與陳鏸勳之章節給予本研究頗多啟發。

8. Elizabeth Sinn（冼玉儀）與 Christopher Munn（文基賢）在 2017 年
所編 *Meeting Place: Encounters across Cultures in Hong Kong, 1841 ～
1984*〔註 70〕

此著作由 Elizabeth Sinn（冼玉儀）與 Christopher Munn（文基賢）兩位香港學者所編，從標題可知，此書的主旨是把香港視為一個跨文化的交流與相遇之地，本書之內容亦體現此特色，共分為八章，由不同作者撰寫，包含文化觀點的轉變、飲食、文化中的潛規則、女性英語教育、殖民地兒童組織、西方企業與華人買辦關係、往來香港的船員、金融犯罪等主題。此書的第一章與本研究的第二種華人知識分子王韜有關，該章作者 Elizabeth Sinn（冼玉儀）利用王韜在著作、日記、信件中的香港見聞，呈現王韜在經歷社會、政治和文化環境的變化下，所產生自身文化觀點的轉變。

從以上整理大致可以發現，華人知識分子對香港見聞之研究成果，在香港史的中尚屬成果較少，仍具開發潛力的研究領域，即便已有一些相關著作出版，但據前文敘述可知，這些著作部分或僅將史料羅列而並未進一步分析討論，又或只有對部分的華人知識分子香港見聞有所評述考據，總體來說仍有資料蒐集不夠全面，討論不夠深入之憾。不得不說這些過去的研究成果對本研究提供了極大的幫助，一方面可給予本研究參考之協助，另一方面也使本研究有進一步擴充，並補足相關研究領域之機會。

（二）與晚清外交使節日記、遊記相關研究成果

過去關於晚清外交使節之日記與遊記的研究，有部分學者從撰寫這些日

〔註 70〕 Elizabeth Sinn, Christopher Munn , *Meeting Place: Encounters across Cultures in Hong Kong, 1841～1984* . Hong Kong: Hong Kong University Press, 2017.

記或遊記的作者晚清外交使節切入，因其執行外交任務的官員身分，故歸入外交史研究的脈絡中進行討論。從外交使節出發的研究視角來說，外交使節的研究，常從制度面出發，探討組織的變革、駐外使館的設立、外交人才的培養等議題，舉例來說，蔡振豐的《晚清外務部之研究》，〔註71〕任天豪的〈清季使臣群體的變遷及其歷史意義〉，〔註72〕箱田惠子的《外交官の誕生：近代中国の対外態勢の変容と在外公館》、〔註73〕〈晚清外交人才的培養——以從設立駐外公使至甲午戰爭時期為中心〉，〔註74〕梁碧瑩的《艱難的外交——晚清中國駐美公使研究》，〔註75〕陳森霖的《中國外交制度現代化（1901～1911年之外務部）》，〔註76〕林玉如的《清季總理衙門設置及其政治地位之研究》，〔註77〕嚴和平的《清季建立駐外使館制度之研究》……等皆此類之研究著作。〔註78〕另一方面，亦有不少針對外交使節個人之研究，舉例來說，如汪榮祖的《走向世界的挫折：郭嵩燾與道咸同光時代》，〔註79〕沈雲龍的《近代外交人物論評》、〔註80〕李恩涵的《外交家曾紀澤：1839～1890》，〔註81〕曾秋月的《晚清駐德公使呂海寰之研究》，〔註82〕郭明中的《清末駐德公使李鳳苞研

〔註71〕蔡振豐，《晚清外務部之研究》，臺北：致知學術，2014。

〔註72〕任天豪，〈清季使臣群體的變遷及其歷史意義〉，《近代中國、東亚与世界＝東アジア知的空間の再発見と構築》（北京：社會科學文獻出版社，2008），頁569～584。

〔註73〕箱田惠子，《外交官の誕生：近代中国の対外態勢の変容と在外公館》，名古屋：名古屋大學出版會，2012。

〔註74〕箱田惠子，〈晚清外交人才的培養——以從設立駐外公使至甲午戰爭時期為中心〉，《近代中國、東亚与世界＝東アジア知的空間の再発見と構築》，頁585～599。

〔註75〕梁碧瑩，《艱難的外交——晚清中國駐美公使研究》，天津：天津古籍出版社，2004。

〔註76〕陳森霖，《中國外交制度現代化（1901～1911年之外務部）》，臺中：東海大學歷史研究所碩士論文，1993。

〔註77〕林玉如，《清季總理衙門設置及其政治地位之研究》，臺南：國立成功大學歷史研究所碩士論文，2001。

〔註78〕嚴和平，《清季建立駐外使館制度之研究》，臺北：國立台灣大學政治學研究所碩士論文，1971。

〔註79〕汪榮祖，《走向世界的挫折：郭嵩燾與道咸同光時代》，臺北：東大出版社，1993。

〔註80〕沈雲龍，《近代外交人物論評》，臺北：傳記文學雜誌社，1968。

〔註81〕李恩涵，《外交家曾紀澤：1839～1890》，北京：東方出版社，2014。

〔註82〕曾秋月，《晚清駐德公使呂海寰之研究》，臺中：國立中興大學歷史學研究所碩士論文，2004。

究》，〔註83〕任天豪《胡惟德與清末民初的「弱國外交」》……等著作，〔註84〕
都有個別或是專門的對晚清外交官員進行介紹評述。

　　而在外交使節的研究領域中，與本研究主題更為相關的是其中更細分的
一條支線，即與晚清外交使節，也是本研究所欲探討的第一種華人知識分子
之日記與遊記的相關研究。關於晚清外交使節出訪的日記或遊記，晚清的赴
外使團，從同治五年（1866）首次試辦的斌椿（1804～？）使團開始，總理
衙門便有明文讓其記載途中見聞：「……即令其沿途留心，將該國一切山川形
勢、風土人情，隨時記載，帶回中國以資映證。」〔註85〕，到光緒三年（1877）
時，更有〈出使各國大臣應隨時咨送日記等件片〉奏摺的呈送：

> ……是出使一事，凡有關係交涉事件及各國風土人情，該使臣當詳
> 細記載，隨時咨報，數年以後，各國事機，中國人員可以洞悉，即
> 辦理一切，似不至漫無把握。臣等查外洋各國虛實，一切惟出使者
> 親歷其地，始能筆之於書，……辦理此等事件，自當盡心竭力，以
> 期有益於國……務將大小事件逐日詳細登記，仍按月匯成一冊，咨
> 送臣衙門備案查核。〔註86〕

從中可以了解總理衙門對赴外使節記載見聞的重視，而這也演變為使節按月
呈送日記給總理衙門的日記匯報制度，通過此種制度，留下了數量相當龐大，
且性質包括日記、遊記等類型，內容記載了當時外國情報的文獻。〔註87〕此類
文獻過去不同研究者給予其各種名稱，如朱維錚在王立誠編校的《郭嵩燾等使
西記六種》此一著作的導言中，將此類文獻稱為「使西記」，〔註88〕陳左高在
《中國日記史略》中將其稱為「星軺日記」，〔註89〕尹德翔在其著作《東海西

〔註83〕郭明中，《清末駐德公使李鳳苞研究》，臺中：國立中興大學歷史學研究所碩士
　　　　論文，2001。

〔註84〕任天豪《胡惟德與清末民初的「弱國外交」》，臺中：國立中興大學歷史學研究
　　　　所碩士論文，2003。

〔註85〕（清）文慶等纂輯，《籌辦夷務始末・同治朝》，卷39（臺北：台聯國風出版
　　　　社，1972），頁2。

〔註86〕（清）席裕福、沈師徐輯，《皇朝政典類纂》，收錄於沈雲龍主編，《近代中
　　　　國史料叢刊續編》，第92輯第917冊（臺北：文海出版社，1978），頁11214。

〔註87〕蕭國敏，〈《西洋雜誌》的編撰學：晚清士大夫首次走向西洋的集體敘述〉，楊
　　　　乃喬主編《比較文學與世界文學輯刊：第一輯》（臺北：秀威資訊科技股份有
　　　　限公司，2014），頁241。

〔註88〕王立誠編校，《郭嵩燾等使西記六種》（北京：生活・讀書・新知三聯書店），頁4。

〔註89〕陳左高，《中國日記史略》（上海：上海翻譯出版公司，1990），頁169。

海之間——晚清使西日記中的文化觀察認證與選擇》中將其統稱為「使西日記」，〔註 90〕亦有部分研究者稱之為「域外遊記」，不論其名稱為何，其用意或都在方便概括這類文獻，卻仍不一而同，沒有明確的統稱，但這其實也呈現出了這類研究興盛的情況。

關於以外交使節為重心出發之遊記、日記研究方向的著作中，鍾叔河是不得不提的關鍵人物，除了其收錄了大量的晚清外交使節日記與遊記的重要著作《走向世界叢書》外，鍾氏還輯錄有《從東方到西方：走向世界叢書序論集》及《走向世界：近代中國知識分子接觸東西洋文化的前驅者》等著作，引用頗多晚清使節遊記日記的內容，並對部分赴外使節之經歷、外交事業、思想皆有深刻之探討。〔註 91〕

另外此類與晚清外交使節遊記、日記相關的研究中，有部分著作與之相關，如王立誠編校之《郭嵩燾等使西記六種》、〔註 92〕陳左高的《中國日記史略》、〔註 93〕馮爾康的《清代人物傳記史料研究》、〔註 94〕李揚帆的《走出晚清：涉外人物及中國的世界觀念之研究》、〔註 95〕王曉秋及楊紀國的《晚清中國人走向世界的一次盛舉——1887 年海外游歷使研究》等著作，〔註 96〕這些研究成果都涉及晚清外交使節之遊記、日記，但或有可能僅列出史料而未進一步分析討論，又或者外交使節的遊記等著作僅為其引用的史料，又或為其整體研究的討論項目之一，故只有部分提及而未專門論述。

相較於此，尹德翔的《東海西海之間——晚清使西日記中的文化觀察認證與選擇》一書便是以「使西日記」作為主要材料，收錄從斌椿開始，到志剛、郭嵩燾、劉錫鴻、張德彝、薛福成等使節之日記遊記，並收錄其他使節日記遊記記要，結合歷史學與文化學之研究方法進行分析，探討在日記或遊記中所反

〔註 90〕 尹德翔，《東海西海之間——晚清使西日記中的文化觀察認證與選擇》，頁 1。
〔註 91〕 鍾叔河，《走向世界：近代中國知識分子接觸東西洋文化的前驅者》，臺北：百川書局，1989；鍾叔河，《從東方到西方：走向世界叢書序論集》，長沙：岳麓書社，2002。
〔註 92〕 王立誠編校，《郭嵩燾等使西記六種》，北京：生活・讀書・新知三聯書店，1998。
〔註 93〕 陳左高，《中國日記史略》，頁 169～182；195～204。
〔註 94〕 馮爾康，《清代人物傳記史料研究》，天津：天津教育出版，2006。
〔註 95〕 李揚帆，《走出晚清：涉外人物及中國的世界觀念之研究》，北京：北京大學出版社，2012。
〔註 96〕 王曉秋、楊紀國，《晚清中國人走向世界的一次盛舉——1887 年海外游歷使研究》，大連：遼寧師範大學出版社，2004。

映的西方文化對赴外使節產生之衝擊，及對其思想之影響。希望以文化研究的角度，貼近彼時知識分子的想法，非單以現代眼光批判。〔註97〕

學位論文方面，如盧瑩娟的《晚清赴美使團眼中的西方—以文化體驗為中心》，通過蒲安臣使團等三個不同階段的赴美使團成員記述中關於對西方外交禮儀、與中國相異的飲食文化、社交活動等方面的描述，反應晚清知識分子在接觸西方經驗中獲得之影響，如因中西價值觀落差所造成之衝擊，並進一步分析其侷限性。〔註98〕

蔡明純的《近代中國的海外旅行文化（1866～1941）：以遊歷風氣到旅行事業的推展為中心》，主要討論 1866～1941 之間，近代中國的海外旅行活動的推展，及包括意識、習慣與經驗在內的旅行文化之發展與改變等問題，其中晚清外交使節之遊記、日記亦為近代旅遊經驗的重要分析史料。〔註99〕

另一方面，有學者將晚清出使視為「非觀光娛樂旅行」，〔註100〕故旅途中的遊記亦為旅遊文學，可納入遊記、旅遊史等範疇中討論，因以遊記這種文體為討論重點，故也有傾向於文學研究的情況。這方面的研究，如有陳室如的《中國近代域外遊記研究（1840～1945）》、〔註101〕楊波的《晚清旅西記述研究：1840～1911》、〔註102〕金碧蓮的《晚清域外遊記中的西方印象》、〔註103〕胥明義的《晚清歐美遊記研究》、〔註104〕尤靜嫻的《帝國之眼：晚清旅美遊記研究（1840～1911）》；〔註105〕期刊論文方面，如陳室如從文學的角度切入，發表一系列關於海外遊記文學書寫的研究，如有討論飲食等物質層

〔註97〕 尹德翔，《東海西海之間——晚清使西日記中的文化觀察認證與選擇》，北京：北京大學出版社，2009。

〔註98〕 盧瑩娟，《晚清赴美使團眼中的西方—以文化體驗為中心》，新竹：國立清華大學歷史學研究所碩士論文，2009。

〔註99〕 蔡明純，《近代中國的海外旅行文化（1866～1941）：以遊歷風氣到旅行事業的推展為中心》，臺北：國立台灣大學歷史學研究所博士論文，2017。

〔註100〕 郭少棠，《旅行：跨文化想像》（北京：北京大學出版社，2005），頁 35。

〔註101〕 陳室如，《中國近代域外遊記研究（1840～1945）》，彰化：國立彰化師範大學國文研究所博士論文，2006。

〔註102〕 楊波，《晚清旅西記述研究：1840～1911》，河南：河南大學中文研究所博士論文，2010。

〔註103〕 金碧蓮，《晚清域外遊記中的西方印象》，蘇州：蘇州大學中文研究所碩士論文，2011。

〔註104〕 胥明義，《晚清歐美遊記研究》，蘇州：蘇州大學中文研究所碩士論文，2004。

〔註105〕 尤靜嫻，《帝國之眼：晚清旅美遊記研究（1840～1911）》，臺北：國立台灣大學中文研究所碩士，2005。

面的〈味蕾的行旅：晚清歐美遊記的飲食書寫〉、〈晚清海外遊記的博物館書寫〉、〈晚清域外遊記中的博覽會書寫〉，以及關於航海經歷的〈晚清域外遊記的海洋書寫─以張德彝《稿本航海述奇匯編》為例〉。〔註106〕

　　上述對晚清外交使節及日記遊記著作的概述僅是豐富研究成果的一部分，惟過去研究多數討論重點，還是前往歐美或日本見聞為主，香港則仍是較少學者關注的主題。舉例來說，如周佳榮的《閱讀香港──新時代的文化穿梭》，〔註107〕在其另一本著作《潮流兩岸：近代香港的人與事》中則有描述斌椿、張德彝、郭嵩燾、吳廣霈等外交使節在香港見聞，與對香港海防地位的看法；〔註108〕趙雨樂在《近代南來文人的香港印象與國族意識》亦有提及1876年赴美參加費城博覽會的外交官李圭在香港與王韜會面等見聞。〔註109〕

（三）與王韜、潘飛聲相關研究成果

1. 與王韜在香港見聞相關之研究成果

　　因王韜在中國近代提倡改革思想的先驅地位，與他具有傳奇色彩的生平，加上他具備改革思想家、政論家、文學家、報人……等多重身分，故長久以來皆為熱門的研究對象，也因此過去與王韜相關之研究成果可說極為豐富。有研究者指出，若將王韜之研究以時間來分期，大致可分為1949年之前、1949年至1980年、1980年以後等三個階段：1949年以前之主軸為研究王韜之生平事蹟及編纂王韜之年譜，而1949年到1980年之間對王韜研究更多的是港、台學者，隨著1980年代大陸改革開放，中國學者才對其投以較多的關注。〔註110〕王韜的研究成果概況大致分為王韜之生平事跡及通論、王韜之思想、王韜之著作、王韜與其出版辦報事業等數種類型。但也因王韜相關之著作數量極為龐雜，若要全面對其內容進行分析整理，勢必是一巨大之工程，加上本研究是將

〔註106〕陳室如，〈味蕾的行旅：晚清歐美遊記的飲食書寫〉，《淡江中文學報》，29（新北：2013），頁199～233；陳室如，〈晚清域外遊記的海洋書寫─以張德彝《稿本航海述奇匯編》為例〉，《成大中文學報》，33（臺南：2013），頁131～133＋135；陳室如，〈晚清海外遊記的博物館書寫〉，《成大中文學報》，54（臺南：2016），頁133～135+137；陳室如，〈晚清域外遊記中的博覽會書寫〉，《輔仁國文學報》，38（新北：2014），頁125～147。

〔註107〕周佳榮、侯勵英等、陳月媚等編，《閱讀香港──新時代的文化穿梭》，頁27～38。

〔註108〕周佳榮，《潮流兩岸：近代香港的人與事》，頁12～22。

〔註109〕趙雨樂，《近代南來文人的香港印象與國族意識》，頁35。

〔註110〕游秀雲，《王韜小說三書研究》（臺北：秀威資訊科技，2006），頁7。

三種不同類型之華人知識分子進行比較，非僅針對王韜，故在研究回顧方面，擬將焦點集中在與本研究最相關，與王韜在香港見聞有關之著作進行整理。

在過去與王韜相關的研究成果中，有不少通論性著作會述及王韜生平，也因此無可避免的會提及王韜流亡香港的經歷，也有可能多或少會引用王韜的〈香港略論〉等文章來說明王韜在在香港的生活，不過這些研究只節錄了王韜部分的香港見聞，另一方面，王韜在香港之經歷多半只是這些研究鋪陳其生平的一個環節，而非研究的重點。在這些著作之外，與本研究更為相關的，應是涉及聚焦在王韜香港見聞上的相關著作，以下列舉此類研究的概況：

Elizabeth Sinn（冼玉儀）與 Christopher Munn（文基賢）在 2017 年所編的著作 *Meeting Place: Encounters across Cultures in Hong Kong, 1841～1984* 之第一章 *Wang Tao in Hong Kong and Chinese "other"*，本章的內容最初介紹王韜的背景，接著描繪王韜對香港由「棄土」轉變為「樂土」的評價轉變，之後更進一步敘述王韜在香港的人際往來及創辦循環日報、出任東華醫院等公眾職務的經歷。作者使用了《弢園文錄外編》、《弢園尺牘》等王韜著作中大量關於在香港之見聞，來呈現王韜來到香港這個他所不熟悉的移民社會時產生的困惑等情緒；隨著居住在此的時間漸長，他逐漸適應在香港的生活，並塑造出新的思想與認同，而王韜觀點的轉變，在外顯露在他的著作與報刊中，私底下則通過與朋友往來的書信可以被發現。作者認為通過王韜這些作品中思想轉變的考察，能更細微的描繪香港文化的多樣性與複雜性，而這更能突顯香港具有東西方文化交流的特性。〔註111〕

翟芳的《王韜與十九世紀六七十年代的香港社會》為極少數以王韜與香港為研究主題的學位論文，作者認為除了歐洲與日本外，香港是王韜所寓居時間最長之地，理所當然受到香港的影響最為深刻，但卻似乎仍沒有太多針對王韜在香港之研究。在文章的結構上，作者先介紹了近代知識分子對香港的認知及其關注的重點，進一步循此脈絡描述了王韜初到香港，對陌生環境產生抗拒的情緒化觀點，而在第二部分開始，則通過王韜的各種見聞來呈現其眼中香港的經濟社會、政治社會以及文化社會等香港的各種面向；第三部分則介紹王韜在香港進行翻譯形成中西文化交流，及通過辦報以宣傳改革思想等實踐活動，在

〔註111〕 Elizabeth Sinn, Christopher Munn , *Meeting Place: Encounters across Cultures in Hong Kong, 1841～1984*（Hong Kong: Hong Kong University Press, 2017）, pp. 1～22.

最後的部分則論述王韜在面臨西方文化挑戰做出的回應。〔註112〕本文在王韜香港見聞之資料頗為豐富，但對王韜在香港心態之演變也較偏重前期的觀察，且在論述上與本研究希望探討華人知識分子以其原有之文化背景對香港進行再詮釋的解讀方式有所不同，或存在對文獻的解讀方式及深入程度的差異，通過互相對照，仍對本研究具有相當的參考價值。

王宏志的〈南來文化人：「王韜模式」〉，則提供了另外一種視角，將王韜視為從中國南下香港的「文化人」。在歷史上，香港往往是中國遭逢禍亂時作家等文化人避居之地，如抗戰時期與國共內戰時期皆為如此，而王韜正是此種南來文化人的先河。則南來文化人對香港的觀察為何？作者引用王韜之書信及其他著作中之見聞指出，在初到香港的一段時間，在氣候、飲食、居住環境及人際往來等各方面皆不如意。作者認為王韜在初期仍抱持著從中原對邊陲凝視的傳統華夷觀，隨著時間推移而逐漸有所適應，尤其在歐遊返港之後眼界更為開闊。作者也指出，雖逐漸拋棄成見，但香港始終非其故土，而常抱回鄉之念。作者將此後類似於此種之思想稱為「王韜模式」之南來文化人，其具有幾種特點，包括被迫離開中國南來香港、以中原心態視香港為邊緣、在香港受到異文化的衝擊、通過香港的特殊空間從事文化活動、始終想著返回中國。文中認為「王韜模式」並非能套用在所有南來文化人身上，但可以作為一種切入的角度，以理解南來文化人在中國與香港文化發展上扮演的角色。〔註113〕對本研究來說，此篇著作有部分與想要討論的香港對相異文化認同之華人知識分子族群扮演的個別功能與角色差異頗有相近之處，具有參考價值。王宏志在《歷史的沉重：從香港看中國大陸的香港史論述》的附錄中，亦有一篇〈「蕞爾絕島」：王韜的香港論述〉，介紹王韜著作與詩文中對香港的論述，較著重於王韜對香港的負面評價，以及形成這些評價的心態的分析，雖未完整論述王韜對香港觀點的心態演變，但其論點亦具參考價值。〔註114〕

另外林國輝的〈十九世紀末上海文人在香港——王韜的香港羈蹤〉，作者亦指出香港是王韜寓居最久之地，幾乎可稱為其第二故鄉，其盛年歲月及最重要的辦報等事業皆在此完成，作者對王韜對香港之看法頗為好奇，故對此進行

〔註112〕 翟芳，《王韜與十九世紀六七十年代的香港社會》，廣州：華南師範大學歷史學研究所碩士論文，2007。

〔註113〕 王宏志，〈南來文化人：「王韜模式」〉，《二十一世紀雙月刊》，91（香港：2005），頁69～77。

〔註114〕 王宏志，《歷史的沉重：由香港看中國大陸的香港史論述》，頁215～226。

研究。在內容上，作者先引用文獻對王韜在香港之居所所在進行考證，接下來則對王韜在香港生活之翻譯經典、創辦報刊、整理著述等各個時期及其貢獻進行描述，最後則引用王韜之見聞論述王韜對香港之印象與評價。作者認為，初期王韜對香港之陌生環境頗為抗拒，此後逐漸適應，但仍對香港重貿易輕禮儀的風氣頗為不滿，而使他對香港始終無法留戀；作者也指出，王韜之所以決心返回上海，或許與其語言不通有所關連。〔註115〕除了上述的研究成果外，如趙雨樂的《近代南來文人的香港印象與國族意識》，〔註116〕及周佳榮的《閱讀香港──新時代的文化穿梭》亦採用王韜對香港觀察之見聞。〔註117〕

2. 與潘飛聲相關之研究成果

潘飛聲在過去的研究中似不是非常熱門的主題，因其身兼文士、畫家及新聞人的身分，故在文學、繪畫及新聞學等方面之工具書如《中國文學大辭典》、《廣州百科全書》、《中國詞學大辭典》、《新聞傳播百科全書》中都可見對他的介紹，但都是頗為零碎的資料。〔註118〕其他有關潘飛聲的著作，其實並不多。關於生平及通論性的著作方面，如有毛慶耆的〈潘飛聲小傳〉，〔註119〕從生平、交遊、著作等三個方面來構成對潘氏的介紹，作者引用許多潘氏之著作內容以說明其生命歷程。除此之外，亦採用不少與潘氏往還之廣東、南洋文人之詩文，從另一個面向來呈現潘飛聲其人其事。另外一篇對潘飛聲生平詳盡整理的則是林傳濱的〈潘飛聲年譜〉，〔註120〕內容上將潘飛聲自咸豐八年（1858）到民國二十三年（1934）年去世之間的生涯加以羅列，並介紹與潘氏來往交遊之人際關係及著作，對本研究極具參考價值。

而對於潘飛聲的研究中，程中山可說是著作頗多且對潘飛聲極為熟悉的一位學者。程中山的〈潘飛聲與晚清香港文學〉，概述了潘飛聲之生平及前往香港寓居之因緣，並介紹潘飛聲在香港之《老劍文稿》、《香海集》、《在山泉詩話》等主要詩文著作，並提到《老劍文稿》中〈中華會館落成記〉、〈遊大潭篤

〔註115〕 林國輝，〈十九世紀末上海文人在香港──王韜的香港羈蹤〉，《王韜與近代世界》（香港：香港教育圖書公司，2000），頁409～434。

〔註116〕 趙雨樂，《近代南來文人的香港印象與國族意識》，頁20～24。

〔註117〕 周佳榮、侯勵英等、陳月媚等編，《閱讀香港──新時代的文化穿梭》，頁27～38。

〔註118〕 彭智文，《潘飛聲詞研究》（香港：香港大學中文研究所碩士論文，2010），頁6～10。

〔註119〕 毛慶耆，〈潘飛聲小傳〉，《文教資料》，5（南京：1999），頁71～79。

〔註120〕 林傳濱，〈潘飛聲年譜〉，《詞學》，2（上海：2013），頁394～460。

記〉等有關之香港見聞，亦提及潘飛聲在寓居香江期間與香港以及廣東、南洋等地來訪文人互相唱和交遊之情形，惟此文僅有列出史料而未進一步分析，殊為可惜。〔註 121〕而程中山另有發表在《文匯報》上之〈香江詩話：潘飛聲與香港〉上下兩篇，來介紹潘飛聲在香江之經歷，但與〈潘飛聲與晚清香港文學〉相去不遠，且內容上也較不學術化。〔註 122〕

在潘飛聲於中西文化交流之貢獻方面，如有丘進的〈海外竹枝詞與中外文化交流〉，蒐集中外關係史上文人記錄海外觀察之竹枝詞，認為對晚清擴大視野及文化交流有極大幫助，其中便有潘飛聲之〈柏林竹枝詞〉。〔註 123〕另外像程中山的〈論潘飛聲德國時期之文學創作〉，主要針對潘飛聲講學德國時期的文學創作進行介紹。〔註 124〕此外如有吳曉樵的〈關于南社詩人潘飛聲掌教柏林──兼談一段中德文學因緣〉，作者認為過去對於潘飛聲的研究都較為忽略其在德國之經歷，而本文便通過研討其在德國與當地學者、思想家之往來，突顯潘飛聲在德國之經歷對中德文化交流史研究所具有的潛力。〔註 125〕而有部分的研究則是把潘飛聲放入當時的文化人群體中討論，舉例來說像張宏生的〈離散、記憶與家國──論民國初年的香港詞壇〉、〔註 126〕楊云輝的〈晚清詩人筆下的異域風情〉……等都是此類作品。〔註 127〕

而關於潘飛聲之文學研究方面，如羅香林的《香港與中西文化之交流》將潘飛聲與王韜等報人並列，定義為香港中國文學發展的第二期，即以報章政論中人為代表。〔註 128〕針對潘飛聲的詞創作方面的專論，如有彭智文的《潘飛聲詞研究》，此文是與潘飛聲相關在論述與資料收羅上皆極為詳盡的

〔註 121〕程中山，〈潘飛聲與晚清香港文學〉，《香江文壇》，33（香港：2004），頁 25～32。

〔註 122〕程中山，〈香江詩話：潘飛聲與香港（上）〉，《文匯報》（香港），2006 年 1 月 14 日；程中山，〈香江詩話：潘飛聲與香港（下）〉，《文匯報》（香港），2006 年 1 月 17 日。

〔註 123〕丘進，〈海外竹枝詞與中外文化交流〉，《海交史研究》，2（泉州：1995），頁 25～32。

〔註 124〕程中山，〈論潘飛聲德國時期之文學創作〉，《臺灣古典文學研究集刊》，1（臺北：2009），頁 445～447+449～492。

〔註 125〕吳曉樵，〈關于南社詩人潘飛聲掌教柏林──兼談一段中德文學因緣〉，《中國比較文學》，1（上海：2014），頁 88～97。

〔註 126〕張宏生，〈離散、記憶與家國──論民國初年的香港詞壇〉，《文學評論》，6（北京：2019），頁 153～163。

〔註 127〕楊云輝，〈晚清詩人筆下的異域風情〉，《尋根》，4（鄭州：2017），頁 53～62。

〔註 128〕羅香林，《香港與中西文化交流》，頁 187～192。

一篇研究，除整理前人研究成果外，還包括潘飛聲之家世與生平及其藝術作品之概述、潘氏詞學思想、詞中所隱蘊之意涵、潘飛聲詞的藝術特色等內容，在附錄中還有潘氏的家世圖、年表及詞作索引等內容，可見其研究之完備。〔註 129〕同屬此類著作還有郭思晨的《潘飛聲詞研究》，〔註 130〕及林傳濱的《潘飛聲詞專題研究》。〔註 131〕另如潘劍芬、潘剛兒的〈潘飛聲在澳門的文化印記〉介紹潘氏在澳門通過報刊宣傳其戒纏足、戒鴉片之新思潮外，亦發表不少詩作，此外尚有協助鄭觀應編寫改革思想書籍等事蹟。〔註 132〕此外謝永芳、施琴的〈《在山泉詩話》中的詞學文獻及其價值〉、〔註 133〕謝永芳的〈潘飛聲對本土詞學文獻的整理研究及其價值〉、〔註 134〕詹杭倫的〈潘飛聲《論粵東詞絕句》說略〉，〔註 135〕及林傳濱的〈舊文體中的新世界——潘飛聲《海山詞》的價值與特色〉，〔註 136〕都是圍繞著潘飛聲詞作內容或是其貢獻而產生之研究成果。

　　縱觀過去與潘飛聲相關之研究，可發現絕大多數是對潘氏的詩詞文學創作進行討論，有部分涉及其繪畫作品，亦有少部分談論其交往之人際關係，而與本研究較為相關之香港見聞的內容，包括〈中華會館落成記〉、〈遊大潭篤記〉等記述，雖有少數如程中山等人的研究有提及，但也只是將文獻內容呈現在文中，並未加以進一步分析，而這或是本研究可以予以加強之處。

（四）與何啟、胡禮垣及陳鏸勳相關之研究成果

1. 與何啟、胡禮垣相關之研究成果

　　何啟與胡禮垣為在十九世紀末較少數受過西式教育的華人知識分子，兩

〔註 129〕彭智文，《潘飛聲詞研究》，香港：香港大學中文研究所碩士論文，2010。

〔註 130〕郭思晨，《潘飛聲詞研究》，上海：華東師範大學中文研究所碩士論文，2018。

〔註 131〕林傳濱，《潘飛聲詞專題研究》，香港：香港浸會大學中文研究所碩士論文，2013。

〔註 132〕潘劍芬、潘剛兒，〈潘飛聲在澳門的文化印記〉，《文化雜誌》，89（澳門：2013），頁 103～112。

〔註 133〕謝永芳、施琴，〈《在山泉詩話》中的詞學文獻及其價值〉，《黃岡師範學院學報》，4（黃岡：2014），頁 60～64。

〔註 134〕謝永芳，〈潘飛聲對本土詞學文獻的整理研究及其價值〉，《圖書館論壇》，28：4（廣州：2008），頁 171～174。

〔註 135〕詹杭倫，〈潘飛聲《論粵東詞絕句》說略〉，《西華師範大學學報》，1（南充：2010），頁 1～8。

〔註 136〕林傳濱，〈舊文體中的新世界——潘飛聲《海山詞》的價值與特色〉，《古籍研究》，1（合肥：2016），頁 53～63。

人合作撰寫之政論著作《新政真詮》被部分研究者視為晚清重要的改革思想之一，在晚清提出改革思想者與推動洋務官員中仍是極為特殊，且不少研究者認為孫中山革命思想的培育來自於何啟，在過去雖不是非常熱門的研究主題，但仍可發現研究成果陸續有所增加，也因為兩人關係的密切，過去研究有不少皆將兩人放在一起討論，且即便是單獨討論何、胡其中一人之著作，在論述中仍勢必會提及另一人，較難完全切割，故本研究也將過去兩人的相關研究成果一併呈現，以下將過去的研究大致分類概述：

在通論性著作方面，如有 G. H. Choa（蔡永業）的 *The Life and Times of Sir Kai Ho Kai*，此書作者亦為醫生出身，故或許在思想上更能貼近習醫出身的何啟，內容上，除探討何啟的家族史及其個人生平外，還包括何啟在英國獲得醫學與法律學位，並取得律師資格，到返港後創立雅麗氏醫院，出任立法局議員公職的過程，最後則述及何啟的改革思想，以及他對於門戶開放政策等西方國家勢力進入中國的看法。〔註137〕

張禮恆的《何啟、胡禮垣評傳》則認為兩人是近代中國最具代表性的啟蒙思想家，其社會整體改革方案領先於當時代其他改革者，而其原因在於他們的思想來自於中西合璧以及世俗與宗教的結合，但作者也認為其思想是不適合於彼時的環境的，這導致其改革思想最終無法具體的實現。〔註138〕

另外因何啟之醫學背景，故關於他亦有與醫療衛生方面之研究，較早期的著作如在羅香林《香港與中西文化之交流》中，有論述包括西醫書院對中西文化交流的貢獻、其創立過程與對醫術科學之理想、師資、課程、考試等內容，另外便是探討西醫書院創辦人之一的何啟創辦西醫書院之宏願，以及包括孫中山在內之西醫書院畢業生之貢獻與創發。〔註139〕較近期的則如雷祥麟的〈公共痰盂的誕生：香港的反吐痰爭議與華人社群的回應〉，指出由於香港政府在 1900 年代立法禁止華人隨地吐痰的惡習而引發之爭議，最後由何啟等華人領袖的爭取下，產生兩個特殊的結果，其一是華人組成團體配合政府政策，對吐痰行為近行規勸；另一方面何啟等受過西式教育之華人菁英卻又站在華人一方為其爭取權益，設置公共痰盂，進而影響到此後反吐痰

〔註137〕 G. H. Choa，*The Life and Times of Sir Kai Ho Kai,* Hong Kong : Chinese University Press, 2000.
〔註138〕 張禮恆，《何啟、胡禮垣評傳》，南京：南京大學出版社，2011。
〔註139〕 羅香林，《香港與中西文化交流》，頁 135～176。

運動的過程。〔註140〕

　　何啟與孫中山革命思想傳承，在何啟的研究中亦是被關注的焦點，原因可能來自於孫中山被中華民國政府塑造成偉人，其曾在西醫書院就讀的經歷等思想、生平會被崇敬者研究，何啟與孫中山的關係自然會被不斷的提及。早期如有羅香林的《國父之大學時代》，其中便提到孫中山在西醫書院就讀時曾受教於何啟之法醫學、生理學等科目，且成績良好，據此證明何啟與孫中山具有密切的關係，而此類記載也被此後的不少相關研究所引用。〔註141〕與此有關的研究比如有關國煊的〈香港三元老韋玉、何啟、何東對中國革命與現代化的影響〉、〔註142〕莊政的〈國父的恩師何啟博士其人其文〉、〔註143〕皆屬此類的著作。另一方面，有部分的著作將焦點擴及到何啟在辛亥革命中扮演的角色，如趙令揚的〈辛亥革命期間之何啟〉便指出何啟在辛亥革命的過程中並不只是扮演思想上影響孫中山的角色，而是曾實際參與策畫的過程。〔註144〕

　　何、胡二人改革思想方面的研究，應是相關研究中最為熱門的一種。較早期的研究如蕭公權的《中國政治思想史》中便有對何、胡二人思想的論述，文中指出兩人改革思想的特色，及與康有為、張之洞等改革思想家及洋務官員思想上的不同，其精髓在受到西方自由主義及天賦人權思想影響，以民權為根本的出發點，同時也論述了何、胡在著作中所提如何施行改革之具體方法。〔註145〕葉仁昌的《何啟與胡禮垣的維新思想》，是較早期研究何、胡思想之學位論文，內容敘述二人之生平及其與革命之關係，以古典自由主義、理性精神與實用主義作為核心的改革思想，兩人對中國傳統思想及制度的批判，對於民權思想、議會制度設計及契約式的各省自治政策，對清末政府制度問題的提出與相應的解決方法，以及重商主義的財經思想及由此衍生的財

〔註140〕雷祥麟，〈公共痰盂的誕生：香港的反吐痰爭議與華人社群的回應〉，《中央研究院近代史研究所期刊》，96（臺北：2017），頁61～95。

〔註141〕羅香林，《國父之大學時代》，頁44～46。

〔註142〕關國煊，〈香港三元老韋玉、何啟、何東對中國革命與現代化的影響〉，《傳記文學》，48：6（臺北：1986），頁10～19。

〔註143〕莊政，〈國父的恩師何啟博士其人其文〉，《書和人》，578（臺北：1987），頁1～2。

〔註144〕趙令揚，〈辛亥革命期間之何啟〉，《辛亥革命與20世紀中華民族的振興：紀念辛亥革命90周年論文集》（北京：團結出版社，2002），758～772。

〔註145〕蕭公權，《中國政治思想史》（臺北：中國文化大學出版社，1988），頁816～825。

政制度。〔註146〕在學位論文之外，葉仁昌亦有幾篇期刊論文論述何、胡之改革思想，如〈何啟與胡禮垣的重商主義與理財思想〉、〔註147〕〈清末的官僚改革論──何啟與胡禮垣的個案研究〉、〔註148〕〈傳統的批判與轉化──何啟與胡禮垣的合理性與實用主義〉等。〔註149〕

　　另如李金強在《中國歷代思想家》第十八輯中，有撰寫〈胡禮垣〉一篇專文探討其思想，除了介紹生平外，著作導讀部分主要針對兩人合著之《新政真詮》來進行探討。〔註150〕許政雄的《清末民權思想的發展與歧異》則通過何胡著作中之民權思想切入，並將其民權思想與同時期之洋務官僚等同類思想進行比較，並通過其差異觀察近代中國思潮中民權思想在變法及革命運動中的改變軌跡。〔註151〕此外1950至1980年代有幾篇日本學者對何、胡思想研究的專文，如小野川秀美的《何啟、胡禮垣の新政議論》、渡邊哲弘的《何啟、胡禮垣の新政論》、楠瀨正明的《何啟、胡禮垣の民權論》、佐藤慎一的《一九八〇年代の「民權」論──張之洞と何啟の「論爭」を中心に》……等。〔註152〕

　　另外一種對何、胡二人之研究方向，則是從二人身為受殖民地教育之華人菁英的面向切入，如有蘇愛嵐的〈晚清接受新式教育的先行者研究（1840～1894）〉，探討鴉片戰爭到甲午戰爭間受過西式教育的歷史人物來觀察分析其成長背景、接受西方教育的動機及過程，以及日後的發展，以呈現新舊教育改變的脈絡，其中何啟便是作者觀察的對象之一。〔註153〕或如施其樂在《歷史的覺醒：香港社會史論》〈19世紀香港英語教育下之華人菁英〉一章

〔註146〕葉仁昌，《何啟與胡禮垣的維新思想》，臺北：國立台灣大學政治研究所碩士論文，1982。

〔註147〕葉仁昌，〈何啟與胡禮垣的重商主義與理財思想〉，《法商學報》，31（臺北：1995），頁112～138。

〔註148〕葉仁昌，〈清末的官僚改革論──何啟與胡禮垣的個案研究〉，《法商學報》，28（臺北：1993），頁123～159。

〔註149〕葉仁昌，〈傳統的批判與轉化──何啟與胡禮垣的合理性與實用主義〉，《法商學報》，30（臺北：1994），頁139～172。

〔註150〕王壽南主編，《中國歷代思想家（十八）》（臺北：台灣商務印書館，1999），頁290～338。

〔註151〕許政雄，《清末民權思想的發展與歧異》，臺北：文史哲出版社，1992。

〔註152〕許政雄，《清末民權思想的發展與歧異》，頁12～13。

〔註153〕蘇愛嵐，《晚清接受新式教育的先行者研究（1840～1894）》，臺北：國立台灣師範大學教育研究所碩士論文，2011。

中介紹了包括何啟、胡禮垣在內等眾多背景相似、受過英語教育的華人菁英。〔註 154〕此外李金強的〈西學搖籃——清季香港雙語精英的誕生〉一文，主題也頗為相似，除了介紹香港發展西式教育培養雙語精英的背景外，也介紹了各時期雙語精英與近代中國歷史之關聯性，其中何啟與胡禮垣亦名列其中。〔註 155〕

對於像何啟、胡禮垣此種受殖民地教育培養出的華人菁英，蔡榮芳在其著作《香港人之香港史》中認為他們具有期望通過英國帝國主義勢力的介入來改變中國之「結合外國強權的民族主義」。〔註 156〕羅永生的《勾結共謀的殖民權力》則認為，如香港的殖民統治，其實是殖民者與華人菁英的一種共謀合作，這是一種文化與權力的形構，到十九世紀晚期，殖民主義的特徵已從殖民管治轉向商業，殖民政府通過各種代理者控制著殖民地，而其中一種便是像何啟這樣的殖民地華人菁英，他們混雜了帝國主義的利益在國族主義中，通過重商主義或革命等面貌呈現，也就是說作者對何啟、胡禮垣改革思想中的重商主義及何啟曾影響孫中山的革命思想，都認為有帝國主義在背後操作的軌跡。〔註 157〕

上述關於何、胡過去之研究成果，或對其生平、與革命相關、改革思想，以及其雙語精英之出身背景有關，但針對兩人著作中香港相關論述之研究則幾乎未見，這正是本研究可加以突破，發展新研究議題的機會。

2. 與陳鏸勳相關之研究成果

學界有關陳鏸勳之研究成果始終不多，這或許與陳鏸勳現存之著作大多散佚，以致無法從中分析了解其背景有關。首先在學位論文方面，或許陳鏸勳對多數歷史研究者來說資料太少，也過於冷僻，包括國內及中國、香港等地似乎皆少有發現與之相關的研究成果。在專書方面，陳鏸勳目前唯一可找到的著作《香港雜記》，除了根據 1894 年最原始的中華印務總局版複印的影印本外，尚有兩種當代學者經過校註之版本，其一為前文有提及 1996 年由

〔註 154〕施其樂，《歷史的覺醒：香港社會史論》（香港：香港教育圖書公司，1999），頁 105～136。

〔註 155〕黃愛平、黃興濤主編，《西學與清代文化》（北京：中華書局，2008），頁 692～703。

〔註 156〕蔡榮芳，《香港人之香港史》，頁 63～65。

〔註 157〕羅永生，《勾結共謀的殖民權力》（香港：牛津大學出版社，2015），頁 101～134。

當時暨南大學教授莫世祥點校評註並與其他幾種與香港相關文獻合訂的《香港雜記（外二種）》，其二則是在 2018 年，由轉任至香港樹仁大學擔任教授的莫世祥重新編訂校註的《香港雜記（外一種）》。1996 年版的出版原因是為了呼應 1997 年香港回歸，讓中國讀者對十九世紀的香港有所了解，所以加以校註，並附加了《勘建九龍寨城全案》及一些晚清出洋外交使節等人之日記遊記編訂而成。〔註 158〕2018 年版則是在香港回歸 20 週年時，以繁體字重新出版，內容與 1996 年版大同小異，為《香港雜記》及《勘建九龍寨城全案》之編訂。〔註 159〕此兩種版本之《香港雜記》主要皆對陳鏸勳之原文進行校註，同時整理者莫世祥教授在序言中指出，陳鏸勳撰寫此書引用各種數據，以及英國友人與自身之見聞，故可信度更高，〔註 160〕且如前所述，他認為此書具有一種親身經歷過西方文化的華人菁英以中國人角度出發之香港史觀，〔註 161〕此觀點具有討論性且值得玩味；頗為可惜的是，莫氏在書中僅只於序言中提及，在校註正文內容部分時則未對此概念有進一步的闡述。而 2004 年時擔任香港浸會大學歷史系系主任之周佳榮教授在其著作《歷史絮語：教與學的文化情懷》中有一篇〈百年前的香港專著〉，專門介紹陳鏸勳及其著作《香港雜記》，〔註 162〕另外在周教授與其他學者合著的《閱讀香港——新時代的文化穿梭》中，也介紹了與香港有關的早期著作，其中亦包含《香港雜記》，〔註 163〕惟這些介紹都並未對《香港雜記》之內容深入討論。另一方面，香港浸會大學李金強教授在其 2012 年出版之著作《中山先生與港澳》一書第四章介紹輔仁文社之內容中，亦有略為提及陳鏸勳之背景與《香港雜記》一書之內容，認為陳鏸勳是輔仁文社的成員之一，實際上也僅有少量的敘述。〔註 164〕

〔註 158〕　（清）陳鏸勳著，莫世祥整理，《香港雜記（外二種）》（廣州：暨南大學出版社，1996），頁 1〜7。

〔註 159〕　（清）陳鏸勳著，莫世祥整理，《香港雜記（外一種）》（香港：三聯書店，2018），頁 xx。

〔註 160〕　（清）陳鏸勳著，莫世祥整理，《香港雜記（外二種）》，頁 4。

〔註 161〕　（清）陳鏸勳著，莫世祥整理，《香港雜記（外一種）》，頁 xxi。

〔註 162〕　周佳榮，《歷史絮語：教與學的文化情懷》（香港：牛津大學出版社，2004），頁 151〜153。

〔註 163〕　周佳榮、侯勵英等、陳月媚等編，《閱讀香港——新時代的文化穿梭》，頁 19〜21。

〔註 164〕　李金強，《中山先生與港澳》（臺北：秀威資訊科技，2012），頁 123、126〜127。

　　此外，前述香港大學孔安道圖書館首任館長楊國雄著有《舊書刊中的香港身世》一書，第一章中有〈最早關於香港通論的中文專著：《香港雜記》〉一篇，除了介紹陳氏的出身背景與著作外，也認為陳氏與輔仁文社關係匪淺，並簡單為讀者概述《香港雜記》的內容，比如說大致介紹書中各章節、將書中十九世紀末的地理名詞與今日對照，及描述書中所提到之香港之海防設施、產業簡述、代表性建築物及交通工具使用情況等內容，〔註165〕極富參考價值，惟此文僅是該書中之一節，故亦未對《香港雜記》一書有更深入之討論。另外香港公開大學教授趙雨樂的《近代南來文人的香港印象與國族意識》一書中，亦有〈陳鏸勳——為香港首撰華文史志的商業才俊〉一章，專門對陳氏之背景與著作進行探討，與其他著作中對陳鏸勳之介紹較為不同，此書除了以文獻推測陳鏸勳與輔仁文社之關係外，更多的是著重在陳氏曾從事保險業經營，以及在光緒二十二年（1896）致函盛宣懷對清廷欲籌設之官方銀行（即日後中國通商銀行）提出建議等內容，對於《香港雜記》內容，作者亦進行概述，並指出陳鏸勳書中多有對香港殖民施政稱道之處，似為真心的認同殖民政府，而非為出版而故作諂媚之語，此外，此書中還引用報刊與政府檔案中有關陳鏸勳之法庭記錄，是此書較其他述及陳鏸勳之著作更為特殊之處，對本研究頗具參考價值。〔註166〕

　　在期刊論文方面，目前可查找到的有分別刊登在 1997 年《中國圖書評論》，由陳紅撰寫的〈輯錄晚清古籍，凝聚香港歷史——《香港雜記（外二種）》評介〉、〔註167〕1997 年《暨南學報》由小中撰寫的〈簡評《香港雜記（外二種）》〉等兩篇論文，〔註168〕此兩篇論文皆為對莫世祥教授校註的 1996 年版《香港雜記（外二種）》之書評。比對後其實可以發現，此兩篇之內容除了某些細部用字有更動外，文字與評論基本上完全相同，無法確定是否作者為同一人或有其他原因，但基本上或可將兩篇皆視為同一篇書評。〈輯錄晚清古籍，凝聚香港歷史——《香港雜記（外二種）》評介〉與〈簡評《香港

〔註165〕此書為作者於 2009 年出版舊作《香港身世：文字本拼圖》之重新整理再版，關於陳鏸勳及《香港雜記》之介紹內容皆相同；參見楊國雄，《舊書刊中的香港身世》，頁 2～9。

〔註166〕趙雨樂，《近代南來文人的香港印象與國族意識》，頁 93～105。

〔註167〕陳紅，〈輯錄晚清古籍凝聚香港歷史——評《香港雜記（外二種）》〉，《中國圖書評論》，3（瀋陽：1997），頁 52～53。

〔註168〕小中，〈簡評《香港雜記（外二種）》〉，《暨南學報》，19：4（廣州：1997），頁 107～108。

雜記（外二種）》之內容，簡單介紹了莫世祥教授校註出版《香港雜記（外二種）》的背景，與收錄之各種史料內容以及書中所提陳鏸勳之基本資料，但或許因此兩篇論文是採用一種書評的形式，反而更著重於莫世祥教授之看法，比如引用莫教授認為香港史是一種「綜合了華人受香港殖民政府壓迫，但同時又是以華人為主體與外籍人士合作獲得發展」的較具民族主義色彩，以現代中國人角度出發的香港史觀，反而對陳鏸勳與《香港雜記》的內容僅寥寥數筆帶過。

二、歷史文獻

　　除了過去相關的研究成果外，還有與本研究相關之歷史文獻，本研究採用之文獻為遊記、日記、散文、政論等著作，在此段時間內雖亦有部分華人知識分子，如黃遵憲或康有為等留下吟詠香港的詩詞，但相較於遊記等文體有較具體的描述與記載記述者在香港之見聞，吟詠香港的詩詞常以抒發香港落入外夷之手等悲嘆情感為主，所蘊含的資訊量一般較少，且常使用典故做為借代，有可能無法完全掌握其所指涉的事物，或有流於通篇解釋字詞的可能，故本研究之主要歷史文獻採用遊記等著作，詩詞等作品則視情況做為補充之用。在這方面主要可分為以下四種：

（一）晚清外交官員赴外旅途中之日記、遊記

　　如前文所述，清同治五年（1866）開始，清政府開始派出使節前往歐美以進行外交現代化的嘗試，在本研究的時間 1900 年之前，有不少的外交使節奉派前往海外，並曾在著作中對香港留下見聞，而這些著作即為本研究相關之第一種歷史文獻。據過去的研究成果，有學者將晚清派遣赴外使節依其任務性質區分為肩負正式外交任務之外交使團、執行特殊任務的外交特使、長期派駐在外並設有使館的駐外使臣及使館官員，以及從事遊歷考察的考察官員等四大類。〔註169〕但不論其性質，這些外交官員中有許多曾將其旅途中所見所聞記錄成日記或遊記，其中也有不少官員留下對香港的記述，故本研究採用歷史文獻的標準則是對其任務性質不加以區分，將所有曾對香港留下觀察之晚清外交官員著作皆包含在內，按年代先後順序將出訪使節與其著作排列如下：

〔註169〕王曉秋、楊紀國，《晚清中國人走向世界的一次盛舉——1887 年海外游歷使研究》（大連：遼寧師範大學出版社，2004），頁 11～19。

1. 同治五年（1866）赫德、斌椿使團

擔任清廷首席代表之斌椿著有《乘槎筆記》、同文館學生張德彝著有《航海述奇》〔註170〕

2. 同治七年（1868）蒲安臣使團

隨團通事張德彝著有《歐美環遊記》（或稱《再述奇》）〔註171〕

3. 同治九年（1870）崇厚赴法道歉使團

隨團擔任翻譯之張德彝著有《三述奇》〔註172〕

4. 光緒元年（1875）首任駐英、法公使郭嵩燾及隨員

公使郭嵩燾著有《使西紀程》、《倫敦與巴黎日記》〔註173〕

副使劉錫鴻著有《英軺日記》〔註174〕

使館翻譯張德彝著有《隨使日記》〔註175〕

5. 光緒二年（1876）李圭赴美國建國百年費城博覽會參訪

擔任江寧海關秘書之李圭著有《東行日記》〔註176〕

6. 光緒三年（1877）德國使館人員錢德培

負責翻譯與使館支應的錢德培著有《歐遊隨筆》，〔註177〕赴歐與光緒七年（1881）回國途中皆有對香港之記述

7. 光緒四年（1878）駐英、法公使曾紀澤

〔註170〕鍾叔河主編，《走向世界叢書·乘槎筆記》，長沙：岳麓書社，1985；鍾叔河主編，《走向世界叢書·航海述奇》，長沙：岳麓書社，1985。

〔註171〕鍾叔河主編，《走向世界叢書·歐美環遊記》，長沙：岳麓書社，2008。

〔註172〕（清）張德彝，《三述奇》，中國基本古籍資料庫，合肥：黃山書社，2009。

〔註173〕鍾叔河、楊堅整理，《走向世界叢書·倫敦與巴黎日記》，長沙：岳麓書社，1984；（清）郭嵩燾，《使西紀程》，《小方壺齋輿地叢鈔·第十一帙》，臺北：廣文書局，1962。

〔註174〕（清）劉錫鴻，《英軺日記》，《小方壺齋輿地叢鈔·第十一帙》，臺北：廣文書局，1962。

〔註175〕（清）張德彝，《隨使日記》，《小方壺齋輿地叢鈔·第十一帙》，臺北：廣文書局，1962。

〔註176〕（清）李圭，《東行日記》，《小方壺齋輿地叢鈔·第十二帙》，臺北：廣文書局，1962。

〔註177〕鍾叔河、曾德明、楊雲輝主編，《走向世界叢書·歐遊隨筆》，長沙：岳麓書社，2016。

公使曾紀澤著有《出使英法日記》、《曾惠敏公（紀澤）使西日記》〔註178〕

8. 光緒四年（1878）駐美、日斯巴尼亞（西班牙）、秘魯公使陳蘭彬

公使陳蘭彬著有《使美紀略》〔註179〕

9. 光緒五年（1879）任德國使館參贊徐建寅赴歐考察

徐建寅著有《歐遊雜錄》〔註180〕

10. 光緒七年（1881）馬建忠奉使印度

李鴻章麾下經辦洋務官員馬建忠著有《南行記》，隨員吳廣霈則著有《南行日記》〔註181〕

11. 光緒十二年（1886）出使英俄等國大臣劉瑞芬與隨員

劉瑞芬著有《西輶記略》、隨員鄒代鈞著有《西征紀程》〔註182〕

12. 光緒十三年（1887）余思詒監督運送鐵甲艦返國

余思詒著有《樓船日記》〔註183〕

13. 光緒十三年（1887）赴俄海外遊歷使繆祐孫

繆祐孫著有《俄遊日記》〔註184〕

14. 光緒十三年（1887）駐德使館參贊張德彝

張德彝著有《五述奇》〔註185〕

〔註178〕（清）曾紀澤，《出使英法日記》，《小方壺齋輿地叢鈔・第十一帙》，臺北：廣文書局，1962；（清）曾紀澤，《曾惠敏公（紀澤）使西日記》臺北：文海出版社，1975。

〔註179〕（清）陳蘭彬，《使美紀略》，《小方壺齋輿地叢鈔・第十二帙》，臺北：廣文書局，1962。

〔註180〕（清）徐建寅，《歐遊雜錄》，《小方壺齋輿地叢抄・第十一帙》，臺北：廣文書局，1962。

〔註181〕（清）馬建忠，《南行記》，《小方壺齋輿地叢鈔再補編》，臺北：廣文書局，1964；（清）吳廣霈，〈南行日記〉，《小方壺齋輿地叢鈔再補編》，臺北：廣文書局，1964。

〔註182〕（清）劉瑞芬，《養雲山莊遺稿》卷八，光緒十九年（1893）至二十二年（1896）刻本；（清）鄒代鈞，《西征紀程》，《小方壺齋輿地叢鈔・第十一帙》，臺北：廣文書局，1962。

〔註183〕（清）余思詒，《樓船日記》，《歷代日記叢抄・卷125》，北京：學苑出版社，2006。

〔註184〕（清）繆祐孫，《俄遊日記》，《小方壺齋輿地叢鈔・第三帙》，臺北：廣文書局，1962。

〔註185〕（清）張德彝，《五述奇》，中國基本古籍資料庫，合肥：黃山書社，2009。

15. 光緒十六年（1890）英、法、義、比四國公使薛福成

公使薛福成著有《出使英法義比四國日記》、《出使日記續刻》〔註186〕

16. 光緒二十二年（1896）駐英使館參贊張德彝

張德彝著有《六述奇》〔註187〕

（二）王韜、潘飛聲有關香港見聞之著作

1. 王韜之相關著作

在王韜之相關文獻方面，以他生平著述之多，涵蓋之廣，包括政論等改革思想、新聞、翻譯等中西文化交流書籍、經學、史學、文學、天文曆算……等，都有所涉獵，但如果要了解並分析王韜對香港之觀察，相關之歷史文獻應聚焦於以下幾種：

（1）王韜之日記

通過觀察王韜之日記一方面可了解其思想之形成與轉變過程，一方面則可以從中了解部分王韜對香港之觀察。現存王韜日記版本主要有三種，藏於中研院傅斯年書館的《蘅花日記》，包含六冊，起訖時間各有不同，排序亦有顛倒之處，其中包括《苕花廬日記》（道光二十九年（1849）閏四月二十一日至二十八日）、《茗薌寮日記》（咸豐二年（1852）六月初一至八月二十九日）、《蘅花館日志二冊》（咸豐二年（1852）九月初一至十二月三十日）、《滬城見聞錄》（咸豐三年（1853）小刀會佔領上海期間）、《瀛壖日志》（咸豐三年（1853）三月十一日至咸豐四年（1854）正月）、《甲寅夏五回里日記》（咸豐四年（1854）五月初七至二十四日）、《蘅花館日記》（咸豐四年（1854）八月初一至十二月十三；咸豐五年（1855）正月初一至三月十九日）、《蘅花山館雜錄》（紀錄咸豐四年（1854）置辦文具用品情形）；1921年創刊的《新聲》雜誌曾在1至3期刊行署名《蘅華館日記》，自咸豐五年（1855）七月初一至八月三十的王韜日記內容；在上海圖書館另有四冊藏本的《蘅華館日記》，時間起於咸豐八年（1858）正月初一，止於同治元年（1862）十二月，中間日記內容並非每日每月皆有紀錄，常出現一年中只有部分月份的情況，另外附有一部《悔餘隨筆》，記載同治二年（1863）之內容。〔註188〕而王韜

〔註186〕（清）薛福成，《出使英法義比四國日記》，臺北：文海出版社，1967；（清）薛福成，《出使日記續刻》臺北：華文書局，1968。

〔註187〕（清）張德彝，《六述奇》，中國基本古籍資料庫，合肥：黃山書社，2009。

〔註188〕中華書局編輯部編，湯志鈞、陳正青校訂，《王韜日記》（北京：中華書局，

因故逃離上海，是在同治元年（1862）閏八月的十八日抵達香港，〔註189〕故要了解日記中王韜初抵香港的觀察，聚焦於該時間點之後的日記內容應更加準確。

（2）《弢園文錄外編》

《弢園文錄外編》出版於光緒八年（1882），收錄了王韜在《循環日報》發表的數篇提倡改革之政論，為多種書籍撰寫之序跋，以及為香港之團體、機構或與王韜來往之人物撰寫之贈序等文章。在《弢園文錄外編》中除了同樣從在一些政論文章中，王韜借鑑香港來強化論述，並與清帝國進行類比的文字中來掌握當時香港的情況，也收錄如〈香港略論〉這種概述性介紹香港的文章，而通過他撰寫的贈序也可了解王韜在香港來往之人際關係，和他在香港參與的社會事業等社交網絡，可說是極具參考價值的歷史文獻。〔註190〕

（3）《漫遊隨錄》

《漫遊隨錄》是王韜離開香港前往歐洲遊歷的遊記，著作之成書時間在光緒十六年（1890），故合理推測《漫遊隨錄》是王韜根據回憶及過去整理之遊記所撰寫。書中除了詳細記載他在歐洲所見所聞，呈現王韜在英、法等國受西方文明刺激產生的思想轉變，同時也收錄〈香海羈蹤〉、〈物外清遊〉等紀錄他到香港初期對當地的描述，可以由此了解當時王韜對寓居香港的心態與想法。

2. 潘飛聲之相關著作

潘飛聲的著作則包含在各個不同時期所做，具有相當數量之詩詞，及包括前往德國任教、任教期間與自德國返回等過程中所寫之遊記，以及其他各類文章。目前其中有不少已散佚，現存之著作可考者主要編訂為《說劍堂集》，而《說劍堂集》又存有三種不同版本，其一刊刻時間落在光緒十九年（1893）到光緒二十四年（1898）之間，共十二卷；其二為光緒二十四年（1898）版，共六卷；其三則為民國二十三年（1934）版，共四卷。〔註191〕以上各種《說劍堂集》版本雖有所差異，但基本上只是收錄內容之不同，而在這些資料當中與本研究最為相關的歷史文獻，則是收錄了潘飛聲在香港期間所寫之58篇文章

2015），頁2～5。

〔註189〕中華書局編輯部編，湯志鈞、陳正青校訂，《王韜日記》，頁377。

〔註190〕（清）王韜，《弢園文錄外編》，《續修四庫全書》集部別集類，上海：上海古籍出版社，2002。

〔註191〕彭智文，《潘飛聲詞研究》，頁50～51。

之《老劍文稿》。〔註192〕這五十餘篇的文章中，包含了對歷史事件之評論，論述時事，及對教育、軍事等方面改革思想之提出，或與時人來往之通信，而因潘飛聲寓居香港，自然也會出現與香港有關之文章，使讀者得以觀察到當時潘飛聲所寓居之香港的景況，或是從他參加的交際活動中呈現出華人社會領袖之概況，對從思想中西兼具之華人知識分子視角了解十九世紀末的香港有一定的幫助。

（三）何啟、胡禮垣及陳鏸勳所具有香港論述之著作

與何啟與胡禮垣二人相關之歷史文獻，最主要的便是兩人合著之《新政真詮》，〔註193〕此書為自 1887 年開始，何啟在報刊上投書針對曾紀澤（1839～1890）、康有為（1858～1927）、張之洞（1837～1909）等處於同一時期的清帝國官員或是改革思想家所提出的改革思想進行評論，並與兩人對晚清洋務運動等改革提出意見的數篇改革思想文章集結成冊的著作。何啟以其長期接受正統西方教育，幾近完全西化的思想，從他熟悉的西方觀點及經驗為切入點，指出晚清之洋務派官員、推行洋務之政策或改革思想的不足及對西方思想的錯誤認識等問題，何禮垣則再以其中西文兼備之長處，對何啟之想法加以潤飾補充。〔註194〕因二人與香港之密切關係，故在著作中也可明顯發現其受香港這個具備多元獨特性的場域之影響，並引用在香港之觀察與評述來加強其論點。

而與陳鏸勳相關之歷史文獻，雖然他曾寫作過《富國自強》、《保險須知》等具改革思想或是工具書類的書籍，〔註195〕但都已佚失，現存可查找到之著作，唯有他所著作的《香港雜記》一書。〔註196〕此書出版於 1894 年，分為地理形勢、開港來歷、國家政治、稅餉度支、中西船務、中西商務、中西醫所、民籍練兵、街道樓房、水道暗渠、華英書塾、港則瑣言等十二個章節，從各個層面有系統地來對香港進行介紹論述。〔註197〕而從其性質而言，更是首次有

〔註192〕 （清）潘飛聲，《老劍文稿》，收錄於《廣州大典》第 14 輯第 19 冊（廣州：廣州出版社，2015），頁 4～52。

〔註193〕 （清）胡禮垣著、沈雲龍編，《胡翼南先生全集》，臺北：文海出版社，1976。

〔註194〕 王壽南主編，《中國歷代思想家（十八）》，（臺北：臺灣商務印書館，1999），頁 321。

〔註195〕 黃仲鳴，〈琴台客聚：香港史料專書〉，《文匯報》（香港），2009 年 11 月 22 日，副刊。

〔註196〕 （清）陳鏸勳著，莫世祥整理，《香港雜記（外一種）》，香港：三聯書店，2018。

〔註197〕 （清）陳鏸勳著，莫世祥整理，《香港雜記（外一種）》，頁 xx。

受過西式教育的香港華人菁英撰寫對香港全面性介紹之書籍，通過本書除了可以了解 1890 年代左右之香港狀況，而從各個章節的分類論述中也能反映出香港多元獨特性之環境。

（四）其他相關文獻

除了以上所列各種作為主要分析材料之相關文獻之外，本研究尚需要一些提供補充、輔助、佐證、對比等作用的相關文獻，而這些文獻大致上應有以下幾種：

1. 與晚清派遣外交使節有關聯之晚清檔案或出版品

本研究中提出討論的第一種華人知識分子，乃是晚清出使的外交官員，而主要作為分析文本的歷史文獻則是他們的遊記或日記，又或者如同前述研究成果中某些學者將其統稱為「使西日記」一類之著作，通過閱讀這些著作中對香港的觀察，的確得以從具備傳統儒家思想背景的華人知識分子的角度去理解香港這個「地方」的多元獨特性，但他們與本研究中其他類型華人知識分子的不同之處，在於這些外交使節具有官員身分，故在鋪陳晚清開始派遣赴外使節等相關時代背景，或涉及到外交使節在旅途中通過撰寫日記記錄情報見聞，並將之匯報給總理衙門等制度，皆需要參考晚清時相關之檔案或出版品，故諸如《籌辦夷務始末》、《皇朝政典類纂》……等文獻，皆是具有重要參考價值的補充資料。

2. 王韜之書信及刊登於《循環日報》上之文章

王韜歷年往來交遊之書信尺牘內容主要皆收錄在《弢園尺牘》與《弢園尺牘續鈔》之中。《弢園尺牘》最初於光緒二年（1876）成書，由王韜整理過去之信件後編訂為八卷之內容，並持續增訂；《弢園尺牘續鈔》則是接續在《弢園尺牘》之後，收錄光緒六年（1880）之後的信件百餘封，共六卷，於光緒十五年（1889）出版。在 1862 年逃往香港後與朋友的書信或信件中，可發現王韜談及在香港的生活，雖然這些敘述常是零碎的片段，也有頗多心情的抒發，未必談得上是對香港既有定義的再詮釋，但作為觀察王韜思想變化的補充資料，不失為一種有效的輔助。

另關於《循環日報》，在前文已稍有述及，其起源於 1873 年王韜從停辦之英華書院處購買了一套印刷設備，並創立了中華印務總局。1874 年，王韜又以此為基礎，創辦了香港報業史上第一家由華人出資，且經營權也掌握在華人

手中的中文報刊《循環日報》。〔註198〕過去學者一般認為《循環日報》最重要的意義，在於王韜以此為平台，通過社論發表改革思想，進行政治理念的宣傳。實際閱讀《循環日報》上的政論，文末卻未必有署名，因王韜在港經營《循環日報》時並非單獨一人負責所有事務，包括廣東秀才出身的洪幹甫等人皆曾在此工作，且有研究指出洪在1876年已接任主筆，故亦有學者提出政論是否皆出自王韜之手的疑問。〔註199〕且報上刊載之政論，內容也並非全部針對香港論述，有不少是對中國或西方局勢議論。

《循環日報》的另外一個問題，則是目前香港公共圖書館及香港政府檔案處雖皆有收藏微縮膠卷，且已有將之電子化之情況，可通過網際網路線上閱讀，但此兩處之收藏及網路資料庫，皆是殘缺且不完全的內容；如香港公共圖書館之「香港舊報紙」電子資料庫便僅收藏1874年5月16日到1886年1月30日期間的《循環日報》，其中1875年到1879年的內容更皆缺漏，〔註200〕則欲通過逐篇檢視來觀察王韜對香港心態的演變是有困難的。即便如此，部分可確認為王韜所寫政論，已收入《弢園文錄外編》，而《循環日報》上之部分文章，在其中仍可看到王韜對香港之論述，及對其自身之景況描述等內容，而這些都可在某種程度上對王韜在香港之見聞產生補充的作用。

3. 本研究時間段內之香港政府檔案

雖然本研究的分析文獻是以不同類型的華人知識分子之香港見聞為主，但此時段中的香港政府檔案作為華人對香港再詮釋文本的對照與補充，亦具有其重要參考價值。此時段中香港殖民政府主要的檔案文獻包括有《香港政府憲報》（Hong Kong Government Gazette）、《香港行政及立法局會議記錄》（Sessional Papers）、〔註201〕《香港立法局議事錄》（Hong Kong Hansard）、《香

〔註198〕卓南生，《中國近代報業發展史》，（臺北：正中出版社，1998），頁212～238。

〔註199〕Natascha Vittinghoff 著，姜佳榮譯，〈遁窟廢民：香港報業先鋒——王韜〉，《王韜與近代世界》，頁317；325～328。

〔註200〕香港公共圖書館「香港舊報紙」電子資料庫網址：https://mmis.hkpl.gov.hk/web/guest/old-hk-collection 最近查閱時間：2020/01/20

〔註201〕行政局（Executive Council）之主要功能是向港督提供諮詢，名義上雖是香港殖民政府決策機構，但實際權力握在港督手中，港督是行政局會議當然主席；若行政局議員與港督意見相左，港督可加以否決。成員中有官方及非官方成員，官方成員多為政府高層兼任，非官方成員則多為外籍富商，在整個十九世紀皆未有華人出任；立法局（Legislative Council）之主要職能則是提供立法意見予港督，但通過法例還是以港督的意志為主。港督本身兼任立法局主

港政府行政報告》（Administrative Reports）和《香港藍皮書》（Blue Book）等
文獻。〔註202〕《香港政府憲報》（Hong Kong Government Gazette）為香港政府
發行，以發佈政府政策、法律、條例草案、行政命令等公告的官方性質刊物。
進入 1850 年代，因晚清內亂使部分具備經濟實力之華人湧入香港避難，改變
了香港的華人社會結構，而為了因應這些較有身分地位華人了解政令或法律
上之需求，1860 年代香港政府發行了中文版的憲報，亦稱為《香港轅門報》。
〔註203〕而《香港行政及立法局會議記錄》、《香港立法局議事錄》、《香港政府
行政報告》和《香港藍皮書》等文獻，亦可作為了解當時殖民地政策法令的補
充。〔註204〕

4. 本研究時間段內的香港報刊

　　除了香港政府的檔案外，在本研究時間段內在香港發行的主要中、英文報
刊，也是具重要參考價值的文獻。在此時間段中主要之英文報刊包括《德臣西
報》（*The China Mail*）、《孖剌西報》（*Hong Kong Daily Press*）等英文報刊。

　　《德臣西報》（*The China Mail*），是香港的第一份報紙，也是香港發行時
間最長、影響力最大的英文報紙。該報於 1845 由主編蕭德銳（Andrew
Shortrede）創辦，標榜其為唯一刊登政府法令之報刊，初期為每週出版，後面
臨較晚創刊但每日出刊的《孖剌西報》（*Hong Kong Daily Press*）競爭才改為日
報，其中文名稱由第二任主編德臣（Andrew Dixson）而來。〔註205〕《德臣西
報》曾得到顛地洋行支持，早期的內容包括廣告及香港殖民政府的告示，此外
也有傳教士等西方人士為報紙寫稿。〔註206〕《孖剌西報》（*Hong Kong Daily
Press*）則於 1857 年 10 月 1 日創刊，又俗稱《孖剌報》，「孖剌」之名亦自主

　　　　席，擁有兩票投票權，可保證貫徹其立法意志，故在法理上港督在設立法條
　　　　不受限制，而立法局只屬於港督的立法工具。參見王賡武主編，《香港史新
　　　　編》上冊，頁80～81。
〔註202〕　黃雁鴻，〈19 世紀末檔案文獻對香港鼠疫的記載〉，《歷史檔案》，1（北京：
　　　　2018），頁 110。
〔註203〕　丁新豹，《香港早期之華人社會，1841～1870》（香港：香港大學中文研究所
　　　　博士論文，1989），頁 507。
〔註204〕　分別收錄了香港政府立法局開會討論有關文件、港督及香港政府委任之調查
　　　　委員會撰寫的報告書、會議程序表、港督演講稿、通過之法例、立法局議員
　　　　發言投票情況，及香港政府各部門歷年工作報告……等內容，參見黃雁鴻，
　　　　〈19 世紀末檔案文獻對香港鼠疫的記載〉，《歷史檔案》，1，頁 110～111。
〔註205〕　王賡武主編，《香港史新編》，下冊，頁 499。
〔註206〕　余繩武、劉存寬，《十九世紀的香港》（北京：中華書局，1994），頁 321～322。

編 Yorrick Jones Murrow 姓氏翻譯而來，因其個人與香港政府官員的恩怨，故報刊中常見對香港政府腐敗內幕的攻擊。〔註207〕一般來說，這兩份早期的主要英文報刊都曾揭露殖民政府的不法行為，又或涉及與政府官員之私怨，整體來說其早期關注重心還是為來自西方的上層社會服務為主，較不重視廣大的華人社會，但亦可以從中了解到殖民地菁英的觀點。〔註208〕

在中文報刊方面，在本研究時段內，目前可被找到且參考的文獻除了前述的《循環日報》外，主要的報刊文獻為《華字日報》。《華字日報》在 1872 年由在《德臣西報》擔任譯員的陳藹亭創辦，當時號稱是第一家由香港華人自行管理的報紙，但究其實際，創刊初期的內容與發行都無法獨立於英文報刊，如報刊的內容許多乃翻譯西文報紙，也委由《德臣西報》代為印刷發行。《華字日報》提供京報（清廷之消息）以及粵、港和海外的近聞，除了新聞之外亦刊載有船期與船舶訊息、各類貨物價格行情，及政府公告等消息，另一方面也提供廣告版面，讓商人刊登招募股份等商業告示，是研究十九世紀末香港社會的重要史料，〔註209〕且更重要的是，本研究所討論的第二種華人知識分子中的潘飛聲，便曾在此報社擔任主筆，則通過閱讀本研究時間段內的《華字日報》，相信應可作為參考之文獻對潘飛聲香港見聞的補充有所助益。與前述《循環日報》的情況相同，以上所列之各種香港舊時報刊文獻，目前在香港公共圖書館之「香港舊報紙」網路資料庫皆有電子檔可供查閱，〔註210〕可對本研究之分析文本以外產生對照與補充的功能。

5. 東亞其他國家知識分子之香港觀察文獻

在本研究中，各種華人知識分子乃是主要的探討對象之一，而本研究的主軸也是通過他們對香港再詮釋的觀察與記述來進行比較分析，可說是以不同華人知識分子及其對香港之見聞為中心，環繞著這個主題而建構出整體的脈絡與論述。當時的東亞地區，尚有一些屬於漢文化圈的國家，同樣在這個時期面臨了西力東漸的衝擊，而香港多元獨特性的環境也對其產生了影響與刺激，包括同時期的日本、越南在內等國家的知識分子，亦在途經香港時留下對香港

〔註207〕余繩武、劉存寬，《十九世紀的香港》，頁 323。
〔註208〕王賡武主編，《香港史新編》，下冊，頁 499～501。
〔註209〕李家園，《香港報業雜談》（香港：三聯書店，1989），頁 8～12。
〔註210〕香港公共圖書館「香港舊報紙」電子資料庫網址：https://mmis.hkpl.gov.hk/web/guest/old-hk-collection 最近查閱時間 2020 年 1 月 20 日

觀察的記述。

　　以本研究採用「人」通過「文化」定義「地方」的理論而言，具有不同文化背景的日本、越南等國之知識分子，在對香港進行觀察記述時，勢必也會與華人知識分子產生相異之再詮釋的內容，畢竟日本、越南等國家在本研究的同一時段朝向現代化邁進的背景各不相同，若將其各自時代背景、歷史發展脈絡以及其知識分子之香港觀察與各種華人知識分子一併討論，可能因範圍太廣且較為複雜，而使研究的重點失焦，故本研究不擬將之放入主要的歷史文獻中。在第五章將各種華人知識分子多元視角下的香港觀察進行比較分析時，或可以部份引用其見聞與華人知識分子之記述進行對比，並對華人知識分子之香港觀察進行補充，以更客觀且完整的呈現當時香港之樣貌。

　　在這個部分，日本知識分子方面的文獻，包括幕末出訪歐美，和明治維新後之岩倉使節團等出訪的使團之香港見聞；另外則是與本研究同一時段，自十九世紀末至二十世紀初日本的文學家、記者、思想家、銀行家及軍政界人物途經香港時留下的見聞。〔註211〕而在越南方面，有1882年官員阮述前往天津交涉中法越南戰爭事宜時所撰寫的日記《往津日記》，〔註212〕其中有記載途經香港的觀察。

第四節　章節安排

　　本研究之核心及最根本之觀點，為探討「地方」、「人」與「文化」三者相互之關係，故以三種不同的華人知識分子群體，及其各別在著作中對香港此「地方」之見聞做為主軸，並環繞著此主軸所產生的「文化」現象與經驗來展開論述。故在章節安排上，亦將循著此脈絡，對三種不同華人知識分子族群的香港見聞進行敘述分析後，再將其反映之相關議題綜合討論，本研究的章節架構大致如下：

第一章　緒　論

　　緒論是掌握並了解一個研究的基礎，故在緒論中，將會說明本研究的目的與緣起、研究的對象與範圍，介紹與本研究相關之過去研究成果，並討論

〔註211〕參考陳湛頤之相關研究，如陳湛頤，《日本人訪港見聞錄（1898～1941）》，香港：三聯書店，2005；陳湛頤，《日本人與香港——十九世紀見聞錄》，香港：香港教育圖書公司，1995。

〔註212〕阮述著、陳荊和編註，《往津日記》，香港：中文大學出版社，1980。

其對本研究的參考價值，與有何尚未探討而本研究可補足之部分；另介紹史料或補充資料之歷史文獻。此外將介紹研究方法，並對本研究的章節架構進行說明。

第二章　近代海港城市知識櫥窗：晚清外交使節香港見聞錄分析

本章以第一種華人知識分子：晚清外交使節，以及其途經香港時之見聞為討論分析之主題，並以晚清自強運動推進的時間軸，觀察不同階段出使的使節們，在受到自強運動影響對西方文化了解逐漸加深的情況下，在香港的見聞所產生之改變。

第一節　晚清中西交流及前期外交遣使在港見聞之背景介紹

本節將先介紹明末清初至晚清之中西交流情況，及清末為融入國際體系而嘗試派遣使節的背景，並對 1860 年代清帝國派往歐美如斌椿等試辦性質的使節，及其途經香港之見聞進行論述。

第二節　1870 年代中晚期赴外使節途經香港之見聞

在 1870 年代中期開始，清帝國開始正式派遣駐外使節，並陸續在歐美國家設立使館，本節將就派遣這些使節的背景，及其在著作中對香港的記述進行論述，而除了這些執行常駐任務的使節外，也包括一些執行考察任務的非常駐型外交使節對香港的觀察。

第三節　1880 年代後到訪香港之赴外使節及其見聞

此節討論的是 1880 年代之後，如薛福成等常駐型，及一些執行特殊任務之非常駐外交使節，與其在著作中所記述之香港見聞。

第四節　晚清使節途經香港見聞之文本分析

本節將把上述晚清外交官員之香港見聞進行綜合討論，並分析香港多元獨特性對其之影響，以及途經香港的晚清使節們，在與此地的獨特環境接觸後所獲得之文化經驗。

第三章　於新舊思想變遷中寓居香江的世局觀察者

相較於晚清出訪使節在香港的短期過境與走馬看花，有一些曾遊歷歐洲親身接觸西方事物，並長期寓居在香港的華人知識分子，在香港多元獨特性的環境中，從原本抗拒西方文化的傳統儒家思想，到逐漸接受西學而形成思想上中西兼具的內涵。在這種背景下，與外交使節們相比，他們對香港的觀察更為深入，且更貼近香港的真實面貌，這類華人知識分子便是第三章討論的王韜與

潘飛聲。

第一節　王韜著作中之香港文化觀察

本節的重點為介紹王韜之生平，並討論其著作中對香港之文化觀察內容。

第二節　潘飛聲記述之香港文化見聞

在王韜之後，又有潘飛聲來到香港寓居，本節的主題便是圍繞著潘飛聲，除了介紹其生平及思想脈絡，並側重在對其書寫之香港見聞進行分析討論。

第三節　王、潘二人著作中香港見聞之文本分析

本節的重點在綜合前述兩節內容，對王韜與潘飛聲此類思想介於中西及新舊之間的華人知識分子進行討論，除了呈現通過其視角所觀察到的香港之外，並檢視其長久寓居在香港之獨特多元性環境中所獲得來自異文化的衝擊、文化涵化等文化經驗。

第四章　接受西式教育之新型態華人菁英的香港論述

本研究欲討論的第三種華人知識分子，是在香港成長並接受正統西方教育的華人菁英，一般來說，這些華人菁英的特色是立場上更親近於殖民政府，且對於同時期清帝國的洋務派官員與改革思想家有所批判，這種現象亦反映在他們對香港的論述中。

第一節　香港西式教育培養之雙語華人菁英階層

在進入對新型態華人菁英之香港見聞的論述前，應先了解這些華人菁英養成的背景。本節的重點在介紹香港自開埠以來，教會與殖民政府建立之正統西式教育制度，及香港的獨特多元性環境，如何培養出兼通中、英文的菁英階層。

第二節　何啟、胡禮垣及《新政真詮》中之香港文化觀察

在介紹了雙語華人菁英階層的養成背景與特色後，將開始把重點聚焦在欲討論的對象身上。本節之重點除了概略介紹何啟、胡禮垣之生平，及兩人發表改革思想的著作《新政真詮》之成書背景外，將著重討論兩人著作中對香港之觀察論述內容。

第三節　陳鏸勳與《香港雜記》之香港論述

本節則將針對陳鏸勳之背景，以及其著作《香港雜記》中對香港之論述進行分析討論。

第四節　新型態華人菁英香港論述之文本分析

在本節中將把何啟等人著作中對香港之論述加以綜合討論，一方面檢視

在香港接受西式教育之華人菁英對香港觀察論述呈現之特色，另一方面則分析其思想背景因異於傳統華人知識分子而產生的文化認同等經驗。

第五章 「地方」、「文化」與「人」之關係：清末華人知識分子香港見聞反映之文化現象與文化經驗

本章將整理前述各章節之內容，把三種華人知識分子群體之香港見聞放在一起加以比較，檢視在不同思想背景視角的影響下，對同樣客觀存在於香港之現象會產生哪些不同的主觀解讀，並借用文化研究的理論，檢視不同背景華人知識分子群體在受到香港獨特環境刺激後所獲得之各種文化經驗與文化現象。

第一節 多元「文化」視角對香港「地方」的再定義

本節會先將各華人知識分子群體的香港見聞加以比較，並呈現來自三種不同文化背景之觀察，對香港這個地方的客觀環境會有怎麼樣再詮釋的情況。另一方面，也將部分通過如日本、越南等東亞其他國家知識分子之香港見聞，來對華人知識分子見聞中之盲點，提供另一面向的觀察與比較，並呈現更加完整的樣貌。

第二節 相異之「人」所建構之文化現象與獲取的文化經驗

本節則將就各種華人知識分子與香港多元獨特性接觸，所建構出之文化現象，及過程中所獲得之各種文化經驗進行討論。

第六章 結 論

在結論中，將再次回歸本研究的主軸，用「文化」、「人」與「地方」相互之間關係的討論來進行總結，呈現此種互動關係的具體樣貌，同時提出一種具有創見的研究模式，並對相關研究的未來方向進行展望。

本研究希望通過將三種不同華人知識分子族群對香港之見聞加以分析比較，以證明思想背景各異的華人知識分子置身在香港時，會因為其各自的文化差異而呈現對這個具有多元獨特性的海港城市產生不同的解讀，且也因文化背景的差異，在接觸香港多元獨特性時，獲得異文化的衝擊等經驗。這些在跨文化接觸過程中所得到的經驗，又通過華人知識分子們的著作形成文化傳播之網絡，讓更廣大族群的知識分子獲取對香港進行再詮釋之後的面貌，即一種「人」、「文化」與「地方」的互動關係。以下便開始逐章討論三種華人知識分子群體對香港觀察之文本分析。

第二章　近代海港城市知識櫥窗：晚清外交使節香港見聞錄分析

　　鴉片戰爭後，清帝國被迫接受條約體系，香港島亦成為英國殖民地，自此站上世界歷史舞台，與中國往不同的方向發展，但也正是因發展分歧產生的差異，反而在此中國面臨東亞世界之領導權及中國中心主義遭受挑戰的危機時，成為一眾有識之士尋求解決途徑的重要參考來源，其中亦有部分知識分子在著作中留下對香港的觀察。這些知識分子中，又以晚清出訪外邦之外交使節最為特殊，因他們的官員身份，使其見聞比起一般士人在朝堂上之能見度更高，影響力與對政策之參考價值也更大。清廷在同治五年（1866）開始嘗試派出外交使節，當使團乘船前往歐美，或自海外返回途中，常在香港停留數日，使節與隨員在此期間則登岸遊歷，並留下觀察記述。通過這些見聞，可以部分瞭解當時香港的政治、經濟情況，又或可能從中掌握香港的社會、人文風貌。

　　然而在出訪使節的旅途記述中，香港又有何值得關注之處？這與前述提到香港的多元獨特性有密切關係。在出訪使節前往外邦途中，香港實是其造訪的第一個由外國政府管治的都市，以華人為主的社會使其貌似與中國相同，政治環境上的獨特性，卻使兩者在實際上產生極大區別，中西文化匯聚及文化輸出的獨特性，又會給予外交官員們文化與價值觀上的挑戰與刺激。在香港這個有著多元獨特性的城市，遭逢具有官員身份的晚清知識分子，會產生怎麼樣的記述內容？實令人好奇而耐人尋味。身處在香港這個中西交匯且日新月異的國際港市，晚清出洋使節有哪些觀察？面對西力的衝擊，接受西學程度不同，但同樣受傳統儒家思想訓練的外交使節們，會有甚麼樣的回應？通過他們對

香港之觀察，又產生甚麼樣的影響？都是筆者想要了解的問題。

而另外一點值得觀察的是，相對於香港，這段時期則是晚清中國掙扎摸索著往現代化道路邁進的嘗試階段，姑不論其成敗，以在實質上的確且逐漸開拓知識分子眼界這點來說，相信並沒有爭議。隨著他們對西方文化認識的加深，在與自強運動相同的時間軸上，於不同時期先後赴港的出使官吏，是否又會受此影響而產生不同的觀察與論述？這也是筆者欲討論的議題。

第一節　晚清中西交流及前期外交遣使在港見聞之背景介紹

十五世紀開始，地理大發現使一度被回教世界阻隔的東西方世界文化再度接觸，葡萄牙、西班牙與荷蘭等海洋強國開始前來東方建立殖民地，並掠奪物產，建立國際貿易的架構，而隨著西方帝國主義者前來的，還有將天主教傳向東方的傳教士。在中國晚明到清初時期，耶穌會等傳教士或結識中國知識分子，或利用其專長奉職於宮廷，試圖融入中國的頂層社會中，以達到其傳教的目的，而在這樣的過程中，傳教士也將西方的天文、地理、算術、醫學、曆法、哲學等知識傳入中國，開拓了中國人的世界觀，改變了中國人對世界的認識。這原本是一個使中國與世界連接的好時機，隨著康熙年間的禮儀之爭，以及耶穌會教士涉入康熙諸子奪嫡的鬥爭中，都導致天主教在華傳教受到限制，漸漸只被侷限在宮廷之中為皇室提供觀測天文、推算曆法、地理測量、繪製地圖，以及翻譯書籍等服務，但乾隆只喜好西洋玩物而非科學，嘉慶時傳教士地位更低，使傳教活動轉入地下，此後清廷雖在廣州繼續對外通商，卻對洋商進行嚴格的控管，且洋商前來中國只為求利，並無法傳入西方知識，加上對「外夷」的鄙視心理，使相關情報被忽視，終造成清帝國長期缺乏對西方認識的惡果。〔註1〕

此種狀況一直持續到鴉片戰爭才被打破。英國靠著工業革命後先進的科技與武器戳破了清廷天朝上國的迷思，對清帝國這個龐大且傳統觀念根深蒂固的群體而言，「開國」是一個漫長而漸進的過程，在最初只有少數的知識分子認知到需要重新認識西方知識。第一個由官方組織，對西方文獻翻譯的團

〔註1〕　于桂芬，《西風東漸──中日攝取西方文化的比較研究》（北京：商務印書館，2001），頁44～62；郭廷以，《近代中國史綱》（臺北：曉園出版社，1994），頁29～49。

隊是林則徐在鴉片戰爭期間所組成，負責對外文情報進行翻譯。隨著林則徐罷官，翻譯書籍轉向由魏源、徐繼畬等較早「開眼看世界」的有識之士私自進行，無法有組織的進行對西方文化的吸收。〔註2〕隨著通商口岸的開放，以及基督宗教在口岸建立傳教據點，傳教士開始翻譯一些西方書籍，終於對西學傳入中國開始有所增進，而清廷在二次鴉片戰爭後，推動「師夷長技以制夷」的自強運動，也加速了對西方知識的翻譯與學習。

　　多種來源的翻譯書籍，為晚清知識分子建構了學習西學的「知識倉庫」；〔註3〕在這個虛擬的「倉庫」中，他們可以通過閱讀獲取到西方的知識，通過這個共同的「知識倉庫」，西學在中國形生了文化傳播的過程，而香港也是這個「知識倉庫」西學資訊的重要來源之一。必須指出的是，在1860年代晚期以前，晚清知識分子對西學的認識，都是通過翻譯等間接的方式來獲得，幾乎沒有親身體驗、接觸西方事物的經驗。一直到同治五年（1866年），終於開始有官方主持的使節團赴外，為晚清知識分子親身前往異地參訪並接觸西方事物，踏出了第一步的嘗試。

　　此後赴外使節漸多，在這些外交使團出訪或是回程途中，有不少皆曾在香港停留，如前所述，香港具備中西文化交匯、政治環境特殊、文化輸出等獨特性，則這些到訪過香港的晚清使節，在香港會有甚麼樣的見聞？以下將這些使團依出訪時間排列，介紹其出使背景與對香港之觀察：

一、同治五年（1866）赫德、斌椿使團

　　在晚清出使官吏中，最早跨出國門的是斌椿（1804～？）。〔註4〕然則斌椿使團組成的背景為何？依照《中英天津條約》的規定，中外雙方可互派使

〔註2〕　于桂芬，《西風東漸——中日攝取西方文化的比較研究》，頁130。

〔註3〕　「知識倉庫」為中研院近史所潘光哲研究員所提出之概念，乃假設將晚清士人之閱讀對象視為一座包羅萬象，且時刻處於建設而永無完工之日的倉庫，知識分子可隨其求知面向自由進出，或從中汲取所需知識，又或者著書立說，或纂輯益世，或為利之所趨，使一部又一部的書籍流通於文化市場中，為整體思想界的概念變遷提供動力來源。參見潘光哲，〈追索晚清閱讀史的一些想法——「知識倉庫」、「思想資源」與「概念變遷」〉，《新史學》，第16卷第3期，臺北：2005年9月。

〔註4〕　斌椿（1804～？），漢軍正白旗人，曾任山西襄陵縣知縣，因病辭職，後於海關總稅務司赫德手下擔任文案，同治五年（1866）率同文館學生隨赫德出使，為晚清出使西方的第一人；參見鍾叔河主編，《走向世界叢書‧乘槎筆記》（長沙：岳麓書社，1985），頁67～82。

節，〔註5〕中國卻始終沒有派遣使節赴外的舉措，如《籌辦夷務始末》同治五年（1866年）的記載，「查自各國換約以來，洋人往來中國，於各省一切情形，日臻熟悉，而外國情形，中國未能周知，於辦理交涉事件，終虞隔膜」，〔註6〕因中國始終未遣使駐外，對外國事務仍認識不深，反而是洋人越發熟悉中國情況，未能知己知彼，長此以往，中國在國際外交上必然處於劣勢。清廷並非有意阻擋遣使赴外，奏章中提到：「臣等久擬奏請派員前往各國，探其利弊，以期稍識端倪，藉資籌計，惟思由中國特派使臣前赴各國，諸費周章，而禮節一層，尤難置議，是以遲遲未敢瀆請」，〔註7〕包括參見禮節等問題，都使總理衙門大臣們裹足不前，故遲遲未派出使節。

這種困局在同治五年（1866）時出現轉機，海關總稅務司赫德（Robert Hart，1835～1911）休假返英，他向清廷建議帶同數名同文館學生一同赴歐，以培養外交人才，此議得到總理衙門的贊同：「臣等伏思同文館學生，內有前經臣等考取奏請授為八九品官及留學者，於外國語言文字均能粗識大概，若令前往該國遊歷一番，亦可增廣見聞，有裨學業」。〔註8〕因同文館學生身份低微，較不涉及最擔心的禮儀問題，加上「又與該稅務司同去，亦不稍涉張皇，似乎流弊尚少；」〔註9〕有鑑於同文館學生尚年輕而無經驗，故「必須有老成可靠之人率同前去，庶沿途可資照料，而行抵該國以後，得其指示，亦不致因少不經事，貽笑外邦。」〔註10〕，此人便是斌椿。

斌椿獲選的原因，在《籌辦夷務始末》的記載中指出，「茲查有前任山西襄陵縣知縣斌椿，……前年五月間，經總稅務司赫德延請辦理文案，並伊子筆帖式廣英襄辦，年餘以來，均尚妥洽，擬令臣衙門箚令該員及伊子筆帖式廣英，同該學生等與赫德前往……。」〔註11〕出於斌椿及其子內務府筆帖式廣英曾協助赫德辦理文案的淵源，由熟識的幾人配合，在溝通上應較無問題。此外，對首次派遣使節，總理衙門實際上仍不放心以漢人擔任，故斌椿旗人的身份能讓他更獲得信任，加上斌椿不過是虛銜的七品知縣，地位不高，倘

〔註5〕 郭廷以，《近代中國史綱》，頁154。
〔註6〕 文慶等纂輯，《籌辦夷務始末》同治朝（臺北：台聯國風出版社，1972），卷39，頁1。
〔註7〕 文慶等纂輯，《籌辦夷務始末》同治朝，卷39，頁1。
〔註8〕 文慶等纂輯，《籌辦夷務始末》同治朝，卷39，頁1。
〔註9〕 文慶等纂輯，《籌辦夷務始末》同治朝，卷39，頁1。
〔註10〕 文慶等纂輯，《籌辦夷務始末》同治朝，卷39，頁1。
〔註11〕 文慶等纂輯，《籌辦夷務始末》同治朝，卷39，頁1～2。

若出事影響也不致太大。〔註12〕於是總理衙門選定斌椿率團赴歐考察，隨行的還有同文館學生張德彝等人，〔註13〕於同治五年（1866）農曆正月出發，歷時近8個月，遊歷歐洲9國。〔註14〕自此，才為晚清知識分子親身前往異地並接觸西方事物，踏出第一步的嘗試。

離開中國沿海時，與返回中國前，使團皆曾停留香港，斌椿在返國後寫成《乘槎筆記》一書，將他對香港之印象記載於書中，同行擔任翻譯的張德彝則著有《航海述奇》一書，其中也記載了在香港的見聞。使團自天津出發後，先於上海停留，再繼續往南航行，於二月十一日抵達香港，斌椿對香港的第一印象是：「峰巒重疊如畫圖。入港，數十里樓房參差，依山傍麓，較上海又別有景象也。」〔註15〕斌椿所觀察到的香港，已有沿山建築之樓房綿延數十里，與當時已為國際大都會的上海各有千秋。使團在香港停留，更換船隻往南航行，並於午時（11：00至13：00）登岸遊覽，斌椿對香港的印象是：「街衢整潔，市肆多華人。」〔註16〕但並未停留太久，同日下午三點，使團便搭船離開香港。

同行擔任翻譯的張德彝對香港有較多記述，他對於香港的印象是：「已初（約9：00）抵香港，住船，見群峰壁聳，番舶雲集，迤西一帶洋樓鱗比，彝等乘小舟登岸，見道途平闊，商戶整齊。」〔註17〕眾多的商船、密集的洋樓、整齊的街道，都讓張德彝印象深刻。他也提到了一些他所聽聞的衛生及交通法規：「其地約不準（准）行旅路傍便溺；車行甚疾，人須自避，若撞死在午前者，車主賠銀十兩並不償命，過午撞死者無論。」〔註18〕此外也介紹了香港所用銅幣，和在街道上所望見的鐘樓：「現有英華銅錢，體小孔圓，上鑄香港一

〔註12〕王曉秋、楊紀國，《晚清中國人走向世界的一次盛舉——1887年海外游歷使研究》，頁9。

〔註13〕張德彝（1847～1918），字在初，漢軍鑲黃旗人，清末外交家，遊記作家。原籍福建，出生於北京，同治元年（1862）考進同文館學習英文，曾八次陪同出使或擔任使節，造訪歐美日本等國，每次出國皆將相關經歷編寫成書，著有《航海述奇》等八部遊記，為晚清外交史研究重要史料。參見鍾叔河主編，《走向世界叢書·航海述奇》（長沙：岳麓書社，1985），頁407～431。

〔註14〕郭廷以，《近代中國史綱》，頁229～230；王曉秋、楊紀國，《晚清中國人走向世界的一次盛舉——1887年海外游歷使研究》，頁7～10。

〔註15〕鍾叔河主編，《走向世界叢書·乘槎筆記》，頁96。

〔註16〕鍾叔河主編，《走向世界叢書·乘槎筆記》，頁96。

〔註17〕鍾叔河主編，《走向世界叢書·航海述奇》，頁453。

〔註18〕鍾叔河主編，《走向世界叢書·航海述奇》，頁453。

仙四字，並英文一行，譯即此意。復見正面一樓如塔，上懸一鐘，外則表面，按時交鐘。」〔註19〕張氏所提及的鐘樓，或有可能是興建於 1862 年，位於皇后大道中與畢打街交界之鐘樓，〔註20〕而關於硬幣，香港殖民政府於 1863 年分別發行一毫、一仙、一文幣值硬幣，而有孔的幣值實為一文，有可能是張氏不熟悉誤解所致。〔註21〕

　　經過了數個月的歐洲遊歷後，同治五年（1866）農曆八月二十日，使團返回中國沿海，抵達香港。斌椿記載：「申刻（按：15：00 至 17：00）始至香港，戌初（約 19：00 左右），岸上洋樓，燈如繁星，光照山麓，徹夜不息。」〔註22〕張德彝的記述則是：「二十日丙子，晴，未刻（按：13：00 至 15：00），見西面群峰錯列，秀色盈眉，蓋已抵香港前之群山矣，酉初（按：約 17：00）入口停泊，兩岸燈燭煒煌，徹夜不息。」〔註23〕與初次過港不同，兩人在回程時見識到到香港如繁星輝煌的夜景，1860 年代的香港，已有相當程度的繁榮。

　　使團一行人在香港稍做修整後，乘船前往廣州，至九月初一，才再次返回香港，準備搭船北上。相較於出發時短暫遊覽，此次在香港停留較久，斌椿之記述如下：

> 初二日，往拜英國督理香港軍務馬公。
>
> 初三日，馬公招飲，肩輿繞山行十餘里，峰巒四合，圍如大環。洋樓重疊，倒影清波，天然圖畫……。
>
> 初四日，舟因上貨，仍未開。入夜，樓屋明燈萬點，光照海濱。〔註24〕

此處斌椿所載「英國督理香港軍務馬公」，應即第六任港督麥當奴（Sir Richard Graves MacDonnell，1814～1881），斌椿作為清帝國之外交使節，由身為香港最高行政長官的港督接待飲宴，相當合理，而在赴宴途中，也可見當時香港依照山嶺地勢環繞修建道路的情形。

〔註19〕鍾叔河主編，《走向世界叢書‧航海述奇》，頁 453。

〔註20〕黃棣才，《圖說香港歷史建築：1841～1896》（香港：中華書局，2012），頁 134。

〔註21〕侯勵英、周佳榮等，《閱讀香港——新時代的文化穿梭》（香港：香港圖書教育公司，2007），頁 30。

〔註22〕鍾叔河主編，《走向世界叢書‧乘槎筆記》，頁 140～141。

〔註23〕鍾叔河主編，《走向世界叢書‧航海述奇》，頁 591。

〔註24〕鍾叔河主編，《走向世界叢書‧乘槎筆記》，頁 141。

二、同治七年（1868）蒲安臣使團

第二個途經香港的外交使團，是同治七年（1868）蒲安臣使團。赫德、斌椿使團是晚清中國外交上的一大突破，也是當時知識分子親身接觸西方之始。就外交層面而言，這個使團屬於遊歷性質，或許象徵意義要大於實際意義，只能算是清廷在外交上的初步嘗試。

在此之後，清廷對派遣使團仍有諸多顧慮，在同治六年（1867）的《籌辦夷務始末》中可以了解，與過去相同，清廷對不派遣使節赴外的危害並非沒有認識：

> 第十餘年來，彼於我之虛實無不洞悉，我於彼之情偽一概茫然。兵家知彼知己之謂何而顧一不慮及，且遇有該國使臣倔強任性，不合情理之處，惟有正言折之，而不能向其本國一加詰責，此尤隔閡之大者。〔註25〕

但總理衙門認為，遣使赴外的難處有二：

> 顧中國出使外國，其難有二，一則遠涉重洋，人多畏阻，水陸跋涉，寓館用度，費尤不貲，且分駐既多，籌款亦屬不易；一則語言文字，尚未通曉，仍需倚繙譯，未免為難，況為守兼優，才勘專對者，本難其選，若不得其人，貿然前往，獲致狎而見侮，轉足貽羞域外，誤我事機，甚或勉強派遣，至如中行說之為患於漢，尤不可以不慮。〔註26〕

簡言之，即是經費與語言的困難，尤其遣使外交涉及國家利益，德才兼備又精通外文之人才難求，更使清廷中樞極為謹慎，致使裹足不前。對總理衙門來說，赫德斌椿使團，「附船赴泰西各處遊歷，略訪其風俗人情，與出使不同，未可再為仿照」，〔註27〕只為參訪遊歷，往後不再仿照，而遣使之事則需要從長計議。

但意想不到的人選，為遣使出洋提供了轉機。同年，美國駐華公使蒲安臣（Anson Burlingame，1820～1870）卸任，他在任職公使期間，與清廷關係良好，「遇有中國不便之事，極肯排難解紛」。在總理衙門的奏摺中提到：

> 美國使臣蒲安臣，於咸豐十一年來京，其人處事和平，能知中外大體，……此時復欲言歸，臣等因其來辭，款留優待。蒲安臣心甚感

〔註25〕文慶等纂輯，《籌辦夷務始末》同治朝，卷50，頁32。
〔註26〕文慶等纂輯，《籌辦夷務始末》同治朝，卷50，頁32。
〔註27〕文慶等纂輯，《籌辦夷務始末》同治朝，卷50，頁32。

悅，自言嗣後遇有與各國不平之事，伊必十分出力，即如中國派伊
為使相同。〔註28〕

述及蒲安臣提出願意提供清廷外交協助之事，為消除以洋人為使的疑慮，總理
衙門以赫德為例，指出「伏思向來西洋各國，互相遣使駐紮，不盡本國之人，
但使誠信相孚，原無分乎區域，即如臣衙門所設總稅務司赫德係英國人，辦理
各口各國之事，毫無窒礙，亦其明證。」〔註29〕在獲准辦理後，其具體的施行
方法，則是「派令試辦一年，凡於中國有損之事，令其力為爭阻，凡於中國有
益之事，令其不遽應允，必須知會臣衙門覆准，方能照行，在彼無可擅之權，
在我有可收之益，儻若不能見效，即令辭歸。」〔註30〕在涉及國家利益的問題
上，仍需知會總理衙門，沒有專擅之權。

同治七年（1868）農曆二月，使團正式出發，同行的官員有總理衙門記名
海關道志剛、禮部郎中孫家谷，以及擔任翻譯的張德彝。使團首先穿越太平洋
抵達美國，後又經大西洋航抵英國及法國、瑞典、丹麥、普魯士、俄國、比利
時、義大利、西班牙等國，後循海路返回中國，〔註31〕在回程途中經過香港。
對此次的出訪，志剛著有《初使泰西記》，孫家谷則有《使西書略》一書記錄
旅途見聞，但對於途經香港之記載都頗為簡略，僅有寥寥數語，無從得知他們
眼中的香港樣貌，反而是再次到訪香港的張德彝，在其著作《歐美環遊記》中
又留下對香港的觀察。

志剛、孫家谷與張德彝在回程時雖都有途經香港，但實際上張德彝是在同
治八年（1869）農曆六月十七日於巴黎墜馬受傷，無法繼續參與使團之行程，
〔註32〕故於農曆七月二十八日自馬賽先行搭船返國，於農曆九月初十抵達香
港：

> 初十日，戊寅，晴。卯初（按：約早上 5：00 左右），遙見遠迎大小
> 山峰無數，水色先藍後黃，甚平。巳初抵香港，進口停泊，見四面
> 樓房以及華洋舟艇增益於前，堪比金山（按：即三藩市）。〔註33〕

這已是張德彝第三次造訪香港，與前兩次相比，遍歷歐美各國的他眼界已大有

〔註28〕 文慶等纂輯，《籌辦夷務始末》同治朝，卷51，頁27。
〔註29〕 文慶等纂輯，《籌辦夷務始末》同治朝，卷51，頁27。
〔註30〕 文慶等纂輯，《籌辦夷務始末》同治朝，卷51，頁27～28。
〔註31〕 郭廷以，《近代中國史綱》，頁230～231。
〔註32〕 鍾叔河主編，《走向世界叢書‧歐美環遊記》，頁799。
〔註33〕 鍾叔河主編，《走向世界叢書‧歐美環遊記》，頁815。

不同，而與前有所不同的還有香港。在張德彝眼中，香港的樓房、中外商船已比過去更為增益，繁盛的程度甚至可媲美美國三藩市。但或因受傷行動不便之故，張氏對於香港的記載僅有此一小段文字。

　　整體來說，相較近似觀光性質的斌椿使團，蒲安臣使團可說是首次執行了正式且平等的外交任務，使清帝國更進一步連接了世界體系，總理衙門眾大臣們所希冀遣使赴外，在外交上「知彼知己」的盼望，總算有了一個開端，惟率領使團者乃自美國「借將」而來，稍嫌美中不足，也突顯了清帝國外交人才的缺乏。《籌辦夷務始末》中，李鴻章（1823～1901）對此次出使的看法為：「此次權宜試辦，以開風氣之先，將來使回，如查看有效，另籌久遠章程，自不宜常令外國人充當。」〔註 34〕外交使節涉及國家利益，一旦人才培訓得當，自然需以本國人擔任，但在同治九年（1870）出乎意料的局勢發展，迫使清帝國不得不再次以缺乏近代外交訓練的傳統官僚率領使團前往法國。

三、同治九年（1870）崇厚赴法道歉使團

　　同治九年（1870）的赴法道歉使團，是第三個在文獻中對香港留下紀錄的使團，而前赴法國道歉的原因，則起於同治九年（1870）爆發的天津教案。鴉片戰爭後簽訂之《中法黃埔條約》，開放基督宗教在華教禁，傳教士並可在口岸建設教堂，〔註 35〕而第二次鴉片戰爭後，更開放教士至中國內地遊歷傳教，以及購買田產與建設教堂，〔註 36〕傳教士在傳教的同時，也從事孤兒院、救濟等慈善工作，對儒家思想與傳統仕紳的社會領導地位皆造成挑戰；又傳教士擁有治外法權，部分莠民藉信教作惡規避法律，造成社會觀感不佳；加上有心人士利用民眾對基督宗教的無知，散播傳教士「剖心挖眼」以製藥等傳聞，皆使基督宗教與民眾間的關係更加緊張，自 1860 年代後，教案迭起。〔註 37〕

　　同治九年（1870）春夏之交，天津出現兒童失蹤事件，當地天主教仁慈堂屢傳收養的幼童死亡，拐賣犯被捕後又偽稱為天主堂指使，使與西洋教士相關邪惡傳聞更加甚囂塵上，群情激憤，在六月底包圍天主堂。法國領事豐大業

〔註 34〕文慶等纂輯，《籌辦夷務始末》同治朝，卷 55，頁 10～13。
〔註 35〕郭廷以，《近代中國史綱》，頁 86。
〔註 36〕費正清、劉廣京編；中國社會科學院歷史研究所編譯室譯，《劍橋中國晚清史·上卷》（北京：中國社會科學出版社，1993），頁 610。
〔註 37〕費正清、劉廣京編；中國社會科學院歷史研究所編譯室譯，《劍橋中國晚清史·上卷》，頁 622～632；郭廷以，《近代中國史綱》，頁 240～242。

（H.V. Fontanier）為此事面詰三口通商大臣崇厚（1826～1893），〔註38〕態度
跋扈，並在回程途中槍擊誤傷天津知縣之家僕，被圍觀民眾毆斃。則此事演變
為極大的外交爭端，法國派遣軍艦前來，要求處死相關官員與參與民眾，最初
清廷派直隸總督曾國藩（1811～1872）辦理，但曾實事求是，不欲與法國起釁
的做法卻遭朝野非議。同年七月，普法戰爭爆發，法國態度開始軟化，清廷則
改派李鴻章出任直隸總督辦理此案，將相關官員及二十五名從犯處以流刑，二
十五名主犯處決，提出賠償。〔註39〕除此之外，清廷擇定三口通商大臣崇厚率
團赴法謝罪，〔註40〕此時法國已無力東顧，故接受清廷之處理方式。

　　同治九年（1870）農曆十月，使團自上海出發，沿東南沿海而下，航行往
麻六甲海峽前，於香港停留；同治十年（1872）使團返回中國，途中又再次停
泊香港。在此次出使途中，崇厚似乎未留下甚麼記錄，而隨團擔任翻譯，並第
四次遊歷香港的張德彝在其著作《三述奇》中，對香港又有不同的記述。

　　同治九年（1870 年）農曆十月二十七日，崇厚使團航抵香港，張德彝記
載，「入口過九龍峽，山青水碧，船集如蟻。」〔註41〕泊船收拾行李後，一行
人上岸，入住英國人開設之旅館，「步至大鐘樓前路，西英人開設之香港店
宿，店廣闊潔淨，樓高四層，一切陳設器皿與泰西同。」〔註42〕以張德彝前
往歐洲數次的經驗，認為旅館中陳設與西方完全相同。下午一點左右，使團
前去拜會港督，港督派人前來護送，「有英國千總一員，黑面纏頭兵六名，佩
劍舉槍以護，又有差役一名，巡街兵八名，往來攔阻行人」，所謂「黑面纏頭
兵」，應即在香港服役的印籍錫克教士兵，從派遣士兵開道護送來看，香港殖
民政府對清帝國外交官的到訪亦頗為重視；隔天十月二十八日，該天為禮拜

〔註38〕崇厚（1826～1893），字地山，滿州鑲黃旗人。道光二十九年（1849）中舉，
　　　　會試不中，靠捐官得甘肅陝州知州，後歷任多地職務，咸豐十一年（1861 年）
　　　　經恭親王舉薦為三口通商大臣，同治元年（1862 年）兼署直隸總督，同治九
　　　　年（1870 年）因天津教案處理不當，出使法國謝罪，1878 年（光緒四年）出
　　　　使俄國，擅自與俄簽訂《里瓦幾亞條約》，受彈劾入獄，後以捐助軍餉三十萬
　　　　兩獲釋。光緒十九年（1893）於北京病逝；參見 A.W.恆慕義主編；中國人民
　　　　大學清史研究所《清代名人傳略》翻譯組譯，《清代名人傳略》（西寧：青海人
　　　　民出版社，1990），頁 334～337。
〔註39〕郭廷以，《近代中國史綱》，頁 244。
〔註40〕文慶等纂輯，《籌辦夷務始末》同治朝，卷 78，頁 3。
〔註41〕（清）張德彝，《三述奇》，《中國基本古籍資料庫》（合肥：黃山書社，2009），
　　　　頁 219。
〔註42〕（清）張德彝，《三述奇》，《中國基本古籍資料庫》，頁 219。

日，張德彝記載了居港天主教及基督教徒驅車前往參加禮拜的街景，「是日為天主、耶穌兩教禮拜之期，自晨至午，堂內鐘鳴四應，街市車馬往來疾馳如飛。」〔註43〕

十月二十九日，張德彝經皇后大道步行至中環市街遊覽，他所觀察到的狀況是「居廛皆市食品，屋宇整齊。」之後往市街北面「新廣隆果局」購買果物，並記載了和店主互動之情況，「筐籠羅列，諸品俱全。買荸薺、波羅密各少許，探囊偶出當十錢一文，彼見甚愛，遂與之，彼欲不索果價，彝言贈之，彼喜謝，又欲還送板荔一包、橙柚四枚，彝辭而未納。」〔註44〕回程則遊覽大丹利街、威靈頓街、大興隆街、德吉拉街一帶，「路途平淨，市廛繁列，皆係華、洋人開設者。」〔註45〕市容整潔，且頗為繁榮，有眾多華洋商號開設。

十月三十日，張氏記載早晨前往中環機利文新街之「義昌鋪」理髮情形，「所用一西洋刀，一福建刀，一長二寸五分寬六分，一長三寸，寬如韭葉，皆活骨柄，甚銛利。」〔註46〕之後則在街道信步而行，看見頗多販賣鮮花之攤販，「有賣鮮花者羅列，晚香玉、雞冠花、金菊、玫瑰、紫龍蘇、鳳尾球等，乃買五色菊花與芙蓉各一握回寓供養瓶中，香透窗外。」〔註47〕張德彝也記錄了他所看到當地華人之裝扮，頗為簡陋，「本地男女多赤足，頭頂草帽，似因天熱路平之故耳。」〔註48〕張德彝則推測是因香港氣候炎熱與道路平坦所致。

使團謝罪任務完成後，同治十年（1871）農曆十二月初九日返抵香港，在船上過夜。初十日，用過早餐後，張德彝受命前去拜會香港總督，「未遇，遂乘肩輿登山眺望，一路花木蔥蘢，紅綠芬芳」；到十一日，早晨乘小船登岸，「步至燕樂軒早餐，食品甚佳。」〔註49〕在香港「燕樂軒」用完早餐後，整理行裝返國。相較於前幾次到訪香港，此次張德彝對香港的記載篇幅較多，與前幾次不同的還有增加了在此剪髮、購買水果鮮花等生活經驗，以及對香港社會人文的觀察。

〔註43〕 （清）張德彝，《三述奇》，《中國基本古籍資料庫》，頁219。
〔註44〕 （清）張德彝，《三述奇》，《中國基本古籍資料庫》，頁219。
〔註45〕 （清）張德彝，《三述奇》，《中國基本古籍資料庫》，頁219。
〔註46〕 （清）張德彝，《三述奇》，《中國基本古籍資料庫》，頁219。
〔註47〕 （清）張德彝，《三述奇》，《中國基本古籍資料庫》，頁220。
〔註48〕 （清）張德彝，《三述奇》，《中國基本古籍資料庫》，頁220。
〔註49〕 （清）張德彝，《三述奇》，《中國基本古籍資料庫》，頁355～356。

　　從上述 1860 年代開始派遣的幾次赴外使團出訪及回程途中，在香港停留並留下之相關見聞中不難看出，此時期之使團或屬於遊歷、考察性質，或屬於道歉之特殊性質，出使人員多未受過近代國際外交訓練，對西方事物仍瞭解不足，故見聞常集中於香港之景觀或人文風物等內容，其觀點之深刻度似仍不足，但香港具備中西文化交匯、政治環境特殊、文化輸出等獨特性，對鮮少接觸西方文化，並以儒家為思想根基的晚清使節而言，仍不啻是一種特殊的刺激。

第二節　1870 年代中晚期駐外使節途經香港之見聞

　　1870 年代中期以後，清帝國遣使赴外的政策出現重要的轉折，其原因除了清帝國對派遣駐外使節的準備漸趨完善外，發生在光緒元年（1875）的馬嘉禮事件，也成為促使公使駐外的一大推力。

一、光緒元年（1875）首任駐英、法公使郭嵩燾及其隨員

　　十九世紀 20 年代，英國帝國主義觸角開始延伸至緬甸，至咸豐二年（1852）年，殖民勢力已大為擴張，隱然有威脅雲南之勢，並在雲南回變期間與叛軍首領杜文秀（1823～1872）有所接觸。同治十三年（1874），英國自緬甸派遣一支探測隊以探測仰光至雲南之鐵路路線，並通知駐北京英國公使遣翻譯馬嘉理（Augustus R. Margary，1846～1875）至滇緬邊境迎接。雲南巡撫岑毓英（1829～1889）〔註50〕早已不滿英人於回變期間暗助杜文秀，英人自緬入滇，更讓他心生警戒，故暗中唆使部屬阻擋探測隊前進，在衝突中馬嘉理遭槍殺，此即為馬嘉理事件。〔註51〕這是一起嚴重外交事件，但時值英國捲入與俄國等國在鄂圖曼帝國之權力競逐，故無意擴大爭端，由海關總稅務司赫德出面斡旋，以中英雙方簽訂煙台條約，清廷答應遣使赴英謝罪而暫

〔註50〕岑毓英（1829～1889），廣西西林人，先祖為壯族土司，因改土歸流失土司之位。道光二十五年（1845）中秀才，太平天國期間以團練鎮壓叛亂。咸豐五年（1855）雲南回變起，岑以回變期間平叛有功，出任雲南巡撫。後歷任貴州巡撫、福建巡撫等職。中法戰爭期間調任雲貴總督，光緒十一年（1885）獲封雲騎尉。後於光緒十五年（1889）去世；參見 A. W. 恆慕義主編；中國人民大學清史研究所《清代名人傳略》翻譯組譯，《清代名人傳略》，頁 359～365。

〔註51〕郭廷以，《近代中國史綱》，頁 248。

告一段落。〔註52〕

　　清廷以此次赴英道歉為契機，決定以道歉使團作為首任之駐外使節，由兵部右侍郎郭嵩燾（1818～1891）為正使，〔註53〕五品候補京堂劉錫鴻（生卒年不詳）為副使，〔註54〕隨團的還有擔任翻譯的張德彝，以及同樣負責翻譯工作的洋員馬格里（1833～1906）等人。〔註55〕使團於光緒元年（1875）農曆十月自上海出發，前往南洋途中曾到訪香港；使團駐歐至清光緒四年（1878）被召回，郭嵩燾於清光緒五年（1879）年返抵中國，回程途中也曾在香港停留，在郭嵩燾所著《使西紀程》、《倫敦與巴黎日記》等書，劉錫鴻之《英軺日記》，及張德彝之《隨使日記》等著作，皆有使團對香港之見聞，但去程途中在香港之見聞，郭、劉、張三人的記載訊息量皆相當多，重疊的部分亦不少，故在此部分將不把原文全部列出，而只分別自三人記述中挑選重點來呈現他們的觀察。

　　光緒元年（1875）農曆十月二十一日，使團抵達香港，正使郭嵩燾記載

〔註52〕郭廷以，《近代中國史綱》，頁249。
〔註53〕郭嵩燾（1818～1891），湖南湘陰人，清末學者、政治家、外交家。1847中進士，任翰林院庶吉士，因父母喪未就職。太平天國期間加入湘軍隨曾國藩作戰，並曾提出以釐金籌餉之概念。咸豐七年（1857）入京，任翰林院編修，次年入值上書房，咸豐九年（1859）派赴天津協助防禦英法聯軍，因與僧格林沁意見不合返鄉。後歷任蘇松糧道、兩淮鹽運使、廣東巡撫、福建按察使等職。馬嘉禮案後奉命出任駐英、法公使，因遭到副手劉錫鴻與保守派官員攻訐，於清光緒四年（1878）被召回，返國後不敢入京，返回家鄉從事學術工作，後於光緒十七年（1891）去世；參見 A. W. 恆慕義主編；中國人民大學清史研究所《清代名人傳略》翻譯組譯，《清代名人傳略》，頁263～265。
〔註54〕劉錫鴻（生卒年不詳），原籍廣東新會，為道光二十八年舉人，先後入張敬修、毛昶熙等人幕府，同治三年郭嵩燾任廣東巡撫時，延攬其加入團總局辦理團練剿匪。至光緒元年（1875）授光祿寺卿，隨郭嵩燾出使，赴歐期間與郭意見不合，加上聯合保守派官員，對郭多有掣肘，劉改任德國公使。光緒四年（1878）被召回。返國後曾上疏力阻鐵路建設之議，並於光緒七年（1882）參劾李鴻章未果，反遭革職，此後卒於北京；參見汪兆鏞輯，《碑傳集三編》，第十七卷，（臺北：文海出版社，1967），頁991～1005。
〔註55〕馬格里（1833～1906），字清臣，原為英軍軍醫，二次鴉片戰爭隨軍來華；後加入常勝軍對太平天國作戰，獲李鴻章賞識，負責主持金陵機器局並督造火砲。光緒元年（1875）因火炮發射意外遭撤職。同年發生馬嘉里事件，郭嵩燾奉命前往英國謝罪並設立駐倫敦使館，獲李鴻章推薦擔任隨行翻譯官，對郭嵩燾外交工作提供許多協助。郭氏卸任後，馬格里轉任英使館參贊，至光緒三十一年（1905）去職，隔年去世於英國。參見馬昌華主編，《淮系人物列傳：文職、北洋海軍、洋員》（合肥：黃山書社，1995），頁394～395。

其對香港之印象，別有感觸：「記同治癸亥（1863）由海道赴廣東巡撫之任，所見香港房屋僅及三分之一，十數年間街衢縱橫，樓閣相望，遂成一大都會。」〔註56〕見證了香港日趨繁盛的演變。當天「香港總督鏗爾狄遣其中軍阿克那亨以四人輿來迎，偕劉副使、黎參贊及翻譯官乘坐所派十槳小船登岸。炮台聲炮十五，大列隊伍，作軍樂以迎。」〔註57〕此處所謂「香港總督鏗爾狄」即第七任港督堅尼地（Arthur Edward Kennedy，1809～1883），遣人接待郭嵩燾一行人至總督府，總督府中「文武官集者二十餘人，通名姓者……詢及學館，適其地大學館總教習斯爵爾得在坐，約陪同一遊。」〔註58〕大學館應即1862年由香港殖民政府成立的中央書院，〔註59〕恰逢其總教習在座，便引導使團參觀。張德彝紀載了書院內部的陳設與上課情景：

> 樓高三層，生徒五百餘名，內華人四百數十名，西人數十名，學分五堂，華人課華文者三，西人課西文者一，西人課華文者一。每堂百名一師主之，堂分十列而空其前，每橫長案坐十餘人，以次向後層累而高，前則師正坐相對，亦有師中坐而左右共分五列者，使耳目所及不能遁飾。〔註60〕

入學者華人比例較高，班級的開設採中、西文兼具，課室的設計則有部分採用西方階梯教室的模式。關於課程的內容，郭嵩燾的記載如下：

> 凡分五堂：課中國《五經》、《四書》及時文三堂，課洋文一堂，洋人子弟課《五經》、《四書》者一堂。每堂百人，一教習主之。……其課《五經》、《四書》，皆有期限；而於詩文五日一課，謂之小課。
>
> 猶曰：「此術藝之小者，五日一及之可也。」〔註61〕

書院除了教授外文外，也著重傳統典籍的教學，而對書院的課程規劃，郭嵩燾則認為比中國為好：「其規條整齊嚴肅，而所見宏遠，猶得古人陶養人才之遺意。中國師儒之失教，有愧多矣，為之慨然。」〔註62〕對書院學生的學習情況，

〔註56〕（清）郭嵩燾，《使西紀程》，《小方壺齋輿地叢鈔·第十一帙》（臺北：廣文書局，1962），頁146。
〔註57〕（清）郭嵩燾，《使西紀程》，《小方壺齋輿地叢鈔·第十一帙》，頁146。
〔註58〕（清）郭嵩燾，《使西紀程》，頁146。
〔註59〕即今日香港皇仁書院，於1894年改為現名。
〔註60〕（清）張德彝，《隨使日記》，《小方壺齋輿地叢鈔·第十一帙》（臺北：廣文書局，1962），頁212。
〔註61〕（清）郭嵩燾，《使西紀程》，頁146。
〔註62〕（清）郭嵩燾，《使西紀程》，頁146。

郭嵩燾記載了港督堅尼地的不同看法：

> 語及學館規模之盛，（堅尼地）歎曰：「是皆貧人子弟，學習二三年，粗能有得，往往自出謀生，所以能有成者少也。」〔註63〕

郭嵩燾因香港政府的教育設計中西兼具、條理分明且目光深遠而自愧不如時，港督卻也因學生常半途中輟而感嘆。在郭嵩燾訪港時，除官方已設立中央書院以培養親近殖民地政府的華人菁英外，也已有不少教會設立的新式學校，其動機其實在於培養更多華人傳教士，以便融入中國社會傳教。對部分入學的香港華人而言，他們至新式學校就讀並非想學有所成，而是為學習英文以利日後可以順利謀求洋行買辦等職位，故往往未完成學業便離開，郭嵩燾與堅尼地的對談正反映了此種現象。

使團本僅在香港停留一日，十月二十一日晚上卻發生意外：「有英商輪船入泊，直撞船艄，聲如震霆，壞後窗丈許。」〔註64〕因船尾受損需整修，故需多停留一日，故受堅尼地邀請前往參觀監獄設施。郭嵩燾描寫的監獄情景如下：

> 屋凡三層，罪犯重者在上層。下層一人一房，上層三人一房，禁錮者扃其門，每屋一區或自為一行，或相對兩行，皆設鉄柵，扃鑰之房設小木榻當中如人數，衾褥、氈毯、巾帚、盤盂畢具。日疊衾毯榻上，整齊如一，不如式者減其食。其所收繫有西洋人，有呂宋及印度人，通計三十餘名，中國至五百一十四人，別有罰款二百元至四五元不等。收繫久者五年、七年，少至五日，亦有禁錮終身者。辦法亦略分三等：有錮閉者，有久羈課以織氈毯者，有運石及鐵彈者。……其禁錮者，房設一鐵軸，令手運之，每日萬四千轉，有表為記，不如數者減其食。人日兩食，飯一盂，小魚四頭。收繫久者，肉食，飯亦精。別有女囚一處，皆人一房。〔註65〕

除了描述監獄的設施與布置，也介紹犯人的來源，除西洋人、呂宋及印度人外，以中國人最多，同時也關押女囚。此外大略介紹了刑罰方式、監獄伙食等內容。在監獄的受刑人每日皆需進行梳麻若干斤兩、織氈毯、運石砧和鐵彈（或稱鐵丸）以活動筋骨，或也有給予其職業訓練的想法。劉錫鴻對此有

〔註63〕（清）郭嵩燾，《使西紀程》，頁146。
〔註64〕（清）郭嵩燾，《使西紀程》，頁146。
〔註65〕（清）郭嵩燾，《使西紀程》，頁146。

仔細的描寫：

> 鐵丸重約二十斤，度諸地，兩手拾而上之，與胸腹平，少頃複置庋
> 間，凡十起落即畢事。砧長約尺，厚廣約各六寸，是日尚未見其演
> 試也。……在獄三年者，令織毯。禁錮終身者，運鐵軸，日一萬四
> 千轉，皆司獄督課之。〔註66〕

他亦認為其用意是：「追罪既得釋，而人不傷，技藝且成，可藉以圖餬口。」
〔註67〕為犯人的未來著想，養成其技藝，隱含有教養的寓意。而張德彝也紀
錄了其他的刑罰情形：

> 法律極嚴，按時出入，各處皆循序而進，路狹亦魚貫而行，絕不紊
> 亂。刑具有鎖有鐐，以械手足，有繩鞭無板棍。其變詐反復敗壞風
> 俗者，則刺其頸作黑圈，驅而逐之，不準（准）逗留香港。當日見
> 女犯三十名，係犯拐帶偷竊案者，男犯有一名刺圈被逐，又一名業
> 經被逐以刀削其圈塗之以膏，仍來香港，因瘡愈成斑，復經巡捕查
> 獲，執而囚之。又一名係搶奪幼女者，受五十繩鞭，皮裂肉爛，癥
> 血盈背，其在院中者排列成行，站立整齊，舉手加額為禮。其禁錮
> 室中者，在外揚聲喝之，皆當門而立垂手向外，規矩森嚴。〔註68〕

可見當時香港對罪犯施以頸部紋上黑圈後驅逐出境，以及鞭刑等刑罰之情況。
至於監獄的飲食與生活環境，張德彝比郭、劉兩人有較多的描述：

> 華人睡木榻，五人一房，西人睡鐵牀，三人一房。食則華人各飯一
> 盂、鹹魚四頭、茶一椀；西人各麵包一塊、牛肉一片、加非（按：即
> 咖啡）一椀。……獄設禮拜堂，七日禮拜，囚人環立聽講。有病館
> 以處病者，令醫士掌之。又有收斂病故人犯堂，洗滌精潔，以松香
> 塗地，不獨無穢惡之氣，即人氣亦清淡。〔註69〕

從張氏敘述得知，華人與西人分開拘禁，日常伙食也依照華洋飲食習慣有所分
別，另外重視基本人權，設置禮拜堂與醫院，並有專門收斂去世者的部門。

根據以上郭嵩燾等三人的記載，他們對香港殖民政府推行的獄政大致推
崇，但從中其實可以突顯幾個現象。首先，與殖民地政府開埠以來執行的華洋

〔註66〕（清）劉錫鴻，《英軺日記》，《小方壺齋輿地叢鈔‧第十一帙》（臺北：廣文書
　　　　局，1962），頁161。
〔註67〕（清）劉錫鴻，《英軺日記》，《小方壺齋輿地叢鈔‧第十一帙》，頁161。
〔註68〕（清）張德彝，《隨使日記》，頁212。
〔註69〕（清）張德彝，《隨使日記》，頁212。

隔離政策相同，在監獄中華人與洋人是被分開監禁的。另外值得注意的是，雖然堅尼地與郭嵩燾論及法律監獄制度時自認：「務在公平，無所歧視，此間監牢收繫各國人民之有罪者，亦一體視之，」〔註70〕但從張德彝所述「華人睡木榻，五人一房，西人睡鐵牀，三人一房」的規定來看，或許其中與華洋生活習慣及體格差異有關，亦或可解讀為隱然存在對華人的歧視之意。

在駐歐期間，郭嵩燾亦有對香港時事發表看法，光緒三年（1877）農曆十月初三日，郭嵩燾自報刊中閱讀到香港消息：

一、新理香港波伯亨里西專欲以寬仕民，不復夏楚（按：用刑之意），而犯法者益眾，終至盜賊風行，於是乃許按司用刑。自云歷任各處，未嘗用刑，於此頗乖其意趣。

一、屬部尚書喀爾拉爾芬言，據各屬地文報，繫囚之多，無若香港者，何以至此？飭一報明其原因。

一、外部尚書德爾比咨，據波伯亨里西管理中國寓籍（籍）人民西洋裝束：住英國地界，歸英國管束；其歸中國，仍聽中國管束。

一、香港對過九龍嘴亦駐有小英官，有在九龍嘴外犯事者，鄉人執送小英官，轉送之香港。按西洋律法，非所屬地，不得科罪，乃縱遣之。至是其國家特詔，犯是在屬地外者，亦一律科罪。〔註71〕

此處所提到「波伯亨里西」，即第八任港督軒尼詩（Sir John Pope Hennessy，1834～1891），但郭所謂之「不復夏楚」，其實與事實有所落差。軒尼詩是歷任港督中著名的人道主義及同情華人者，也的確曾下令停止公開鞭笞的刑罰，並要求研究執行鞭刑的最佳方法，〔註72〕但並未廢除刑罰。而關於這些消息中提到香港治安敗壞，或是有罪犯在九龍半島附近犯案，被扭送香港後，卻因治權問題遭縱放等現象，郭嵩燾認為問題之根源「皆由中國處理無法，以致一切無可籌商。」〔註73〕即清廷在涉及香港問題上處理不當所致。

郭嵩燾在解除駐外使節職務被召回後，於光緒五年（1879）農曆正月二十一日自馬賽出發返國，二月二十九日返抵香港。二月三十日的行程是「因

〔註70〕（清）郭嵩燾，《使西紀程》，頁 146。

〔註71〕鍾叔河、楊堅整理，《倫敦與巴黎日記》（長沙：岳麓書社，1984），頁 358～359。

〔註72〕Frank Welsh 著；王皖強、黃亞紅譯，《香港史：從鴉片戰爭到殖民終結》（北京：中央編譯出版社，2007），頁 297～298。

〔註73〕鍾叔河、楊堅整理，《倫敦與巴黎日記》，頁 359。

約伍秩庸、王子潛同至李逸樓處談。並偕子潛至東華醫院，為陳瑞南諸人所創建者，一依西法為之。收容病者百餘，延醫士八人，兼籌教習醫學。並至西洋學館及博物院一遊。」〔註74〕此處提到的「伍秩庸」為前述香港首位出任立法局議員之伍廷芳，而「王子潛」即為本論文的研究對象之一，清末著名思想家、政論家王韜（1828～1897），〔註75〕「東華醫院」則是前述已有提及之香港重要的慈善與華人社會領袖機構，「博物院」則應指香港舊大會堂中之博物館。

郭氏在博物館中所見：「而博物院則兼用粵人劉易之司之，鳥獸蟲魚金石物產之類咸備。所未見者海浮兩具，質如菌而形類深缸，容數斗。河豚甲數具，詢之劉易之，曰：『鯸』，蓋左思《吳都賦》所謂『鯸鮐』，即河豚也。左為博物院及藏書處，右為戲館，其上樓規模宏闊，尚未能陳設物事。」〔註76〕描述博物院所收藏的展品以及其內部所設圖書館、戲劇院。在參觀完博物院之後，郭嵩燾受邀赴宴，在日記中記述了香港當地華籍豪商概況：「香港華人以李逸樓為首富，次魏姓，次郭姓，即所謂郭青山也。」而在宴會之後，「王子潛見贈《瀛壖雜志》、《弢園尺牘》，陳瑞南見贈《東華醫院錄》。」〔註77〕

整體來說，首任駐英、法公使郭、劉等人在過境香港時，一方面受到香港殖民政府的盛重接待，並對參觀學校、監獄等政府機構之見聞有詳盡的記述，另一方面則能看到郭嵩燾與改革思想家王韜及香港華人知識分子伍廷芳等人交遊。此外也可以觀察到香港華商在香港從事貿易，包括政策或金錢捐輸等需多方迎合殖民政府；但當有本國官員訪港時，這些富商接待應酬也是不遺餘力。

〔註74〕 鍾叔河、楊堅整理，《倫敦與巴黎日記》，頁964。
〔註75〕 王韜（1828～1897），蘇州人早年曾在上海墨海書館協助傳教士翻譯聖經等書籍，同治元年（1862）二月，太平軍佔領蘇州期間，他曾化名為黃畹向太平軍提出戰略建議，建議的內容卻被清軍查獲，王韜只好逃往香港。在香港他曾協助理雅各翻譯中國經典，後在1867年隨理雅各前往歐洲，使其眼界大開。1870年返回香港，於1873年創設中華印務總局，並創辦《循環日報》，在報中宣揚其改革思想。王韜是晚清維新改革思想的先行者，當晚清自強運動仍大力推動「師夷長技以制夷」、停留在器物層面時，王韜便已注意到需從制度、文化等方面徹底改革，可謂居於改革思潮之先，他提倡引進西法、發展新式教育、建立現代化軍隊、發展資本主義經濟體系等方針，並提倡君主立憲，可說是開日後維新變法之先聲；參見劉智鵬，《香港早期華人菁英》，頁54～59。
〔註76〕 鍾叔河、楊堅整理，《倫敦與巴黎日記》，頁964。
〔註77〕 鍾叔河、楊堅整理，《倫敦與巴黎日記》，頁964。

二、光緒二年（1876）李圭赴美國建國百年費城博覽會參訪

　　李圭（1842～1903），字小池，江蘇江寧人，為近代中國現代郵政倡建者之一。他曾任海寧知州，後受聘進入江寧海關任職。光緒二年（1876），美國舉辦慶祝建國百年之費城博覽會，對世界各國發出邀請，海關總稅務司赫德選派李圭前往美國參訪，回國後於薛福成幕府中經辦洋務，屬洋務派官員。〔註78〕

　　光緒二年（1876）農曆四月二十日，李圭與隨行使團搭乘日本三菱公司「宜達發」輪船自上海出發，經日本橫越太平洋，農曆五月二十日抵達美國，此後又橫越大西洋前往歐洲，再循海路自印度洋、南洋返國，同年農曆十一月二十七日抵達香港。李圭將出使沿途所見寫成《東行日記》一書，其中可看到他對香港的記述。

　　十一月二十七日，李圭抵達香港，對香港的第一印象是「海中商船多隻，檣（按：船之桅桿）如插箸，一望無際。」此外他也對香港的景觀做出描述：「聚市之處，屋皆三四層，背山面海。鱗之櫛比。至晚燈火齊明，由海濱層疊而上，不下數千萬盞，大觀也。」〔註79〕極言香港房舍之密集與夜景之繁華。

　　隔天二十八日，李圭「乘籃輿游公家花園」，即今日香港動植物公園，李圭之印象為「地方不甚大，亦尚幽靜娛目。」較值得注意的是該日稍晚，李圭遭逢王韜，「午初（約11：00）遇吳中王紫詮（按：王韜字紫詮），言談半日，頗能洞悉中外機宜，雖坐而言，要皆可起而行也，不意天南羈旅，世不知其才，良可惜哉。」〔註80〕就李圭的觀察，王韜可洞察中外形勢，且不流於空談，是肯實地執行的人才，但卻被迫寄寓香港，相當可惜。此外李圭也留下了一段對當時香港形勢的記述：「聞此間華人約十三萬，洋人四千。地方繁盛，遜於上海，景像亦不同。蓋上海為平壤，此則環抱皆山也。粵東海口，在其東南，相距二百六十四里，有輪舶日日往來。」〔註81〕香港與上海同為國際性的商港，不免被拿來比較，李圭認為香港繁盛不如上海，而有關於人口的資訊，來源則不明，但從上文看來，或有可能是王韜提供給李圭的資訊。

〔註78〕　李榕，《杭州府志》，卷122，《中國基本古籍資料庫》（合肥：黃山書社，2009），頁3370～3371。

〔註79〕　（清）李圭，《東行日記》，《小方壺齋輿地叢鈔‧第十二帙》（臺北：廣文書局，1962），頁124～125。

〔註80〕　（清）李圭，《東行日記》，《小方壺齋輿地叢鈔‧第十二帙》，頁125。

〔註81〕　（清）李圭，《東行日記》，《小方壺齋輿地叢鈔‧第十二帙》，頁125。

　　另外如前所述，李圭在中國近代史上最為人所知者，其實是參與了中國現代郵政的建立，而李圭的這件重要貢獻，其實也與香港有著千絲萬縷的關係。中國傳統以來並沒有由官方承辦之郵務系統，官方通信管道主要為驛站，而民間則通過民信局。清末歐美各國來華進行商務貿易日增，故在中國興辦現代化郵務的需求也更大，但最初郵務只能倚靠民信局，或是外國勢力在中國私營的郵局進行，如英國在 1840 年建立現代郵務系統，在取得香港為殖民地後也迅速引進，此後英國在清帝國境內之郵務系統便由香港殖民政府兼管，但這種各自為政的郵務系統其實造成各國不小的經濟負擔，故希望清帝國能發展郵政，而在 1860 年代開始，海關總稅務司赫德也曾多次建議清廷建立現代郵務系統，但皆不了了之。〔註82〕

　　直到光緒十一年（1885），浙海關稅務司葛顯禮（Henry Charles Joseph Kopsch，1845～1913）再次建議清廷建立郵務系統，並與當時擔任其文案的李圭合作，由李圭將《香港郵政規條》譯為〈議擬郵政局寄信條規〉，以香港的郵政業務為主要參考依據，因李圭同時也在海關監督薛福成屬下擔任洋務委員，故通過他更容易打通往總理衙門的管道。〔註83〕此後歷經波折，清帝國之郵政終於在光緒二十三年（1897）施行，其規章《大清郵政章程》雖然沒有全部採用李圭等人的建議，卻也能發現其受到香港郵務系統相當程度的影響。〔註84〕當時李圭等人選擇參考香港郵政系統的原因，除了香港殖民政府欲將英辦郵局轉讓給中國海關以減輕財政負擔外，香港殖民政府將具西方特色郵務系統成功施行於以華人為主之香港社會的事實，對總理衙門更具說服力，恐怕也是李圭等人的建議被採用的重要原因之一。

三、光緒三年（1877）德國使館人員錢德培

　　錢德培（1843～1904），〔註85〕於光緒三年（1877）考取為出洋人員，前

〔註82〕趙雨樂，《近代南來文人的香港印象與國族意識》，頁 37～38。
〔註83〕陳令杰，《清末海關與大清郵政的建立 1878～1911》（新竹：國立清華大學歷史研究所碩士論文，2012），頁 97～100。
〔註84〕趙雨樂，《近代南來文人的香港印象與國族意識》，頁 38。
〔註85〕錢德培（1843～1904），字琴齋，號閏生，山陰人。光緒三年（1877）考取為出洋人員，前往德國，在劉錫鴻任德國公使期間，擔任使館支應各項帳目入冊造報之翻譯事宜，後又在李鳳苞任公使時期續任，協助辦理文案與使館支應，並處理中國參加荷蘭賽珍會之事宜。前後在歐洲工作達七年之久，後因健康因素於光緒十年（1884）回到上海。此後也曾出任過駐意、日、奧等國之使館

往德國使館任職，於十月十八日出發，十二月初四時抵達德國，在德國任職七年後，於光緒十年（1884）返回中國。在旅途中錢氏著有《歐游隨筆》，前往歐洲與返回中國的途中皆曾經過香港，並將對香港之觀察記述在著作中。光緒三年（1877）十月二十二日，錢德培初抵香港，但相關記述不多，僅有「辰刻抵香港，舟客各購藤椅，以備舟行，南洋炎暑之用。」等寥寥數語，〔註86〕大致可知藤椅似乎是香港的名產之一，適合應付南洋航行時的炎熱天氣，但亦未多加留意。

　　錢氏在光緒十年（1884）返回中國，該年十月初三再次經過香港，此次對於香港的記述則有較多之觀察。首先對於香港的都市印象，錢氏認為：

> 香港四圍皆山，港道狹窄，英人知為緊要咽喉，特設重兵，建炮台，泊兵艦，東西數萬里遍設埠頭，獨據而固守之。兵舶常通，煤炭足備，水飲無乏，其能獨擅富強也宜矣。〔註87〕

錢氏久居德國，對軍事有深刻認識，以軍事防衛角度審視香港，除了地勢險要之外，英國殖民政府亦在此佈署重兵，強化港口防衛，且在煤炭用水等後勤補給上加以完善，錢氏認為這正是英國可「獨擅富強」之因。除此之外，錢德培也提到在香港的錢幣形制，以及搭乘渡船、東洋車（人力車）及僱用駁船載運行李之價格行情，〔註88〕他也對香港此類交通工具對外來客坐地起價的陋習頗有微詞：

> 欺生陋習，雖英人嚴治之，而不能改，此不可以世風論，當以地方論也。余從前出洋時西語一字不解，而安抵柏林，大有賓至如歸之象，以其易舟而車，一切搬運無盜竊之虞，無需索之弊，按章給值，無事爭論。今則略諳洋語而反多不便。蓋香港一帶人情險詐，更易舟輪，價格則動多需索，物件則易於遺失，行道者可不慎諸？〔註89〕

從敘述中有兩方面的評論，其一是在首次出洋時因不諳洋語而諸事順利，反而回國時已略通西文而有所不便，似乎在表達過去旅途中各種行程及收費因不

參贊，因常駐國外對洋務頗有認識，深受當時李鴻章等洋務大員賞識，並因常駐德國熟悉該國軍事，因此協助北洋武備學堂等軍事學校之創建。參見鐘叔河、曾德明、楊雲輝主編，《走向世界叢書·歐遊隨筆》，（長沙：岳麓書社，2016），頁17～18。

〔註86〕鐘叔河、曾德明、楊雲輝主編，《走向世界叢書·歐遊隨筆》，頁6。

〔註87〕鐘叔河、曾德明、楊雲輝主編，《走向世界叢書·歐遊隨筆》，頁139。

〔註88〕鐘叔河、曾德明、楊雲輝主編，《走向世界叢書·歐遊隨筆》，頁139。

〔註89〕鐘叔河、曾德明、楊雲輝主編，《走向世界叢書·歐遊隨筆》，頁139～140。

解其意，完全接受安排故較順利，在識得西文通曉其意後，對不合理處提出意見反而產生爭執而不便；其二則認為搭乘交通工具收費等方面，歐洲勝於香港，香港從業者「人情險詐」，除價格浮動，亦似乎有偷竊之情況，錢氏乃認為赴港遊歷者對此不可不慎。

四、光緒四年（1878）駐英、法公使曾紀澤

　　清帝國在光緒元年雖首次派遣了駐外公使郭嵩燾與劉錫鴻，但波折甚多。郭嵩燾的風範與用心辦事之外交手腕頗受英、法外交官員好評，並將其途中所見寫成日記，對西方政教等制度頗為稱道，認為中國若要富強，必須了解西學的本末，此舉卻遭受國內反對派大加撻伐，甚至認為其有貳心於英國，而作為副使的劉錫鴻更是處處針對他，多番向清廷密告誣陷，使郭嵩燾不堪其擾，頻生去意。至清光緒四年（1878），清廷同時將郭、劉二人召回，由曾紀澤（1839～1890）繼任。〔註90〕

　　曾紀澤乃晚清重要外交家，為同治中興名臣曾國藩（1811～1872）之長子，自幼受傳統儒家教育，並工於詩文，成年後正逢自強運動開展，故略通西學與英文，並研究西方文化，有學識涵蓋中西的評價。他於光緒三年（1877）襲封父親一等毅勇侯之爵位，到光緒四年（1878），曾紀澤由於通曉英文並對西方知識有所涉獵的背景，得以繼任駐英、法大臣的職務。〔註91〕曾紀澤使團於光緒四年（1878）農曆九月、十月先後在天津、上海進行準備，十月底正式出發，農曆十二月抵達巴黎。在曾紀澤的著作《出使英、法日記》中可閱讀到出使途中的見聞，其中便包括使團航行往東南亞前，於十一月初暫泊香港時的觀察，以及赴歐後對香港一些時事的評論。

　　農曆十一月初二，曾紀澤使團抵達香港。當天申初（約15：00），「香港總督亨乃西，遣小火輪船來船相迎。到岸列隊聲炮，以八人輿舁餘（余）至其署中，談甚久，意極殷勤，邀餘（余）挈眷入署小住，婉辭之。」〔註92〕此處所指「香港總督亨乃西」，即為前文郭嵩燾曾提及的「波伯亨里西」，第八任港督軒尼詩（Sir John Pope Hennessy，1834～1891），當時翻譯似仍未有定則，故在

〔註90〕郭廷以，《近代中國史綱》，頁269～270。

〔註91〕A. W.恆慕義主編；中國人民大學清史研究所《清代名人傳略》翻譯組譯，《清代名人傳略》，頁464～467。

〔註92〕（清）曾紀澤，《出使英法日記》，《小方壺齋輿地叢鈔·第十一帙》（臺北：廣文書局，1962），頁376a。

不同人之作品中會出現譯名不同的情形。軒尼詩邀請曾氏帶眷屬入住總督府，被其婉拒，似乎秉持「大夫無私交」的原則。曾氏做為外交使節，必須進行拜會，故該天入夜後，「仍入總督署，與亨公一談。入書室靜坐，亨公為餘（余）安排者也。……亨公請便飯，其夫人出見，同席。戌正（按：約20：00）入坐，亥正（按：約22：00）散，散坐一談。」〔註93〕宴會結束後返船休息。

隔日為十一月初三，處理公事外，曾紀澤再次與軒尼詩會面，「因亨公昨日麵（面）言：將遣其夫人來船拜候內人。餘答以內人應先登岸拜候，惟中、西禮節不同，不能拜男賓，尤不能與男賓同宴。亨公亦自知之，遂約本日午初，仍遣舟、輿迎內人登岸，餘（余）亦入其署中照應一切。餘（余）與亨公談宴極久，內人在上房，有女仆能傳達語言，談宴亦盡歡。」〔註94〕這段記載突顯了中西禮儀的差異，同時也表明了港督軒尼詩對中國禮俗的了解與尊重。

宴會進行到下午一點半左右，宴後曾紀澤與夫人遊覽大會堂中之博物院，畢後夫人先行回船，曾氏則又前往監獄參觀，「遍觀輕重罪犯監禁之處，作工之所。郭筠仙丈（按：即郭嵩燾）所記，無一字不符者。」〔註95〕曾氏所見監獄情形，與郭嵩燾所記完全相符。此後則「至總督署，徑就餘（余）室治事，不欲數驚主人也。」，晚間又赴軒尼詩之宴會，「亨公特設大宴，客二十餘人皆至，戌正入席，奏西樂以侑觴。亥正席散，複談良久。」〔註96〕

十一月初四，簡單辦公並用餐後，曾紀澤出外遊覽登港島太平山，「峰高一百五十餘丈，乘山輿而登峰顛，有燈樓、電架等物，憑眺良久。山勢層疊甚遠，扼全粵之形勝，較大沽海口尤為雄闊，但無淺水處耳。」〔註97〕記述了自山上遠眺之山海地理形勢，認為維多利亞港更勝大沽，另外通往太平山頂的纜車1888年才開通，此時仍靠山輿作為上下山交通工具。當天晚上則又至總督府赴宴，「至總督署赴席，仍係大宴，奏軍樂以娛賓。」〔註98〕

十一月初五，在香港盤桓數日後，曾紀澤準備出發赴歐，出發前「清撿應送亨總督之磁如意，暨內人贈其夫人之約指等件。登岸，至其署，與之一談。亨公將列隊奏樂聲炮以送餘（余）行，……與亨公同飯。飯後，小坐辭出，亨

〔註93〕（清）曾紀澤，《出使英法日記》，《小方壺齋輿地叢鈔‧第十一帙》，頁376。
〔註94〕（清）曾紀澤，《出使英法日記》，《小方壺齋輿地叢鈔‧第十一帙》，頁376。
〔註95〕（清）曾紀澤，《出使英法日記》，《小方壺齋輿地叢鈔‧第十一帙》，頁376。
〔註96〕（清）曾紀澤，《出使英法日記》，《小方壺齋輿地叢鈔‧第十一帙》，頁376。
〔註97〕（清）曾紀澤，《出使英法日記》，《小方壺齋輿地叢鈔‧第十一帙》，頁376。
〔註98〕（清）曾紀澤，《出使英法日記》，《小方壺齋輿地叢鈔‧第十一帙》，頁376。

公自乘輿送至小輪舟而歸，遣其中軍巴爾門送餘（余）登大輪舟。」〔註99〕曾紀澤訪港數日之行程中，港督軒尼詩表現得相當重視，除每日對談公事，為其安排晚宴並互相介紹夫人認識外，還出借總督府的房間供曾紀澤辦公使用，處處禮遇，這一趟到訪可說是賓主盡歡。

在抵達歐洲赴任後，曾紀澤不時也關心香港之時事，如光緒五年（1879）三月廿六日的日記，便可看到他與隨團擔任翻譯的馬格里（Halliday Macartney，1833～1906）對軒尼詩的施政進行討論，在所有赴外使節的著作中，曾紀澤對軒尼詩的評論應是對香港殖民政府官員最深入的描寫：

> 飯後，複至清臣（按：即馬格里）室久坐，談及刑，亂國須用重典之理。香港民庶龐雜、奸宄遁逃，歷任總督皆治之以嚴。今總督亨乃西（軒尼詩），自懲其曾仕數處，皆以嚴而召亂也，蒞香港乃改而從寬，笞撲日輕而牢獄益滿，英人上下咸毀之。又云，前總督於華人、英人一律看待，不存歧視之心，是以相安無事。亨乃西待華人較優，轉致華、英分為二黨，識者亦以是咎之。〔註100〕

如前所述，軒尼詩是香港開埠以來極具人道主義且對華人最為友善的港督，不僅下令變更笞刑施行方式，任命伍廷芳（1842～1922）擔任首位華人立法局議員，〔註101〕同時加強東華醫院的職權，讓華人領袖更大程度上自行管理華人事務，等同提高他們的社會地位，並在市政規劃上打破華洋隔離的設計，〔註102〕再再都使香港外籍人士對他感到不滿，也就是曾紀澤與馬格里所論「亨乃西待華人較優，轉致華、英分為二黨」的情形，但所謂「前總督於華人、英人一律看待，不存歧視之心，是以相安無事」，恐怕是不符實際情況的。

對馬格里所言，曾氏另外提出自己的見解，認為軒尼詩之所以不待見於在港外籍人士，或許與他信仰天主教，而非基督新教有關：「實則英國君臣皆崇耶穌教，亨乃西獨崇天主教，毀之者蓋自書院之教士始焉，一唱百和，瑕疵日聞，病根蓋在於是」。〔註103〕實際上，曾紀澤的想法並非完全沒有道理，同時也代表曾氏對西方新舊教差別與衝突已頗有認識。

〔註99〕（清）曾紀澤，《出使英法日記》，《小方壺齋輿地叢鈔·第十一帙》，頁376。

〔註100〕（清）曾紀澤，《曾惠敏公（紀澤）使西日記·卷二》（臺北：文海出版社，1975），頁19。

〔註101〕王賡武主編，《香港史新編》上冊，頁100。

〔註102〕王賡武主編，《香港史新編》上冊，頁105。

〔註103〕（清）曾紀澤，《曾惠敏公（紀澤）使西日記·卷二》，頁19。

五、光緒四年（1878）駐美、日斯巴尼亞（西班牙）、秘魯公使陳蘭彬

相較於其他列強，美國在外交上對清帝國較為友善，且有眾多居美華僑，更有學生留美，故美國成為晚清派遣駐外使館的第三個國家，〔註104〕派駐美國的首任正副公使陳蘭彬（1816～1895），〔註105〕以及容閎（1828～1912），〔註106〕也正與經辦幼童赴美留學事務有密切之關聯。容閎早年就讀澳門、香港之教會學校，後又赴美國留學，畢業於耶魯學院，以其知識養成背景而言，對西方可說非常熟知；咸豐五年（1855）返國後，先後在香港、上海之政府機關與洋行任職；同治元年（1862），至安徽省安慶入曾國藩幕府，協助購買機器以興辦江南機器製造局等洋務，後又擔任江蘇巡撫丁日昌（1823～1882）之幕僚。在此期間，他曾通過丁日昌向軍機大臣文祥提出強國之建議，其中一條便是選派青年出國留學，此議得到曾國藩、丁日昌等人的助力，獲准辦理。而根據容閎於《西學東漸記》中所載，丁日昌欣賞容閎之才，亦深知他所提建議必遭受守舊派攻擊，為免容閎首當其衝，需尋找一名可與守舊派共事之官僚，此人便是陳蘭彬。〔註107〕

故當推動相關政策時，陳蘭彬與容閎被選為「幼童出洋肄業局」之正副委

〔註104〕郭廷以，《近代中國史綱》，頁270。

〔註105〕陳蘭彬（1816～1895），字荔秋，廣東吳川人。咸豐三年（1853）進士，同治八、九年間曾協助直隸總督曾國藩經辦救荒賑濟。曾向曾國藩、李鴻章建議選派幼童赴美留學，後被薦舉率領幼童赴美，光緒元年（1875）被任命為出使美、日斯巴尼亞、秘國大臣，光緒四年（1878）正式啟行。因與副使容閎對赴美幼童教育問題始終存有歧見，使該計畫於光緒七年（1881）中止，返國後一度以左副都御史職任職總理衙門，後稱病退休。參見馬昌華主編，《淮系人物列傳：文職、北洋海軍、洋員》，頁197～199。

〔註106〕容閎（1828～1912），廣東香山縣人。早年就讀於澳門、香港之教會學校，後前赴美國留學，畢業於耶魯學院，咸豐五年（1855）返國，先後任職於香港與上海之政府部門與洋行。同治元年（1862）進入曾國藩幕府辦理洋務，後又轉入江蘇巡撫丁日昌幕府，曾通過丁向軍機大臣文祥提出強國建議，其中包含揀選學生出國留學，此議被採納，容閎被選為「幼童出洋肄業局」副委員，同治十一年（1872）率領第一批留學幼童赴美，直至光緒八年（1881）年中止。此後容閎長居美國，於光緒二十一年（1895）返國，後積極參與變法，變法失敗後避居上海租界，光緒二十六年（1900）又參與唐才常自立軍相關運動，失敗後容閎遭通緝，逃亡香港，光緒二十八年（1902）赴美，後病逝於美國；馬昌華主編，《淮系人物列傳：文職、北洋海軍、洋員》，頁195～196。

〔註107〕容閎，《西學東漸記》（臺北：廣文書局，1961），頁107。

員，於同治十一年（1872）率領第一批留學幼童赴美；同治十二年（1873），陳、容兩人受命前赴古巴調查當地華工遭虐待情況，此後陳蘭彬返國，容閎則長期續留美國。一直到光緒元年（1875），陳、容二人才又被總理衙門任命為出使美國、日斯巴尼亞（西班牙）、秘魯等國欽差大臣，正式啟行要等到光緒四年。〔註108〕光緒四年（1878）農曆五月，陳蘭彬與使團自上海出發前往香港，在香港預訂前往美國之輪船，之後由香港出發，經日本前往美國，關於此趟旅途見聞，容閎因身在美國故未有記錄，陳蘭彬則著有《使美紀略》，從中可見到往美國前於香港停留時的觀察。

光緒四年（1878）農曆五月初一日，陳蘭彬偕隨員自上海搭乘招商局輪船出發，初五日抵達香港，初七日，陳蘭彬「往拜英國駐港總督燕尼士。」〔註109〕即拜會第八任港督軒尼詩，初八日則前去拜會駐港英軍司令 Francis Colborne（1817～1895）與輔政司等香港殖民政府官員，當天陳蘭彬見識到先進的電話科技，大感神奇：

> 是日在輔政司署見傳話筒，該署距燕尼士避暑處約三里，以手搖筒旁銅拐，起號即對筒問話，畢，旋聞筒旁鐘響，以耳向筒，一一回答。詢其何以能然，據言電線能傳字即能傳聲，厥理甚明，而內中制度，未得窺悉也。〔註110〕

電話在 1860 年代已被發明，貝爾（Alexander Graham Bell，1847～1922）1876 年於美國取得發明電話的專利權。郭嵩燾光緒三年（1877）擔任駐英公使時便曾體驗過電話的操作；〔註111〕香港也在同年（1877）引進電話，故陳蘭彬為先進科

〔註108〕 馬昌華主編，《淮系人物列傳：文職、北洋海軍、洋員》，頁 195～198。

〔註109〕 （清）陳蘭彬，《使美紀略》，《小方壺齋輿地叢鈔·第十二帙》（臺北：廣文書局，1962），頁 57。

〔註110〕 （清）陳蘭彬，《使美紀略》，《小方壺齋輿地叢鈔·第十二帙》，頁 57。

〔註111〕 郭嵩燾記載原文如下：

「（光緒三年九月初十）近年卑爾（按：即貝爾）所製聲報，亦用電氣為之。上下樓由右引至左，相距約數十丈，安置電線，各設小木案以便憑坐。兩端為木杵圓柄，納電線其中，約長三寸許。上有圓盤，徑二寸許，凡兩層。內層縮小五寸許，上為圓孔，徑八寸。銜馬牙鐵餅其中，薄僅如竹萌之半。上下並貼薄錫，中安鐵柱，用電線環繞之。安置柄中，鐵餅距鐵柱中間不及一杪（秒）。據格裏（按：馬格裏）云：『人聲送入盤中，則鐵餅自動，聲微則一秒動至二百，聲愈重則動愈速，極之至一千，與耳中之膜納聲者同一機杵（杼）。聲在耳中，如錐刺之，則自知痛，痛不在錐也。鐵膜動，與耳中之膜遙相應，自然發聲。』然其理吾終不能明也。

技感到驚奇的當下，電話技術雖未普及，但實已傳入香港一段時間，[註112]領先於東亞世界其他地區。同時，他也聽聞了有關留聲機的相關資訊：「又言英國已有人作藏話箱，數人分檻說話，封之，數萬里之遙，百十年之久，揭封側聽，口吻宛然。」他認為「於立約遺囑諸大端，尤為有用。」[註113]

六、光緒五年（1879）徐建寅赴歐考察

徐建寅（1845～1901），字仲虎，江蘇無錫人。為晚清著名科學家徐壽之子，家學淵源，自幼便學習製造技藝與數術等學問，並精通外文。同治元年（1862）時，與其父一同被招聘投入自強運動中，曾在安慶軍械所中製造出中國第一艘蒸氣輪船。同治六年（1867）年與徐壽一同前往上海籌辦江南機器製造局，在當地與林樂知（Young John Allen，1836～1907）等外籍顧問翻譯不少西學書籍，並進行武器實驗。同治十三年（1874）調任天津機器局，其精通洋務之名漸被朝野所知，光緒五年（1875）調任山東機器局，在沒有外籍顧問協助下獨立監督裝配生產器械。其時李鴻章正籌組北洋艦隊，需有通曉洋務者前往歐洲考察並訂購軍艦，徐氏受李鴻章薦舉，以駐德國使館參贊身分赴歐。光緒五年（1879）農曆九月，徐建寅乘船自吳淞口出洋，赴歐考察四年。[註114]徐氏在離開上海後，下一個停留的地點便是香港，而在他記述赴歐考察的著作《歐遊雜錄》中，可以閱讀到他對香港的觀察。

九月十四日，徐建寅航抵香港，對香港的印象是「香港街路，修築寬平，雖較上海地方稍小，而繁盛亦正相埒。各洋房皆背山面海，階級而上，氣象似更軒昂，且樓房盡係四、五層。」[註115]在他的記述中，香港與上海的繁榮

令德、在初（按：即張德彝）居樓下，吾從樓上與相語，其語言多者亦多不能明。問在初：『你聽聞乎？』
曰：『聽聞。』
『你知覺乎？』
曰：『知覺。』
『請數數目字。』
曰：『一、二、三、四、五、六、七。』
惟此數者分明。而格裏與洋人相與談應如響，耳目聰明實亦有過人者。」
參見（清）郭嵩燾著；鍾叔河、楊堅整理，《倫敦與巴黎日記》，頁326～327。

〔註112〕彭淑敏等著，《香港第一》（香港：中華書局，2012），頁50。
〔註113〕（清）陳蘭彬，《使美紀略》，頁57b。
〔註114〕馬昌華主編，《淮系人物列傳：文職、北洋海軍、洋員》，頁104～105。
〔註115〕（清）徐建寅，〈歐遊雜錄〉，《小方壺齋輿地叢抄‧第十一帙》，頁433a。

各有千秋，且可見到當時香港已有相當多四、五層以上的高樓。

徐氏記述了他對地價稅、船稅，以及稅收用途的觀察：

> 地價甚貴，沿海之地，以中國畝計，每年收課銀百餘兩之多；在山則稍減，亦須數十兩。故彈丸一隅之地，每年收課銀八十餘萬兩。沿海大小各船所收之稅，亦在其內。大船每年稅收十八元，中船五元，小船二元。所收之稅，除貼兵船每年十餘萬兩外，其餘盡作香港公用。如官俸、巡役、工食、修路等費，皆有徵信清冊，人人可查，絕無隱匿侵欺，人皆樂輸，且生意興旺，獲利不薄，稅課雖重民亦不病其苛。〔註116〕

徐氏指出香港稅目包括地價稅、船稅等頗為高昂，但因稅項收入清楚，且都用於公共事務，可供查閱，故稅雖重但人人樂意繳稅。他也進一步記述了印花稅之徵收情況與罰則：

> 香港地價，近水者每方尺價五、六元，近山者二、三元。除地、船、屋三項稅收外，尚有票稅。凡買賣交易，每開一票，均須貼一印花，俗名「人頭紙」。每印花收稅二仙，每十仙值銀一毫。每票貨價在十元以內者，可免貼印花；十元以外漏匿者，查出罰洋五十六元。〔註117〕

而對於香港殖民政府自港督及以下等單位架構制度與工作職掌，徐建寅也概略介紹，且可說是到訪香港之外交使節見聞中少有可清楚敘述者：

> 香港之英官，最尊者為總督，統理軍民。次為輔政司，職如總督之長史，輔佐總督，辦理民事，所有一切告示，皆輔政司奉督札而出也。庫務司專收稅課，支發薪俸及一切款項；民間兌易銀錢，亦係此司職掌。工務司專辦工程，如築道路、砌駁岸、造衙署及民間蓋造丈量等事。按察司專管訊斷重大案件。其次為巡理府，專理小案及巡長民間小事。華民政務司，從前事繁，現僅管收小艇稅及街上小攤之稅，並管華民小事而已。總緝捕司，管巡街差役，拘提人證。此外尚有船政廳，專管一切船隻，凡船出口，給發牌照。差役之外，尚有約練，以輔巡緝。〔註118〕

〔註116〕 （清）徐建寅，〈歐遊雜錄〉，《小方壺齋輿地叢抄・第十一帙》，頁433a。
〔註117〕 （清）徐建寅，〈歐遊雜錄〉，《小方壺齋輿地叢抄・第十一帙》，頁433b。
〔註118〕 （清）徐建寅，〈歐遊雜錄〉，《小方壺齋輿地叢抄・第十一帙》，頁433a～433b。

從徐氏對香港的觀察來看，似較偏重於香港經濟及制度問題，且具有相當程度的了解。

第三節　1880 年代後到訪香港之赴外使節及其見聞

　　進入 1880 年代，距離自強運動推動已近二十年，相較於過去，晚清知識分子對西學的認識與接受程度已有所不同，透過 1880 年代後出訪的外交使節在香港之見聞，以及他們所關注的議題，也明顯呈現這種變化。

一、光緒七年（1881）馬建忠奉使印度

　　光緒七年（1881），因有粵商擬於香港設立洋藥公司，承包鴉片買賣，預計可杜絕鴉片走私造成之銀漏問題，〔註 119〕為了瞭解並交涉鴉片包銷與稅收問題，李鴻章派遣麾下處理洋務之專才馬建忠（1845～1900）前往印度，隨行者為具江蘇候補道資格的名士吳廣霈（1855～1919），而探究馬、吳兩人的背景，可知此次奉命前往印度的使團與其它赴外使節稍有不同，是個頗有趣的組合。

　　馬建忠（1845～1900），字眉叔，江蘇丹徒人，為晚清重要維新派官員與外交家。咸豐三年（1853）太平軍攻下南京，馬建忠隨家人避難上海，進入當地洋人所辦徐匯公學，一邊學習法文及拉丁文等課程，一邊則準備科舉。咸豐十年（1860）英法聯軍攻入北京，使馬氏大受刺激，對昧於世界局勢的當朝官員失望，故放棄科舉，轉而專攻洋務，大量閱讀翻譯之西學書籍，並曾加入耶穌會擔任修士，經多年苦讀，馬氏得以兼通中國古文與英、法、希臘、拉丁文等歐洲語文。同治九年（1870），馬建忠獲舉薦進入李鴻章幕府，辦理洋務，光緒二年（1876）又得李鴻章推薦，讓馬氏以郎中資格進入法國政治學堂就讀，專攻國際公法，而留法期間也先後擔任駐英、法公使郭嵩燾、曾紀澤之翻譯，表現極受讚賞。旅居歐洲期間，馬氏除了取得政治、法律、外交、理科等學位外，也多所遊歷，參觀各種西方工廠、學校、軍營等設施，比較中西文化異同，並屢次上書對時勢提出自己的見解，並曾對只重練兵製器的自強運動加以批評。光緒六年（1880），馬建忠學成返國，返回天津於

〔註 119〕（清）馬建忠，《南行記》，《小方壺齋輿地叢鈔再補編》（臺北：廣文書局，1964），頁 80-1。

李鴻章幕府中辦理洋務。〔註120〕

　　而吳廣霈（1855～1919），〔註121〕字翰濤，安徽涇縣人。以監生資格捐官至江蘇候補道，他思想敏銳，富有文才，工於詩文繪畫，也曾學習洋務，有名士之譽，與當時也有名士稱號的王韜過從甚密，此外如馬建忠、鄭觀應（1842～1922）等人也都與他交好。光緒三年（1877）隨公使何如璋出使日本，與日本人士多有往還，以詩文會友，展開文化外交，頗受好評。〔註122〕

　　光緒七年（1881）馬、吳前往印度交涉鴉片問題，在去程與回程途中皆曾停留香港，兩人分別將經歷寫成《南行記》與《南行日記》，在書中記載兩人之香港見聞。值得注意的是，馬建忠受儒家思想啟蒙，半途轉向，從而精通西學，成為學貫中西的新式知識分子；吳廣霈雖曾遊歷海外，但其思想背景仍以傳統儒家思想為主，因知識背景不同所帶來的影響，在兩人的香港記述中有明顯的展現。

　　農曆七月初七日，馬、吳兩人抵達香港。需指出的是，二人在香港活動期間，有時各有行程，有時則一起行動，故記述有重疊之處將挑選重點分析，不再一一列出。七月初七日、初八日，馬建忠日記中記錄皆頗為簡略，僅交代赴港所見何人及所辦公事，如將李鴻章之書信遞交給港督府，並與港督參贊歐德理（Ernst Johann Eitel，1838～1908）約定和港督軒尼詩見面時間，〔註123〕七月初七日吳廣霈則有記述如下：

　　　　初七日，……舟抵香港進口，夜色蒼黑，形勢莫辨，惟見高山當面，
　　　　平岫四環山腰。至海岸，燈火千百點，層層鱗列如繁星瑩徹，因嘆
　　　　中外未通之日，此港一坏荒島，十丈蠻煙，蜑戶之所經，蛟龍之所
　　　　窟，蒼涼寂寞，誰與問津？乃異族東來，鑿山通道，遂造屋開市，
　　　　險者夷之，樸者華之，一轉瞬間遂成，斯固亦山靈所不及料。然南
　　　　洋鎖鑰，片島攸關，我得之可以自固藩籬，彼得之即可以抗我喉嗌，
　　　　彼萬里扣關，談何容易？既得此島，則南洋之險在彼而不在我，良
　　　　以當我戶庭，扼我要害，彼可以搤我不出，我不能拒彼不入也，讀

〔註120〕 馬昌華主編，《淮系人物列傳：文職、北洋海軍、洋員》，頁137～139。
〔註121〕 江慶柏編著，《清代人物生卒年表》（北京：人民文學出版社，2005），頁309。
〔註122〕 錢仲聯編著，《廣清碑傳集》卷十八（蘇州：蘇州大學出版社，1999），頁1233～1234。
〔註123〕 （清）馬建忠，《南行記》，《小方壺齋輿地叢鈔再補編》，頁80-5。

臥榻鼾睡之言，幾欲問天一哭……。〔註124〕

初到香港，吳廣霈一方面讚嘆香港夜景之繁華，一方面則慨歎清帝國之愚昧，將如此險要之所棄為荒島，反而是在英國悉心經營下才成為「中西第一關津，華夷第一巨埠」。〔註125〕香港落入英人之手，則南洋之險盡失，吳廣霈心中之憂懼難以言喻。

七月初八，馬建忠拜訪法國駐港領事，吳廣霈則往中環拜訪與其有深厚交情之王韜：

> 余首先問中環街百步梯所在，急欲與王紫詮（按：王韜字紫詮）兄一唔，東瀛回首別二年矣已。乘輿至百步梯訪至日報館，時當侵（清）晨，紫詮未至，唔其同事洪幹甫，遂手書數行以速其駕，俄頃紫詮狂呼而入，握手驚喜，皆出望外，詢我所居，則答以舍館尚未定也，紫詮欣訝不已。有頃眉叔（按：即馬建忠）亦至，云已定寓香港客店，余先與之期於是也。〔註126〕

從文中可見王韜遭逢故人之欣喜，吳氏也記錄了王韜在港住處及其所藏豐富海內外珍貴書籍之樣貌，以及王韜設酒宴請馬、吳二人之情況：

> 紫詮遂小製盤飧，呼樽留飲於其天南遯窟中，樓高百尺。極目煙波，遙天雲物，盡入杯斝，奇人奇境，一時交值，能勿快哉？相與抵掌雄談，立傾巨爵。飯已，獲觀其藏書，延壁作櫥，上椽下板，度架殆滿，頗有異本，且多海外秘笈，暇陬逸史，為中國文人博士皓首所未覩者，遯叟乃獨得而寢饋之，著作之富，曷足為怪？千秋慧業定於斯矣。飲罷，呼飯，餘微醺矣，遂別紫詮偕眉叔至客館卸裝。〔註127〕

七月初九日，馬建忠先與大西洋國（即葡萄牙）駐港領事以及匯豐銀行行主甲克松（依時間推斷，應即為1876～1886年擔任匯豐銀行大班之昃臣，Sir Thomas Jackson，1841～1915）會面，〔註128〕商談公事。〔註129〕之後則在旅

〔註124〕（清）吳廣霈，《南行日記》，《小方壺齋輿地叢鈔再補編》（臺北：廣文書局，1964），頁81-2。

〔註125〕（清）吳廣霈，《南行日記》，《小方壺齋輿地叢鈔再補編》，頁81-2。

〔註126〕（清）吳廣霈，《南行日記》，《小方壺齋輿地叢鈔再補編》，頁81-3。

〔註127〕（清）吳廣霈，《南行日記》，《小方壺齋輿地叢鈔再補編》，頁81-3。

〔註128〕劉詩平著，《金融帝國——匯豐》（香港：三聯書店，2009），頁395。

〔註129〕（清）馬建忠，《南行記》，《小方壺齋輿地叢鈔再補編》，頁80-5。

店與王韜見面，吳廣霈之記載如下：

> 初九日，香港寓中晨起，俄而天霽。紫詮來往，坐談良久，徐詢眉
> 叔以何事蒞此？眉叔方含糊未對，紫詮曰：「非為某事來耶？余客兹
> 久，粗得梗概，悉為知己列，何不問我？」眉叔見渠已知，遂不復
> 隱，並細詰之。紫詮徐為節剖縷陳，朗若列眉，因共服其高見，始
> 知豪傑所見，自異庸流，香海羣蠻列儈中，得此人焉，山川為之壯
> 色矣。晚遂同赴馥興居飲，紫詮為余等洗塵，作東道主焉。〔註130〕

在吳廣霈的記載中，馬建忠對出訪的目的本不欲明說，但被胸有成竹的王韜
輕易點破；其實王韜在光緒四年（1878）便曾致書津海關道鄭藻如（1827～
1894），建議鴉片既准許在中國合法販售，「則釐稅之輕重增減，亦惟自我操
之，」可在香港成立「中國粵省洋藥公司」，以杜絕鴉片走私漏稅等問題。
〔註131〕王韜久居香港，對鴉片走私漏稅問題應更能就近觀察與認識，故經
其清楚之分析，使馬、吳二人極為拜服，王韜對經濟民生之關心與才思，亦
實不負「名士」之稱號。

七月初十日，馬建忠先與怡和行主開斯味（按時間推斷，應即為1874～
1886年擔任怡和洋行大班之William Keswick，或譯為耆紫薇或克錫，1834
～1912）會面。〔註132〕兩人其實在此前馬建忠由北往南航行時便曾同船，
相談甚歡，〔註133〕再次拜訪時，與曾紀澤所觀察的一樣，可得知其對港督
軒尼詩的不滿，「談及撫軍（按：即港督）頗好名事，拂輿情以為異日選進
議院之地，其善待華人者，亦名心為之也，」〔註134〕認為軒尼詩善待華人
等舉措乃為好名所致。之後前往拜訪港督軒尼詩不遇，由港督中文秘書歐德
理接待，「歐謂撫軍（按：即港督）曾言閣下既奉傅相書來，凡一切有關鴉
片煙者，悉瀝誠相告。」〔註135〕歐德理表明有關鴉片事務皆願意以誠相告，
展現軒尼詩對馬建忠到訪的重視。同一天吳廣霈居留旅店，其日記記載馬建

〔註130〕（清）吳廣霈，《南行日記》，《小方壺齋輿地叢鈔再補編》，頁81-3。
〔註131〕（清）王韜，〈上鄭玉軒觀察〉，《弢園尺牘》（北京：中華書局，1959），頁138
～139；周佳榮，〈在香港與王韜會面——中日兩國名士的訪港紀錄〉，林啟彥、
黃文江主編，《王韜與近代世界》（香港：香港教育圖書公司，2000），頁385。
〔註132〕Robert Blake 著，張青譯，《怡和洋行》（臺北：時報文化出版，2001），頁159
～162；劉詩平著，《洋行之王：怡和》（香港：三聯書店，2010），頁173。
〔註133〕（清）馬建忠，《南行記》，《小方壺齋輿地叢鈔再補編》，頁80-5。
〔註134〕（清）馬建忠，《南行記》，《小方壺齋輿地叢鈔再補編》，頁80-5。
〔註135〕（清）馬建忠，《南行記》，《小方壺齋輿地叢鈔再補編》，頁80-5。

忠與軒尼詩會面之事，同時也提到香港免稅自由港的規定，「港例凡進出口船載貨悉除稅項，且不稽查，以故偷稅者視此為漁利窟；中國官法一切不及，以故犯罪者視此為逋逃藪。吁，可慨哉。」〔註136〕當天稍後，吳廣霈前往拜訪王韜，同遊香港街市，對街景、香港華商概況有所介紹，「高樓彌望皆屬西制，而華人貿易者極多，要以廣、閩為最，他省則尟少矣，遊既倦，偕返紫詮處，啖鮮荔枝數十枚，香肥濃郁，佳味真無可比得，此灌頂醍醐，暫洗填胸塊壘」〔註137〕

七月十一日、十二日，馬建忠皆至港督府與軒尼詩見面，並閱讀與印度鴉片相關之檔案；〔註138〕吳廣霈十一日與王韜同遊公家花園，十二日探訪王韜時，王韜取其著作相贈：

> 詰其文集和不刊刻，則答以自審多瑕，卒未定稿，蓋詭詞也。彼其少有才名不自歛，抑幾以文字賈殺身之禍，故悔憤交集，姍姍未能自定耳；旋復問其香港一隅，殊有關繫，以君既稔此，曷不作一書以公海內？紫詮答以：「此吾志也，子姑俟之已。」〔註139〕

吳廣霈雖問王韜文集何不刊刻出版，但內心深知王韜舊時因上書太平天國一事，險招殺身之禍，故遲遲不敢出書，在吳廣霈的記載中，王韜此時似有志出版介紹香港之著作，之後卻也沒有付諸實行。

十三日為禮拜日，因香港殖民政府休假，故馬、吳偕同王韜前往公家花園一遊，馬建忠記載為：「禮拜日無事，午後邀王紫詮往遊英國公家花園，石磴廻環，林木清幽，樹杪下視，則海島帆檣，歷歷在目，天然好景不數圖畫矣，尋夕陽在山，興盡而返。」〔註140〕吳廣霈則記載「是日，西官不視事，眉叔得暇，午時遂邀紫詮來午餐；餐已，同往遊公園，有異鳥一屋，猿猴數枚，又有鴕鳥者，取其形似故名。暑眺出園，攀而益上，峯迴路轉，足底漸高，少頃降輿，徐步樹下，視海島檣帆，歷歷如畫，全港在目。」〔註141〕

十四、十五、十六三天，馬建忠所載也都是以鴉片相關公務為主，〔註142〕

〔註136〕（清）吳廣霈，《南行日記》，《小方壺齋輿地叢鈔再補編》，頁81-3。
〔註137〕（清）吳廣霈，《南行日記》，《小方壺齋輿地叢鈔再補編》，頁81-3。
〔註138〕（清）馬建忠，《南行記》，《小方壺齋輿地叢鈔再補編》，頁80-6、80-7。
〔註139〕（清）吳廣霈，《南行日記》，《小方壺齋輿地叢鈔再補編》，頁81-4。
〔註140〕（清）馬建忠，《南行記》，《小方壺齋輿地叢鈔再補編》，頁80-7。
〔註141〕（清）吳廣霈，《南行日記》，《小方壺齋輿地叢鈔再補編》，頁81-4。
〔註142〕（清）馬建忠，《南行記》，《小方壺齋輿地叢鈔再補編》，頁80-7。

吳廣霈十四日所載則是與王韜受邀前往港督府做客之情景，在港督府中吳氏
見到一幅日本繡金圍屏：

> 有繡金圍屏一座，青綢為地，赤金緣地，以平金線繡成竹石花鳥，
> 態致生動，大類華畫，奇工至此，滅盡鍼線迹矣。詢之則購之日本，
> 嘻！日本為國數千里，雄長東溟，當此列國爭衡之世，不能率其民
> 奮發有為，修武備飭吏治，而乃於一屏之微，極盡淫巧如此，民風
> 之奢靡，棄本逐末，亦可概見，吾正為唇齒寒心。〔註143〕

從吳氏的記述不難看出其對此繡金圍屏之態度，認為此精巧之技藝僅是奇技
淫巧，民風奢靡，他認為日本更應整軍修政，才能擠身強國之列。但1880年
代的日本正值通過明治維新之政策趨使國力攀升的階段，故精巧的繡金圍屏
毋寧說是奇技淫巧，還不如說是在全面歐化的過程中努力保有自有文化的特
色，吳雖曾隨使日本，卻似乎對日本國情了解仍不夠透徹，尚以為強國只要
集中於器物層面，這也是馬、吳兩人因不同知識背景養成所產生的一種明顯
落差。

十五日之後，吳廣霈仍多與王韜往還，到七月十七日，馬、吳動身前往印
度，一直到農曆八月二十三日才又返回香港；馬建忠的日記仍以公務為主，吳
廣霈則因旅途中患病，返回香港與王韜見面時心情激動：

> （八月）二十三日。強起試步，兩腳飄然，引鏡則面目黝黑，絕非故
> 我，險哉！危而能免，豈眩亂時之所敢望哉？午後，見老萬山諸島，
> 須史船從西口進港，見長虹互於天際，余等裝束已畢，一艤岸亟偕眉
> 叔登陸，乘與至百步梯循環報館。紫詮適在，相見甚懽，余笑謂幾不
> 見君，紫詮亦訝余狀貌清減，詢知大病，慰問殷勤，知余連日輟餐，
> 立命人煎粥，切南腿醬瓜以進，余飽啜二盂，如得甘露。〔註144〕

當天王韜為馬、吳二人餞行，據吳廣霈記載「是日紫詮餞余及眉叔於曲院，高
樓三層，晶窗四敞，顏曰綺交繡錯之樓，燈火連宵，笙歌徹夜。」〔註145〕此
後馬建忠返回中國，於隔年涉入朝鮮問題，吳廣霈則成為新任駐美公使鄭藻如
（1827～1894）之隨員，前往美國。

整體而言，馬建忠與吳廣霈二人在香港之觀察與見聞，如前所述，因知

〔註143〕（清）吳廣霈，《南行日記》，《小方壺齋輿地叢鈔再補編》，頁81-4、81-5。
〔註144〕（清）吳廣霈，《南行日記》，《小方壺齋輿地叢鈔再補編》，頁81-30。
〔註145〕（清）吳廣霈，《南行日記》，《小方壺齋輿地叢鈔再補編》，頁81-30。

識養成的背景而產生明顯的落差，馬建忠在香港的記述多偏向公務，或與香港當地人物往還之內容，對香港社會、制度、建設等概況較為缺乏，這或許與馬氏曾留學法國有關，對西方事物他已有深刻的認識，則在香港所見對他而言並非太過新奇；而從他在香港往還的人物來看，除了王韜之外，還有許多外籍人士，除了港督軒尼詩與參贊歐德理外，其他包括怡和洋行、匯豐銀行之負責人或葡萄牙與法國駐港領事等，顯見他是有能力與外籍人士溝通的洋務人才。反觀吳廣霈在港交遊者主要為王韜，記述內容除了與王韜之交遊情況外，觀察記述之內容，與其他以傳統儒家思想為根基的外交使節較為類似，仍不脫對香港被英國殖民的慨歎等想法，從吳廣霈對日本繡金圍屏的態度，也能看出他對強國的思想上停留在器物層面，與馬建忠具有根本上的差距。另外值得注意的是，兩人在港期間，關於要調查的鴉片問題，除了香港總督軒尼詩多方提供協助外，久居香港的王韜提供的建議也是不容忽視的。

二、光緒十二年（1886）出使英俄等國大臣劉瑞芬與隨員

　　光緒十一年（1885），駐英、法、俄等國公使曾紀澤任滿，受命返國，由太常寺卿劉瑞芬繼任為出使英、俄等國大臣，〔註146〕此次出使隨行的有由曾國荃引薦，晚清著名的地理學家鄒代鈞（1804～1908）。〔註147〕使團於光緒十二年（1886）農曆二月自上海出發，循海路前赴歐洲，劉瑞芬與鄒代鈞分別將相關經歷，寫成《西軺記略》與《西征紀程》兩本著作，使團在航往南

〔註146〕劉瑞芬（1827～1892），字芝田，安徽貴池人。太平天國期間以諸生身分入曾國藩幕府，同治元年（1862）轉入淮軍，入李鴻章幕府，辦理軍械事宜，並參與剿捻。後掌管松滬釐局，並歷任兩淮鹽運使、蘇松太道、江西按察使、布政使。光緒十一年（1885）授三品京堂，充任出使英俄等國大臣，並授太常寺卿，於光緒十二年（1886）年出發，光緒十三年（1887）改任駐英、法、義、比四國大使，光緒十五年（1889）任滿返國，授廣東巡撫，光緒十八年（1892）卒於任內。參見馬昌華主編，《淮系人列傳：文職、北洋海軍、洋員》，頁23～25。

〔註147〕鄒代鈞（1854～1908），字甄伯，湖南新化人，晚清知名地理學家。其家族家學淵源，以繪製輿圖見長。在他二十餘歲時，曾獲同樣對繪製輿圖有深厚興趣的左宗棠（1812～1885）舉薦，擔任縣丞之職。光緒十一年（1885）時，清廷派遣太常寺卿劉瑞芬（1827～1892）為駐英、俄等國大臣，鄒代鈞以其輿地專長受推薦任隨員。光緒十七年（1891），調任湖北，深受張之洞賞識。後支持維新變法，光緒二十七年（1901）任職京師大學堂，光緒三十四年（1908）病逝。參見錢基博著、傅道彬點校，《近百年湖南學風》（北京：中國人民大學出版社，2004），頁72～79。

洋途中，曾於香港稍作停留，故在書中留下兩人對香港的記述。劉瑞芬之記述如下：

> 抵香港，英總督派員迎迓如禮。蓋香港本一孤島，三面臨海，為兩粵門戶。咸豐十一年英國索去，視為重鎮，設立總督管理商務並交涉事宜，開山填海，慘澹經營，迄今數十年遂成繁庶，為西洋各國舟舶入華一大關鍵。〔註148〕

大致介紹香港成為殖民地的歷史，及香港在殖民政府經營下之繁榮景況，但劉瑞芬將「港島」與「九龍半島」，以及第一次與第二次鴉片戰爭導致兩地割讓的時間點搞混，似乎對香港相關事務不甚熟悉。相較於劉瑞芬敘述錯誤，鄒代鈞則以其地理專長，在抵達香港前數日，便於日記中談論與香港有關之地理情況，包括「佛堂門」、「鯉魚門」、「紅香爐峰」、「維克多利亞」、「大嶼山」、「青衣壇島」、「急水門」、「南丫島」等香港地名皆可在他筆下看到，並分析香港周邊之水道地理及歷史掌故，可見其史地涵養之深厚。〔註149〕

鄒氏對香港的第一印象，是「市南倚山麓，隨山勢高低為屋，望之千門萬戶，上下層疊，繁盛殆亞上海。」〔註150〕二月十七日，鄒代鈞搭乘小舟登岸遊覽：

> 街路整潔，長衢夾巷相望，亦有華式坊肆錯列其間。尋登小埠，望峰巔有竿，所以表風向者。西人測峰，高於海面一千八百二十五英尺，為島最高處。北望尖沙咀，上有西人之房。咀之東角，有砌石為堤如方塘者數區，云英吉利製造輪船之塢也。〔註151〕

他觀察香港之街景與地理，當時九龍半島已有建設，除有人居住外，其所指「製造輪船之塢」應該便是位於九龍的黃埔船塢。但鄒氏真正關注的是涉及國家利權之事，如他以地理專長分析九龍割讓之弊：

> 按九龍與香港間水道，實閩、粵往來要路，一有阻梗，為害方甚。……香港雖入於英，而水道之利，我與英實共之。至九龍亦為英有，則片土之有無不足惜，水道之阻滯為可虞。〔註152〕

〔註148〕（清）劉瑞芬，《養雲山莊遺稿》卷八，光緒十九年（1893）至二十二年（1896）刻本，頁1。

〔註149〕（清）鄒代鈞，《西征紀程》，《小方壺齋輿地叢鈔・第十一帙》（臺北：廣文書局，1962），頁534b～536a。

〔註150〕（清）鄒代鈞，《西征紀程》，《小方壺齋輿地叢鈔・第十一帙》，頁536a。

〔註151〕（清）鄒代鈞，《西征紀程》，《小方壺齋輿地叢鈔・第十一帙》，頁536a。

〔註152〕（清）鄒代鈞，《西征紀程》，《小方壺齋輿地叢鈔・第十一帙》，頁536a。

他指出九龍與香港間之水道是閩、粵間的重要通道，一旦受阻危害極大，甚至認為水道受阻的危害比領土割讓更加嚴重。另一方面，他也關注中、英貿易的商務情況與關稅問題：

> 光緒十年，商冊出口貨值英金一百又五萬二千三百又二鎊（每英金一鎊，約合庫平銀四兩），進口貨值英金三百二十一萬八千九百四十六鎊。兩相較，吾華歲出之貨多於歲入，為兩倍過之，商務凋敝，於此可見。泰西各國講求商務，免出口貨稅，唯恐其不輕；加進口貨稅，唯恐其不重，所以使土貨暢銷而防客貨之侵灌也。吾華或反術而行，豈收回利權之道哉。〔註153〕

鄒氏通過分析貿易紀錄，察覺中國有嚴重的貿易逆差，他認為主要的成因在於關稅政策，西方各國免出口稅而加重進口稅，增加土貨的銷量與市占率，中國必須仿效此種關稅政策，保護國內產業，才是收回利權之道。

三、光緒十三年（1887）余思詒監督運送鐵甲艦返國

余思詒（1835～1907），字雨亭，號翼齋，江蘇武進人，為晚清外交官與洋務派官員，駐英使館工作人員。他主張學習西方文化科學，以洋務強國，曾提出建設鐵路等建議，被北洋大臣李鴻章賞識，並由李鴻章舉薦赴外，擔任使館人員等外交工作；他曾歷任駐英國使館隨員、美國使館參贊、日斯巴尼亞（即西班牙）和古巴總領事、美國三藩市總領事等職務，〔註154〕並曾於光緒十三年（1887）監督運送向英國下訂的致遠、靖遠兩艘鐵甲巡洋艦返國，途中經過香港，相關經歷與觀察在余氏所著《樓船日記》中可以閱讀到。

光緒十三年（1887）農曆十月十四日，余氏與其監督之兩艘鐵甲艦抵達香港，「近晚抵香港口外九龍關下椗。」〔註155〕十月十五日，「辰初（按：約早上7：00）進口，寄椗香港對面油麻地之濱。」〔註156〕此後余氏前往廣州處理公事，一直到二十日才返回香港。而余氏在香港常通過報刊或與報人談論時勢獲取新知，如十月二十一日的日記：「聞香港有人專收內地土藥至

〔註153〕　（清）鄒代鈞，《西征紀程》，《小方壺齋輿地叢鈔・第十一帙》，頁536b。

〔註154〕　常州史志網站—余思詒條目：http://fzg.changzhou.gov.cn/html/fzg/2016/POBK OFQN_0628/31856.html 最近查閱時間：2022/9/18

〔註155〕　（清）余思詒，《樓船日記》，《歷代日記叢鈔》卷125（北京：學苑出版社，2006），頁25。

〔註156〕　（清）余思詒，《樓船日記》，《歷代日記叢鈔》卷125，頁26。

香港攙和洋藥出售，是晚因訪新聞館人與之縱談，……是以洋藥一攙土藥五出售，尚虧英金數磅，以洋藥一攙土藥九出售，可得利三分。」〔註 157〕「土藥」即中國本土生產之鴉片，價格向來較印度進口之「洋藥」低廉，余氏無意間得知香港有商人將土藥參雜少量洋藥出售賺取暴利，他認為應在中國國內加重土藥之釐金稅額，使其價格提高至與洋藥相等，用以解決貿易逆差問題。〔註 158〕

此外余氏對香港的觀察，也聚焦於香港的免稅自由港政策：「查香港一荒島也，英人經營四十年而市廛喧囂，人煙稠密，一塌之地，月租數金，詰其何由？免稅而已。貨在西洋值十金者，香港只值五金，且有不及五金者。蓋西洋各國之內，稅斂繁苛，而香港皆無之。」〔註 159〕他認為香港之所以由一個荒島，在香港殖民政府經營四十年後可以成為人煙稠密，且地租昂貴的大都市，原因就在於香港的免稅自由港政策，通過這樣的政策，使香港貨品可具備價格遠低於其他地區的優勢。

余思詒也指出「且中國各省出洋之貨，昔年皆聚廣東，而廣東工藝製造極精，出洋之貨尤多。澳門為明代以來洋商貿易之場，是以廣州、澳門皆為洋商聚集之地。」〔註 160〕過去中國各省出洋貨物集中在廣州、澳門，而在香港免稅優勢之影響下，「自香港設埠，廣東百貨皆聚於斯，洋商遂亦樂居其地。西人之在中國者，近年統計不及七千人，而香港居十之六焉。」〔註 161〕除了取代廣州、澳門成為貨物集散地，香港也成為洋商喜好居住之城市。

四、光緒十三年（1887 年）赴俄海外遊歷使繆祐孫

繆祐孫（1851～1894），字右岑，江蘇省常州府江陰縣人，晚清歷史地理學家。繆氏少時遊歷金陵，頗有文名，於光緒八年（1882 年）中舉，一度生計困頓，光緒十二年（1886 年）中進士，授戶部主事。繆祐孫卻對現狀不滿，自覺在戶部任官乃大材小用，並曾以其對時局的敏銳觀察，批評自強運動只知學習器物層面，而不諳西學根本的弊病。光緒十三年（1887 年），適逢清廷苦於對外情缺乏認知，欲在青壯年官員中選拔「海外游歷使」赴外，

〔註 157〕（清）余思詒，《樓船日記》，《歷代日記叢鈔·卷 125》，頁 29。
〔註 158〕（清）余思詒，《樓船日記》，《歷代日記叢鈔·卷 125》，頁 28～29。
〔註 159〕（清）余思詒，《樓船日記》，《歷代日記叢鈔·卷 125》，頁 29～30。
〔註 160〕（清）余思詒，《樓船日記》，《歷代日記叢鈔·卷 125》，頁 30。
〔註 161〕（清）余思詒，《樓船日記》，《歷代日記叢鈔·卷 125》，頁 30。

考察外國情況，繆祐孫參加選拔獲選，被派遣前往俄國。〔註162〕

　　光緒十三年（1887 年）農曆八月十五日繆氏先抵達上海準備出使事宜，於九月十三日乘船出發，通過海路抵達歐洲，再循陸路前往俄國，在俄國遊歷考察後，於光緒十五年（1887 年）通過陸路返國，〔註163〕在從上海出航前往新加坡的途中，繆氏曾在香港盤桓，而在他的著作《俄遊日記》中可以看到他在這趟旅途中對香港的見聞。

　　光緒十三年（1887）農曆九月十六日，繆祐孫抵達香港。對香港的第一印象是「突起數島排港外，入則峰巒合遝，萬頃澂碧。」〔註164〕由於抵達時為酉初（約 17：00），故不久即入夜，繆氏眼中的香港夜景為「明燈層層，高逾山脊，如絡角繁星，萬點敍挂。」〔註165〕極為華麗。

　　第二天九月十七日，一大早（辰刻，約 07：00～9：00）繆氏便搭船登岸，「持友人李光琴書，至上環元發行晤蔡松川、余韶笙，託易匯票。」〔註166〕此處提到的「元發行」，是由香港華商高滿華經營的一間南北行，南北行乃從事中國、香港與東南亞之間出入口貿易的商行，因貿易範圍北至中國甚至日本，南至東南亞，故稱南北行，而香港正位居北貨南送與南貨北調的樞紐，1860 年代香港轉口貿易港地位的建立更使南北行業務蓬勃發展，其中「元發行」與其東主高滿華更是居於當時南北行業之翹楚。〔註167〕

　　南北行之主要業務為販售南北百貨，也代客出售貨物賺取佣金，因每百元抽佣兩元，故也稱「九八行」。南北行在經營貨品貿易之外，因當時香港華人社會對西方人的銀行制度缺乏信任，故南北行也涉足存款匯款業務，從《南

〔註162〕繆荃孫撰，《民國江陰縣續志》，卷十五（南京：江蘇古籍出版，1991），頁 43；王曉秋、楊紀國，《走向世界的一次盛舉——1887 年海外游歷使研究》），頁 268～269。

〔註163〕王曉秋、楊紀國，《走向世界的一次盛舉——1887 年海外游歷使研究》），頁 269、274。

〔註164〕（清）繆祐孫，〈俄遊日記〉，《小方壺齋輿地叢鈔・第三帙》（臺北：廣文書局，1962），頁 415。

〔註165〕（清）繆祐孫，〈俄遊日記〉，《小方壺齋輿地叢鈔・第三帙》，頁 415。

〔註166〕（清）繆祐孫，〈俄遊日記〉，《小方壺齋輿地叢鈔・第三帙》，頁 415。

〔註167〕高滿華，潮州澄海人，早年遠赴暹羅從事販米業致富，香港開埠後前往香港，從同鄉手中接過元發行經營權，並利用第二次鴉片戰爭時英軍極需物資的機會，提供協助，自此業務風生水起，成為香港南北行業龍頭，並參與建立「南北行公所」同業公會，為香港開埠早期相當重要之華人社會及商業領袖。高皓、鄭宏泰著，《白手興家：香港家族與社會 1841～1941》（香港：中華書局，2016），頁 41～43。

北行條例》等文獻皆有提及這一點，〔註168〕這也是繆祐孫持匯票至元發行兌換之因。

　　辦理完匯兌事務後，「蔡、余殷勤留飲，導遊博物院，見諸水族奇禽怪獸中，有一物人首人臂，自腹以下為魚形。」，繆氏所參觀的應即是與前文郭嵩燾所記相同的香港舊大會堂博物館，通過其描述，可以理解他在所看到的是一種人魚標本之類的展示品。此外他也遊覽了香港市區，「歷觀南北兩砲臺，頗得地勢。又見延山闢鐵路，盤旋而上，達於山巔。」，〔註169〕除了觀察到砲台之外，繆氏也目擊了當時正在興建的山頂纜車系統，香港的山頂纜車自 1883 年修訂條例開始興建後，於 1888 年完工，是亞洲第一條纜索鐵路。〔註170〕

　　而繆祐孫訪港時，市街上正熱鬧的舉行慶祝活動，根據接待他的元發行職員所言：「港督因其主得是埠，屆五十年，將於月之二十四、五日舉勝會以申慶祝。」，但關於此記述，或許有所誤解，根據繆氏記載，似乎是因為第十任港督德輔（Sir George William Des Voeux，1834～1909）為慶祝維多利亞女王取得香港為殖民地正逢五十年，故舉行大規模的慶祝活動，但該年距香港 1841 年開埠只有 46 年，50 年的計算不知從何而來？若以 50 年時間往前推算，時間符合又值得慶祝的，應為維多利亞女王登基金禧紀念（1837 登基，至 1887 年為 50 年）。〔註171〕但不論如何，繆氏觀察到香港華商為了討好香港殖民政府，「諸華商輸錢興作，街衢間方擾擾，搆綷楔架傑閣，張電燈，以帛纏柱，流蘇為簾，羅珠玉錦繡，召歌舞幻戲，雜以鼓樂，錦宵竟晝，踵事增華，所費約十餘萬金，其奢靡如此。」〔註172〕在慶祝活動中，以大批財力支持，裝飾華麗，並有歌舞戲曲演出，一方面能看觀察到在港華商為求在港商業經營順利而大力討好香港殖民政府的面相，另一方面也表現出此時華商已擁有雄厚經濟實力的事實。

〔註168〕區志堅等著，《改變香港歷史的六十篇文獻》（香港：中華書局，2011），頁 91
　　　　～93。

〔註169〕（清）繆祐孫，〈俄遊日記〉，《小方壺齋輿地叢鈔・第三帙》，頁 415。

〔註170〕彭淑敏等著，《香港第一》，頁 62。

〔註171〕（英）屈勒味林（G.M.Trevelyan）著；錢段森譯，《英國史》下冊（臺北：臺
　　　　灣商務印書館，1966），頁 837；鄭寶鴻，《百年香港慶典盛事》（香港：經緯
　　　　文化，2016），頁 6。

〔註172〕（清）繆祐孫，〈俄遊日記〉，《小方壺齋輿地叢鈔・第三帙》，頁 415。

五、光緒十三年（1887）德國使館參贊張德彝

關於張德彝的背景在前文之出使經歷中已介紹過，除了前述幾次的隨使經驗外，張德彝在光緒十三年（1887）曾隨洪鈞（1839～1893）赴柏林擔任使館工作，在途經香港時有留下相關見聞。光緒十三年（1887）的訪港經歷，收錄在張德彝的著作《五述奇》中。九月十六日，張德彝於戌初（按：約19：00）抵達香港，「船傍對面九龍鎮，碼頭係木造，長四五十丈，寬五六丈，臨岸樓房一所頗寬敞，係四年前建者。船自到後上煤卸貨，人語喧譁，機器震耳，令人終夜不昧。」〔註173〕此次張氏所搭船隻停泊於九龍半島，夜中因船隻補煤卸貨等工程，使其難以入眠，呈現了九龍半島納入香港版圖二十餘年後已有相當發展，船務商務繁忙，日夜不輟的情況。九月十七日，搭乘小船赴港島，「步行數里，見街市樓房與前無異，午初（按：約11：00）回船。」〔註174〕到光緒十七年（1891年）農曆九月二十三日，張德彝自歐洲返抵香港，記錄了與西洋人討論關於中西製糖方式之比較，〔註175〕通過閒聊獲取了新知，但對香港則似乎並未有何記載。

六、光緒十六年（1890）英、法、義、比四國公使薛福成

薛福成（1838～1894），字叔耘，號庸庵，江蘇無錫人，清末官員與外交家。咸豐七年（1857）考取秀才，後因太平天國勢力擴張，被迫遷居江蘇寶應；同治四年（1865）曾國藩奉命剿捻時，出榜招賢，薛福成上萬言書，得曾國藩賞識，進入其幕府供職八年，期間遊歷山東、南京、保定等地；光緒元年（1875）入李鴻章幕府，提供許多貢獻，因功於光緒十年（1884）授浙江寧紹台道；光緒十五年（1889），任英、法、義、比四國公使的劉瑞芬任滿返國，薛福成受命前往接任，但因身體不適，到光緒十六年（1890）才出發；薛福成與隨員於農曆正月自上海乘船出發，於農曆二月十六日抵達巴黎，派駐歐洲至光緒二十年（1894）期滿，於該年農曆五月返抵上海。〔註176〕在南行前往新加坡途中，與返回上海之前，薛福成皆曾於香港停留，在其著作《出

〔註173〕　（清）張德彝，《五述奇》，《中國基本古籍資料庫》（合肥：黃山書社，2009），頁 723。
〔註174〕　（清）張德彝，《五述奇》，《中國基本古籍資料庫》，頁 723。
〔註175〕　（清）張德彝，《五述奇》，《中國基本古籍資料庫》，頁 1049。
〔註176〕　A. W. 恆慕義主編；中國人民大學清史研究所《清代名人傳略》翻譯組譯，《清代名人傳略》，頁 462～464。

使英、法、義、比四國日記》與《出使日記續刻》中除了可看到他遊歷香港的記述之外，薛氏在旅途中的其餘日記也曾論及對香港的看法。

光緒十六年（1890）農曆正月十四日，薛福成使團於戌正（按：約 20：00）抵達香港，薛福成在日記中記述了他對香港的認識：

> 香港與九龍山對峙，山勢四面迴抱，極占形勝。英人以為絕好「哈
> 勃」（按：harbor 之音譯），涎眈已久。「哈勃」者，譯言航海避風處
> 也。道光壬寅年（按：1842 年）為英所據，初祇一荒島耳，周圍僅
> 數十里；英人招徠墾闢，盡力經營，遂成巨埠。洋樓攢倚山嶺如蜂
> 窩，有上環、中環、下環之名。其內大街名維多利亞，尤為貿易總
> 匯。環貨駢集，闤闠雲連。居民凡十二萬人，船戶三萬人，總計十
> 五萬人。內西洋人僅有三千，其餘皆華民也。又水陸操練兵三千，
> 由英調來。〔註 177〕

他對香港的自然景觀、街市設計和人口概況都有所留意，而對於香港鄰近中國，卻由香港殖民政府統治的獨特政治環境，薛福成的想法是「香港為閩粵逋逃藪，雖與粵垣相距咫尺，而華洋隔絕，中國官不能拿問；必須設一領事官，嚴緝奸宄，保護商民，即合公法，最於中國公事有益，然前任使臣屢爭之不能得也。此事當相機待時而行之。」〔註 178〕他希望能在香港設置領事，一方面避免中國罪犯利用地利之便逃往香港脫罪，一方面則可保護華民權益，但英方始終不答應此要求。

正月十五日，薛福成先遣翻譯登岸告知港督將前往拜訪，後於「午正二刻（按：約 12：30），英署以小火輪來迓。抵岸，英兵約七八十名排隊作樂為禮，礮臺聲礮十五，以轎迎余至署。余與總督傅衞廉相見，各道寒暄數語。傅君言：『仰慕已久，渴欲一見。』並言駐港二年，身體不甚舒暢，擬附下次法公司船回國養病。」〔註 179〕此處所提到「總督傅衞廉」，應即為第十任港督德輔（Sir George William Des Vœux，1834～1909），從記載中德輔似乎對香港有水土不服之情形。兩人見面寒暄之後，稍坐飲宴而散。之後薛福成在香港遊歷，據他記載「香港有學堂，有監牢，郭筠仙侍郎已記文。又有兵房，

〔註 177〕（清）薛福成，《出使英法義比四國日記》卷一（臺北：文海出版社，1967），
頁 2。
〔註 178〕（清）薛福成，《出使英法義比四國日記》卷一，頁 2。
〔註 179〕（清）薛福成，《出使英法義比四國日記》卷一，頁 2。

有大花園，有博物院，隨員等皆往觀之。」〔註180〕薛氏參觀了學校、監獄、兵房、大花園、博物院等，有不少是郭嵩燾曾參觀過並記錄在日記中者，而薛福成透過親身遊歷以印證。

在離開香港之後，復經過新加坡，英國對殖民地的成功經營，使薛福成仍深思不已，在正月二十五的日記中記述他對英國人經營殖民地眼光宏遠，規劃周延之感嘆：

> 余與同人談及，昨所經之香港、新嘉坡等埠，五六十年前皆荒島也。洋人藉經營商務，闢荒島為巨埠，而英人尤擅能事，以英人於商務最精也。當締造之初，必審其地為水陸要衝，又有泊船避風之澳，有險要可以扼守，有平地可以建屋；於是招致商民，創闢市廛。未幾，而街衢、橋梁、閭閻、園林無不畢具；又未幾，而電線、鐵路、礮臺、船隖無不畢具；寖至商稅之旺，民物之殷，輒與中國之上海、漢口相頡頏。〔註181〕

不論香港或新加坡，都是英國人通過經營商務讓荒島變身國際性商港，其背後挑選地理位置並評估商業價值、都市規劃、建設招商等經營方式都是英國人所精通商務的一部分，故他進一步認為：

> 夫商為中國四民之殿，而西人則恃商為創國、造家、開物、成務之命脈，迭著神奇之效者，何也？蓋有商，則士可行其所學而學益精，農可通其所植而植益盛，工可售其所作而作益勤：是握四民之綱者，商也。此其理為從前四海之內所未知，六經之內所未講；而外洋創此規模，實有可操之券，不能執中國「崇本抑末」之舊說以難之。因思神農氏日中為市，交易而退，各得其所，以王天下；齊太公勸女紅；管子正鹽筴而諸侯斂袂朝齊。是商政之足以奔走天下，古之聖賢有用之者矣。蓋在太古，民物未繁，原可閉關獨治，老死不相往來；若居今日地球萬國相通之世，雖聖人復生，豈能不以講求商務為汲汲哉！〔註182〕

他指出中國傳統向來抑商，但西方人卻因重商而使國家發展，雖然「此其理為從前四海之內所未知，六經之內所未講」，上古時自可自給自足，但面對全新

〔註180〕　（清）薛福成，《出使英法義比四國日記》卷一，頁2。
〔註181〕　（清）薛福成，《出使英法義比四國日記》卷一，頁8。
〔註182〕　（清）薛福成，《出使英法義比四國日記》卷一，頁8。

的世界局勢，即使是古聖人復生，「豈能不以講求商務為汲汲哉！」，亦即應一改過去抑商的思想，崇商重商，才能達到國富民強的目的。

而在抵達歐洲後，也可在日記中看到薛福成對香港事務的掛念，尤其是香港地理與經貿地位的重要性，故在香港設置領事一點，讓他認為至關重要，如光緒十六年（1890）農曆八月十二日的日記：

> 余查中國從前與各國訂立和約，但有彼在中國設領事之語，而無我在外洋設領事之文，蓋因未悉洋情，受彼欺朦。……曾惠敏公（按：曾紀澤）擬設香港領事，行文數次，英國外部以咨商藩部為辭，藩部以官民不便為說，管禿唇焦，終無成議。……而香港一區尤為中外往來咽喉，凡華洋各商貨物，均先至香港然後運轉各省。而交涉事務之緊要者，一曰逃犯，一曰走私，一曰海界。粵省每出巨案，派員至港，祗以未設領事，聲氣隔絕，動多扞格。所以粵東全省政務，往往為香港一隅所牽掣。此處添設領事，萬不可緩。……且日本、暹羅等國，皆已有領事在香港，而彼獨堅拒中國，本不公允。今但與之泛論通例，彼必無辭以難我。一經答允，則無論何處領事，惟我所派矣。〔註183〕

他指出，香港為中外往來及華洋貨物必經之地，在港設領絕對有其必要，而主要牽涉之事務，「一曰逃犯，一曰走私，一曰海界。」，包括逃犯、走私等問題，皆因在香港沒有設領而難以解決，加上「且日本、暹羅等國，皆已有領事在香港」，獨拒中國並不合理，故薛福成通過使館參贊馬格里多方向英國政府爭取在香港設領。

但以香港殖民政府的立場，卻是一個極不願接受的要求，由於香港太過鄰近中國，且居民又以華人為主，英國方面始終擔憂在香港開放清廷設置領事，其官方色彩極有可能會促使香港華人在眾多事務上，轉而尋求領事的幫助，進而瓜分了殖民地政府的職能，對其施政產生掣肘；更甚者一旦設領，可能進一步凝聚香港華人的共識，助長對抗英國的勢力，提高失去香港這個殖民地的風險，殖民政府自然不可能接受，故最終結果是在經過多次談判後，清廷在港設領一事最終仍遭否決。

另一方面，薛福成在駐歐期間，也沒有中斷對香港的關注，如光緒十六年（1890）八月二十六日的日記，便可看到薛氏對香港各方面形勢的記述，首先

〔註183〕（清）薛福成，《出使英法義比四國日記》卷四，頁1。

他介紹了香港的政府架構：

> 英屬香港，洋人不及華民十分之一，然華民亦歸英官治理。英設總
> 管一員，統屬文武，譯者遂以總督或以巡撫稱之。其副為輔政司，
> 代行案牘，職如古之長史。次為庫務司，又次工務司，又次理刑司，
> 次巡理廳、華民政務司，次總緝捕官，又有船務廳。〔註184〕

其次他介紹了香港的稅制與稅金用途：

> 香港地價，每一畝值洋銀三、四萬員（圓）至六、七萬員（圓）不
> 等，每畝歲收地稅數十員（圓）至百餘員（圓）不等。沿海各船，編
> 列字號，每歲收稅十八員（圓）至十二員（圓）不等。此外有房屋
> 稅、票稅，而鴉片煙稅極重。歲入之款，除津貼兵船外，其餘作本
> 處公用，如官俸、巡役工食、修理街道衙署等費。〔註185〕

稅種包括土地稅、船稅、房屋稅、票稅、鴉片稅等。其中鴉片採包稅制，即
將鴉片販售權包售給特定包商，香港殖民政府再將包稅銀歸為政府收入，根
據統計資料，自 1876 年至 1900 年，鴉片收入為香港殖民政府重要財政來源，
平均皆佔香港政府年收入比例的 15%，最高時曾達到 23.9%。〔註186〕但因
為稅金皆用於軍事及政府支出等公共用途，故薛福成認為「故稅雖重而人樂
輸」，是香港商業發展旺盛的原因。〔註187〕

　　光緒二十年（1894）農曆五月二十四日，薛福成任滿自歐洲返抵香港，
「寅正（按：約凌晨 4：00）抵香港口外停泊，以香港有疫氣，不進內港，
亦不許人登船。」，〔註188〕薛福成所記載的「香港有疫氣」，則是他恰遭逢了
1894 年香港所爆發的嚴重鼠疫疫情，〔註189〕因檢疫問題，防止疫病向外擴

〔註184〕（清）薛福成，《出使英法義比四國日記》卷四，頁 5。
〔註185〕（清）薛福成，《出使英法義比四國日記》卷四，頁 5。
〔註186〕劉蜀永，《簡明香港史》（香港：三聯書店，2016），頁 77。
〔註187〕（清）薛福成，《出使英法義比四國日記》卷四，頁 5。
〔註188〕（清）薛福成，《出使日記續刻》（臺北：華文書局，1968），頁 55。
〔註189〕1894 年，香港爆發嚴重的鼠疫，尤其以華人聚居的上環、太平山區一帶最為
　　　　嚴重，短時間內便造成大量的病患死亡，民眾也因此恐慌，紛紛逃離香港。
　　　　面對此嚴重的狀況，香港殖民政府命令逐戶搜索病患與死者，將死者用石灰
　　　　消毒後埋葬，病患則一律集中隔離，並將病患住過的房屋加以消毒。這樣的
　　　　政策，引起華人社會的極大不滿，一方面來自華人長久以來對西醫的極度不
　　　　信任，另一方面則是軍隊將民眾強制驅離再加以消毒，在華人眼中不啻是一
　　　　種闖入民宅、侵犯隱私的行為，加上香港殖民政府宣布香港為疫埠，禁止港
　　　　人離開，使華人社會與殖民政府產生一種緊張的關係。後因香港殖民政府有

散，故船隻不進內港，也不讓人員登船。此嚴重的瘟疫起因於香港殖民政府長期忽視香港華人住宅區的惡劣居住環境，致使其成為疫病的溫床。從包括薛福成在內的眾多外交使節訪港見聞來看，一方面居港時間太短，一方面行程多由香港殖民政府官方安排，故其實未能深入基層，對華人居住環境惡劣等問題也無從發現。

從薛福成的記述可知他對於香港的時勢了解頗深，一方面對於英國政府以重商政策而將香港從荒島開發成國際港市多所推崇，並建議清帝國仿效；另一方面他也亟欲爭取在香港設置領事，以解決走私、跨區犯罪等問題，為此即便在到達歐洲後，他也時時留意香港的情況。

七、駐英使館參贊張德彝（1896）

光緒二十二年（1896）張德彝又出任駐英公使羅豐祿（1850～1901）之使館參贊，同樣在著作中留下對香港之紀錄。光緒二十二年（1896），張德彝在前往英國任職途中途經香港，對香港之見聞記述於著作《六述奇》中。該年農曆二月二十九日抵香港，泊船後登岸遊覽，「步至中環興隆街口，海旁第五十四號容記洋貨店訪梁浩、田廣全，收取星使（按：即外交使節）在羊城製辦之錫器兩箱，當斯時也，綠樹陰濃，燠熱如夏，因在彼少息。酉正約在萬香樓晚酌，同席有其夥計林、張二君，酒饌頗佳，給奉甚殷，亥初（按：約21：00）謝歸。」〔註190〕張氏在香港的洋貨店領取先前在廣州製辦的錫器，晚間則由洋貨店夥計在「萬香樓」宴請使團人等。到光緒二十六年（1900）農曆三月十八日，張德彝自英國返抵香港，又前往上次出訪時的容記洋貨店拜訪，「少坐辭出，至桂香樓午酌，申正（按：16：00）回船，入夜男女鼓箏歌唱，令人不能成寐。」〔註191〕在本章所介紹的外交官員中，張德彝應是在日記中記錄關於香港見聞最多者，而從較後期的訪港記錄亦可以察覺到，其對香港熟悉程度逐步增加，在見聞方面已少有對香港街景驚嘆之類的描述，較多的則是記錄在港生活及與香港當地人士交際之情況。

鑑於人口流失、經濟蕭條，開放染病者返回中國，並將太平山區等重疫區之房屋群拆卸重建，才漸使此事告一段落；參見王賡武主編，《香港史新編》上冊，頁114～116。

〔註190〕（清）張德彝，《六述奇》，《中國基本古籍資料庫》（合肥：黃山書社，2009），頁1059。

〔註191〕（清）張德彝，《六述奇》，《中國基本古籍資料庫》，頁1059。

第四節　晚清使節途經香港見聞之文本分析

一、香港多元獨特性形成之異文化衝擊

綜觀以上有關晚清使節在港見聞內容，各使節之記述以先後順序排列，而與此高度重疊的，是如前所述，作為重要且觀察赴外使節見聞變化因素之自強運動發展的時間軸。在晚清面對西方勢力的進逼，中央、各省有力督撫及部分傳統知識分子都在不同的程度上意識到必須做出改變，以圖求存，在這種共識下才催生了往現代化方向努力的自強運動。諷刺的是，對追求變革的最大阻力之一並非來自外部，而是來自同樣具有傳統思想背景的士大夫及保守官僚集團。

自強運動固然加深了當時知識分子對西學的認識，且即便國力遜於西方國家已是不爭的事實，許多士大夫的心中根深蒂固的傳統「華夏」與「夷狄」之別，仍被當成抗拒西化變革的重要思想工具，作為絕大多數在儒家道統薰陶中成長的群體，要他們承認中國落後於西方「夷狄」，等同使其信仰崩毀，故形成了一種「貌似自尊實為自卑、害怕競爭害怕開放的性格」。〔註192〕前述郭嵩燾受到副使劉錫鴻及其背後之保守勢力構陷，及文學家李慈銘、翰林院編修何金壽等人之口誅筆伐，終致使《使西紀程》被毀版，〔註193〕或可視為受此種性格影響之明證。

傳統思想入人之深，隸屬於士大夫群體的赴外使節在出使前或許也不可避免或多或少的受到此種性格影響，作為赴外使節前往歐美途中首個由西方殖民政府統治的城市，香港特殊的環境則給予了他們思想與視野上的刺激。雖然也有像劉瑞芬這樣對港島與九龍半島及其割讓時序誤解的情況，但整體來說，在香港的見聞對使節們的影響是相當具體的。如郭嵩燾同治二年（1863）署理廣東巡撫時便曾對香港有初步接觸，當時他眼中的香港與出使時再次赴港相比，房屋密度僅約三分之一，但不過十數年間，便發展成「街衢縱橫，樓閣相望」的西洋一大都會。〔註194〕雖然沒有明言，但仍可想見郭嵩燾對香港超乎其記憶之迅速發展的一種訝異情緒。而如果說郭嵩燾對香港發展的訝異

〔註192〕鍾叔河，《走向世界：近代中國知識分子接觸東西洋文化的前驅者》，頁 263～264。

〔註193〕鍾叔河，《走向世界：近代中國知識分子接觸東西洋文化的前驅者》，頁 231；蕭國敏，〈《西洋雜誌》的編撰學：晚清士大夫首次走向西洋的集體敘述〉，楊乃喬主編《比較文學與世界文學輯刊：第一輯》，頁 255～260。

〔註194〕（清）郭嵩燾，《使西紀程》，頁 146。

是隱隱然的呈現，吳廣霈佩服英國將香港從荒島經營成為國際港市，又無奈於清帝國因昧於形勢使香港落入英人之手對國防帶來的危害「既得此島，則南洋之險在彼而不在我……幾欲問天一哭……。」〔註195〕交織成的巨大憂懼感與悲憤則是完全無法隱藏。

　　同樣的，薛福成也毫不掩飾的表達他對英國經營香港等殖民地高明手段之嘆服，他認為英國人通過評估地理環境，選擇水路要衝興建港口以及建立軍事防衛，再逐步興建房屋，並推動都市計畫、公共建設、招商等一系列的措施，將香港這個荒島經營成「寖至商稅之旺，民物之殷，輒與中國之上海、漢口相頡頏」〔註196〕的巨埠，這所有都可歸結於英國人所最擅長的「商務」之經營。更進一步的對薛福成啟發的是，雖然過去儒家經典都將商人排在四民之末，但實際上是有了商業經營的行為，才得以確保士、農、工各自的工作更加精進，這也正是西方國家得以發展富強之主因。薛福成因此提倡改抑商為重商，處在全球各國相通的近代，只有重商才可與西方國家競爭，就算是聖人復生，「豈能不以講求商務為汲汲哉！」〔註197〕同樣在香港受到商務刺激的還有鄒代鈞、吳廣霈及余思詒等人，從他們的記述中可以得出同樣的看法，即中英嚴重貿易逆差及中港間逃稅走私之情況，其主因便在於香港免除關稅的自由港政策，問題的解決之道也在於此，即中國應學習西方的關稅政策以保護國內產業，並收回利權，以期能效法香港之模式發展興盛。

　　除了商務之外，如郭嵩燾、劉錫鴻、張德彝等人參觀中央書院，觀察到課程中西兼具，規劃及內涵似乎還勝過中國，深符古人培養人才之遺意，「中國師儒之失教，有愧多矣，為之慨然。」，〔註198〕因而產生慚愧且慨歎之複雜情緒；或如參觀監獄，對於嚴格管控、有條不紊的獄政，以及培養囚犯謀生技藝，及重視囚犯基本人權等情況都頗為稱道。另外像郭嵩燾參觀博物院的新奇收藏，〔註199〕陳蘭彬在香港見識到當時亞洲少有的先進電話科技，〔註200〕或是繆祐孫所見亞洲首條纜索鐵路，〔註201〕都為使節們帶來各種各樣的刺激，對

〔註195〕（清）吳廣霈，《南行日記》，《小方壺齋輿地叢鈔再補編》，頁81-2。
〔註196〕（清）薛福成，《出使英法義比四國日記·卷一》，頁8。
〔註197〕（清）薛福成，《出使英法義比四國日記·卷一》，頁8。
〔註198〕（清）郭嵩燾，《使西紀程》，頁146。
〔註199〕鍾叔河、楊堅整理，《倫敦與巴黎日記》，頁964。
〔註200〕（清）陳蘭彬，《使美紀略》，頁57。
〔註201〕（清）繆祐孫，〈俄遊日記〉，《小方壺齋輿地叢鈔·第三帙》，頁415。

現代化的商業都市亦有進一步的認識。

　　以上所述種種見聞內容，都是對使節們具體影響的展現，在他們的記述中並不難發現，在大多數使節們踏足香港時，這些影響都開始在不同程度上削弱了所謂「貌似自尊實為自卑、害怕競爭害怕開放的性格」，同時也削弱了他們以傳統「華夷之防」思想所武裝之自信心。這種身處異地，接觸不熟悉之文化，而造成對原有價值觀挑戰的情況，便是一種被異文化衝擊經驗的體現。

二、自強運動不同階段對見聞內容之影響

　　另外，將赴外使節出訪的時間軸搭配自強運動推動的時間進程來看，便可以理解，隨著時間軸推進，知識分子對西學認識的程度加深，在香港之見聞也會有所改變。一般認為，自強運動始於咸豐十一年（1861），止於光緒二十一年（1895），此橫跨三十餘年，追求現代化嘗試的政策，可分為三個階段：咸豐十一年（1861）到同治十一年（1872）的第一階段，開始建立同文館等新式學堂、派遣幼童留美、培養外交人才及穩定與西方國家外交關係；同治十一年（1872）到光緒十一年（1885）的第二階段，則開始派遣學生前往英、德、法等國學習軍事；光緒十一年（1885）到光緒二十一年（1895）的第三階段則繼續加強陸海軍建設，如建立北洋艦隊等措施。〔註202〕

　　在 1860 年代，自強運動仍在剛開始推動的第一階段，故斌椿等出訪使節對西方文化仍認識不深，其記述多流於表面，使他們印象深刻的往往是燦爛如繁星的夜景、整齊的街道、繁華的市集等香港風光，做為遊記的內容固然有趣，但實則缺乏值得參考的價值。

　　到 1870 年代中期，進入自強運動第二階段，經歷了第一階段初步接納並推廣西學的政策後，使西方文化的擴散及對出使官員的影響已具有一定之基礎。如李圭任職於海關，必然與海關中的洋員及西方事物有相當的接觸，或如徐建寅實際參與江南機器製造局等自強運動重要項目的成立，並與外籍顧問翻譯書籍，進行武器試驗，都是自第一階段以來的實際影響；也就是說，在他們獲派出使前，已對西學有相當程度之認識，故在使節們的見聞上也開始有所轉變。如郭嵩燾在閱讀香港新聞後，得出香港治安敗壞、治外法權問題等皆源於清帝國處理不當的結論，〔註203〕或如曾紀澤與馬格里討論港督軒尼詩招致

〔註202〕徐中約著，計秋楓、朱慶葆譯，《中國近代史》（香港：中文大學出版社，2001），頁 280～285。

〔註203〕鍾叔河、楊堅整理，《倫敦與巴黎日記》，頁 359。

洋人不滿之原因，〔註 204〕都顯示 1870 年代的赴外使節在西學認識加深的情況下，開始關注更加具體的人文或政策層面之問題，了解也更加深入。

到 1880 年代以後，自強運動由第二階段邁向第三階段。在第二階段派遣留學生至歐洲，開始有馬建忠這種學成後中西學兼通的新知識分子投入外交事務。在見聞中可見其與港英官員，怡和洋行、匯豐銀行之負責人，及葡萄牙與法國駐港領事等人會面的過程，皆未提到他與這些外籍人士會面時需仰賴翻譯，實際上他兼通英、法、希臘、拉丁文等歐洲語文，完全是能與外籍人士直接溝通且熟悉洋務的專才；另一方面，可藉此了解當時形形色色的在港外籍人士之面貌及其對香港時局的看法，如怡和洋行大班不滿港督軒尼詩善待華人等行徑乃出於好名，多少反映了當時在港洋商對軒尼詩的觀感。〔註 205〕

到第三階段，更出現如繆祐孫這種雖以科舉出仕，卻不滿現狀而轉向「海外游歷使」工作的官員，以及主張以洋務強國，並被派往英國監督運送鐵甲艦回國的余思詒，通過他們的背景，一方面或可解讀為經歷了三個階段的傳播，西學在知識分子群體中的基礎已進一步的深化，並被更多士大夫們認同為強國之道；另一方面則可理解為經歷三個階段的培養，熟悉西學之專才也在處理洋務相關事宜方面漸獲重視，這些轉變在見聞中對赴外使節產生的影響也更加明顯。除了前述薛福成及鄒代鈞等人提倡重商主義及關稅保護政策外，〔註 206〕薛福成對香港作為中外貿易繁榮之地，牽涉到逃犯走私等問題堅持在香港設置領事之態度；〔註 207〕或如余思詒觀察到，有商人將土藥參雜少量洋藥售出牟取暴利，他建議對土藥加重釐金，使之與洋藥價格相近以解決貿易逆差，〔註 208〕而此種構想其實與王韜給馬建忠關於鴉片釐稅之輕重增減，可由清政府自行掌控的建議頗有類似之處，這些都呈現了此時期的使節們在訪港時面對時勢問題所產生更加明確的思考與回應。

三、晚清使節香港見聞之侷限性及特點

赴外使節對時勢的反思，總體上雖有隨著對西方的認識加深而有所進步，

〔註 204〕 （清）曾紀澤，《曾惠敏公（紀澤）使西日記・卷二》，頁 19。
〔註 205〕 （清）馬建忠，《南行記》，《小方壺齋輿地叢鈔再補編》，頁 80-5。
〔註 206〕 （清）薛福成，《出使英法義比四國日記・卷一》，頁 8a；（清）鄒代鈞，《西征紀程》，頁 536。
〔註 207〕 （清）薛福成，《出使英法義比四國日記・卷四》，頁 1。
〔註 208〕 （清）余思詒，《樓船日記》，《歷代日記叢鈔・卷 125》，頁 28～29。

但仍明顯具有侷限性。從他們的論述中可以看出，一方面因為出訪使節官方色彩太重，訪問期間多半會由香港殖民政府安排行程，加上到訪時間通常較短，對香港的觀察無法深入基層，自然對一般華人惡劣的居住環境等問題無從得知，致使他們對香港的觀察產生限制而不全面；另一方面，他們仍多著重在重商、收回利權等議題，尚無法跳脫自強運動「師夷長技以制夷」著重器物層面的概念，且某些時候對時局也掌握不足。如吳廣霈批評港督府收藏日本製精巧繡金圍屏產生「奇技淫巧」、「民風奢靡」，認為日本不能「修武備飭吏治」，實為捨本逐末，深有唇亡齒寒的感慨，〔註209〕顯然吳氏雖曾隨使日本，對明治維新卻認識不清。這或許是當時不少知識分子受重器物而輕制度，只有片面改革之自強運動影響所產生之通病。對於尋求徹底從文化、制度面改革，甚至如何激發國人自信心與民族性等更深層的課題，似乎都還未有足夠的認識。即便如此，從使節們的見聞中，仍可以觀察到一些當時香港耐人尋味的人文社會現象。如即使在監獄中，具種族歧視的華洋隔離及差別待遇仍然存在。或赴外使節如郭嵩燾、繆祐孫、張德彝赴港時，受到香港當地華商宴請款待。事實上，不少香港華商與華人社會領袖一方面配合殖民地政府，並追求其授予的太平紳士等榮譽勳銜，〔註210〕另一方面又向清廷捐官，甚至在香港出席重要場合時，也身著清制官服以示隆重，〔註211〕呈現出在中、英兩國關係間因地制宜且身段柔軟的處世生存之道。

　　通過上述之論述與分析可知，雖然晚清使節們對香港的觀察，除了有到訪時間太短，以及行程安排上殖民地官方多所介入安排，再加上自身觀念的限制等前提，使他們對香港的觀察猶如走馬看花，卻仍將這些見聞記錄在著作中。連結到前述「知識倉庫」的概念，本章所列出的每一個赴外使節在將他們的見聞撰寫成書的同時，其實也是為「知識倉庫」增添了新的共同知識，亦彷彿將當時東亞最先進之新事物、知識與概念陳列於架上的百貨櫥窗一

〔註209〕（清）吳廣霈，《南行日記》，《小方壺齋輿地叢鈔再補編》，頁 81-4、81-5。

〔註210〕太平紳士（Justice of the Peace），為英國法律制度中一種委任民間人士以協助維持治安及處理簡單法律程序的職銜。參見 Frank Welsh 著；王皖強、黃亞紅譯，《香港史：從鴉片戰爭到殖民終結》（香港：商務印書館，2015），頁 137。

〔註211〕王賡武主編，《香港史新編》，上冊，頁 111；徐承恩，《香港——鬱躁的家邦：本土觀點的香港源流史》，頁 184～185。

般，或許流於表面，被接收的程度也或深或淺，他們卻確實將這些資訊傳達給了後繼的外交使節，及其他知識分子等閱讀相關著作的讀者。

第三章　於新舊思想變遷中寓居
香江的世局觀察者

　　如前所述，鴉片戰爭後清廷面對列強優勢武力，被迫進入近代世界體系，但長久積累的問題，卻更使清帝國內外交迫，遭逢此巨大變局，有識之士莫不思如何挽救頹勢。早期改革者如魏源見識西洋的堅船利炮後，大受震撼，故提出「師夷長技以制夷」的理念，沿此理念形成日後清帝國發展洋務的脈絡。第二次英法聯軍中震懾於西方強大實力的中樞權貴如恭親王奕訢（1833～1898），或是借助西方武器、軍隊弭平內亂的曾國藩（1811～1872）、左宗棠（1812～1885）、李鴻章（1823～1901）等有力督撫，再次遵循此理念，開始推展自強運動邁向現代化的嘗試。似乎從一開始，其目的便只求解決內亂與抵禦外國侵略等眼前的問題，故自強運動便落入了只在器物層面上模仿的侷限性，這種侷限性在前一章中外交官員們在香港的見聞中亦多少可以發現。

　　相較於此，有部分知識分子曾近距離接觸過西方事物，並親身遊歷過歐美，認識到求國家富強，非僅單靠堅船利炮，而需在制度、文化方面徹底變革，開始跳脫器物模仿的層面，觸及成功發展現代化的根本，但其思想本非從西方知識出發，仍以傳統儒家思想為根基，常在遊歷海外後才逐漸轉變，使他們的思想產生一種介於新、舊與中、西之間的特色。在此類知識分子群體中，有部分長期寓居在香港這個具有多元獨特性的「地方」，從中獲得相當程度的影響，而他們也會將寓居香港期間對香港的見聞記述在著作中，呈現一種思想在中西及新舊變遷過程中之華人知識分子對香港觀察的視角。在本研究的時間斷限中，這種華人知識分子前有王韜（1828～1897），後有潘飛聲

（1858～1934），亦即本章欲討論之對象。

在晚清眾多改革思想家中，提倡引進西法、發展新式教育、建立現代化軍隊、發展資本主義經濟體系等方針等思想，被認為思想居於潮流之先，引領當代眾人的，便是王韜。研究者常認為他對日後康、梁之變法改革影響深遠，如據香港史家羅香林教授考證，康有為於光緒五年（1879）時曾遊歷香港，認為「觀西人宮室之瑰麗，道路之整潔，巡捕之嚴密，乃始知西人治國有法度，不得以古舊之夷狄視之。乃復閱《海國圖志》、《瀛寰志略》等書，購地球圖，漸收西學之書，為講求西學之基矣。」〔註1〕羅香林教授認為康氏訪港時正逢王韜創辦《循環日報》並以政論發表改革思想，則康氏極有可能因《循環日報》上之政論而深受啟發，〔註2〕除此之外，王韜兼具改革思想家、政論家、文學家、報人……等多重身分，涉及翻譯、經學、史學、政論、文學等領域之著作亦相當繁多，故長久以來皆是研究的熱門對象。與備受推崇的王韜相比，潘飛聲相對名聲不顯，但他在近代詩詞與繪畫等藝術領域具有重要之地位，同樣具備文學家、畫家、報人等多種面相，亦有在《華字日報》任主筆時通過社論評論時政，及遊歷歐洲及長期寓居香港等與王韜相似之經歷。

過去對王韜的研究，主要集中在其生平事跡及通論、改革思想、著作及其出版辦報事業等方面，對潘飛聲之研究則常對其詩詞文學及繪畫作品進行評論，對於他們在香港的觀察卻少有探究。實際上，兩人皆在香港寓居十餘年，在此具有中西文化交匯、文化輸出及政治上多元獨特性之「地方」，王韜與潘飛聲身處其間，自然會受到相當程度的影響。則在王韜與潘飛聲寓居香港期間，對影響他們甚深的這個殖民地城市，以其介於新、舊及中、西間的思想出發，其對香港之觀察與見聞的內容為何？而在此過程中又如何使其獲得異文化的衝擊、文化涵化等經驗？是本章想要探討的問題。

第一節　王韜著作中之香港文化觀察

一、王韜生平介紹

王韜（1828～1897），字蘭瀛，亦名王紫詮，於清道光八年（1828）出

〔註1〕（清）康有為著，《康南海自編年譜》（台北：宏業書局，1976），頁11。
〔註2〕羅香林，《香港與中西文化交流》（香港：中國學社，1961），頁60、73。

生於蘇州府長洲縣甫里村。其父王昌桂為一名私塾先生，王韜自幼便隨父親念書，為其建構了深厚的儒家思想涵養。道光二十五年（1845）他曾參加縣考，並中秀才第一名，但次年至南京參加鄉試卻名落孫山。道光二十八年（1848），他前往上海探望於該地設館授徒的父親，順道參觀由英國倫敦傳道會創辦，使用活字版印刷的墨海書館，機器印刷使王韜大開眼界，同時他也在此時認識了麥都思（Walter H. Medhurst，1796～1857）和慕維廉（William Muirhead，1822～1900）等傳教士。因此因緣，在道光二十九年（1849）父親去世後，他得以進入墨海書館擔任中文編輯的工作來養家，工作主要內容在將聖經與科學書籍翻譯為中文，雖薪酬豐厚，但彼時對西方人仇視的氣氛，使這種協助傳教士的工作較難被接受，加上工作上的不如意，使他時有抱怨，但他從中吸取了西方知識，並為他前往香港及歐洲等際遇埋下伏筆。〔註3〕

　　隨著太平天國勢力逐漸蔓延至長江下游，王韜曾多次上書蘇松太道吳煦（1809～1872）、兩江總督曾國藩（1811～1872）等方面大員，議論中外局勢，並提出相關方略，皆未被重視。同治元年（1862），太平天國忠王李秀成（1823～1864）計畫進軍上海，王韜或出於懷才不遇的憤懣，化名黃畹向太平軍上書，建議太平軍避直攻而改包圍上海的策略。戰略雖未被採用，但相關書信卻被清軍所獲得，以致王韜被清廷下令緝捕，被迫先躲避在上海的英國領事館中四個月，後在教士慕維廉等人的協助下逃往香港。〔註4〕

　　通過慕維廉的引薦，他在同為倫敦傳道會開設的英華書院中協助傳教士理雅各（James Legge，1815～1897）翻譯中國經典。〔註5〕避居香港五年後，在1867年理雅各返回蘇格蘭時，受其邀請前往，沿途遊歷新加坡、檳城、亞丁、開羅、馬賽、巴黎等地，最後抵達英國。在英國他一方面繼續協助翻譯經典，一方面則遊覽山水，與當地學者、名流來往，此段時間的遊歷，認識科學

〔註3〕　呂實強，〈王韜〉，《中國歷代思想家（十八）》（台北：臺灣商務印書館，1999），頁134～135；柯文（Paul A. Cohen）著，雷頤、羅檢秋譯，《在傳統與現代性之間——王韜與晚清改革》，頁10～15。

〔註4〕　呂實強，〈王韜〉，《中國歷代思想家（十八）》，（台北：臺灣商務印書館，1999），頁136；王立群，《中國早期口岸知識分子形成的文化特徵——王韜研究》（北京：北京大學出版社，2009），頁10～11。

〔註5〕　倫敦傳道會1819年在馬六甲設立英華書院，1843年時由傳教士理雅各（James Legge，1815～1897）遷往香港，於1856年停止招生。參見余繩武、劉存寬主編，《十九世紀的香港》，頁301～303。

技術與政法制度，也對他日後的改革思想產生一定程度的影響。〔註6〕

　　1870 年王韜自英返港，隔年由於理雅各受香港殖民政府聘請擔任中央書院之院長，英華書院因此停辦。英華書院原有之印刷機器由王韜及其友黃勝（1827～1902）合資購買，〔註7〕於 1873 年開辦中華印務總局，並於 1874 創辦《循環日報》，做為他發表改革思想的重要管道。由於在《循環日報》之前，香港已有《遐邇貫珍》、《華字日報》等中文報紙，皆由洋人所辦，故《循環日報》強調是第一份由華人創辦及編輯的中文報紙，內容包括新聞版、廣告版和政論，新聞版除了有本地新聞外，也刊登廣東、中國其他地區及東南亞之新聞，對當時香港的社會經濟情況亦多所報導。但王韜創辦此報最重要之用意，並非報導新聞，而是透過報紙上的政論進行其政治改革理念的宣傳。〔註8〕

　　王韜於 1879 年前赴日本，與當地學者及知識分子交流，其後因官方對王韜上書太平天國之事已不再追究，故他於光緒十年（1884）返回中國，定居於上海，在此期間他除了繼續發表變法改革思想，也曾擔任過《申報》的編輯與格致書院院長。光緒二十年（1894）王韜曾為上書李鴻章敘述改革思想的孫中山（1866～1925）協助潤飾書信，並為其向李鴻章引薦，後於光緒二十三年（1897）病逝於上海。〔註9〕

二、王韜著作中之香港文化觀察

　　由上述王韜生平可知，寓居香港這個城市在其 68 年的生命中便占了近 20 年的時間，其青壯年之精華歲月多在旅居香江時渡過，以及其為人稱道的著述、出版、辦報等事業也在此完成，故逃往香港雖非他所願，但若說香港對其

〔註6〕　呂實強，〈王韜〉，《中國歷代思想家（十八）》，頁 137～140；王立群，《中國早期口岸知識分子形成的文化特徵——王韜研究》（北京：北京大學出版社，2009），頁 11。

〔註7〕　黃勝（1827～1902），生於澳門，15 歲時進入倫敦傳道會創辦之馬禮遜紀念學校就讀，後曾短暫赴美留學，因水土不服返港。曾受李鴻章之邀，擔任上海廣方言館英文教習，並曾參與協助第二批幼童赴美留學計畫，另外在香港則多番涉足出版及報刊事業，如與王韜合辦中華印務總局，而《香港中外新報》、《循環日報》與《華字日報》等皆有其參與創辦及資助。同時積極參與公眾事務，參與籌辦東華醫院並名列創建總理，並出任香港殖民政府公職，包括受封太平紳士，及潔淨局與立法局議員。參見劉智鵬，《香港早期華人菁英》，頁 14～16。

〔註8〕　卓南生，《中國近代報業發展史》（台北：正中書局，1998），頁 212～238。

〔註9〕　呂實強，〈王韜〉，《中國歷代思想家（十八）》，頁 142～144；柯文（Paul A. Cohen）著，雷頤、羅檢秋譯，《在傳統與現代性之間——王韜與晚清改革》，頁 5。

極有為深刻的影響，恐不為過，則在王韜眼中所觀察到的香港又是如何？如果要了解王韜對香港的觀察及反思，最好的方式便是通過他對香港的記述來考察分析。目前所留存的王韜文章中，王韜有關於香港的記述文字，主要為《蘅華館日記》中王韜初到香港時期的見聞，《弢園文錄外編》中介紹香港的〈香港略論〉一文，及〈送政務司丹拿返國序〉、〈送西儒理雅各回國序〉、〈創建東華醫院序〉、〈西人漸忌華商〉、〈記香港總督燕制軍東遊〉、〈徵設香海藏書樓序〉等文記述王韜在港所見之人事，另外《漫遊隨錄》中〈香海羈蹤〉及〈物外清遊〉等兩篇亦有對香港的記載，以下將王韜在香港之見聞按撰寫之先後呈現，並分析其對香港記述與觀察之內容：

（一）《蘅華館日記》

《蘅華館日記》日記的記載時間是從咸豐八年（1858）正月開始，間中或有缺漏，一直記載到同治元年（1862）十二月，〔註10〕其中同治元年（1862）閏八月王韜避禍香港後，開始有相關的記載，由於內容有時候記述的是生活雜事，較為細瑣，故不擬在此全部列出。同治元年閏八月十一日（1862 年 10 月 4 日），王韜自上海出發前往香港，閏八月十八日（10 月 11 日）抵達香港，當日記載：「申刻（15：00 至 17：00 間），抵香港，即雇夫攜行李至中環英華書院，見理雅各先生。」〔註11〕隔日王韜提及與理雅各會面情況，理氏雖懂中文，但口說僅通粵語，故交談僅能略解其意，〔註12〕之後數日打點香港生活事宜。閏八月二十一日（10 月 14 日），王韜首次與日後重要的合作夥伴，同時也是十九世紀重要的香港華人社會領袖黃勝（1827～1902）見面：

> 黃勝兄來訪，能官白，……黃君偕余至英華書院觀活字板，規制略
> 同墨海，惟以銅模澆字，殊捷便。書院創於道光十七年，理君入粵，
> 蓋已二十餘載矣。〔註13〕

黃勝會講官話，較能與王韜溝通，兩人同遊英華書院，參觀印刷設備，基本上與王韜在上海所見類似。其後記述仍多生活瑣事，到同治元年閏八月二十八日（10 月 21 日）王韜與友人遊下環（今灣仔），觀察到彼時香港的都市發展景況：

〔註10〕本研究採用的是上海圖書館藏本之《蘅華館日記》，收錄於方行與湯志鈞整理之《王韜日記》中。參見中華書局編輯部編；湯志鈞，陳正青校訂，《王韜日記》（北京：中華書局，2015），頁 3。

〔註11〕中華書局編輯部編；湯志鈞，陳正青校訂，《王韜日記》，頁 377。

〔註12〕中華書局編輯部編；湯志鈞，陳正青校訂，《王韜日記》，頁 377。

〔註13〕中華書局編輯部編；湯志鈞，陳正青校訂，《王韜日記》，頁 378。

晴，辰刻，偕梁文盛往遊下環，見工人之鑿山填海者，不憚勞瘁。

下環頗有樹木山水之勝，景物幽邃，人家寂寥，迥異上中環之市廛
塵溢，甚囂塵上也，予竊慕居彼。〔註14〕

下環大約港島灣仔一帶，今日已為熱鬧的街市，從王韜記述可知當時正在進行
填海工程，但仍保有「樹木山水之勝」，今日雖不復見，從其記述可以得知，
在同治元年（1862），此地的都市化還不如上環、中環。

到九月，王韜日記中鬱悶思鄉的愁思逐漸出現，如九月九日（10月31日）
恰逢重陽節：「重陽佳節，天氣爽朗。客中愁里，那得有心情作登高想也。」
〔註15〕九月十二日（11月3日）寫給妻兄楊醒逋的信中提到香港：

風土瘠惡，人民椎魯，語音侏僑，不能悉辨，……無奈囊橐羞澀，
面目漸形寒儉，踽涼窘困之況，難言萬一。終日獨坐，絕無酬對，
所供飲食，尤難下箸，飯皆成顆，堅粒哽喉，魚尚留鱗，銳芒螫舌。
肉初沸以出湯，腥聞撲鼻；蔬旋瀹而入饌，生色刺眸。……嗟乎！
韜得離危地，幸獲安居，豈疑溫飽是求，復生奢望？〔註16〕

不通粵語的社交困難，生活中經濟壓力，都使王韜心生怨懟，烹煮魚、肉、菜
蔬等飲食習慣的落差，更使他在書信中多所抱怨，甚至生出香港為貧瘠惡土，
人民也多愚鈍之感，但筆鋒一轉，想到自己得脫危難寓居香港，又豈敢有其他
奢望？這種對香港的惡感亦出現在九月十九日（11月10日）的日記：

粵中本以行賈居奇為尚，文章之士素少淹通……香港蕞爾絕島，錐
刀之徒，逐利而至，豈有雅流在期間乎？地不足游，人不足言，至
館校書之外，閉戶日多，無事可紀，或有足述者，略登一一，並不
復係以時日也。〔註17〕

認為前來香港此蕞爾小島者，皆為圖利，香港社會以商業為主，功名科舉非此
地華人所重視，又缺乏仕紳文人，自然沒有能入他法眼的雅流之輩，甚至有香
港「地不足游，人不足言」的惡評，他也坦言在港生活頗為單調枯燥，以致無
事可記。

此外日記中尚有一篇〈悔餘隨筆〉，時間上應是1862年開始到1868年

〔註14〕中華書局編輯部編；湯志鈞，陳正青校訂，《王韜日記》，頁379。
〔註15〕中華書局編輯部編；湯志鈞，陳正青校訂，《王韜日記》，頁380。
〔註16〕中華書局編輯部編；湯志鈞，陳正青校訂，《王韜日記》，頁381。
〔註17〕中華書局編輯部編；湯志鈞，陳正青校訂，《王韜日記》，頁383。

前往歐洲初期的記述，〔註18〕也記載一些王韜在港見聞，同樣可見王韜對香港的不適應與惡感。如同治元年（1862）十月十二日（12月3日）的書信提到：

> ……竄迹粵港，萬非得已。其俗侏僱，其人猱雜，異方風土，只益悲耳。……此間山赭石頑，地狹民鄙，烈日炎風，時多近夏，怒濤暴雨，發則成秋。……無書可讀，無人與言，……然所以戀戀不去者，不過隱身絕島，稍遠禍機，留此餘生……。〔註19〕

身處陌生之異方風土，香港在王韜眼中土地狹窄、氣候濕熱、風俗粗鄙、居民混雜，簡直一無是處，可說萬不得已，絕不來此惡土，為避禍只能避居在此，更顯他心中無奈怨憤之情。

而在悲春傷秋之外，王韜亦有留意香港西方人的生活情況，如他觀察到西方人飲酒跳舞的娛樂：

> 港中番人多設酒鋪，醉則男女攜手聯臂，舉足蹈舞為戲。旁觀者更佐以鑼鼓諸樂，謂之「單神」，大約即苗俗跳月之遺意也。按《滿洲六十七居魯番社采風圖考》云，番俗成婚後三日，會諸親友飲宴。各婦女艷妝赴集，以手相挽，面相對，舉身擺盪，以足下輕輕應之，循環不斷，為兩匝圓井形，引聲高唱，互相答和，搖頭閉目，倍極媚態……今英人但有舞，而無歌，與此稍異耳。〔註20〕

> 番戲有濃迎者，亦「單神」之遺也。其戲以番婦之頗有色者為之。……或兩婦對舞，或三四婦共跳舞。閩人亦可入其中，與之對舞，名曰「弄濃迎」，弄畢，則酬以金。顧此戲粵人呼之曰「跳單神」。「濃迎」之名，或係荷蘭方言耶？非英語也。〔註21〕

第一段記載提到之「單神」，推測應該是英文 dance 的譯音，王韜似乎理解有誤，從譯音的字面解釋，才會產生「大約即苗俗跳月之遺意也」的想法，還花了不少篇幅介紹「苗俗跳月」與在港洋人舞蹈比較，兩者之間的關聯，恐怕不是如王韜所想。第二段記述的「弄濃迎」，則源自於1791年僑居南洋之閩人王

〔註18〕該篇文末有「余居香港，倏忽六載……適理君雅各招赴佐譯經籍，丁卯冬十一月三十日束裝就道」的字句，故以此推斷。參見中華書局編輯部編；湯志鈞，陳正青校訂，《王韜日記》，頁402。

〔註19〕中華書局編輯部編；湯志鈞，陳正青校訂，《王韜日記》，頁387～388。

〔註20〕中華書局編輯部編；湯志鈞，陳正青校訂，《王韜日記》，頁396。

〔註21〕中華書局編輯部編；湯志鈞，陳正青校訂，《王韜日記》，頁397。

大海所撰《海島逸志》，其中提到之印尼舞蹈，〔註22〕王韜認為「濃迎」為荷蘭語，應是知道其來自荷蘭殖民地印尼，卻又將之與「跳單神」、「苗俗跳月」混為一談，這也反映出王韜初到香港，對西洋事務尚一知半解，而以自己固有的概念審視香港洋人的生活，因此出現誤解的情形。

（二）〈送政務司丹拿返國序〉

本文為王韜對在香港殖民政府擔任「政務司」，名為「丹拿」之歐籍官員返國前之贈序，文中可見頗多讚美之詞。在文章一開始，王韜評論了香港通過香港殖民政府致力經營而從「中國海濱之棄地」演變為「世外桃源」的過程：

> 香港叢爾一島耳，固中國海濱之棄地也。叢莽惡石，盜所藪，獸所窟，和議既成，乃割畀英。始闢草萊，招徠民庶，數年間遂成市落，設官置吏，百事共舉，彬彬然稱治焉。遭值中國多故，避居者視為世外桃源，商出其市，賈安其境，財力之盛，幾甲粵東。嗚呼！地之盛衰何常，在人為之耳。故觀其地之興，即知其政治之善，因其政治之善，即想見其地官吏之賢。〔註23〕

王韜認為，香港之所以由能「叢爾小島」、「棄地」發展成「世外桃源」，甚至「財力之盛，幾甲粵東」，決定因素在於統治者，因有賢明之官吏推行善政，才使其地得以興盛，而所謂之賢明官吏，便是如本文所讚揚的丹拿一般的香港殖民政府官員。

接著王韜進一步介紹丹拿所施之善政：

> 其職在董理華民事，實稱賢勞。蓋其地雖英屬，而來旅之華民居十之七八，是以華事尤繁劇。先生不敢憚煩，務盡其情，於中國言語文字、民風俗尚，尤能熟悉深究，蒞任以來，興利除弊，理冤平抑，凡港之民，舉嘖嘖稱其公正廉明如一辭。〔註24〕

〔註22〕《海島逸志》中記述之文字與王韜所記基本無太大差異，詳列如下：「番戲名曰濃迎，番婦之頗有色者，帶虬髮，纏錦幔，插金花，搖紙箑，裸衣赤腳，歌番歌舞番舞，搖頭閃目，鶴立鷺行，演唱雜劇，備諸醜態，或兩婦對舞，或三四婦共跳舞，閒人亦可入其中與之對舞，名曰弄濃迎弄，畢則酬以金。」惟文字後尚有一段「每於清夜遠遠聽之，其音淒切悲楚，所謂異鄉之樂，祇令人悲耳。」同樣身處異鄉之王韜，睹此文字或深有感觸。參見（清）王大海，《海島逸志》，《中國基本古籍庫》（合肥：黃山書社，2009），頁 12。

〔註23〕（清）王韜，《弢園文錄外編》卷八，《續修四庫全書》集部別集類（上海：上海古籍出版社，2002）頁 603。

〔註24〕（清）王韜，《弢園文錄外編》卷八，頁 603。

香港雖屬英殖民地卻眾多華人前往，關於華人之事務尤為龐雜，丹拿除了致力公務外，還特意學習熟悉中國的語文風俗以利公務執行，而他任內除了興利除弊外，判案也相當公允，眾口讚揚不已。王韜也將香港與西方其他華埠相比：

> 不佞聞邇來西國屬地，無不有華民往貿易者，非由其待之厚，治之公，煦育保持於無形，孰肯離迷鄉國而出其地耶？然聞金山所設華民司事之官，因不識華言，民頗弗便。夫治其民，不習其言則弗悉其情，必至職曠事弛，訟獄滋弊，有負上之設官之意。今先生之於華事稔矣，孰能售其奸哉？宜乎港民之頌弗衰也。〔註25〕

認為其他華埠如美國舊金山，雖然也設置處理華民事務的官員，但因不懂中文，無法與華人溝通，常因此導致弊端，使華人權益受損，而丹拿因熟習中文，使華人權益得以保障，不使有心人士奸計得售，也因此能得到香港華人長久的讚揚。

　　而王韜因何撰寫此文？他提到丹拿「今將歸國，特介范君雙南索言於不佞，……聊據不佞所聞於范君者以贈先生之行，弗敢諛，亦弗敢贅。」〔註26〕也就是說，丹拿將歸國，通過一在港華人范雙南請託王韜撰文為其送行。綜觀全文，乍看僅是一篇無甚特別的贈序，令人好奇的是，在此篇短文中所顯示王韜在香港之人際網絡，請託王韜撰寫文章的「范君雙南」是何人？「政務司丹拿」又是何許人也？王韜在文中提供的線索並不多，筆者嘗試以有限的線索拼湊出其關聯。

　　首先，在前文已有介紹香港重要之華人慈善團體「東華醫院」，東華醫院創建後，每年皆會刊印《東華醫院徵信錄》，即介紹院務運作之年報，最初之1872年徵信錄佚失，無緣得見。但從現存最早1873年徵信錄中可以發現，徵信錄中所刊載的「東華醫院同人芳名臚列」與「倡建值事」的列表中，皆可發現「范雙南」之名，〔註27〕這與請託王韜撰文之「范君雙南」應該便是同一人。東華醫院作為具代表性之香港華人慈善團體，參與創建者若非富商巨賈等彼時香港華人領袖，便是像王韜這種頗富名聲的文化名流，而范雙南可名列倡建值事等名單中，不難推測他亦是當時香港華人社會的頭面人物。

〔註25〕（清）王韜，《弢園文錄外編》卷八，頁603。
〔註26〕（清）王韜，《弢園文錄外編》卷八，頁603。
〔註27〕參閱東華三院文物館檔案網站徵信錄欄目：http://www.twmarchives.hk/zhengxinlu.php?lang=tc 最新查閱時間：2019/12/19

其次，關於「政務司丹拿」的身分，王韜在文中提到兩個線索，「其職在董理華民事」，以及「於中國言語文字、民風俗尚，尤能熟悉深究」。香港開埠初期，殖民政府官員幾乎不通中文，1844 年為施行人口登記而設置之總登記官（Registrar General）一職最初由翻譯官員出任，因香港市民以華人為主體，此職務與華人關係極為密切，兼具掌管華人福利與監控華人的職責，〔註28〕乃殖民政府與華人民眾間溝通的橋梁，故常由通曉中文者出任此職，並涉入管理東華醫院等華人社會事業；〔註29〕在早期卻也曾因殖民政府過於依賴少數通中文官員與華人溝通，以致其濫用權力的情形。〔註30〕但無論如何，這與王韜所說的「其職在董理華民事」及「於中國言語文字、民風俗尚，尤能熟悉深究」兩點特徵完全吻合，在中文版憲報亦可發現曾將之翻譯為「華民政務司」，〔註31〕更與王韜所稱丹拿之官職「政務司」符合，故丹拿應即為總登記官。在此基礎上進一步分析，在王韜寓居香港期間（1862～1884），歷任過此職務的共有四人：

  1. Thomas Turner，1862～1864；〔註32〕

  2. Cecil Clementi Smith，1864～1881；〔註33〕

  3. James Russell，1881～1883；〔註34〕

  4. Frederick Stewart，1883～1887；〔註35〕

「丹拿」明顯為譯音，上述四人中，只有 Thomas Turner 與此相近，基本上已可確定即為王韜贈序之人。

  推敲丹拿身份似意義不大，但重點在釐清此文撰寫時間，因文中未曾透露，過去研究對其身份則不甚了了，或視此文為王韜居港後期作品，但如上述

〔註28〕關詩珮，〈翻譯與殖民管治：香港登記署的成立及首任總登記官費倫〉《中國文化研究所學報》，54，（香港：2012），頁 99。

〔註29〕王賡武主編，《香港史新編》上冊，頁 99～100；余繩武、劉存寬，《十九世紀的香港》，頁 195。

〔註30〕曾銳生，《管治香港：政務官與良好管治的建立》（香港：香港大學出版社，2007），頁 11。

〔註31〕原文為：「署撫政司史為曉諭補缺事照得，現奉督憲札，開華民政務司缺，著庫務司羅兼攝」參見《香港政府憲報》，1881 年 5 月 21 日，第 27 號，頁 21。

〔註32〕《香港政府憲報》，1862 年 5 月 24 日，第 8 號，頁 164。

〔註33〕G. B. Endacott, *A Biographical Sketch-book of Early Hong Kong*（Hong Kong: Hong Kong University press, 2005），p. 120

〔註34〕《香港政府憲報》，1881 年 5 月 21 日，第 27 號，頁 21。

〔註35〕《香港政府憲報》，1883 年 4 月 21 日，第 29 號，頁 364。

分析，則撰文時間當為 1864 年左右，則王韜赴歐遊歷之前，對香港的評價便已從前述日記中「風土瘠惡」、「蕞爾絕島」、「地狹民鄙」的棄土，轉變為「世外桃源」，顯示其心態上的變化。至於文中王韜對丹拿多加讚譽，是否有溢美之辭？對照實際上香港殖民政府對華人具有歧視的政策，雖然王韜自稱「弗敢訞，亦弗敢贊」，或許仍需持保留態度視之。

（三）〈香港略論〉

〈香港略論〉收錄在《弢園文錄外編》第六卷中，雖然《弢園文錄外編》之出版時間在 1882 年，但從本篇的內容來看，其記述的時間點應是 1865 年，透過王韜此篇記述之內容，應可呈現出九龍半島割讓甫不久之 1860 年代初期，香港殖民都市的社會概況，也因為如此，不少學者皆視王韜此文為了解香港開埠初期情況的重要史料。〔註36〕

在文章起始的段落，王韜敘述了他寫作此文的目的：「以香港僻在一隅，記述者罕，於是旁諏故老，延訪遺聞，成香港略論一篇，聊以備荒隅掌故云爾」〔註37〕從這段文字大致上可以推論出幾個重點。首先，據王韜所述，撰寫此文的目的是因為當時對香港仍「記述者罕」，所以撰文加以介紹，故可以推測在撰文的這個時間點，晚清專門對香港的記述與認識仍然是不足的，這也與前文所述，清帝國在 1860 年代才首次有晚清知識分子親身前往異地體驗西方事物的說法相符；另一方面，此時的王韜認為香港「僻在一隅」，多少仍呈現一種將香港視為邊陲的帝國核心觀點來加以檢視。

接下來，王韜概略的對香港地理環境進行概述，他記述的香港，已出現上

〔註36〕亦有部分學者（如王宏志）認為〈香港略論〉為《循環日報》創刊之後才寫作，非王韜初到香港時之著作。參見王宏志，〈「蕞爾絕島」：王韜的香港論述〉，《歷史的沉重：從香港看中國大陸的香港史論述》，頁 216。

但從此文中幾個方面，大概可確定為王韜到香港後不久所做：
1. 王韜在文首提到「甫里逸民東遊粵海，荏苒三年」，1862 年到港，三年後即 1865 年左右所寫。
2. 王韜提及聖保羅書院、英華書院與中央書院等香港之學校皆招收學生，若此文為《循環日報》創刊後（1874）所寫，其時英華書院已於 1858 年停招，其印刷事業亦於 1871 年中止，並將設備售予王韜，王韜在文中卻皆未提及，於理不合。
3. 香港華人重要之慈善團體「東華醫院」於 1872 年成立，王韜亦參與其事，若此文寫於 1874 年《循環日報》創刊後，以「東華醫院」的地位與影響力，王韜不大可能不錄入文中。綜上數點，推測此文為 1865 年所寫。
〔註37〕（清）王韜，《弢園文錄外編》卷六，頁 584。

環、中環、下環（今港島灣仔）等街市地名，另外王韜也已觀察到香港雖只是
蕞爾之地，卻擁有眾多不同的名稱，如「紅香爐峰」、〔註38〕「仰船」〔註39〕、
「赤柱」、〔註40〕「登籠」，〔註41〕上述這些地名或位在港島或九龍，但都是香
港的一部分，歸屬在「香港」這個總稱之下，似乎王韜已初步具備「廣義」與
「狹義」香港的概念。而當時港島天然資源缺少，僅盛產花崗岩，已有農業，
多種植瓜菜甘蔗等作物，今日繁榮的灣仔當時是僅有少量農耕，隨著魚汛到
此，從事漁業的蜑民則數量頗多。〔註42〕

　　另外王韜大略介紹了香港的政府組織：「英人既割此島，倚為外府，創建
衙署，設立兵防，其官文有總督，武有總兵，皆有副貳。」〔註43〕文官以總督
為首，武官則有「總兵」，亦即香港駐軍司令；港督之下又設有臬司、〔註44〕
巡理廳、〔註45〕輔政司、〔註46〕、佐理堂、〔註47〕創例堂等官員以輔佐總督，
〔註48〕在修葺道路、建造房屋、收取稅金、管理船隻出入、追繳欠稅及巡邏維

〔註38〕在清中葉成書的《新安縣志》中便曾出現，為香港之舊地名。
〔註39〕即港島西北方，九龍半島西側的昂船洲。
〔註40〕為港島南端的赤柱半島。
〔註41〕「登籠」應即「燈籠」之同義字，今日香港荃灣區有一離島名為「燈籠洲」，
　　　　但其位置在港島西面，顯然不是王韜所記東側之「登籠」。在昔日香港另有一
　　　　被稱為燈籠洲之離島，大約在今日港島銅鑼灣以西，鵝頸以東一帶；此地原為
　　　　港島北岸之一小島，華人慣稱為燈籠洲，官方名稱則為奇力島（Kellett Island），
　　　　因 1965 年之填海工程而使此島嶼港島相連，在方位上應較符合王韜所記。參
　　　　見丁新豹、黃迺錕著，《四環九約：博物館藏歷史圖片精選》（香港：香港歷史
　　　　博物館，1994），頁 93。
〔註42〕（清）王韜，《弢園文錄外編》卷六，頁 585。
〔註43〕（清）王韜，《弢園文錄外編》卷六，頁 585。
〔註44〕即正按察司（Chief Justice），掌理最高法院；參見王賡武主編，《香港史新編
　　　　（增訂版）》上冊（香港：三聯書店，2017），頁 449。
〔註45〕亦稱巡理府法院，正式英文名稱為 Magistracy，由巡理府（或稱裁判官，英文
　　　　名稱為 Magistrates）掌理，其功能為審判基層案件的法院，設立之目的在於高
　　　　效率地對輕微的刑事案件與違規行為，但常因過於追求效率及官員選任程序
　　　　不健全，而導致斷案過於粗糙。參見王賡武主編，《香港史新編（增訂版）》上
　　　　冊，頁 460～465。
〔註46〕為香港殖民政府高級官員，文職官員之首腦，及港督行政事務主要副手。參見
　　　　余繩武、劉存寬，《十九世紀的香港》，頁 190。
〔註47〕即行政局（Executive Council），其主要功能是向港督提供諮詢，名義上是香港
　　　　殖民政府決策機構，但實際由港督主導。成員中有官方及非官方成員，官方成
　　　　員多為政府高層兼任，非官方成員則多為外籍富商，至二十世紀始有華人出
　　　　任行政局非官守議員。參見王賡武主編，《香港史新編》上冊，頁 80～81。
〔註48〕即立法局（Legislative Council），名義上之職能是提供港督立法意見，但通過

持治安等工作也都各有專屬單位負責。〔註49〕此外也記述政府的法律審判制度，包括提刑官等相關官員與陪審團都由學習法律之專業人士出任，而具太平紳士資格者也可參與，王韜認為其目的為「專在持法嚴明，定案鞫獄，期無妄濫。」〔註50〕

在刑獄制度方面，王韜觀察到香港的監獄會在審判確定後，才「以罪之輕重為笞之多寡，禁之久暫，有在獄終身不釋者，故刑法鮮死罪。」因有終身監禁制度，故少有死刑，「惟海盜在立決例，法所不宥」，涉及海盜犯罪者皆處以死刑。〔註51〕王韜也提到香港所設置的法醫及驗屍官制度，當「遇民間自裁謀死命案，剖腹審視，以釋疑竇。」此外，王韜大致描繪香港的駐軍與港口防衛情形，包括兵營、砲台的設置和軍隊制度，其中對於電報傳信的使用，使王韜印象深刻：「自山麓至巔，每相距數十武輒立木柱，繫以鐵線，聯綴比屬，相互不斷，是曰電氣通標，用遞警信，頃刻可達。」〔註52〕對香港分工詳細、組織嚴密的政府架構與法律刑獄制度，王韜產生「其設官之繁密如此」的讚嘆，〔註53〕而對其完備的軍事防衛，王韜的想法則是「其兵防之周詳如此」，〔註54〕皆表達出對香港所見之嘆服。

但除了肯定之外，在民生方面，對於所見到香港華人惡劣居住環境，王韜亦不加掩飾地加以批判：

> 港中之屋，層次櫛比，隨山高下，參差如雁戶。華民所居者率多小如蝸居，密若蜂房。計一椽之賃，月必費十餘金，故一屋中多者常至七、八家，少亦二、三家，同居異爨。尋丈之地，而一家之男富老稚，眠食盥浴，咸聚處其中，有若蠶之在繭，蠟之蟄穴，非復人類所居。蓋寸地寸金，其貴莫名，地球中當首推及之矣。〔註55〕

王韜筆下的香港低下階層華人住宅「小如蝸居，密若蜂房」、「有若蠶之在繭，

法例與否還是視港督決定。港督本身兼任立法局主席，並擁有兩票投票權，在立法上擁有優勢，故理論上港督在設立法條幾乎不受限制，立法局只屬於港督的立法工具。參見王賡武主編，《香港史新編》上冊，頁81。

〔註49〕（清）王韜，《弢園文錄外編·卷六》，頁25。
〔註50〕（清）王韜，《弢園文錄外編》卷六，頁585。
〔註51〕（清）王韜，《弢園文錄外編》卷六，頁585。
〔註52〕（清）王韜，《弢園文錄外編》卷六，頁585。
〔註53〕（清）王韜，《弢園文錄外編》卷六，頁585。
〔註54〕（清）王韜，《弢園文錄外編》卷六，頁585。
〔註55〕（清）王韜，《弢園文錄外編》卷六，頁585。

蟻之蟄穴，非復人類所居」，對擁擠狹窄空間的描寫相當傳神。即便已如此惡劣，房屋租金卻居高不下，王韜對此亦有了香港地價冠於全球的評論。據王韜所述，當時外籍人士的住宅已用自來水管系統供水，華人卻還使用露天的聚水池；〔註56〕光以此而論，兩者生活品質之差異便大有落差，並突顯出當時香港殖民政府對華人的漠視。與王韜避居香港同年（1862）才於上環創立的香港煤氣公司，此新奇事物自然也出現在記載中，「夜間街市燈火，咸以煤氣燃柱，光耀如晝，仰望山巔，燦列如繁星，尤為可觀。」〔註57〕

另一方面，與民生密切相關的尚有各種賦稅，王韜記載：

> 港中無田賦，但計地納稅，量屋徵銀，分四季，首月貢之於官，號曰國餉。此外水火悉有輸納，大抵民屋一間，歲必輸以十金，稅亦準是，行鋪倍之。他如榷酤徵煙，其餉尤重。妓館悉詣官領牌，按月輸銀。下至艇子、與夫、負販、傭豎，無不歲給以牌，月徵其課。〔註58〕

關於香港的賦稅，前一章中部分晚清外交官也在見聞中記述過，但王韜記載的更為詳細，除了前述提及的地價稅與房屋稅之外，民生用水等日常所需皆須繳費，而如菸酒等消費品更是課以重稅，再如妓院等特種行業，小艇、肩輿等交通工具，或是小販、傭役等勞力工作，都需發給牌照才可經營，政府則從中獲利，香港殖民政府稅收的繁且細，讓王韜不禁感到其「取之務盡錙銖，算之幾無遺纖悉」。〔註59〕

對於香港的宗教、教育及休閒等情況，王韜亦有所留意。在宗教方面，以王韜在上海時便協助傳教士翻譯經典的經驗，對基督宗教自不陌生，他指出香港有官教（應即為英國國教派）與民教（天主教與基督新教），二者宣傳福音相近，差別僅在於「官設者由官給廩祿」；〔註60〕教育方面，王韜提及由教會創辦的聖保羅書院及英華書院，與官辦的大書館（即中央書院），「皆教子弟肄業英文，歲不下二、三百人。」此外還有由殖民政府資助的皇家書館，王韜記之為「更立義塾數處，專讀華文，延師課童之費皆國庫頒給。」〔註61〕在休閒

〔註56〕（清）王韜，《弢園文錄外編》卷六，頁585。
〔註57〕（清）王韜，《弢園文錄外編》卷六，頁585。
〔註58〕（清）王韜，《弢園文錄外編》卷六，頁585。
〔註59〕（清）王韜，《弢園文錄外編》卷六，頁585。
〔註60〕（清）王韜，《弢園文錄外編》卷六，頁585。
〔註61〕（清）王韜，《弢園文錄外編》卷六，頁586。

方面，王韜提到了博胡林（即薄扶林）英籍人士的消暑別墅，還有用以賽馬的
「環馬場」，應便是位於今日跑馬地馬場，而香港的賽馬盛況亦在王韜筆下呈
現：「周約二十餘里，日暮飆車怒馬馳騁往來以為樂，每歲賽馬其間，多在孟
春和煦之時，士女便娟，其集如雲，遠近趨觀，爭相贊羨。」〔註62〕另外王韜
也記載了殖民政府所開闢的一處公園，以王韜寫作〈香港略論〉的年代來看，
此應為在1860年代開始興建的香港動植物公園，其景色「廣袤百頃，花木崇
綺」，彼時香港在休閒方面的建設，則又讓王韜有「其遊歷之地咸備又如此」
的讚許。〔註63〕

　　而華人作為香港社會的主要構成者，自然也是王韜的觀察重點，除了前文
提到基層華人的惡劣生活環境外，王韜也記述了所見到的香港華人社會風習：

> 港中華民之寄居者，雖咸守英人約束，然仍沿華俗不變，不獨衣冠
> 飲食已也。如崇神佛則有廟宇，祀祖先則有祭亭，正朔時日，無一
> 不準諸內地。元旦亦行拜賀禮，爆竹喧闐，徹於宵旦。令節佳辰，
> 歡呼慶賀。每歲中元，設有盂蘭勝會，競麗爭奇，萬金輕於一擲。
> 太平山左右，皆曲院中人所居樓閣參差，笙歌騰沸，粉白黛綠，充
> 物其中，旁則酒肆連比，以杏花樓為巨擘，異饌佳餚，咄嗟可辦，
> 偶遇客來，取之如寄。〔註64〕

王韜眼中的1860年代香港華人社會，除了統治者不同，仍沿襲中國傳統崇拜
神佛、祭祀祖先的風俗，在元旦、中元等佳節依然大肆慶祝，且在這些重要節
慶，具備經濟地位的富裕華商們為了「競麗爭奇」，可以輕易地一擲萬金。既
坐擁資財，尋歡作樂自為常態，「笙歌騰沸，粉白黛綠」的風月場所與「杏花
樓」等可置辦各種佳餚的酒肆等自應運而生。

　　王韜話鋒一轉，對香港上層社會之華人亦提出評論：

> 居是邦者，率以財雄，每脫略禮文，迂嗤道德。值江浙多故，衣冠
> 之避難至粵者，附海舶來，必道香港，遂為孔道。〔註65〕

王韜發現，華商雖以財稱雄，取得社會領袖之地位，卻「每脫略禮文，迂嗤道
德」，似乎在文化內涵上仍頗有不足之處，這與前述香港特殊社會結構有關。

〔註62〕（清）王韜，《弢園文錄外編》卷六，頁586。
〔註63〕（清）王韜，《弢園文錄外編》卷六，頁586。
〔註64〕（清）王韜，《弢園文錄外編》卷六，頁586。
〔註65〕（清）王韜，《弢園文錄外編》卷六，頁586。

香港的商業移民社會，華人流動性高，背景亦不同，擁有功名的仕紳、宗族父老等傳統社會領袖，無法在香港這個商業移民社會找到紮根茁壯的土壤。王韜眼中具文化內涵者，則大多不會在香港常住，只有江浙一帶為了躲避太平天國的仕紳們，會取道香港逃往廣東。故「率以財雄」的華商們便取代了仕紳，代行諸如與政府溝通、推動慈善事業等仕紳們原本應負責的社會功能，成為香港華人的領袖。

最後，王韜對香港以及殖民政府的經營做出概括的評論：

> 香港不設關市，無譏察徵索之煩，行賈者樂出其境，於是各國通商之地，亦於香港首屈一指。前之所謂棄土者，今成雄鎮，洵乎在人為之哉？〔註66〕

與之後眾多途經香港外交官員的看法相同，王韜認為以免稅港政策吸引商人，正是使香港從荒島發展為雄鎮的關鍵，而其中的差別，則在於英國與清帝國決策的不同，「洵乎在人為之哉？」王韜看似提出疑問，卻隱含著對清政府昧於時勢的批判。

（四）〈送西儒理雅各回國序〉

本篇是王韜在理雅各（James Legge，1815～1897）於 1867 年將返回蘇格蘭時所做。〔註67〕理雅各是知名漢學家，先在馬六甲經營英華書院，後於1843 年隨英華書院前往香港，通過英華書院，出版了報導西方新聞與介紹新知的報刊《遐邇貫珍》，同時也將《論語》、《大學》、《中庸》、《孟子》、《書經》、《詩經》、《春秋左傳》等中國經典翻譯為英文，對促進東西文化交流有極大之貢獻，〔註68〕理雅各的翻譯工作獲得王韜之協助極大，兩人淵源極深，而王韜也透過此文稱頌理雅各之貢獻。

首先，王韜介紹自明末來華傳教士如利瑪竇等開始結交士大夫，並將「天文歷算，格致器藝」西學傳入中國的概況，〔註69〕而後開始介紹理雅各前來中國之背景，與其翻譯經典之貢獻：

〔註66〕（清）王韜，《弢園文錄外編》卷六，頁 586。

〔註67〕文中指理雅各「弱冠即游痲六甲，繼來香港，旅居最久，蓋二十四年於茲矣」的文字，理雅各乃在 1843 年隨英華書院一同從馬六甲遷往香港，旅居 24 年則為 1867 年，即為理雅各返回蘇格蘭之年。

〔註68〕岳峰，《架設東西方的橋樑：英國漢學家理雅各研究》（福州：福建人民出版社，2004），頁 358～363。

〔註69〕（清）王韜，《弢園文錄外編》卷八，頁 603。

嘉慶年間，始有名望之儒至粵，曰馬禮遜，繼之者曰米憐維琳，而
理君雅各先生亦偕麥都思諸名宿彙筆東游。先生於諸西儒中年最少，
學識品詣卓然異人。和約既定，貨琛雲集，中西合好，光氣大開，
泰西各儒，無不延攬名流，留心典籍。……然此特通西學於中國，
而未及以中國經籍之精微通之於西國也。〔註70〕

王韜認為，英國基督教倫敦傳教會的教士，引進地理、天文、醫學等西方知識
固然有所幫助，卻沒有將中國經典翻譯為外文給西方人認識，唯有理雅各將中
國經典翻譯為英文：

先生獨不憚其難，注全力於十三經，貫串考核，討流溯源，別具見
解，不隨凡俗。其言經也，不主一家，不專一說，博採旁涉，務極
其通，大抵取材於孔、鄭而折衷於程、朱，於漢、宋之學兩無偏袒，
譯有《四子書》、《尚書》兩種。書出，西儒見之，咸嘆其詳明該洽，
奉為南針。〔註71〕

而理雅各不辭辛勞進行翻譯工作，且融會貫通，別具見解，其學術價值之高使
西方學者亦採用其翻譯之經典為圭臬。對於理雅各之漢學研究，王韜指出，被
普遍認為乃偽造的古文《尚書》，理雅各卻認為其內容雖經後人增補，但不可
否定其中「三代以上之遺言」的價值。王韜也認為在當時經學幾乎趨於滅絕，
而可承繼道統者唯有來自西國的儒宗理雅各，給予極高之評價。〔註72〕

最後，王韜介紹了理雅各的生平以及為人：

先生少時讀書蘇京太學，舉孝廉，成進士，翊歷清華，聲名鵲起。
弱冠即游痲六甲，繼來香港，旅居最久，蓋二十四年於茲矣。其持
己也廉，其待人也惠，周旋晉接，恂恂如也。驟見之頃，儼然道貌，
若甚難親，而久與之處，覺謙沖和靄之氣浸淫大宅間。即其愛育人
才，培養士類，務持大體，弗尚小仁，二十餘年如一日也。粵中士
民，無論識與不識，聞先生之名，輒盛口不置。〔註73〕

除了讚許理雅各的學識外，王韜更加肯定理雅各的人格。王韜因罪避禍香港，
得到理雅各的接濟，他認為：「余獲識先生於患難中，辱以文章學問相契，於
其歸也，曷能已於言哉？是雖未敢謂能識先生之心，而亦略足盡其生平用力之

〔註70〕　（清）王韜，《弢園文錄外編》卷八，頁603。
〔註71〕　（清）王韜，《弢園文錄外編》卷八，頁604。
〔註72〕　（清）王韜，《弢園文錄外編》卷八，頁604。
〔註73〕　（清）王韜，《弢園文錄外編》卷八，頁604。

所在矣。願與海內之景慕先生者，共証之可也。」〔註74〕展現了他對理雅各的景慕與感謝之情。

（五）〈創建東華醫院序〉

如第二章所述，創立於 1872 年的東華醫院，乃專為華人提供華人醫療服務之慈善機構，此文乃王韜應創建總理梁鶴巢等人之邀而寫，〔註75〕他本身也參與在東華醫院的創建工作中。在文首王韜提到：「嗚呼！地之興廢何常哉，繫於人而已。得其人則興，而百事以治。……其所以默化潛孚，移易風俗者，自有其道，初不以其陋而弗居也。」〔註76〕他認為一地之興廢，端看居於其中之人能否移風易俗，以香港來說，最初僅是孤懸海外、盜匪雲集的彈丸之地，經過香港政府三十餘年的經營，成為「梯航畢集，琛貨遠來」的商業重鎮，但最初居住在此者多半「率以財雄，脫略儀文，迂嗤道德，甚至放佚於禮法之外。」〔註77〕這使華人領袖們深感憂慮，思之加以改變，故計畫通過慈善事業「貧拯病以全其生，納棺瘞土以安其死」用扶貧救死以潛移默化，〔註78〕這便是創建東華醫院的宗旨。

東華醫院之創建源於華人對西醫治療之不信任，即使病重致死，或至廣福義祠等待死亡，仍拒絕西醫治療。香港政府雖知情但不欲介入，直至 1869 年遭報刊揭露，才禁止再收容瀕死病人。對此王韜在文中提及：「太平山側，固有所謂廣福慈航者，為寄停棺槥垂死病人遷處之所，特當事以其措置不善，已諭撤除」〔註79〕。問題反而惡化，重病者與屍體轉移至街頭，殖民政府被迫正視問題並加以解決，其根本解決辦法，便是設立東華醫院，提供華人中醫治療的服務。

1869 年 5 月，香港政府制定了「華人醫院則例」，開始籌建醫院。資金來源除了香港殖民政府捐助 115,000 元外，也包括香港華商及各界華人的募捐，關於這段過程，王韜提到：

〔註74〕（清）王韜，《弢園文錄外編》卷八，頁 604。
〔註75〕梁安，又名梁雲漢、梁鶴巢，香港著名商人及慈善家，曾任英國仁記洋行（Gibb, Livingston & Co）買辦，分別於 1870～1872、1877、1887 年擔任東華醫院主席與首總理，復於 1881～1882 年出任保良局主席，為香港社會慈善事業提供許多貢獻。參見劉智鵬著，《香港早期華人菁英》，頁 8～12。
〔註76〕（清）王韜，《弢園文錄外編》卷八，頁 614。
〔註77〕（清）王韜，《弢園文錄外編》卷八，頁 614。
〔註78〕（清）王韜，《弢園文錄外編》卷八，頁 614。
〔註79〕（清）王韜，《弢園文錄外編》卷八，頁 614。

梁君鶴巢，陳君瑞南，請於當事，因其舊址擴而新之，暫為施醫治病之地，於時捐貲集事者，凡百二十人，特是經費無所出事，可暫而不可當，因群請於前任督憲麥公。麥公慨然曰：「是固地方之要務，敢不為諸君成斯盛舉？」賜地給帑獎勵，甚至前後撥公項至十餘萬，一時草偃風行，傾囊解橐者無不輸將恐後，歲捐之數，亦盈八千有奇，於是醫院大功告成，可垂之於不朽。〔註80〕

1872 年，東華醫院正式成立，由各界富裕華商出任總理總領其事，總理下設協理，協助處理公務，〔註81〕而王韜也以「王紫詮」之名列於首屆協理名單中。〔註82〕開幕當日冠蓋雲集，香港華人社會各界領袖身穿向清廷捐官得來之頂戴袍服出席，儼然在向華人社會炫耀顯示其擔任社會領袖的正統性，同時也邀請了殖民地最高權力者的港督出席開幕儀式，通過此來間接宣示東華醫院乃獲得殖民地官方認可的組織，一舉一動間皆充滿著政治的意涵。〔註83〕

隨著組織逐漸發展，東華醫院由單純之華人中醫服務，逐漸發展出作為香港華人社會之領袖，為華人進行仲裁，同時替華人向港府爭取權益的功能，並涉足災難賑濟、社會救助、喪葬服務、興辦義學等社會慈善事業，〔註84〕對此王韜認為：

香港光氣漸開，民俗日厚，今昔之異，蓋有一變而不自知者。丁卯（1867 年）之冬余往游泰西，徧歷英、法諸國，及余掛帆東還，歲在庚午（1870 年），頓覺港中氣象迥殊，人士多彬郁謹愿，文字之社，扶輪風雅，宣講格言，化導愚蒙，率皆汲汲然引為己任，知其間必有人以為之倡，逮往觀醫院之設，而恍然於其故矣。……噫！以香港渺然一島耳，僻在炎陬，素非孔道，而一旦為善之效可觀已如此，是則在人而已，固不以地限也，吾言不益信哉。〔註85〕

認為香港的風俗與華人素養的改變與東華醫院創設乃一脈相承的演變，並加以肯定，不難看出王韜對發展與否乃事在人為的一貫想法，且對在殖民者統治

〔註80〕（清）王韜，《弢園文錄外編》卷八，頁 614。

〔註81〕何佩然編著，《源與流——東華醫院的創立與演進（東華三院檔案資料彙編系列之一）》（香港：三聯書店，2009），頁 82。

〔註82〕何佩然編著，《源與流——東華醫院的創立與演進》，頁 89。

〔註83〕王賡武主編，《香港史新編》上冊，頁 169。

〔註84〕王賡武主編，《香港史新編》上冊，頁 171。

〔註85〕（清）王韜，《弢園文錄外編》卷八，頁 614。

之華人社會中擔任領袖，造福華人群眾之東華醫院的肯定與深刻期許。

（六）〈西人漸忌華商〉

此篇文章中未明確記載寫作時間，但從其中透露的線索可以得知是在 1870 年代中後期寫作，[註86] 並明確顯示出王韜對香港華商經濟實力上升的觀察。首先王韜指出，在清廷與西方國家簽訂條約後三十餘年中，各方商人勢力的消長有所變化，初期洋商占盡優勢，但在撰文的 1870 年代，因投身貿易者日多，貿易所獲收益自然轉薄，洋商氣焰亦不如過往。王韜認為洋商中以英人最攻心計而傲慢，德國人則較能與華商相處融洽，並因此得以搶奪英商市場，但在當時最讓英商倍感壓力的則是華商。[註87]

王韜指出，華商過去有資本但苦無門徑，加上航運、保險等商貿相關行業常控制於西商，使西商獲利多而華商利少，但在輪船招商局等官督商辦事業出現，以及華商投入保險等相關行業經營後，華商漸能與西商競爭。[註88] 以香港為例：

> 即如香港一隅，購米於安南、暹羅，悉係華商為之，凡昔日西商所經營而擘畫者，今華商漸起而預其間，其人既能耐勞苦，工值又廉，東南洋一帶華人與華人聲氣相通，帆檣往來，經旬可達，而西商貿易日見其淡矣。……數年來，港中洋行漸改為華房，而歲有數家閉歇者，折閱之事亦複層見疊出，豈昔日長袖善舞，多財善賈，故能操奇致贏歟？[註89]

香港與越南、泰國間的米業營運全數由華商承攬，華商也涉足過去西商獨佔的行業，加上華人勤力耐苦工資較低，又與東南亞各地華人互通聲氣，逐漸對西商產生威脅，故王韜觀察到在港洋商已不如過往能占盡優勢，究其原因，他指出可能兩個原因，其一是香港貿易之利被上海等有更大腹地的口岸城市所瓜分，導致往來貨物與航班皆大減，加上其他西方國家也東來投入貿易，使英國

[註86] 在文中提到與西方國家通商立約三十餘年間，自南京條約簽訂時間往後推算，可知應為 1870 年代，另外文中又提到「每議闔港之事關於眾人者，華商輒不得預其列」意指香港華人在參與公眾政治事務上是被加以排除的，如若以伍廷芳在 1878 年成為首位華人太平紳士做為華人參與公眾事務的開端，則此文之撰寫應在 1878 年以前。

[註87] （清）王韜，《弢園文錄外編》卷八，頁 543。

[註88] （清）王韜，《弢園文錄外編》卷八，頁 543。

[註89] （清）王韜，《弢園文錄外編》卷八，頁 543。

過往獨佔利權的優勢受到挑戰。〔註90〕

　　另外一個原因，則是華商逐漸崛起帶來的影響：

> 華商分西商之利，要不過在近今八、九年中耳，而西商已不能支，
> 忌嫉之心，漸形於色。即如港中華商蒸蒸日上，衣冠禮義軼於前時，
> 而西商意存輕蔑，常有抑而下之之心，每議闔港之事關於眾人者，
> 華商輒不得預其列。其心以為權由我操，則庶得張弛如志耳，否則
> 彼將議我之後矣。蓋其所以憎及華商者，不在予以虛名而在分其實
> 利，其必斷斷然不欲華商與之齊驅並駕者，特恐虛名實利一併歸之，
> 從此益得與之爭衡耳。〔註91〕

從敘述中可知，華商形成與西商競爭之勢距撰文時並不久，但西商妒忌憎恨之心已顯，如商議香港公眾政治之事時皆將華人排除在外，從 1878 年才有伍廷芳開華人任太平紳士之先河亦可反面證明此種情況。王韜認為，西方人此舉乃因在商業利益上已無法壓制華商，更不願讓華人任公職，形成與西人並駕齊驅的地位，在王韜看來，未來華商學習利用新式機器投入製造，並在茶、絲貿易上與西商競逐，西商將更進一步失去優勢，〔註92〕通過此文的描述除能了解華商經濟實力的提升外，亦不難發現當時洋人種族歧視與防範華人等昭然若揭之心態。

（七）〈記香港總督燕制軍東遊〉

　　本文中所提燕制軍，便是在上一章出現在部分晚清出訪使節見聞中的香港第八任總督軒尼詩（Sir John Pope Hennessy，1834～1891）。〔註93〕本篇所載內容是軒尼詩出訪日本一事，〔註94〕雖然內容與香港本地無太大關係，但可以從本文觀察王韜對香港人物的評價。王韜先大致介紹港督職務：

> 香港，海中一孤島，而最近於粵。近為大英外府，設官戍兵，視為
> 重鎮。其統率之長，以華官之制稱之曰總督，言總督港中一切事宜，

〔註90〕　（清）王韜，《弢園文錄外編》卷八，頁 543。

〔註91〕　（清）王韜，《弢園文錄外編》卷八，頁 543。

〔註92〕　（清）王韜，《弢園文錄外編》卷八，頁 544。

〔註93〕　在文獻中可知香港華人普遍名之為「燕尼斯」，故王韜亦稱其「燕制軍」。參見陳鏸勳著，莫世祥整理《香港雜記（外一種）》，頁 31。

〔註94〕　關於軒尼詩訪日之時間，依照明治年間派駐香港之日本領事館撰寫報告指出，軒尼詩訪日之時間乃在明治十二年（1879）5 月 31 日與日本駐香港領事一同自香港乘船出發，於 6 月 7 日抵達東京。參見梁英杰、高翔、樊敏麗譯，《明治時期香港的日本人》（香港：三聯書店，2016），頁 97～98。

而統屬大小各官焉，是則其權亦綦重矣哉。〔註95〕

王韜稱軒尼詩其人：「今總督燕公臬斯位，崇於朝而譽孚於世，國中學士大夫皆仰其言論風采，得一語以為榮。」〔註96〕似乎其在英國國內擁有崇高的聲譽。其次則對軒尼詩的施政加以肯定：「其為治也，以愛民為本，其視中外之民，無畸重輕，不區畛域。涖港十有八月，而治績卓然，民譽翕然，事簡而刑清。」〔註97〕簡潔陳述軒尼詩善待華人及減輕刑罰之政策，對其評價頗高。

明治十一年（1878）日本大藏大輔松方正義（1835～1924）出席法國世博會，出發與返回途中皆途經香港，受軒尼詩盛情款待，也因此促成邀請軒尼詩訪日一事。〔註98〕王韜除概述軒尼詩訪日行程外，也提到軒尼詩的外交策略：

> 燕制軍於與國交際之道，能見其大，嘗謂方今俄人雄長於北方，駸駸為歐、亞兩洲之患，中、日兩國境地毗連，而俄又日窺英之印度，狡焉思逞，未見其止。為今計者，莫如中、日、英三國相親，合力以備俄。嗚呼！非燕公無此識，亦不能為是言也。則聯三國而為一，餘將於此行也望之矣，是豈徒泛作東游而已哉。〔註99〕

王韜認為軒尼詩極具外交眼光，贊同他中國應連日、英以抗俄以取得國際優勢之見，也認為軒尼詩訪日隱含促成中、英、日三國合作之意。從本篇文章不難發現，王韜對軒尼詩讚譽有加，這應與軒尼詩對華人友善之施政有關，而此種肯定的評價大致上或能代表當時香港華人對軒尼詩的看法。

（八）征設香海藏書樓序

此篇序文寫於1883年，其撰寫之因在於香港華人領袖馮明珊（生卒年不詳），〔註100〕與已前往中國擔任李鴻章法律顧問的伍廷芳，計畫籌建香海藏書樓，王韜對此文教事業極為讚同，除了為之作序外，也打算將藏書捐贈，其後籌建雖未成，〔註101〕但仍可通過此篇序文了解此事的梗概，且此文也是距離

〔註95〕（清）王韜，《弢園文錄外編》卷八，頁639。

〔註96〕（清）王韜，《弢園文錄外編》卷八，頁639。

〔註97〕（清）王韜，《弢園文錄外編》卷八，頁639。

〔註98〕梁英杰、高翔、樊敏麗譯，《明治時期香港的日本人》，頁77～79。

〔註99〕（清）王韜，《弢園文錄外編》卷八，頁639。

〔註100〕馮明珊，亦名馮普熙，為伍廷芳就讀聖保羅書院時之同學，具中英雙語能力，畢業後長期擔任洋行買辦，1872年東華醫院創建時出任總理，1876年擔任渣打銀行買辦，1878年時參與創建保良局。參見陳鳴，《香港報業史稿，1841～1911》（香港：華光報業有限公司，2005），頁111。

〔註101〕林國輝，〈十九世紀末上海文人在香港──王韜的香海羈蹤〉，《王韜與近代世

王韜離開香港返回上海的時間點較近的一篇文章，可從中觀察其當時對香港的觀感。

在此文的前半部分，王韜一方面闡述他個人對書籍，以及讀書對修身養性、增長智識幫助的觀點，認為自古以來「嗜古力學之士」，都會按其志趣或博或精的多方收藏書籍，故此王韜也概略介紹了過去學者對藏書者依性質分為考訂家、校讎家、收藏家、賞鑒家等種類及著名之藏書家。〔註102〕

另一方面，王韜認為在時有兵燹的晚清中國，書籍常遭戰火，使藏書更加不易，反而是粵東一帶較承平，使文教趨於興盛，舉例來說，廣州行商雖從事與外商貿易工作，但如潘啟官之海山仙館，與伍浩官之粵雅堂，藏書皆極浩博，非僅為商場中逐利之徒。可惜這些都是私人藏書，就算是官方如乾隆四十七年（1782）《四庫全書》編纂完成，詔令讓士子閱覽傳寫，管理之書吏卻過於珍秘，使其無法廣傳。王韜認為，還不如歐洲國家城鎮中好學者自購書籍，建立小型圖書館，即使遠方旅人到此皆可閱覽，這種中國未有過之模式，在香海藏書樓設立後將首次出現。〔註103〕

文章的後半王韜開始介紹香港文教環境演變，他指出，香港自孤島發展成為商業雄鎮，商賈雲集，獲英國人重視，「於是遊觀之地，踵事增華，此外如博物院、藏書庫，亦皆次第建築。」〔註104〕各種休閒、文教事業逐漸增加。另一方面：

> 顧旅是土者，華人實居八九，近年來名彥勝流翩然蒞至，裙屐清游，
> 壺觴雅集，二、三朋好結文酒之會者，未嘗無之。即其間習貿易而隱
> 市廛者，或多風雅高材，⋯⋯如是，豈可讓西人專美於前哉？〔註105〕

王韜認為，在1880年代的香港，已有不少文采風流之士到此，詩酒會友，即便是經商者亦不乏風雅之人，不讓西方人專美於前，加上東華醫院的設立，與華人紳商們創辦學校講堂，都為香港風俗改變進行潛移默化，〔註106〕在這種基礎上，促成了香海藏書樓的籌建：

> 而馮君、伍君猶以文教未備為憂，慨然思有以振興之。謂港中儲積

　　　界》（香港：香港教育圖書公司，2000），頁429。
〔註102〕（清）王韜，《弢園文錄外編》卷八，頁604。
〔註103〕（清）王韜，《弢園文錄外編》卷八，頁604。
〔註104〕（清）王韜，《弢園文錄外編》卷八，頁605。
〔註105〕（清）王韜，《弢園文錄外編》卷八，頁605。
〔註106〕（清）王韜，《弢園文錄外編》卷八，頁605。

> 富饒，獨書籍闕如，不第異方來游者無以備諮訪而資考覽，不足為
> 我黨光，即我儕亦無以為觀摩之助。亟欲糾集近局，賃樓儲書，以
> 開港中文獻之先聲。特來索一言於不佞。不佞作而歎曰，善矣哉！
> 馮、伍二君之為斯舉也。此向者所未有，而有之於今日者也，當必
> 有素心同志之人，以先後贊襄於其間。〔註107〕

馮明珊與伍廷芳認為香港各種積儲俱備，惟缺乏書籍，為進一步深化文教環
境，故欲籌建香海藏書樓，並邀請王韜為之作序；王韜對其善舉極為讚許，且
認為應要有更多有心人協力合作，故欣然同意。最後，對於私人與公共藏書概
念，王韜認為：

> 夫藏書於私家，固不如藏書於公所。私家之書積自一人，公所之書
> 積自眾人。私家之書辛苦積於一人，而其子孫或不能守，每歎聚之
> 艱而散之易，惟能萃於公，則日見其多而無虞其散矣。〔註108〕

若藏書由私人辛苦積累，但若子孫志不在此，則亦散佚而難保守，由公共藏
書，開放眾人閱覽，反而可因經常翻閱而不致散佚。且藏書家雖然競相收藏
珍本書籍，一旦收入書庫中，常加以珍藏而不再出現，最終只在成就藏書廣
博之盛名，還不如公之於眾。〔註109〕最後王韜描述他在歐洲所見圖書館情景：

> 不佞嘗見歐洲各國藏書之庫如林，縹函綠綈幾於連屋充棟，懷鉛槧
> 而入稽考者，几案相接，此學之所以日盛也。將見自有此書樓之設，
> 而港中之媚學好奇者，識充聞博必迥越於疇昔，有可知也。不佞故
> 樂為之序，以告同人。〔註110〕

西方國家因將藏書對大眾開放，才使學術日益興盛，故王韜對馮、伍二人欲仿
效而籌建香海藏書樓樂見其成，並作序以廣傳周知。

（九）《漫遊隨錄》

《漫遊隨錄》一書是王韜離開中國遊歷的遊記，成書於光緒十六年
（1890），〔註111〕在《漫遊隨錄》中有兩篇文章提及香港，分別是〈香海羈

〔註107〕（清）王韜，《弢園文錄外編》卷八，頁605。
〔註108〕（清）王韜，《弢園文錄外編》卷八，頁605。
〔註109〕（清）王韜，《弢園文錄外編》卷八，頁605。
〔註110〕（清）王韜，《弢園文錄外編》卷八，頁605。
〔註111〕雖然較《弢園文錄外編》的出版時間光緒八年（1882）晚，但其中部分有關
　　　　香港記述之時間卻是同治元年初到香港時，故推測這些文字應是整理過去文
　　　　章而來。

蹤〉與〈物外清遊〉。第一篇〈香海羈蹤〉的內容大致上描述了王韜到香港初
期的見聞與感想，故字裡行間同樣透露出悲傷與對香港環境的不適應，部分
文字甚至與前述日記雷同，〔註112〕對港中居民追求利潤而多從商的評價亦
與前述日記所載類似，〔註113〕唯有在物產方面，王韜記述：「港民取給山泉，
清冽可飲。雞豚頗賤，而味遜江浙。魚產鹹水者多腥，生魚多販自廣州，閱
時稍久則味變。」〔註114〕說到底仍是表達飲食習慣上的落差；此外，在介紹
香港地理環境方面，包括上環、中環、下環等地名，及介紹聖保羅書院、英
華書院及大書院（中央書院）等學校，都與〈香港略論〉近似，〔註115〕故基
本上這些見聞與前文已分析過中王韜居港初期之觀察並無二致，故不再重複
論述。

　　相較於上述內容，此篇中王韜提及有關香港女性之記述或才是較為有趣
的觀察，實際上他所記述者多是風月場中女子：

　　　　上環高處為太平山，兩旁屋宇參差如鳳翅，碧窗紅檻，畫棟珠帘，
　　　　皆妓女之所居也。粉白黛綠充物其中，惜皆六尺膚圓，雪光緻緻；
　　　　至於弓彎纖小，百中僅一二，容色亦妍娬參半。〔註116〕

在上環方面的太平山多有風月場所，王韜對其中之女子頗有興趣，觀察之餘亦
不忘品頭論足一番，符合其纏足等傳統審美觀的似乎不多。

　　風月場之外，亦有在港洋人之妾侍：「其有所謂鹹水妹者，多在中環，類
皆西人之外妻，或擁厚資列屋而居。佳者圓資替月，媚眼流波，亦覺別饒風
韻。」〔註117〕香港開埠初期，赴香港發展的洋人常獨身前往，基於心理或生
理的需求尋找當地華人女性為伴侶，這些女性也被稱為「涉外婚婦」。當時在
歐洲人社會華洋婚姻關係不被接受，歐人返國時通常將華人伴侶留在香港，
有可能留下財產或房屋供養其下半生，但亦可能甚麼都沒有；華人社會對歐

〔註112〕如「翌日午後抵香港，山童赭而水汩淺，人民椎魯，語言殊儦，乍至幾不可
　　　　耐。……既夕，挑燈做家書。隔牆忽有曳胡琴唱歌者，響可遏雲。異方之樂，
　　　　祇令人悲。」參見（清）王韜，《漫遊隨錄》（北京：社會科學文獻出版社，
　　　　2007），頁36。
〔註113〕「粵人本以行賈居奇為尚，錐刀之徒，逐利而至，故貿易殊廣。」參見（清）
　　　　王韜，《漫遊隨錄》，頁36。
〔註114〕（清）王韜，《漫遊隨錄》，頁36～37。
〔註115〕（清）王韜，《漫遊隨錄》，頁37。
〔註116〕（清）王韜，《漫遊隨錄》，頁37。
〔註117〕（清）王韜，《漫遊隨錄》，頁37。

洲人亦有偏見，故歐洲人的女性華人伴侶常不再被家族接納，其自身與生下之混血兒子女，在香港自成一種族群，具有其獨特的身分認同。〔註118〕除了華人女子外，亦有不少日籍女子遠渡重洋來香港，在風月場所執業，或成為洋人妾侍，在1868年日本解除航渡海外禁令後或已出現，1880年代此種現象大幅增加。〔註119〕據《明治時期香港的日本人》日本駐港領事觀察紀錄中提到，1880年代香港有不少日本女性當洋人與華人妾侍，在中環士丹利街亦有日本人經營之特種場所，〔註120〕或亦包含在彼時王韜所觀察到之「鹹水妹」中？

在文末，王韜似又將時間拉到出版《漫遊隨錄》的時間點，將當時的香港與他初到時之觀察相比較，他認為：

> 港中近日風氣一變，亦尚奢華。余初至時，為經濟者多著短後衣，天寒外服亦僅大布。婦女不務妝飾，妝多以布素應客；所謂金翠珠玉借以作點綴者，僅一二而已，嗣後日漸富侈。自創設東華醫院以來，董事於每年春首必行團拜禮，朝珠蟒服，競耀頭銜，冠裳蹌蹌，一時稱盛，而往時樸素之風渺矣。熱鬧場中，一席之費，多至數十金，燈火通宵，笙歌徹夜，繁華幾過於珠江，此亦時會使然歟！〔註121〕

王韜提到東華醫院新春團拜時，董事們「朝珠蟒服，競耀頭銜」，其實隱含著當時做為香港社會領袖的富商們，處在中英兩國間的獨特生存之道。他們一邊取代了仕紳的社會功能，成為華人與香港殖民政府的溝通橋樑，另一邊則通過捐官、賑濟的方式與清廷建立關係，在中、英政府間取得平衡，充分展現從商者交際手腕靈活的特質，而身穿清制官服，正是他們通過捐官與清廷建立關係的證明。另一方面，從華人的服飾由簡樸到漸尚華麗，物質消費轉趨奢侈來看，呈現出香港商業貿易地位逐漸提升的一種表徵，因為商貿收入的增加，才使華商以及受其影響、與其生活相關的其他華人生活逐漸改善，繁華甚至已有凌駕廣州之勢。

第二篇則為〈物外清遊〉，無從得知撰寫時間，但從內文與〈香港略論〉

〔註118〕 施其樂（Carl Smith）著，宋鴻耀譯，《歷史的覺醒：香港社會史論》（香港：香港教育圖書公司，1999），頁3～21。
〔註119〕 陳湛頤，〈香港早年的日本娼妓〉，《日本與亞洲華人社會：歷史文化篇》（香港：商務印書館，1999），頁133～134。
〔註120〕 梁英杰、高翔、樊敏麗譯，《明治時期香港的日本人》，頁358。
〔註121〕 （清）王韜，《漫遊隨錄》，頁37。

頗多內容相近，大概可推測為差不多時期寫成。王韜此文的主題在描寫香港夏日遊憩休閒的見聞。文首提到，他居港之後多數時間都閉門讀書，只有空暇時與友人出遊，如有博物院，「中藏西國書籍甚夥，許人入內翻閱。輿地之外，如人體、機器，無不有圖，纖毫畢具。院中鳥獸蟲魚、草木花卉，神采生新，製造之妙，殆未曾有。」〔註122〕收藏圖書與標本機器等各種展品，博物院旁為觀劇所，「西人于此演劇奏樂伎，大抵搬運之術居多，神妙變化，奇幻不可思議。」〔註123〕除了表演歌劇外，亦有魔術表演。

　　文中再次提到聖保羅書院等三所學校，在聖保羅書院一帶：「修竹蕭疏，叢樹陰翳，細草碧莎，景頗清寂。每至夕陽將下，散步其間，清風徐來，爽我襟袖，輒為之徘徊不忍去。」〔註124〕王韜似乎對該處景色極為喜愛，用了文字細緻描繪置身其中清雅之感。中環則又有不同氣象：「中環房舍尤精，多峻宇雕牆，飛甍畫棟。所設闤闠，多絕大貿易，衢路亦開廣，故不若上環之甚囂塵上。近臨水濱，有自鳴鐘甚巨，聲聞十許里外。」〔註125〕中環做為香港地區的政經中心，都市風格更雄偉開闊，亦不如上環之噪雜擁擠，而自鳴鐘應即為前一章中張德彝所記位於皇后大道中與畢打街交界之鐘樓。

　　港島西面有博胡林（薄扶林），洋人多建避暑別墅在此，常植有樹叢繁花，並在庭院設有噴泉，在屋內避暑：

> 室內湘帘棐几，玉碗晶杯，入坐其中，幾忘盛夏，不必雪藕調冰，浮瓜沉李也。理君於課經餘閒，時招余往，作竟日流連。一榻臨風，涼飆颯至，把卷長吟，襟懷閒曠，余謂此樂雖神仙不啻也。理君不敢獨享，必欲分餉，真愛我哉！〔註126〕

可知理雅各在此薄扶林應有寓所，並常邀王韜前往做客，對王韜來說在此避暑遊憩，其樂如神仙。鄰近此處有香港政府建造的首座蓄水設施薄扶林水塘，供給市民用水，並有專人駐守以防污染水源。〔註127〕

　　在薄扶林的西人別墅樣式各異，但王韜認為其共通點是「雉堞周遭，層台軒敞，隱然若防敵國。」〔註128〕在日常居中也隱含為作戰防守準備的用意，

〔註122〕　（清）王韜，《漫遊隨錄》，頁39。
〔註123〕　（清）王韜，《漫遊隨錄》，頁39。
〔註124〕　（清）王韜，《漫遊隨錄》，頁41。
〔註125〕　（清）王韜，《漫遊隨錄》，頁41。
〔註126〕　（清）王韜，《漫遊隨錄》，頁41。
〔註127〕　（清）王韜，《漫遊隨錄》，頁41。
〔註128〕　（清）王韜，《漫遊隨錄》，頁41。

這些別墅或位在山腰或山脊，此時香港尚無後世林立的高樓，視野無涯，居高可遠望海港，「亦可擴胸襟而豁眼界矣。」除了西式別墅外，周邊也有日式房舍，或是當時在港的日本領事或商人所住。從別墅區往上則是太平山山頂，駐有專人在此為外海入港船隻升降信號旗，「小屋數椽，窗明几淨，守者所居。戶外高蟲一竿，上懸旗幟。外埠有船至，則一旗飄揚於空中，從下瞻之，瞭然可識。」〔註129〕這也是太平山被稱為「扯旗山」的原因。

最後，王韜又再提到動植物公園，但較〈香港略論〉更為深入：

> 遠客來游此間，必往公壘。公壘廣袤數十畝，雜花異卉，高下參差；惜無亭榭樓台為之點綴，殊遜於中國園囿耳。每日薄暮，峻鳥將落，皓兔鏃升，乘涼這署者翩然而來。霧縠雲裳，蕉衫紈扇，或並肩偶語，或攜手偕行，殊覺於此興復不淺。此亦旅舍之閒情，客居之逸致也。〔註130〕

公園面積廣袤，種植各種花卉，雖王韜認為稍遜中國園林，但待黃昏時分天氣轉涼，結伴在此漫步，亦別具一番閒情逸致。

第二節　潘飛聲記述之香港文化見聞

　　光緒十年（1884年），王韜終於結束在外遊歷的生涯，得以返回故里上海定居，而在王韜之後，又有與他經歷頗有相似之處的潘飛聲前來香港寓居。兩人除了經歷頗為類似外，亦都身具多種不同之身分，故在本章將兩人放在一起討論，頗有一種承先啟後之意味。以下將先對潘氏之家世與生平進行介紹，再對其著作中之香港見聞與文化觀察進行討論。

一、潘飛聲之家世與生平

　　潘飛聲（1858～1934），字公歡，號蘭史，有別屬如老蘭、老劍、說劍詞人等，潘氏除了工於詩詞文學外，亦雅擅丹青與書法，並曾擔任過香港《華字日報》之主筆，為晚清一具有多重身分之文化人。潘氏為廣東番禺人，為廣州十三行同文行之後裔。先祖潘啟（1714～1788），或名潘振承，原為福建同安人，後約於1730年代初期到中期前往廣東從商，曾多次前往小呂宋（菲律賓）貿易，並居留頗長的一段時間，因此熟習西班牙語，之後返回廣州在

〔註129〕（清）王韜，《漫遊隨錄》，頁41。
〔註130〕（清）王韜，《漫遊隨錄》，頁41。

洋行中任職，積聚財富後創辦十三行之一的同文行，曾擔任商總，為當時廣
州巨富之一，在西方文獻中稱其為第一代之 Puankhequa（洋人對其稱呼「潘
啟官」之音譯）。〔註131〕潘啟生有七子，其中五子為潘有原（？～1797），潘
有原生子潘正衡（1787～1830），潘正衡生子潘恕（1810～1865），潘恕有子
潘光瀛（1838～1891），而潘光瀛即為潘飛聲之父，潘飛聲乃潘啟的第五房後
人。〔註132〕

　　潘啟雖從事商業經營，但頗有儒商之作風，除了拒絕販售鴉片外，亦重視
文化事業，如多方捐款資助修建寺院與越華書院等，〔註133〕且其家族後人文
風鼎盛；舉例來說，次子潘有為，繼承其事業成為同文行第二代「潘啟官」的
四子潘有度，五子潘有原，及家族第三代潘正亨、潘正綱及經營同孚行，成為
第三代「潘啟官」的潘正煒，與第五房的潘正衡、潘恕、潘光瀛……等子孫，
皆撰有眾多詩文著作。〔註134〕傳承到潘飛聲時，兼擅詩、詞文學及繪畫，實
乃家族富足之環境與數代風雅之淵源所致，並非偶然。

　　潘飛聲出生於咸豐八年（1858），年少時跟隨李光廷、陳澧、陳璞、陳良
玉等多位廣東地區富有文名之大儒學習，除了學習治學方法之外，潘飛聲日
後擅長之詩詞書畫等長才，也是在此時期便向眾位業師學習而養成。潘氏年
少時便才名遠播，時人稱其「未弱冠，才名籍甚」，〔註135〕但即便有才，潘飛
聲有志於仕途，卻科考屢屢受挫，始終未能出仕。〔註136〕

　　因才名遠播，潘飛聲在1887年受德國東方學院之聘，前往德國任教，當
時與其一同前往的則是來自滿州之桂竹君。〔註137〕潘氏在德國期間之行蹤，
也可從隨使前往德國的張德彝在著作《五述奇》中側面的發現，如：

　　（光緒十三年十月）二十三日丙午，雨。巳初有德國東方大學院之
　　華文教習桂竹君林、潘蘭史飛聲來拜；二君係前於六月初間，經德
　　國駐華公使巴蘭德特邀同其參贊官阿恩德，前於八月初旬到此者，

〔註131〕潘剛兒、黃啟臣、陳國棟編著，《廣州十三行之一：潘同文（孚）行》（廣州：
　　　　華南理工大學出版社，2006），頁2～3、12～14。
〔註132〕潘剛兒、黃啟臣、陳國棟編著，《廣州十三行之一：潘同文（孚）行》，頁32。
〔註133〕潘剛兒、黃啟臣、陳國棟編著，《廣州十三行之一：潘同文（孚）行》，頁27。
〔註134〕潘剛兒、黃啟臣、陳國棟編著，《廣州十三行之一：潘同文（孚）行》，頁33。
〔註135〕程中山主編，《香港文學大系》舊體文學卷（香港：香港商務印書館，2014），
　　　　頁136。
〔註136〕彭智文，《潘飛聲詞研究》，頁24～27。
〔註137〕彭智文，《潘飛聲詞研究》，頁31。

言定每月束修三百馬克，房屋自賃，飲食自備，每日酉刻入館教課
一點鐘，按其彼此所立之合同內稱，每月束修馬克三百圓。〔註138〕
潘飛聲在德國的住宿飲食等生活必須自理，每天傍晚五點至六點教授中文一
個小時，而薪俸則為每月三百馬克。在德國期間，潘飛聲除了教授中文外，
也觀察德國之軍事政治制度，將之與晚清時勢對比撰寫政論，〔註139〕並遊歷
德國各地勝景，留下不少吟詠之詩詞；在 1889 年他則參與了日本人井上哲
次郎（1856～1944）發起之興亞會聚會，當時一同參加者除了同在德國的印
度代表杜魯瓦及暹羅使節袁森等人外，中國外交官員張德彝等人也受邀參
加，潘飛聲還為此撰寫一篇〈興亞會序〉，表達團結亞洲各國尋求富強，以與
歐洲各國抗衡之想法。〔註140〕

1890 年，潘飛聲與德國東方學院之合約到期，於該年農曆七月啟程返國，
張德彝在《五述奇》中紀錄了為潘飛聲等人餞行的情況：

（光緒十六年六月）二十八日丙寅，晴，辰正（8:00）偕諸同人著蟒
袍補褂，隨星使向東恭拜聖牌，行三跪九叩禮；酉正（18:00）公宴，
順為潘、桂二君餞行，一切食物皆張小軒買辦，屆時龍蝦未到，因
而小軒離座馳往催取，乃小軒未回而龍蝦早送到矣。〔註141〕

乘著使館公宴的機會，潘飛聲與桂竹君受邀前往使館赴宴，以使館之名義順道
為其餞行。到了七月初四，張德彝又私下約潘飛聲等人用餐為其餞行：「初四
日壬申，晴，熱如昨，午初（11:00），約潘蘭史、桂竹君乘車赴桂呢格蕾哉街
第二十一號，阿斯喀呢晒店中早餐，為之餞行，歡飲暢談，申刻（15:00）始
散。」〔註142〕到七月初八，潘飛聲等人前往使館辭行：「初八日丙子，晴，冷
如昨，早潘、桂二君前來使館辭行。」〔註143〕不難發現，擔任華文教習的潘
飛聲等人，及在駐外使館任職的張德彝，往還頻繁熱絡，或是同屬身在異國他
鄉的中國人，使彼此情誼更為緊密。

返回故鄉後，到光緒二十年（1894）冬之前，潘飛聲皆居於故鄉廣東，
編纂著述，撰寫詩文，期間雖一度在光緒十七年（1891）獲保舉出任國子監

〔註138〕（清）張德彝，《五述奇》，《中國基本古籍資料庫》，頁 729。
〔註139〕彭智文，《潘飛聲詞研究》，頁 40。
〔註140〕（清）張德彝，《五述奇》，《中國基本古籍資料庫》，頁 923。
〔註141〕（清）張德彝，《五述奇》，《中國基本古籍資料庫》，頁 923。
〔註142〕（清）張德彝，《五述奇》，《中國基本古籍資料庫》，頁 1021。
〔註143〕（清）張德彝，《五述奇》，《中國基本古籍資料庫》，頁 1021。

典籍；同年其父潘光瀛去世，因丁憂而不就。〔註144〕1894年，潘飛聲應《華字日報》之邀，前往香港擔任該報主筆。在潘氏詩集著作《香海集》書末有其在港友人梁洎所撰〈《香海集》跋〉一文，大致提到此事始末：

> 丁亥（1887年）春，旅食香海。香海故繁盛區，黃塵高於馬首，居是邦者多富商巨賈，貿遷而外，祇可事微逐、醉花酒，而欲於軟紅十丈中求所謂騷人畸士者，杳不可得。會先生自海外歸，方閉戶著書，研求經濟有用之學，而港中華字報館主復以禮羅致，乞主筆政。先生欣然從之，不卑於小就。蓋泰西報館主筆一席，非通儒碩學未敢就厥職。今者天下多故，誠須通達時事、博識五洲為急務，崇論宏議，非先生莫屬也。〔註145〕

寓居香江期間，潘飛聲以《華字日報》社論針貶時政，主張變法改革，並與康有為等維新派有所往來，〔註146〕如遇與香港華人相關事務時，更是極力為華人發聲爭取權益，時人稱其「寄寓香港，某報聘為記者，遇涉華人事，力與西政府爭，名著海外。」〔註147〕遇有前往歐美赴任的清帝國外交官員，潘飛聲也會一盡地主之誼，為其接風洗塵，如其著作《老劍文稿》中便有一篇〈送羅穆臣京卿出使英義比三國頌〉，記述其在1897年於香港接待將出任駐英、義、比三國欽差大臣的羅豐祿（1850～1901），文首提到：

> 大清光緒二十三年皇帝特簡羅公穆臣為出使英、義、比三國大臣，公拜命後軺車南下，泊槎香江，旅居閩人與公有桑梓之誼，爰設祖席於花旗酒樓以餞公節旄，隨使諸子亦欣然來會……。〔註148〕

可知潘飛聲因其先祖潘啟出身福建，廣義上來說他與同為閩人的羅豐祿可說是同鄉，故基於桑梓之誼而設宴招待，並撰頌而贈之。此外，他除了與香港及廣東等地之文友交遊唱和外，也常與到訪香港意氣相投之文友如丘逢甲、黃遵憲等有所往來，並留下眾多詩文，其著作《香海集》收錄的便是其寓居香港時的詩作。另一方面，他也積極投身於社會事業中，如1896年曾受邀參加中華

〔註144〕林傳濱，〈潘飛聲年譜〉，《詞學》，2（上海：2013），頁411～412。
〔註145〕程中山主編，《香港文學大系》舊體文學卷，頁136。
〔註146〕羅香林，《香港與中西文化交流》，頁190。
〔註147〕（清）吳仲，《續詩人徵略》卷一，《清代傳記叢刊》第24輯（台北：明文出版社，1985），頁10。
〔註148〕（清）潘飛聲，《老劍文稿》，收錄於《廣州大典》第14輯第19冊（廣州：廣州出版社，2015），頁16。

會館的成立典禮，並為之撰文為記，又或如參與創辦澳門之不纏足會與擔任香港戒鴉片會分會董事，展現其身為知識分子對社會之關懷。〔註149〕

　　光緒三十二年（1906）潘飛聲離開香港前往廣州，隔年前往上海，此後基本上定居於此。返回中國後，潘飛聲仍鍾情於遊覽各地山水，創作詩文，並持續與性情相投之文人墨客往來交遊，並以收藏金石書畫為樂，後於民國二十三年（1934）逝於上海。〔註150〕

二、潘飛聲之香港見聞及文化觀察

　　在潘飛聲較早期之著作中，便已可見對香港初步之印象。如前所述，1887年潘飛聲受聘前往德國東方語言學院任教，在其著作《西海紀行卷》中記載：「光緒十三年丁亥七月，余受德國主聘至伯靈城（一作柏林）講經」，〔註151〕七月十四日抵港，潘飛聲對香港的記述如下：

> 十四日寅刻（3:00）抵港，至德國領事署，翻譯阿（恩德）來拜，兼道奉命來迎意。客邸訪熊湘媚（懸立），為余彈古琴七弦，皆作離聲。港上樓閣，倚山層疊如畫，……惜余悾惚束裝，無暇登覽，不能有詩也。〔註152〕

前往德國途中短暫在香港停留，有德國官方派遣之翻譯前來迎接，因為行程繁忙沒有機會仔細遊覽，只留下對香港建築倚山而建，層疊如畫的印象。

　　後潘飛聲任教期滿，與同往之桂竹君自德返國，在其另一本著作《天外歸槎錄》中記載了回程經過香港的觀察。潘飛聲記述他於光緒十六年（1890）八月二十二日返抵香港，香港友人駕小舟來迎，「余偕竹君上岸至鐙籠洲詣天后元君廟，謝神默祐。」潘氏至鐙籠洲的天后廟拜謝媽祖對海上遠航路途中的庇祐，之後又與眾友人集飲於域多利（Victoria）酒樓，二十四日離港。〔註153〕此處所謂之「鐙籠洲」，應即前述王韜在〈香港略論〉一文中所提到的「登籠」，其主要根據便是荃灣區之離島燈籠洲上並未存有天后廟或相關遺蹟，反而是在港島北岸，已因填海而與陸地連接之舊有的燈籠洲（奇力島），

〔註149〕潘劍芬、潘剛兒，〈潘飛聲在澳門的文化印記〉，《文化雜誌》，89（澳門：2013），頁103～104。

〔註150〕林傳濱，〈潘飛聲年譜〉，《詞學》，2（上海：2013），頁422～453。

〔註151〕（清）潘飛聲，《說劍堂集》收錄於《廣州大典·第十四輯》，頁55。

〔註152〕（清）潘飛聲，《說劍堂集》收錄於《廣州大典·第十四輯》，頁55。

〔註153〕（清）潘飛聲，《說劍堂集》收錄於《廣州大典·第十四輯》，頁71。

與其鄰近之銅鑼灣有一座天后古廟，不難推測此即為潘飛聲等人前往參拜感謝庇佑之「天后元君廟」。在此後潘飛聲返回中國，一直要到 1894 年才再度前赴香港，出任《華字日報》主筆。除了上述前往德國與歸途中經過香港留下的短暫見聞外，潘飛聲對香港的觀察主要呈現在其著作《老劍文稿》中的幾篇文章，以下依時間順序排列呈現，並分析其內容：

（一）〈中華會館落成記〉

在香港經商之西方商人，於 1861 年組成香港總商會（The Hong Kong General Chamber of Commerce），其宗旨為「維護商業利益，蒐集商業情報，排除商業發展的障礙，仲裁會員內部糾紛」，該會領導權長期由怡和、太古等大型洋行主導。因在港洋商勢力龐大，故該會在市政上之意見極受殖民政府重視，具有相當大的影響力。〔註154〕到 1880 年代，香港華商經濟實力已漸趨雄厚，曾受過西方教育，占華人社會極少比例之知識分子，亦已在某種程度上意識到華人必須團結以維護自身利益，故開始向香港殖民政府申請土地與款項興建華商會館，一度遭香港政府憂慮其形成獨立於殖民體制外的華人領導中心，故申請過程歷經波折，在經歷一段時間的籌備及爭取後，終於在 1896 年組建了首個香港華商組織「中華會館」，其宗旨為「保護商利，搜集商情，排難解紛，增進公益」，與香港總商會極為類似，實際上其章程與細則也參考了香港總商會，甚至英文名稱 Chinese Chamber of Commerce 亦可發現多少也對香港總商會有所仿效。〔註155〕中華會館在 1896 年 1 月 17 日落成，可說是彼時香港華人社會一大盛事，在 1896 年 1 月 17 的《華字日報》第三版上便有一則名為〈會館落成〉的報導（原件部分字跡無法辨識之處以□標示）：

> 本港中華會館落成，初三日奠土，恭奉　關聖帝君升座，肆筵設席，
> 濟濟衣冠，凡□同人□官□□行禮門前，高豎龍旗以壯觀瞻，無非
> 國體攸關，各國亦有此體制，乃有西人過而見之，謂本港英屬，不
> □任此龍旗招展也，想諳識禮法之西人必不出此不情之語。〔註156〕

大略可知當日盛況，且有路過的西方人看見中華會館豎立龍旗，認為香港乃英國殖民地，應將龍旗撤下，撰寫此篇報導者則認為該西人不諳禮法。

〔註154〕余繩武、劉存寬主編，《十九世紀的香港》，頁 365。
〔註155〕王庚武主編，《香港史新編》上冊，頁 180；余繩武、劉存寬主編，《十九世紀的香港》，頁 418。
〔註156〕〈會館落成〉，《華字日報》（香港），1896 年 1 月 17 日，第三版。

中華會館成立之時，潘飛聲正於《華字日報》擔任主筆，因上述報導撰寫
者未具名，故無法斷定是否出自其手筆。但他擔任當時重要中文報刊之主筆，
雖非如坐擁萬貫家財並具有領袖地位的一眾華商，其文化人之身分卻也使他
得以如王韜般，成為被香港華人社會重視的頭面人物，故適逢中華會館落成，
潘氏亦受託為之撰文為記，此篇文稿便是〈中華會館落成記〉，後收錄於潘飛
聲之《老劍文稿》中。通過此文之記述，可比《華字日報》上之報導更詳細的
觀察到中華會館成立當日的盛況：

> 港中華商薈萃，貿易繁盛，向未設有會館，光緒二十一年乙未十二月
> 始落成，初三日奠土，是日紳商諸君衣冠雲集，恭詣　關聖帝君神座
> 前行禮，九龍協陳崑山副戎命駕渡海而至，同人即延副戎主祭。〔註157〕

首先除了概略介紹中華會館成立的梗概之外，並記錄了會館成立的時間，在文
中敘述可見當日香港眾多華人紳商聚集一堂，參拜關聖帝君。值得注意的是，
潘飛聲在文中不但仍使用「光緒二十一年十二月初三」的紀年方式，在殖民地
香港成立的中華會館，還邀請了清帝國官員，駐紮在九龍協的副將前來擔任主
祭，其中意涵頗值得玩味。

此處提到之九龍協，與道光二十六年（1846）在九龍興建之九龍寨城有
關。中原歷代王朝在九龍一代設官，早在北宋時期便開始，如宋代在此設有
鹽場，有鹽官管理，元代改設巡檢司管理治安，此制基本上被之後的朝代延
續；〔註158〕到清初康熙時為壓縮明鄭沿海資源，一度實施遷界令，待明鄭滅
亡後復界，重設官富巡檢司，其官署改置於今深圳一帶，管理包括香港島在
內之區域。〔註159〕清朝嘉慶年間，為對付此地猖獗之海盜，在九龍灣設置砲
台，因此地砲台在鴉片戰爭中發揮作用，故在香港島被割讓後，該砲台因可
牽制維多利亞港航運的功能而備受重視；道光二十三年（1843）在此設九龍
巡檢司，其職能為管理治安；後於道光二十六年（1846）為加強防衛而有九
龍寨城之興建，駐紮於九龍之大鵬協駐軍副將亦設公署在寨城中，〔註160〕這
便是潘飛聲文中所提到的「九龍協副將」。

〔註157〕（清）潘飛聲，《老劍文稿》，收錄於《廣州大典》第14輯第19冊，頁10。
〔註158〕高添強，〈二十世紀前九龍城地區史略〉，《香港地區史研究之一：九龍城》（香港：三聯書店，2001），頁48～53。
〔註159〕趙雨樂，《近代南來文人的香港印象與國族意識》，頁44。
〔註160〕高添強，〈二十世紀前九龍城地區史略〉，《香港地區史研究之一：九龍城》，頁55～59。

中華會館成立，為何卻邀請一介武職官員前來擔任主祭？以清朝綠營兵制而言，由高至低大致分為標、協、營、汛四個編制，其中第二級之「協」由副將職掌；〔註161〕駐紮在九龍之大鵬協屬廣東提督管轄，下轄兩營兵馬，管轄範圍亦涵蓋至割讓前之香港島，其主官便是九龍協副將，乃從二品官員，而同在此辦公的九龍巡檢司卻只是從九品的小官，且中華會館成立正值香港島與九龍半島已割讓，但新界尚未租借的時間點，則九龍寨城乃是最前線防衛性質的軍事要塞，九龍協副將實際上應屬主持此地事務的最高長官，〔註162〕這或許也是華商們邀請他前來的原因。

開幕儀式場面極為盛大，如潘飛聲所記：

華堂既敞，酒醴備陳，樂三奏為迎神曲，三獻禮皆有肅穆之容，神之格斯如在其上，下陪祭諸君以次拜，階下趨蹌，左右恭敬以將曲譜送神，繼之團拜，諸君安和愉悅，揖讓從容，一堂之內其氣雍雍焉。至夜，張筵宴以樂之，歌頌辭以祝之，酒壺畢傾，酬酢悉洽，是日之會為極盛矣。〔註163〕

不但祭神之牲禮、拜祭之儀禮及迎神曲等兼備，氣氛肅穆莊重，且一眾華人紳商也一堂和氣，紛紛揖讓為禮；活動進行到晚間，備齊酒筵，觥籌交錯之間賓主盡歡。而接下來潘飛聲則對中華會館地理位置進行描述：

館址據山之崇阜，搆堂三楹紆迴以上，其地爽塏，距遠市廛，九龍諸峰列於堂下，海澄若鏡，晃耀南榮，具山海之奇觀，洵巨靈之鴻寶，來游者莫不嘖嘖美之曰：「是地鐘靈蔚秀，形勝佳哉。」〔註164〕

潘飛聲用了不少詞藻來形容中華會館，極言其所在位置的靈秀及地理形勢的優良，至於是否屬實？在受託撰文為記時，理應多所稱許，故在某種程度上，也不能說是言過其實或有溢美之詞。通過文中描述，如負責主祭的九龍協副將陳崑山「命駕渡海而至」，故其地應位於港島，且大致有遠離市區，可以遠望九龍半島諸峰，亦可看見海港等特徵，而從與香港建築史相關之研究著作則可知，其地應位於香港西環，今西營盤醫院道育才書社舊址。〔註165〕

〔註161〕趙雨樂，《近代南來文人的香港印象與國族意識》，頁45。

〔註162〕黃君健，〈試論新界租借前九龍寨城的駐軍與晚清兵制〉，《展拓界址：英治新界早期歷史探索》（香港：中華書局，2010），頁36～40。

〔註163〕（清）潘飛聲，《老劍文稿》，收錄於《廣州大典》第14輯第19冊，頁10。

〔註164〕（清）潘飛聲，《老劍文稿》，收錄於《廣州大典》第14輯第19冊，頁10。

〔註165〕黃棣才，《圖解香港歷史建築，1841～1896》，頁20。

在最後，潘飛聲則闡述了他對於中華會館成立之意義的看法：

> 余維會館之設，所以聯鄉誼而通商情也，港中商務日興，吾華旅其
> 地者亦日見其眾，整頓商務　國家之關繫重焉，然非設館以聯絡之，
> 必有勢分懸殊，扞格相窒者，今諸君鼎力以成此舉，其維持商務即
> 有裨於國家也。……余觀是會之禮容，而知諸君之成全商務大矣，
> 因樂為之記。〔註166〕

他認為中華會館設立的目的，是因為香港商務日漸繁榮，香港華商數量也日
增，而商務與國家之發展有密切聯繫，但華商間彼此競爭，必有牴觸爭執，反
而影響商務發展，開設中華會館正可以使華商聯絡同鄉情感，互通商業情報，
進而調停化解彼此的競爭與衝突，他也期許一眾華人紳商能團結以使商務蓬
勃發展。

但香港中華會館實際上的運作情況，卻與潘飛聲的期待頗有落差，或許
與當時華商開始凝聚的民族概念尚不足，反而較重視各行會內之關係，導致
無法合作，建立後不久便停止活動。〔註167〕但通過這篇中華會館成立的記
述，仍呈現出一些當時香港華人紳商的特點：首先，華人紳商們出席此種重
要社交場合，不論是肅穆的氣氛、備齊的禮樂等，皆像足了傳統仕紳的作派，
展現出他們不但已在香港這個商業移民社會的實際社會功能上取代仕紳，更
進一步在行為舉止上，也要與傳統價值觀中對仕紳等社會領袖固定的形象趨
於一致，以達到名實相符的目標；其次，非常特別的是，不論在《華字日報》
的報導或是潘飛聲的記述中，皆未觀察到有香港殖民政府官員出席這場盛
會，反而是邀請最鄰近港九，來自於九龍寨城的清廷官員前來主祭。這與東
華醫院成立時邀請港督出席，以象徵得到殖民地政府官方認可其合法性的狀
況頗有相異之處，其原因雖未明言，但或許名稱上便扣緊著「中華」二字的
中華會館，與東華醫院相比，更具有民族象徵與政治性，故期望能由清政府
官員主祭，以象徵得到朝廷的承認。甚至對照晚清時清廷認識到海外華僑的
重要性，一改過去將海外僑民視為「自棄化外之人」的漠不關心，在開始正
式派遣駐外使節後，推行一系列拉攏華僑，並借助其經濟實力賑濟災荒，或
挹注國內投資，以與西方國家進行商戰的背景，〔註168〕更可以發現在香港創

〔註166〕（清）潘飛聲，《老劍文稿》，收錄於《廣州大典》第14輯第19冊，頁10。
〔註167〕王賡武主編，《香港史新編》，上冊，頁180。
〔註168〕郭人豪，《晚清商務改革與海外華商關係之研究》（臺南：國立成功大學歷史
　　　　研究所碩士論文，1989），頁102～113、153～159。

立中華會館此一事件，似乎並不單純，隱約顯露出清政府在背後主導的影子。

（二）〈游大潭篤記〉

〈游大潭篤記〉是《老劍文稿》中第二篇記載與香港相關見聞的文章，乍看之下此篇文章是一篇遊記，實際卻隱含潘飛聲寓居在香港，藉著對香港的觀察而抒發去國懷鄉的感慨與省思。此處所謂的「大潭篤」，意指1888年建成的大潭水塘，之所以有水塘的出現，其功能乃用於蓄水以供香港市民使用。香港天然上缺乏湖泊或江河等大型的淡水資源，在開埠前至開埠初期，居民的用水使用天然的溪流，或是鑿取水井尚可應付。在香港開始都市化而人口迅速擴張後，民生用水需求日漸緊迫，為了解決用水不足的問題，香港殖民政府首先在1863至1877年間，在港島西南利用地勢之便建立了首座「博扶林水塘」，但用水問題未能完全解決，所以才在1888年完成第二座「大潭水塘」的首期工程。〔註169〕本篇遊記便是潘飛聲記述其前往大潭水塘周邊遊憩的內容。

在釐清本文的性質與所記錄的地點之後，進一步需掌握的是記述的時間。在文中其實並未表露出明確的年份及月份，但從文章的首段文字中可見端倪：

> 泊舟香港，望扯旗山，壘然一大嶺耳。余嘗坐輪車蹴山巔，見十數峰由海浮來，環擁屏蔽，其勢甚雄，乃知幽靈所鍾，必有深邃秀峭蘊其中，不可以海隅荒服限也。寓海四年，客言大潭之美，未嘗一遊。適何子星儔屢促踐約，仲春二十六日，欣然從之。〔註170〕

開篇提到的「扯旗山」，乃港島太平山的別稱，而「輪車」在則應指人力車，潘飛聲曾乘車上山，目睹香港山海形勢之雄壯，方知山川之靈秀不因其地處偏遠而有所限制，在此處潘飛聲提到「寓海四年」，潘氏乃1894年來到香港《華字日報》任職，故大略可推測此文記述的年份為1898年。另一方面，他提到友人多番邀約往遊大潭，終在「仲春二十六日」踐約，仲春一般指稱農曆二月，故可概略得知此文所載時間為1898年的農曆二月二十六日左右。

潘飛聲接著開始描述與友人前往大潭途中的經過：

> 春風輕妍，客已換白袷，茶具酒榼，委之兩童。入山行十四五里，客足稍憊，尋鄉人茅屋，叩以潭路，並煮泉瀹茗，酬以值，不受。鄉落純風，有足感者。再踰數里，從山罅遙見潭色，碧若蔚藍，隔

〔註169〕陳鏸勳著，莫世祥整理《香港雜記（外一種）》，頁60。

〔註170〕（清）潘飛聲，《老劍文稿》，收錄於《廣州大典》第14輯第19冊，頁46。

松林，聞水聲，如鳴環珮鏗然，已滌塵累。〔註171〕

時值春日，同行者皆換上休閒之便裝，由兩名童子攜帶茶酒一同入山，途中找尋住在山中的當地人問路，最終抵達大潭水塘。潘飛聲對水塘的景觀進行描述：

> 潭廣數十丈，曲折繞十數山。英人於其東駕石橋，護以鐵欄。度橋
> 至廣處，席地圍坐，或啜茗，或漉酒，天風泠泠，如在雲際，瞭望
> 延賞，四山蒼然，潭之盡處以太曲，不能窮也。〔註172〕

潘飛聲等人在水塘上架設的石橋席地而坐，置身在青山碧水間品茗飲酒，頗具風雅之趣，而他記述了對水塘的觀察與了解：

> 橋上有石房，內置汽機，汲運此水供寓港人食。觀水之來源，雖涓
> 涓不息，僅數寸小坑耳。而諸蓄之，可澄為大潭；灌導之，可飲二
> 十二萬人。微西人之抉鑿不至此，微汽機之巧捷亦不至此，乃嘆天
> 之生材，地之成區，必有可用以養人。不攷察地利，不經營人力，
> 膏腴沃野，亦將廢棄終古矣。〔註173〕

通過潘氏的觀察，可以發現到此時香港已開始使用抽水馬達等機具來運送民生用水，而大潭水塘的供水量則約可供 22 萬香港人使用。潘飛聲認為，以香港缺乏水資源的情況下，要達成如此的成就，香港殖民政府在此進行的水壩工程，以及抽水馬達等機具設計的精巧，皆是缺一不可的必要條件。但資源天然各地皆存在，可用以給養人群，真正的關鍵還是在如何將適合的辦法或器械，放置在最適宜的地點，以達到最大的效益；否則即便擁有肥沃豐腴的廣大土地，如果不去掌握了解環境資源的情況，也不想方設法如何以人力將資源最大限度的利用，最終還是被廢棄而無法發展。

而要如何「攷察地利、經營人力」？潘飛聲對大潭水塘的觀察，表露出他對英國殖民者在這方面施政的肯定：

> 英人初割香港通商，度大洋之水鹹鹵不可食，乃搜澤、度泉、淳注
> 為潭，斯港遂為東來貿易第一繁盛之地，將荒山一片化為金銀樓閣，
> 佳麗綺羅，此潭所繫不甚大歟？龔定菴〈西域置行省議〉言所費極
> 厚，所建極繁，所收之效在二十年後，利且萬倍。西人開墾闢島，

〔註171〕（清）潘飛聲，《老劍文稿》，收錄於《廣州大典》第 14 輯第 19 冊，頁 46。
〔註172〕（清）潘飛聲，《老劍文稿》，收錄於《廣州大典》第 14 輯第 19 冊，頁 46。
〔註173〕（清）潘飛聲，《老劍文稿》，收錄於《廣州大典》第 14 輯第 19 冊，頁 46。

　　皆不惜巨費，芟治之正與定菴之言吻合也。〔註174〕

英國人取得香港後，以香港缺乏天然淡水資源，想盡各種辦法建成可供食水的
水潭，而香港從一片荒山在英國人的努力經營下，終成為首屈一指的國際貿易
港，潘飛聲認為這與大潭水塘建成，可以供應市民用水有莫大之關係。對此他
還引用清中葉著名思想家及文學家龔自珍（1792～1841）〈西域置行省議〉一文
的內容進行論述。〔註175〕龔自珍是在嘉慶二十五年（1820）時寫成〈西域置行
省議〉，在當時提出此種經營新疆的建議，可說是一種頗為超前的概念，其建議
包括在新疆建省，重新劃分行政階層，遷徙京師中無業者與直隸、山東、河南、
陝西、甘肅等地之民往新疆，除了提供住處外，並發給牛隻、種子、農具等資
源，在新疆施行屯田⋯⋯等措施，在文末龔自珍提到：「以上各議，現在所費極
厚，所建極繁，所更張極大，所收之效在二十年以後，利且萬倍。」〔註176〕正
如龔自珍所說，在新疆建省並著意經營，所需費用極鉅，所提出的建設施政籍
為繁雜，改變範圍極大，短期內將無法看到成效，但二十年後可以獲得萬倍的
利益。潘飛聲基本上摘錄了龔自珍的原文，藉此論述英國人不惜耗費巨資投入
對香港的建設，正是因為他們追求的是長遠的發展，這與龔自珍建設新疆的建
議不謀而合。就潘飛聲所見，反觀晚清中國的施政，似乎卻缺乏此種遠見：

　　　抑余航海薩克遜，鳥啼徑，觀飛瀑；登瑞士湖雪山，探流泉，馳域
　　　外，奇詭大觀，山水清泠，猶懸心目，以視斯潭，一勺何足異？而
　　　復流連不去懷者，以港去吾鄉里一日程，遊覽所至，渺若荒陬，若
　　　不勝去國離鄉之感。盱衡今昔，憂從中來，殆王伯輿所謂「對此茫
　　　茫，百端交集」者耶？〔註177〕

〔註174〕　（清）潘飛聲，《老劍文稿》，收錄於《廣州大典》第14輯第19冊，頁46。
〔註175〕　龔自珍（1792～1841），杭州人，清中葉之學者、詩人及政治家。因早慧且有
　　　　　外祖父段玉裁等眾多學者提攜，學業有成。其興趣廣泛，詩文、金石、版本目
　　　　　錄、史籍等皆有涉獵。對清中葉問題日益嚴重的政治情勢已有察覺，曾提出改
　　　　　革建議，惟官運始終不佳，雖曾考中進士，卻因字跡不工整而無法入選翰林，
　　　　　不重才能而重字跡，使其深感不滿，後此情緒反映在其對當權者之批判文章上，
　　　　　故為權貴所忌。曾向往廣州查辦夷務的林則徐提出管制貿易並加強中國武裝的
　　　　　論點，但未被接受。道光十九年（1839）離京，道光二十一年（1841）逝於江
　　　　　蘇。參見A. W.恆慕義主編；中國人民大學清史研究所《清代名人傳略》翻譯
　　　　　組譯，《清代名人傳略》，頁497～501。
〔註176〕　（清）龔自珍，《定盦全集》文集卷中，《中國基本古籍庫》（合肥：黃山書社，
　　　　　2009），頁21～26。
〔註177〕　（清）潘飛聲，《老劍文稿》，收錄於《廣州大典》第14輯第19冊，頁46。

潘飛聲自述過去前往德國、瑞士等歐洲國家，見識到飛瀑、雪山等域外勝景，其景色之雄奇壯麗，皆遠勝香港小小的一座大潭水塘，但正是這個距離他故鄉廣東不過一日路程的水塘，反而使他百感交集，產生茫然憂懼的複雜情緒。他一方面稱許英國人在香港殖民施政的週全與遠見，另一方面則隱隱然對與之相較頗有不懂得考察地利、經營人力，只重視短期利益等弱點之清政府有所批判。

最後，眾人盡興而返，潘飛聲略述同遊者身分，以及稍微對大潭水塘名稱典故的考據：

> 薄日，平海涼吹動林，興盡而返。同游任穉翹、羅星樓、蕭湛庭、
> 郭叔任共八人，惟顏恆甫以事未至，諸子囑余為記，以篤名大潭者，
> 本粵諺猶言底也。《水經注》，「篤」可作地名。〔註178〕

正如同開頭所述，本篇看似是一篇遊記體例的散文，全部閱讀完後，卻能明顯發現到藏在字裡行間的憂國之思，以潘飛聲曾遊歷歐洲數年，而近距離認識西方文化的經驗，其觀察可說更為深刻，從一座香港的蓄水工程觀照到一個政府制訂政策是否具有遠見等利弊，以小見大，並隱含著對時局的反思與勸誠，其意涵可謂深遠；但從他將香港視為「海隅荒服」的形容，仍不免或多或少顯露出類同於王韜避居香港早期時，所具有以帝國中心觀點視香港為邊陲的想法。

第三節　王、潘二人著作中香港見聞之文本分析

柯文（Paul A. Cohen）曾在《在傳統與現代性之間——王韜與晚清改革》一書中，將王韜定義為「條約口岸型知識分子」。他用這個名詞來形容王韜及與他相似的一群知識分子，因為西方勢力侵入中國，迫使清帝國接受條約體系，開放通商口岸的契機，無法通過主流科舉方式取得社會地位的這些知識分子，在口岸得到就業機會，他們被形容成不尋常而古怪，卻頗富才華的一群人；當時他們進行的工作，如協助西方傳教士翻譯，雖然在中國邁向現代化中有所幫助，且在日後會被證明乃極為重要的一環，但在當時他們還是被讀書人就是要科考出仕的主流思想所排斥，且暫時對中國發展之主流尚無影響。〔註179〕

〔註178〕（清）潘飛聲，《老劍文稿》，收錄於《廣州大典》第14輯第19冊，頁46～47。
〔註179〕柯文（Paul A. Cohen）著，雷頤、羅檢秋譯，《在傳統與現代性之間——王韜與晚清改革》，頁17～18。

科舉失利而前往上海協助傳教士工作的王韜，無疑是這種知識分子的典型。但潘飛聲是否亦屬於「條約口岸型知識分子」的一員？

　　從經歷上，他與王韜有相似之處，同樣是富有才學但科舉失利，但他並非是前往條約口岸找工作謀生，而是他原本便出身在條約口岸廣州的世家大族，且其家族還是以從事洋商買賣發家之廣州行商，他雖不像王韜與西方傳教士一起工作，但自幼便長於頻繁與西方人接觸的口岸城市，家族又經營與洋人相關之行業，故可以推測他對西方事物的接觸與認識程度並不亞於王韜。與王韜因避禍而逃往香港一段時間，才又再前往歐洲，潘飛聲相對並沒有急迫之壓力，其自願受邀前往德國教授中文，或也與他早年在廣州便對西方有所認識相關。從嚴格定義上他或許稱不上是「條約口岸型知識分子」，但可以說相當接近。

　　兩人同樣遊歷過歐洲，且王韜協助傳教士翻譯書籍，並撰寫《普法戰記》等介紹西方之書籍，潘飛聲則是前往歐洲教授中文，並將在德國所見之軍政制度翻譯為中文，皆曾從事過推進中西文化交流的事業，並長期客居香港與其多元獨特性接觸，也正是在這些歷程中，他們的思想受到影響漸轉趨於中、西及新、舊之間，則具有此種思想內涵的王韜與潘飛聲，在香港產生了哪些觀察？在記述中可以發現，對於香港政府治理優良之處，他們不吝讚賞。如王韜除了在〈香港略論〉中對香港政府嚴密之政法體系嘆服，也不只一次指出香港由「蕞爾絕島」、「棄土」發展為商業雄鎮，其原因都出於香港政府認真的經營；潘飛聲則在〈遊大潭筆記〉中，以一座蓄水潭著眼，對香港政府不惜成本投入經營，以求都市發展的長遠規劃與眼光投以敬佩之意。同時他們身處異地，也不失知識分子對社會關懷的自許，如王韜便對香港華人地位低下、居住環境惡劣、稅收過高等問題，明確的提出質疑。

　　與上一章中受到造訪時間過短，與行程官方色彩太重等條件侷限的外交使節相比，兩人在香港長期寓居，使他們經歷更長時間並更近距離的觀察，貼近於真實的香港社會。即便如此，他們的觀察，同樣具有侷限性，一方面在對香港的定位上，還是無法擺脫以中原心態將香港視為帝國邊緣的觀點；另一方面，則是因為兩人皆未在學校受過正式，且具有系統的西方教育，對西方文化的認識，大抵是通過自學，以及來自他們自身接觸西方人、西方事物的日常生活經驗。這雖然使思想具有包含了中西方兩種特色的優點，但同時也會因此出現相當然爾，用自我認知的邏輯來解釋所見聞之事物，產生曲解的情況。舉例

來說，王韜在〈悔餘隨筆〉中，將在香港所見西方人群聚跳舞之英文 dance，通過其音譯「單神」，與苗疆跳月及台灣與印尼原住民之舞蹈相附會，認為系出同源，顯然便是因缺乏認識造成的誤解。

此外，在兩人之見聞中也可發現關於香港之西方人及華人社會的不同面相。在西方人方面，王韜曾分別記述過擔任華民政務司的丹拿、初到香港時給予庇護與提供翻譯工作的理雅各，及以對華人親善聞名的第八任港督軒尼詩等幾個較具體的人物，表面上對這三人的描述，王韜都給予及為正面的評價。丹拿在他筆下是為了職務而願意學習中文、瞭解華人民俗，並專負責華人事務，處理華人問題之父母官；理雅各則是他心目中熟習漢學，足可繼承經學道統的「西國儒宗」，且對翻譯中文經典、介紹漢學至西方有深遠貢獻；軒尼詩在他心目中則是深明國際局勢，具外交戰略眼光的英國政府官員，當然必提及的還有其善待華人及減輕刑罰之政策。從文中之脈絡分析，卻可發現王韜與他們是有親疏之分的。理雅各與他的關係應最為親密，除了工作上的合作，王韜在〈物外清遊〉中也提到受邀前往理雅各在博扶林之別墅避暑，並在給理雅各的贈序中，表達他對理雅各的景慕感激。軒尼詩與王韜關係亦屬親近，除了軒尼詩本身對華人同情的政策，博得王韜及華人社會普遍的讚譽外，王韜也曾受軒尼詩安排出任中央書院的中文試題考試官；〔註180〕王韜於 1879 年受邀前往日本訪問，回程時適與同時前往日本訪問的軒尼詩同船，相見甚歡，〔註181〕可知兩人頗為熟識，且交情不淺，則王韜對理雅各與軒尼詩之讚譽，應較符合其本人想法。華民政務司丹拿，似乎是看重王韜文名，方請託范雙南向王韜索贈別之言，雙方未必熟識，則王韜在〈送政務司丹拿返國序〉文末稱對丹拿之評價「弗敢諛，亦弗敢贅」是否為真？對照彼時香港政府對華人明顯歧視之政策，相信已有答案。

在華人社會方面，王韜的見聞中既有一擲萬金面不改色的豪商，卻也有窩居在蜂巢般狹小空間的底層華人，足見當時社會資源分配之不均；在香港政府帶有歧視性的治理政策面前，華人處境都常與洋人有所落差，包括居住區域、房屋樣式、用水方式等，皆華洋有別，在 1870 年代以前，華商即便經濟實力有所提升，也只招來洋商妒忌提防，不令華人參與政治。另一方面，

〔註180〕 林國輝，〈十九世紀末上海文人在香港——王韜的香港羈踪〉，《王韜與近代世界》，頁 426。

〔註181〕 呂文翠，《易代文心：晚清民初的海上文化賡續與新變》（台北：聯經出版社，2016），頁 228。

在香港這個新型態的商業社會，傳統仕紳的社會領袖地位由富商們所頂替，在王韜對東華醫院的記述中可以發現，他們兼負起仕紳所負責的社會救濟責任之餘，也要與中、英政府建立良好關係，既在兩國角力競逐下生存，又可穩固自身社會領袖地位。

而從華人社會領袖們出席重要場合時的細節，也可觀察到華人社會的變遷。王韜與潘飛聲皆寓居香港十餘載，兩人寓居香港的時段卻分屬先後，並未重疊，或因此隨著時間推進，香港華人領袖的想法亦有隨之改變。一般來說，華人領袖們出席正式場合，在相關見聞中可知，往往皆會身穿向清政府捐官而獲得之袍服，以彰顯其身份地位，並會邀請重要嘉賓參加。在 1872 年東華醫院成立，王韜為作序時，當時邀請的乃殖民地具最崇高地位之港督出席，以此顯示獲得殖民地官方之承認；到 1896 年，潘飛聲記述中華會館落成時，除了沒有香港政府官員出席，典禮上懸掛龍旗，甚至還邀請九龍協之清政府官員出席主祭。這種改變的出現，多少都象徵了從 1870 年代至 1890 年代，香港華人領袖民族性逐步的凝聚，以及在身份認同上的微妙變化。

另外，王韜與潘飛聲見聞中必須提出來討論的一個部分，便是其中反映出兩人在具有多元獨特性的香港，獲得異文化衝擊與文化涵化之經驗。在前一章中曾提到，晚清外交官員們對香港見聞的侷限性之一，便是停留在香港時間往往太過短暫，以致觀察內容較為表面。與他們不同，王韜寓居在香港近二十年，潘飛聲亦有十二年左右，因這種長期的寓居，他們所獲得異文化衝擊的影響是持續性的，並在抗拒到逐漸接受的過程中，形成了文化涵化的經驗。所謂異文化的衝擊，具體來說，是一種他們在離鄉背井，置身於香港此相對陌生的環境中，面對不熟悉的文化，使其原有之社會觀及對原有文化與群體的觀點受到衝擊破壞的情形。在王韜方面，按時間前後觀察分析其香港見聞，可以發現心態上明顯的轉變。

以撰寫時間進行排列，則王韜關於香港之見聞順序大致為：

（一）《蘅華館日記》（約 1862 到 1868 初）

（二）〈送政務司丹拿返國序〉（1864）

（三）〈香港略論〉、〈物外清遊〉（1865 前後）

（四）〈送西儒理雅各回國序〉（1867）

（五）〈創建東華醫院序〉（1872）

（六）〈西人漸忌華商〉（1870 年代）

（七）〈記香港總督燕制軍東游〉（1879）

（八）〈徵設香海藏書樓序〉（1883）

（九）〈香海羈蹤〉（出版時間為1890，從文末可知至少為1872年東華醫院創建之後，但篇幅中不少為初到香港時所見）

在《蘅華館日記》初到香港的記述中，因上書太平天國一事暴露，被迫逃往香港，對王韜來說不啻為飛來橫禍，心中怨憤之情一言難盡，在得以暫時棲身於香港後，卻又要面對諸多的不如意。首先，在前述王韜的日記中可以得知，他初到香江所遭遇及來往的人際網絡，包括理雅各在內都是熟習於粵語，對於官話較不擅長，只有少數如黃勝等人兼而有之；王韜初來乍到，對粵語卻幾乎一無所知，這導致他有了「語音侏儸，不能悉辨」、「無人與言」的溝通障礙。

飲食習慣的落差亦造成王韜的困擾，以致產生「飯皆成顆，堅粒哽喉，魚尚留鱗，銳芒螫舌」、「肉初沸以出湯，腥聞撲鼻」、「蔬旋瀝而入饌，生色刺眸」、「雞豚頗賤，而味遜江浙」、「魚產鹹水者多腥，生魚多販自廣州，閱時稍久則味變」等諸多對香港食物的批評；香港濕熱的氣候，「烈日炎風，時多近夏，怒濤暴雨，發則成秋」，同樣讓他不習慣。這種心中情緒與外在環境內外交迫的情境，進一步讓他對香港毫不留情的批評，「山赭石頑，地狹民鄙」、「其俗侏儸，其人猱雜」、「風土瘴惡，人民椎魯」、「香港叢爾絕島，錐刀之徒，逐利而至」、「地不足游，人不足言」，諸多惡評，在他筆下香港彷若窮山惡水之地，這當然與實際情況不符，更多的或是王韜受主觀情緒影響，而對外在環境不適應的放大；另一方面亦可以發現，這種對香港不具任何好感的評價，似乎多少也與前述王韜以一種來自中原王朝核心地帶的視角，視香港為帝國邊陲有關。

在前面曾提到，柯文在其著作中將王韜歸在彼時中國的一種新社會現象：條約口岸知識分子中，因為西方勢力進入中國，在條約體制下出現口岸都市，他們是在這樣的因緣際會下獲得工作。〔註182〕他們從事翻譯等工作，雖被傳統知識分子群體排斥，但仍以該群體的成員自居，並始終希望回歸至主流中。從王韜雖因協助翻譯工作而受洗成為基督教徒，卻在公眾領域中極力掩飾，便可看出這點。〔註183〕在此前提下，王宏志認為，王韜為餬口而勉

〔註182〕 柯文（Paul A. Cohen）著，雷頤、羅檢秋譯，《在傳統與現代性之間——王韜與晚清改革》，頁17～18。

〔註183〕 柯文（Paul A. Cohen）著，雷頤、羅檢秋譯，《在傳統與現代性之間——王韜與晚清改革》，頁21～25。

強受聘於傳教士協助翻譯，在傳統華夷觀念中，是一種被主流邊緣化的處境；在上海時王韜對此便苦悶不已，避居香港後，更以將香港更為邊緣化的貶抑，來降低自認為邊緣性的自卑。〔註184〕柯文也指出，傳統華夷觀念會給予王韜這類與西方人合作者背叛的羞恥感，將香港邊緣化或是多所惡評等行為，實是以民族主義來掩飾其羞恥，並恢復尊嚴的辦法。〔註185〕王韜在避居香港初期記述的見聞，明顯有置身於陌生環境，受到相異文化對原有之價值觀產生破壞與衝擊的情形。

　　此種由內心怨憤情緒與對外在環境不適應結合，所產生對香港的惡評，在何時開始有所轉變？依照前文中對王韜各篇香港見聞的時間排序的推斷，至少在到港兩至三年，即1864年到1865年左右，已可發現王韜對香港的評價出現轉變，也正是〈送政務司丹拿返國序〉與〈香港略論〉兩篇文章問世之時。關於此兩篇文章寫作時間之分析，在前述討論此兩篇文章時已有闡述，雖看似不重要，但其目的是通過確定撰寫之時間順序來觀察王韜心態轉變的時間點。

　　過去研究對此兩篇文章寫作時間的判斷，可以發現大致上有一些問題，其一是未探究時間點，其次為以出版時間來斷定文章寫作時間。就〈送政務司丹拿返國序〉來說，此文通篇皆未提到撰寫時間，過去研究亦未對「政務司丹拿」之身份進行探究，或因之收錄在《弢園文錄外編》中，而以文錄出版時間1883年認為其為後期撰寫，這顯然有待商榷；〔註186〕〈香港略論〉則因有具體提到為居港三年後所寫，故一般認為其撰寫時間為1865年，但還是有部分學者因其刊載在循環日報上，認定其為王韜創辦《循環日報》後才撰寫之作品。〔註187〕如此一來，可能便會造成分析王韜何時對香港心態轉變上的誤區。

〔註184〕王宏志，〈「蕞爾絕島」：王韜的香港論述〉，《歷史的沉重：從香港看中國大陸的香港史論述》，頁224。

〔註185〕柯文（Paul A. Cohen）著，雷頤、羅檢秋譯，《在傳統與現代性之間——王韜與晚清改革》，頁237。

〔註186〕如林國輝在〈十九世紀末上海文人在香港——王韜的香港羈蹤〉一文之註釋中提及〈送政務司丹拿返國序〉。參見林國輝，〈十九世紀末上海文人在香港——王韜的香港羈蹤〉，《王韜與近代世界》，頁431。

〔註187〕如王宏志在〈「蕞爾絕島」：王韜的香港論述〉或林國輝在〈十九世紀末上海文人在香港——王韜的香港羈蹤〉等文中皆有論述，認為〈香港略論〉為王韜自歐洲返港後才寫作。參見王宏志，〈「蕞爾絕島」：王韜的香港論述〉，《歷史的沉重：從香港看中國大陸的香港史論述》，頁220；林國輝，〈十九世紀末上海文人在香港——王韜的香港羈蹤〉，《王韜與近代世界》，頁430。

　　若此兩篇文章為王韜較後期之創作，則意味著王韜對香港語言、飲食、氣候、文化等各方面尖銳的批評，或一直要到自歐洲返港後的 1870 年代才開始轉變，但這顯然與事實不符。對照前述對文章內容的分析，應可推斷至少在 1864 年到 1865 年左右，王韜寓居在香港兩到三年後，便產生由多所惡評，轉而認為香港為「世外桃源」，或「財力之盛，幾甲粵東」的「雄鎮」的改變；在〈送政務司丹拿返國序〉除了對總登記官丹拿學習中文、了解華人風俗及興利除弊等施政給予稱道外，也提到「地之盛衰何常，在人為之耳」，而在〈香港略論〉則指出「前之所謂棄土者，今成雄鎮，洵乎在人為之哉？」顯示他認為香港獲得發展乃事在人為，也反映出他對香港殖民政府的施政開始有所肯定。

　　這並不代表此時他對香港的觀感已完全轉向正面，在〈香港略論〉的論述中便可發現，他指出香港地價高昂、寸土寸金，或已居世界之冠，且對「小如蝸居，密若蜂房」的華人惡劣生活環境多所批判，且他還是認為「居是邦者，率以財雄，每脫略禮文，迂嗤道德」，對香港人缺乏文化的評價猶未改變，且在文首也指出乃因「以香港僻在一隅，記述者罕」，才寫此文「聊以備荒隅掌故云爾」。王韜用「僻在一隅」、「荒隅」來形容香港，亦仍未跳脫中原中心觀點。故與其說此時他對香港評價轉向正面，還不如說他居港經年，已擺脫了初來乍到時內在情緒與外在環境諸多不適應所產生的惡感。在與〈香港略論〉時間相近的〈物外清遊〉一文中，王韜書寫夏日出遊休憩，前往理雅各別墅消暑，黃昏在公園漫步等情景，已頗有悠閒自適之感，亦不復見初到香港時處處帶刺的描述，應可推斷乃經逐漸適應並多所觀察，形成了正反兼具之較為持平的評價。

　　在此時期王韜對香港文化環境仍感大有不足，但通過〈送西儒理雅各回國序〉可以發現，在香港亦有他所高度認可，被他稱為可繼承經學道統的「西國儒宗」理雅各，似乎他對香港的文化環境雖不滿意，但也並不如初始時完全無法接受。1867 年，王韜受理雅各邀請前往歐洲遊歷，1870 年返回香港後，於 1872 年獲選為東華醫院之協理，根據此時他撰寫之〈創建東華醫院序〉，對香港的觀察又有所不同。他自述從歐洲返港後，「頓覺港中氣象迥殊，人士多彬郁謹愿，文字之社，扶輪風雅，宣講格言，化導愚蒙，率皆汲汲然引為己任」，文化涵養的加深，顯然使他對此時香港之評價，與前述「每脫略禮文，迂嗤道德」的情況相比，大有進步。

　　再往後到 1878 年，〈記香港總督燕制軍東游〉一文，除了再次以「雄鎮」稱呼香港，也對素來友善華人社會的港督軒尼詩也多所讚譽。到 1883 年，此

時王韜的評價又為之一變，在〈徵設香海藏書樓序〉中，王韜提到香港「昔為
棄土，今成雄鎮」，貿易繁盛，商賈雲集，故受到重視，殖民政府著意發展文教，
「於是遊觀之地，踵事增華，此外如博物院、藏書庫，亦皆次第建築。」這尚
是就官方政策而言，在華人社會方面，王韜則指出「近年來名彥勝流翩然萃至，
裙屐清游，壺觴雅集，二、三朋好結文酒之會者，未嘗無之。即其間習貿易而
隱市廛者，或多風雅高材……。」此時他筆下的香港，不乏文采風流之士，且
亦有儒商之類隱於市井中，與初到時「風土瘠惡，人民椎魯」的評價已有天壤
之別。從蕞爾孤島之棄土，到英國倚為外府的商業雄鎮，由缺乏文化的窮山惡
水，到文教盛行的世外桃源，王韜從居港初期到離港前這十餘年中對香港觀感
的轉變，當然可說是他在寓居香江期間所觀察到的持續發展；另一方面，其實
也具體呈現了王韜在經歷接觸香港多元獨特性所帶來異文化的衝擊後，從一開
始的抗拒，到持續接觸而逐漸接受並適應的一種「文化涵化」的過程。

　　在潘飛聲方面，其撰寫的〈遊大潭篤記〉一文，表面上是一篇遊記，仔細
品味其內容，卻隱然是一篇披著遊記外皮，但內裡暗藏評論時政意味的文章。
雖然文章前半段皆在敘述香港山水風光，以及與朋友出遊之過程，但同為遊記
文體，與王韜之〈物外清遊〉相比，其中表達的閒適愜意之感卻頗有不如，這
或許是因為後半段對時政的評論才是真正的重點。潘飛聲從介紹一座蓄水潭
之基礎建設，肯定香港殖民政府「攷察地利、經營人力」的作為，認為是香港
政府的施政才將香港發展為「東來貿易第一繁盛之地，將荒山一片化為金銀樓
閣」；見微知著，小小的一座蓄水潭皆如此完備，可知香港政府願意投入成本
尋求發展的遠見，這使曾見識過歐洲奇觀勝景的潘飛聲，亦不禁在香港的區區
一座蓄水池前茫然若失，其背後的原因或許是歐洲天然奇景雖然壯麗，畢竟遠
在千里之外，香港的一座人工蓄水潭卻與中國近在咫尺，且進而聯想到興建此
水潭之香港政府施政的長遠周延，與之相對的清帝國則短視無力，豈能不心生
憂懼？這便是潘飛聲在接觸到香港多元性後所獲得被相異文化衝擊的經驗。

　　反過來說，香港的多元獨特性又是通過何種方式，使王韜與潘飛聲獲得了
異文化衝擊與文化涵化之經驗？或許可以說，在政治環境獨特性的保護傘下，
更多的言論自由給予了他們極大的發揮空間，相較於上一章中所提到，郭嵩燾
因在見聞中提及英國政治制度並不吝讚譽，反而被保守派人士群起攻訐，最後
致使《使西紀程》遭到毀版；王韜與潘飛聲更能在相對自由的情況下通過報刊
對晚清的困局提出建言。而以中西文化交匯與文化輸出的獨特性而言，王韜寓

居香港時，西式教育已初具規模，到潘飛聲時則更頗為普及，故他們雖皆未在香港就讀過官方或教會設立的新式學校，但居港期間與他們交游者，有許多都是受過西式教育薰陶者。舉例來說，曾與王韜合作發行《循環日報》的黃勝（1827～1902）便畢業自馬禮遜英華學校，〔註188〕而曾在《循環日報》工作的伍廷芳（1842～1922）則畢業於聖保羅書院，〔註189〕可以合理推測，王韜與潘飛聲在與香港友人交流時，也從中獲得相當大的影響；另一方面，在日常生活中所接觸者，常是居於東亞前沿的制度、文化、技術與設施，寓居日久，淺移默化，更使其思想逐步改變，進而成為他們與香港多元獨特性接觸後，從中獲得影響的具體途徑。

〔註188〕劉智鵬著，《香港早期華人菁英》，頁 14。
〔註189〕劉智鵬著，《香港早期華人菁英》，頁 79。

第四章 接受西式教育之新型態
華人菁英的香港論述

　　從開埠到十九世紀末，香港本地的中文文獻或許以中文版《香港政府憲報》及《遐邇貫珍》、《華字日報》、《循環日報》等幾份中文報刊為主，從數量上看似相當豐富，實際上史料卻頗為零碎，以華人知識分子視角出發對香港進行論述者更是稀少，其原因或許在於香港開埠初期華人地位低落，文化水準也普遍較低，加上話語權大多掌握在香港殖民政府與歐籍人士手中，在港華人即便對香港情勢有所觀察，卻無從，也不懂如何留下紀錄。即便在部分華人接受西式教育，獲得智識上的拓展後，卻也多志不在為香港著書立說，故以受過西式教育的華人知識分子對香港記述的文獻，更形珍稀。在此類文獻中，應屬何啟（1859～1914）與胡禮垣（1847～1916）所著《新政真詮》，與陳鏸勳（？～1906）所著《香港雜記》最具代表性。這些著作中對香港有怎麼樣的論述？本章擬先從接受西式教育的華人菁英群體之形成背景為切入點，介紹此類華人之特色，再對何啟、胡禮垣及陳鏸勳等人之生平與著作進行概述，最後再針對其著作中之香港論述討論分析。

第一節　香港西式教育培養之雙語華人菁英階層

一、香港開埠初期西式教育發展概述

　　如緒論所述，香港地區在被英國殖民統治之前，自宋代開始便已有書院、學舍的設置，並有不少學子投身科舉考試，可知自彼時起，來自中原的文化

便已影響此地。到清末，新界、九龍地區因較鄰近中國，人口亦較為密集，雖然此地經濟不如江南富饒，因此文風與參加科考獲得功名者，更是難以與之相比，但這不代表當地居民對教育不重視，有不少新安縣的旺族如鄧氏、廖氏等，皆設置書室或私塾，以為其子弟啟蒙、讀書以及參加科考做準備。〔註1〕地理位置上最南端的港島，在未開埠前則反而是最為邊陲之地，原居民多以農漁業或採石業為生，加上人口稀少，在英國人於 1841 年時統計，港島居民只有 5000 餘人，自然對接受教育及參加科舉的積極程度不如新界、九龍之大族，故也較少有書室等較正式的教育單位，在英國人登陸時，只有四所簡陋的私塾。〔註2〕

　　香港成為英國殖民地初期，殖民政府主要的施政方向為大興土木、開拓道路等將香港發展為貿易港市的基礎建設工作，對教育問題尚無暇顧及，加上對香港居民可保有原有風俗習慣的承諾，故未多加干預，使港島的私塾得以保留。1847 年，第二任港督德庇時（Sir John Francis Davis，1795～1890）任內，開始採取經濟資助的方式，把港島原有的私塾納入體制內控管，殖民政府組成教育委員會，其功能在計畫與管理教育相關事務。經過調查，教育委員會掌握了港島各地區原有之私塾情況，最後挑選了維多利亞城、赤柱及香港仔等地三所人口最多的私塾，作為優先補助的對象，每月由政府補助 10 元，學生可免費入學。〔註3〕

　　這些由香港政府資助的學校，或稱為皇家書館（Government School），在 1848 年到 1859 年間，數量由 3 所增加到 19 所，學校教材除了仍教授《四書》、《三字經》等傳統經典外，另外加上地理、算數等科目，也教授聖經及基督教教理等內容。值得注意的是，因殖民政府將教育事務全權交由教育委員會負責，而主導委員會者為香港聖公會牧師史丹頓（Vincent Stanton，1817～1891），基本上沿襲了當時英國本土將教育交由教會辦理的模式，故在進入 1850 年代後，香港的華人教育趨向宗教化，教育委員會甚至有指派教徒擔任教師的情況，教授聖經及教義之比例也逐步增加，甚至還有要求學生每日到校及放學需進行禱告的規定，使皇家書館似乎成為教會通過教育來傳教的場所，〔註4〕其

〔註1〕　王賡武主編，《香港史新編》，下冊，頁 419～423。
〔註2〕　王賡武主編，《香港史新編》，下冊，頁 423。
〔註3〕　王賡武主編，《香港史新編》，下冊，頁 423～425。
〔註4〕　王賡武主編，《香港史新編》，下冊，頁 425～426；余繩武、劉存寬主編，《十九世紀的香港》，頁 306。

目的在通過學校教育將來皇家書館就讀的學生培養為基督徒，進一步拓展教會勢力與加強殖民統治的穩定。若純以課程安排的層面來說，除了傳統經典外，也教授地理等科目，其實可視為一種開始引入西方學科的嘗試，聖經與基督教義的傳授，卻是不少華人父母反對孩子進入皇家書館的原因，〔註5〕故成效並不理想。

除了政府在皇家書館引進西式學科的嘗試外，開埠早期較主要且有系統推動西方教育的是教會開設的學校，最早設立的是馬禮遜教育基金會創辦的馬禮遜學校；〔註6〕學校最早在 1839 年設立於澳門，1842 年香港開埠後遷往香港，初期獲得香港政府資助，1849 年因經營不善解散。倫敦傳道會 1819 年在馬六甲設立英華書院，1843 年時由傳教士理雅各（James Legge，1815～1897）遷往香港，於 1856 年解散；1843 年英國聖公會牧師史丹頓在港籌設聖保羅書院，1851 年落成；1859 年則有英國聖公會維多利亞會督史密夫（George Smith，1815～1871）創辦的拔萃書室，初期招收女學生，1869 年後增設拔萃男書室；另外天主教也陸續有學校設立，如 1860 年創辦之天主教英文學校，1876 年改名為聖約瑟書院。〔註7〕

新、舊教辦學之目的皆是希望在香港培養華人傳教士，以更順利的融入香港本地甚至是中國社會中以便於傳教，但宗教因素始終造成華人父母對教會學校的抗拒，雖然課程安排通常包括英文、地理、算數等科目，但關於聖經及基督教義之課程約占課程半數，故即便不需學費，仍有許多華人不願意前往就讀，且開埠初期許多華人前來只為謀生而非定居，人口流動率較高，加上不少華人入學的目的並非成為傳教士，而是學習英文以謀求進入洋行工作的機會，故許多學生在學成英文後便會離開，這更使教會學校經營之困難增加，許多教

〔註5〕 如香港早期報刊《遐邇貫珍》於 1855 年的一篇報導〈港內義學廣益華人論〉便反映此種現象：「大英自開港以來，皇家每于該處村場，設立義學，以啟發童蒙，無非胞與為懷，不忍困蒙之吝，近聞香港赤柱等處，竟多有不在義館就學者，詰其所由，乃因其父母不喜其子姪誦讀耶穌經書，且嫌館內不安文昌帝君云云……」；參見松浦章等編著，《遐邇貫珍附解題索引》，（上海：上海辭書出版社，2005），頁 202。

〔註6〕 馬禮遜教育會為一具基督新教背景之教育團體，是為了紀念第一位派往中國的基督教傳教士馬禮遜（Robert Morrison，1782～1834）而在 1836 年 9 月 28 日於廣州設立。參見余繩武、劉存寬主編，《十九世紀的香港》，頁 301。

〔註7〕 余繩武、劉存寬主編，《十九世紀的香港》，頁 301～303；施其樂（Carl Smith）著，宋鴻耀譯，《歷史的覺醒：香港社會史論》（香港：香港教育圖書公司，1999），頁 108～109。

會學校迫於困難停辦，也因此才有前述教會人士假借皇家書館，以教育之名行傳教之實的情況。〔註8〕

　　另一方面，在教會學校之外，香港殖民政府官方設置的學校也開始出現。其實對於 1850 年代開始，教會使華人教育宗教化的作法，已有殖民政府官員不表贊同；如第四任港督寶靈（John Bowring，1792～1872）在任內便曾表示應尊重華人之風俗與宗教，而非以教育為名暗藏傳教之目的等方式強行改變，其雖有意改變教會介入教育的情況，卻遭遇頗大的阻力，直到第五任港督羅便臣（Hercules George Robert Robinson，1824～1897）才成功進行教育世俗化的改革。〔註9〕

　　羅便臣在 1860 年成立教育諮詢委員會（Board of Education）取代原有之教育委員會，而其成員之一便是前文曾提及與王韜關係良好的倫敦傳道會教士理雅各（James Legge，1815～1897），他提出由官方建置一所學校，以使教育世俗化的改革建議。〔註10〕因長期對傳統儒家思想接觸與認識，理雅各並不認為華人傳統思想與風俗，可被基督教輕易取代，且 1850 年代以來受太平天國影響，部分富裕之華商南下香港避居，帶入資本並改變了華人社會結構，加上當時不少洋行將總部自廣州遷往香港，都使香港呈現即將迅速發展的態勢，有鑑於這些改變，理雅各認為與其再繼續以宗教信仰改變香港華人，但收效甚微的嘗試，還不如追求實際，轉向培養可投入翻譯與洋行買辦工作之實用人才，尤其 1860 年代適逢《中英天津條約》與《中英北京條約》簽訂後不久，英國自清帝國獲取龐大利益，香港亟需一批通曉雙語、立場親近殖民政府的華人投入政府工作，更進一步設想，若香港殖民政府設立學校，其領先於清帝國的新式教育系統，也可以吸引到曾受過教育的中國知識分子，以及與香港華商有關係者前來。〔註11〕

　　羅便臣接受理雅各之建議，將太平山區幾所中文學校合併，〔註12〕於

〔註8〕 王賡武主編，《香港史新編》，下冊，頁 432；余繩武、劉存寬主編，《十九世紀的香港》，頁 304。

〔註9〕 丁新豹，《香港早期之華人社會，1841～1870》（香港：香港大學中文研究所博士論文，1989），頁 394。

〔註10〕 余繩武、劉存寬主編，《十九世紀的香港》，頁 308～309。

〔註11〕 余繩武、劉存寬主編，《十九世紀的香港》，頁 309；王賡武主編，《香港史新編》，下冊，頁 433。

〔註12〕 所謂太平山區，雖有太平山之名，但所指並非太平山頂之歐籍人士居住區，而是位在太平山之山腰，為涵蓋樓梯街、普仁街、普慶坊、摩羅下街之間的區

1861 年開始籌建，並於 1862 年正式啟用，此即為香港首間官立中學「中央書院」，1889 年改名為「維多利亞書院」，1894 年則改稱「皇仁書院」並沿用至今。〔註13〕中央書院學生主要以廣東人為主，也有少量英國、葡萄牙、印度與日本學生入學。因理雅各將之定位為中英兼具的學校，故課程設計上除了學習英文，也要研讀《四書》、《五經》及尺牘等中文課程；此外在有關西學的課程，則完全與英國本土學校看齊，包括代數、算數、化學、數學繪圖、幾何、地理、文法及中英文翻譯等課程，並逐步添加莎士比亞作品等文學研讀，對學生的語言、數學及科學等方面能力極為重視。〔註14〕

　　與教會學校的華人學生相同，來此就讀的華人並非全部都想完成學業，是為了學習英文以求職而來，常中途學成英文後便離開；在本研究第二章中提及郭嵩燾（1818～1891）出使經過香港參觀中央書院時，第七任港督堅尼地（Arthur Edward Kennedy，1809～1883）對他所說的情況，正反映此種現象。〔註15〕

二、兼通中英文之新型態華人菁英群體

　　不論是教會學校或官方學校，部分學生在學成英文後便輟學求職的情況似乎頗為常見，但這些正規且系統性的新式學校，仍培養出一種新型態的華人知識分子群體，他們的共同特色，便在於經過香港的西式教育，培養出掌握中英文雙語的能力，這使他們具備直接與西方人溝通的優勢，在政治、商業、社會等方面成為重要的中介角色。〔註16〕

　　此種新型態的華人菁英群體具有一些共通特點，在職業方面，因他們具有的雙語專長，在工作選擇上趨於進入香港殖民政府擔任傳譯員或是從事文員、書記及負責財務等幾種方向。香港開埠初期殖民政府與華人語言不通，加上雙方對法律與風俗習慣的認知差異，都增加了管制上的困難，且包括法院等政府部門皆使用英文，面對華人為主的社會聘請傳譯員是必要的選擇，可出任此種

域，由十餘條狹窄街道構成，大量貧困華人聚居於此，居住環境與衛生環境皆極不佳，1894 年在此地爆發嚴重鼠疫。參見石翠華、高添強等編譯，《街角・人情——香港砵甸乍街以西》，（香港：三聯書店，2010），頁 161。

〔註13〕黃振威，《番書與皇龍——香港皇仁書院華人精英與近代中國》（香港：中華書局，2019），頁 4。

〔註14〕黃振威，《番書與皇龍——香港皇仁書院華人精英與近代中國》，頁 4～5。

〔註15〕原文為：香港總督鏗爾狄（堅尼地）及羅勃遜來報見，語及學館規模之盛，嘆曰：「是皆貧人子弟，學習二三年，粗能有得，往往自出謀生，所以能成者少也。」；參見（清）郭嵩燾，《使西紀程》，頁 146。

〔註16〕王賡武主編，《香港史新編》，下冊，頁 462。

職務的，可能有了解中文的歐籍人士，或掌握英、葡、漢語的澳門人，及學習過英語的香港華人；值得注意的是，雙語菁英中成為傳譯員者，皆是群體中受過完整教育，且英文水準最出色者，常成為日後香港華人社會領袖中的翹楚。〔註17〕如成為首位以代理資格出任華人立法局議員的伍廷芳（1842～1922），以及首位正式華人立法局議員黃勝（1827～1902），都曾擔任過傳譯員。

除此之外，因香港的社會以華人為主體，了解華人的想法與行為模式，始終是殖民政府制定政策需要參考的重要依據之一。如前所述，因殖民政府官員不擅中文，故會聘請熟識中文的歐籍人士協助，但隨著西式教育培養出的華人雙語菁英開始成長，香港政府也察覺到直接向華人諮詢或更為準確，這使雙語華人菁英更受到政府重視。〔註18〕在這類顧問性質的政府公職中，太平紳士是頗為普遍的職務，早期獲任命者大多為英籍人士，首位華人太平紳士則要到1878年伍廷芳被港督軒尼詩任命才開始，〔註19〕在他之後有不少華人獲授此榮銜。

在十九世紀，立法局議員是華人菁英出任此類公職的權力顛峰。〔註20〕如前所述，第八任港督軒尼詩，基於華人之經濟勢力已大幅提升，與他個人對華人的同情，1880年時任命伍廷芳成為首位華人立法局非官守議員（Unofficial Member），〔註21〕雖僅為代理，並受英政府及在港英籍人士反對，但先例已開，且華人地位上升也是不容忽視的事實，故第九任港督寶雲（George Ferguson Bowen，1821～1899）任內乘改革立法局時，確立了正式的華人議員席位，由黃勝（1827～1902）擔任；黃勝曾在香港與美國受教育，參與過東華醫院的創建，並名列總理，在華人社會頗富名聲，又曾在英華書院主持印刷所，與歐籍人士關係良好，並具有基督徒之身分，是香港殖民政府頗為理想的合作對象。黃勝在1883年歸化為英籍，隨即受封為太平紳士，並在1884年成為首位正式的華人立法局議員，〔註22〕此後第二位華人立法局議員便是本章討論對象之

〔註17〕 施其樂（Carl Smith）著，宋鴻耀譯，《歷史的覺醒：香港社會史論》，頁111～120。

〔註18〕 施其樂（Carl Smith）著，宋鴻耀譯，《歷史的覺醒：香港社會史論》，頁128。

〔註19〕 《香港政府憲報》，1878年12月14日，第599號，頁245。

〔註20〕 進入二十世紀後，在二戰前到1926年才由周壽臣（1861～1959）出任首位華人行政局議員。

〔註21〕 《香港政府憲報》，1880年6月2日，第24號，頁26。

〔註22〕 王賡武主編，《香港史新編》上冊，頁83；《香港政府憲報》，1884年3月1日，第10號，頁100。

一的何啟。〔註23〕第三位則是黃勝的女婿，同樣畢業於中央書院並曾留學歐洲的韋玉（1849～1921），〔註24〕他在1896年再增加一席華人立法局議員時獲選，〔註25〕基本上出任太平紳士、立法局議員等公職之華人，皆為雙語菁英。

在香港殖民政府之外，受過西式教育的香港華人，比起以科舉出身的傳統知識分子有更了解西方文化及制度的優勢，使他們被清帝國洋務派官員重視，得以進入其幕府中協辦洋務，較著名的如有前述在洋務運動中協助曾國藩並推動幼童赴美留學計畫的容閎，伍廷芳則在1880年代後以李鴻章法律顧問身分踏入中國政壇；其餘未成為洋務官員顧問者，亦常有進入清帝國海關等需與西方人接觸之機構任職的機會。〔註26〕

華人菁英們的雙語能力亦極受洋行歡迎，故在洋行出任買辦是另一種極為常見的情況。他們除了受雇於外商，並從交易中抽取傭金外，也可以在累積資產後入股洋行，成為洋行的股東或合夥人，甚至可在洋行的工作之外，自行投資及創辦企業，兼具被雇用與企業經營者的雙重身分。〔註27〕

初期從事買辦者多使用非正統的「洋涇濱」英語，二次鴉片戰爭之後，廣州商業被重創，洋行多遷往香港，亟需有雙語能力者充任買辦，接受過正統英語教育的學生們成為洋行招聘的重點。〔註28〕而他們有不少正是初期買辦的

〔註23〕 在1890年3月1日的《香港政府憲報》上刊載首位華人立法局議員黃勝擔任六年期滿，由何啟接任其議席。參見《香港政府憲報》，1890年3月1日，第10號，頁36。

〔註24〕 韋玉（1849～1921），名廷俊，字寶珊，出身香港銀行買辦家庭，中學畢業於中央書院，後於1867年前往英國就讀大學，並於歐洲遊歷，畢業後返港，在父親過世後接替其銀行買辦職務，為善於交際且與各界關係良好之社會領袖，在華人社會方面曾擔任東華醫院總理等職務，出任政府公職方面則包括在1882年成為太平紳士，1896年成為立法局非官守議員，1919年受封爵士。參見劉智鵬，《香港早期華人菁英》，頁35～38。

〔註25〕 《香港政府憲報》，1896年10月24日，第43號，頁1014。

〔註26〕 施其樂（Carl Smith）著，宋鴻耀譯，《歷史的覺醒：香港社會史論》，頁128。

〔註27〕 在鴉片戰爭前，廣州對外貿易是以公行制度來運作，亦即所謂的十三行，因洋商在法規上受到諸多限制，各種事項皆須通過行商，在行商之下有負責翻譯的通事，有負責幫洋商採購商品的買辦，有處理瑣事的雜役；鴉片戰爭之後，公行制度被迫改變，買辦取代並統合了行商、通事的職能，成為連接中西商務的核心人物。參見施其樂（Carl Smith）著，宋鴻耀譯，《歷史的覺醒：香港社會史論》，頁121～122；香港中文大學中國文化研究所文物館、香港中文大學歷史系編，《買辦與近代中國》，頁67～71。

〔註28〕 施其樂（Carl Smith）著，宋鴻耀譯，《歷史的覺醒：香港社會史論》，頁122～123。

家族晚輩，這也形成有長輩退休後，由子姪繼承其職務，以家族網絡進行職業繼承的模式，且同一家族可能出現從事同類職業的情況。舉例來說，前文提到的韋玉，是十九到二十世紀初的香港重要華人領袖，其父韋光（1825～1878），〔註29〕乃有利銀行（Chartered Mercantile Bank of India，London and China）香港分行的買辦，因工作性質他深知西式教育之重要，故讓韋玉就讀中央書院與赴歐留學，韋玉學成後同樣任職有利銀行，在韋光去世後更接替其出任買辦之工作。另外如香港著名的何東家族，何東（1862～1956）就讀中央書院，〔註30〕畢業後先進入粵海關工作，後經在怡和洋行擔任買辦的姐夫引介，及同在怡和任職之岳父人脈協助下，於1880年代初擔任怡和買辦，此後何東多方推薦其兄弟子姪，或家族姻親進入怡和，形成強大的網絡，而這些人的共通點亦多為畢業自中央書院的雙語菁英。〔註31〕何東自身在1894年出任怡和洋行總買辦，其弟何福（1863～1926）、何甘棠（1866～1950）也先後擔任此職務，其子姪與家族親朋除了在怡和洋行任職外，也在匯豐銀行（The Hongkong and Shanghai Banking Corporation Limited）、九龍倉（Hong Kong and Kowloon Wharf and Godown Company Limited）……等大型企業中擔任買辦等職務，進一步強化家族實力，也得在業務上相互支援。〔註32〕

除了從事商業外，部分菁英會再前往歐美留學，取得學位後返回香港成為專業人士，其中以法律界及醫界任職為大宗。舉例來說，在前文多次提及的伍廷芳以及何啟，都擁有大律師資格，而何啟的兄弟何衛臣，與韋玉的兄弟韋華安亦都擁有律師執照；除此之外，何啟同時具有醫學士與外科碩士學位，並具有醫師執照；〔註33〕另外則有部分投身文教出版事業，如聖保羅書院畢業之陳

〔註29〕 韋光（1825～1878），廣東香山人，幼時因家貧前往澳門擔任童工，後因病住院期間結識基督教牧師，被送往新加坡進入教會學校，1842年隨教會前往香港，1845年開始進入洋行工作，後得到賞識成為有利銀行第一代買辦。參見劉智鵬著，《香港早期華人菁英》，頁32～33。

〔註30〕 何東（1862～1956），香港著名企業家及慈善家，為歐亞混血兒，早年擔任怡和洋行買辦，後從事房地產等生意，獲利極豐。曾出任東華醫院總理，於中、英政商界皆具有良好關係。參見劉智鵬著，《香港早期華人菁英》，頁39～46。

〔註31〕 香港中文大學中國文化研究所文物館、香港中文大學歷史系編，《買辦與近代中國》（香港：三聯書店，2009），頁130～133。

〔註32〕 香港中文大學中國文化研究所文物館、香港中文大學歷史系編，《買辦與近代中國》，頁130～133；施其樂（Carl Smith）著，宋鴻耀譯，《歷史的覺醒：香港社會史論》，頁102。

〔註33〕 施其樂（Carl Smith）著，宋鴻耀譯，《歷史的覺醒：香港社會史論》，頁123

靄亭（？～1910）便與黃勝合作創辦《華字日報》，並擔任主筆；亦有在學校擔任教師者，如本章探討對象之一的胡禮垣在中央書院畢業後，便曾留校擔任教師數年。

　　華人菁英因掌握了雙語能力，較容易在政界、商界等領域獲得成功，但若要長盛不衰，其中一個方式便是倚賴家族的經營。經營的方式除了前述何東引薦家族成員進入大型企業擔任買辦，以創造出「買辦家族的皇朝」外，〔註34〕另一個有效方式則是用聯姻來達成華人菁英間，甚至權勢家族間的結盟。舉例來說，伍廷芳娶何啟之姐何妙齡為妻，韋玉娶黃勝之女為妻，四人皆先後擔任立法局議員，這固然有具雙語能力的優勢，但也不可否認有家族成員間提攜引薦的成分存在。另外較特別如何東家族，因何東與其家族屬於涉外婚婦及其所派生之歐亞混血兒族群，〔註35〕有別於一般華人菁英擁有在地家族及親屬網絡之情況，何東雖在香港常以華人自居，在公眾面前的穿著打扮上，也常以中國式的長袍馬褂示人，但實際上他們同時被歐洲人與華人社會所排斥，故形成歐亞混血兒獨具的社群與認同，也因此在家族聯姻上，他們也會選擇同為歐亞混血族裔的家族為對象。〔註36〕

　　據施其樂牧師研究，早期的雙語菁英多來自聖保羅書院等教會學校，接近十九世紀末期則中央書院畢業生逐漸增加，〔註37〕而隨著華人雙語菁英逐

　　　　～127；劉智鵬著，《香港早期華人菁英》，頁66～67、79。

〔註34〕鄭宏泰、周文港，《危機關頭：家族企業的應對之道》（香港：中華書局，2015），頁198。

〔註35〕「涉外婚婦」意指香港開埠初期，與歐籍人士不具有法定婚姻關係，但有夫妻之實的華人女性，也就是前一章王韜在〈香海羈蹤〉一文中提到的「鹹水妹」。起因為當時不少歐籍人士前往香港從事貿易或其他工作，因生理或心理需要包養華人女性，當時歐籍人士與華人女子結婚並不被接受，即便是不具婚姻之伴侶關係，也常受到政府及社會的歧視，通常歐籍男性在退休或工作任滿後會返回歐洲，他們有可能留下遺產給其華人伴侶，但亦可能拋棄並使其孤獨終老。同時因華人社會對歐籍人士的偏見，與歐籍男性有伴侶關係的華人女性往往不再被家族所接受，故涉外婚婦與其混血子女，等同被歐籍社會及華人社會所同時排斥，使他們在香港自成歐亞混血兒之社會群體與認同。因歐亞混血兒常具有歐洲人外表，且通常接受教育並具備良好雙語能力，故在工作上可能會比一般華人更具競爭力。參見施其樂（Carl Smith）著，宋鴻耀譯，《歷史的覺醒：香港社會史論》，頁3～21。

〔註36〕香港中文大學中國文化研究所文物館、香港中文大學歷史系編，《買辦與近代中國》，133。

〔註37〕施其樂（Carl Smith）著，宋鴻耀譯，《歷史的覺醒：香港社會史論》，頁109。

漸成長，其影響力也逐漸顯現，包括上述進入政府擔任公務員、出任立法會議員等公職、從事商業活動與文教事業等層面，逐漸取代主要以經商取得地位的舊派華人領袖，成為立場上更與殖民政府趨近的新一代華人領袖，而他們之中亦有在政治、商業等事業之外，追求思想的變革以及傳承者。如何啟在 1887 年成立華人西醫書院，培育華人成為西式醫學人才；或如 1892 年由畢業自聖保羅書院的楊衢雲，〔註38〕及畢業自中央書院的謝纘泰所創辦的輔仁文社。〔註39〕輔仁文社是一宣傳政治思想改革的學術組織，參與此社團者皆為在香港受過西式教育之華人菁英；本章之另一研究對象陳鏸勳，亦與輔仁文社具有深厚的關係，社團成員的言論明顯將傳統風俗及價值視為落後，由舊派華人領袖創建並提供中醫服務之東華醫院亦屬於他們批判的對象。

　　如謝纘泰曾多番在報刊上批判纏足、吸食鴉片等傳統惡習，1894 年香港爆發鼠疫時，許多華人抗拒西醫治療與政府入屋消毒而產生騷亂，東華醫院亦要求殖民政府停止相關檢疫政策，謝纘泰對引發騷亂之華人及加以包庇的東華醫院大力批判，由此可略知他們對自我思想先進的標榜。〔註40〕在此脈絡上，對同樣被視為落後象徵的清帝國與君主專政制度不滿，進一步趨向支持革命運動，實為相當合理的演變。追求思想變革與傳承的具體影響，如革命的代表人物孫中山便畢業自中央書院以及西醫書院，而同樣在革命中扮演重要角色的陳少白（1869～1934），亦曾在西醫書院中就讀；1895 年革命團體興中會總會在香港成立，實際上便是由孫中山組建之革命派系與輔仁文社部分社員合併，在其背後並有何啟的暗中支持，開始將革命思想化為具體的行動。〔註41〕從上述的介紹可大致了解，這便是本章所欲探討的第三種華人知識分子群體，即何

〔註38〕楊衢雲（1861～1901），祖籍福建，出生於虎門，後隨父移居香港，入讀聖保羅書院，曾入海軍船塢學習機械，因意外斷指而轉習英文。1890 年與謝纘泰等人成立輔仁文社，提倡改革思想。1895 年與部分社員和孫中山創立興中會合併，出任會長，同年在廣州發動首次革命，事敗後逃往南非，在海外繼續鼓吹革命。1900 年返港籌畫惠州起義，被清廷通緝，1901 年被清廷派出之刺客槍殺於香港中環，去世後葬於跑馬地墳場。參見劉智鵬著，《香港早期華人菁英》，頁 121～123。

〔註39〕謝纘泰（1872～1938），字聖安，清末革命家、實業家。畢業於中央書院，曾加入興中會參與革命，並參與輔仁文社、《南華早報》之創設。參見劉智鵬著，《香港早期華人菁英》，頁 124～128。

〔註40〕王賡武主編，《香港史新編》上冊，頁 179。

〔註41〕謝纘泰，〈中華民國革命秘史〉，《孫中山與辛亥革命史料專輯》（廣州：廣東人民出版社，1981），頁 293～294。

啟、胡禮垣與陳鏸勳皆列屬其中之新型態華人菁英群體的背景與生態。

第二節　何啟、胡禮垣及《新政真詮》中之香港文化觀察

一、何啟與胡禮垣之生平與《新政真詮》之撰寫背景

　　在十九世紀的香港，兼具中英雙語能力，可說是華人菁英成功的必備條件，但即便在這樣的特殊群體中，何啟仍可說是極具代表性之佼佼者，他之所以能脫穎而出，卻並非是橫空出世，而是與其家庭之背景有莫大的淵源，故在探究何啟之生平時，必須從其在倫敦傳道會擔任牧師的何福堂談起。

　　何福堂（1817～1871），亦名何進善，廣東佛山人，其父早年便前往南洋，在馬六甲的英華書院從事雕版技工的工作，也是由此時開始，便為何氏家族與西方文化及培養雙語菁英的關聯建立了基礎。〔註 42〕何福堂在 1837 年時前往馬六甲英華書院尋父，受洗為基督徒，並在該地研讀英文與聖經，因其出色的語言能力，被授予翻譯英文書籍之工作；1842 年香港開埠，英華書院自馬六甲搬遷至香港，何福堂亦隨之前往，並持續協助傳教與翻譯，剛開埠的香港，華人主要為低下階層勞工，少有通曉英文者，殖民政府官員熟悉中文者也極少，像何福堂這種兼通中英文口語及書寫的人才猶如鳳毛麟角，自然吸引了政府或洋行的目光，不惜以優惠薪俸加以招攬，何福堂卻堅持繼續在倫敦傳道會任職，這更使他備受信任，進一步在 1846 年被授予牧師職務，到此時，便又為何氏家族建立了與教會人士相關的人脈網絡基礎。〔註 43〕除了人脈的資本外，何福堂還持續購買地產並出租來投資，累積經濟的資本，據稱在 1871 年何福堂去世時已擁有 15 萬元之財產。〔註 44〕正是因為兼具了人脈資本及經濟資本，才使何福堂的子女們得以在香港接受正統西式教育，甚至前往英國深造，躋身雙語華人菁英之列。

　　何啟（1859～1914），亦名何神啟，是何福堂之第五子，11 歲時便進入中

〔註 42〕高皓、鄭宏泰，《白手興家：香港家族與社會，1841～1941》（香港：中華書局，2016），頁 28。

〔註 43〕高皓、鄭宏泰，《白手興家：香港家族與社會，1841～1941》，頁 28～29；劉智鵬，《香港早期華人菁英》，頁 61～62。

〔註 44〕高皓、鄭宏泰，《白手興家：香港家族與社會，1841～1941》，頁 29；劉智鵬，《香港早期華人菁英》，頁 64。

央書院就讀，後又前往英國完成中學學業，先後在亞伯丁大學（或譯為鴨巴甸大學，Aberdeen University）與林肯法律學院（Lincoln's Inn）就讀，分別取得醫學與法律學位，並於 1882 年取得大律師之資格，同年返港。〔註 45〕在 1882年 2 月 25 日的《循環日報》第三版有一篇名為〈愛才誠慨〉的報導：

> 本港議例局（即立法局）於中歷（曆）去臘十九日敘議，港督燕制軍（軒尼詩）宣言於眾，謂：「本港有何姓名啟者，於前數年赴英都倫敦各書院肄業，茲聞所學，蔚然成材。每到一書院學習，必日就月將超羣軼類，曾在大書院考取首名，輿論翕然，以為華人諳西學者得未曾有。何君以學成，宜歸業，已附航回華，計期不日可以抵港矣。屆期本督擬偕局中諸公，先赴埔頭迎其登岸也。」觀制憲此言，其愛才之心出於至誠，不可窺見一斑哉。〔註 46〕

何啟在日後雖曾出任立法局等政府機構公職，與殖民政府關係良好，成為香港華人中最具權勢的社會領袖之一，但此時即便有在倫敦傳道會擔任牧師的父親何福堂所遺留的人脈資本，及其父通過投資地產所累積的 15 萬元財富，何啟仍僅為二十餘歲的青年，恐怕不具備足夠的社會地位與影響力，通過這則報導，或可以透露出一些訊息。首先，軒尼詩身為殖民地最具權勢的總督，願意屈尊紆貴，率領立法局議員前往迎接一個學成歸國的華人，可說極為難得，也與軒尼詩所被人熟知的善待華人之風格完全符合；其次，報導中提到何啟在大書院（中央書院）就讀時便曾考取首名，且在英國學習時在短時間內便出類拔萃，也可解讀為何啟本身便是被香港殖民政府看重，且落力培養的華人菁英，則獲得港督對他的重視亦頗為合理。無論如何，可發現何啟在此時已初露鋒芒，如何啟此類受過西式教育的新派華人領袖受到殖民政府重視，並取代主要以經商致富的舊派華人領袖之態勢，亦逐漸成形。

何啟在英國留學期間，娶了英國女子雅麗氏（Alice Walkden）為妻，這在當時乃極為罕見的情況，雅麗氏隨何啟返回香港後不久，便在 1884 年因病去世，為了紀念亡妻，何啟於 1887 年與倫敦傳道會共同創辦了雅麗氏醫院，在同年亦創辦了香港華人西醫書院，用以培育華人醫學人才〔註 47〕。與此同時，何啟也嶄露頭角，開始其公職生涯，1886 年，何啟成為潔淨局之非

〔註 45〕劉智鵬，《香港早期華人菁英》，頁 66～67。
〔註 46〕〈愛才誠慨〉，《循環日報》（香港），1882 年 2 月 25 日，第三版。
〔註 47〕劉智鵬，《香港早期華人菁英》，頁 72。

官守議員，〔註48〕1890 年被任命為立法局非官守議員，進一步擴大其影響力與權勢，1912 年時更成為首位獲封為爵士的華人，〔註49〕乃香港社會中名符其實的華人領袖。與紳商等舊派華人領袖相比，何啟明顯具有不同的風格，除了本身家庭背景而信仰基督教，從中學到大學完全接受西方教育，並娶英國女子為妻，是由內至外完全西化的知識分子典型。

相較於全盤西化的何啟，胡禮垣的背景則稍有不同。胡禮垣（1847～1916），字翼南，祖籍廣東三水，出身商人家庭，父親胡敏之，字文周，為在香港從事貿易的華商，〔註50〕這便為日後胡禮垣與香港之關聯產生了聯繫。當時普遍以考取功名為出人頭地之象徵，故胡禮垣幼時也學習四書五經，以參加科考為目標，雖始終不甚順遂，但已為其建立良好中文及經史古籍的基礎。〔註51〕科考既不如意，故胡禮垣轉而學習西學。在太平天國起事時，為避禍，胡氏又舉家在 1850 年代遷居香港，更讓他能順利融入適宜學習西學的環境；他曾向伍廷芳學習英文，在 1862 年更進入中央書院就讀，通過正式的教育系統建構了他對西方文化及政治制度等的完整認識，並在此結識何啟，為兩人之後共同著書發表改革思想打下基礎。〔註52〕

1870 年，胡禮垣畢業，在中央書院擔任過兩年教習，並曾在其父開設的航運公司兼職，後又進入《循環日報》擔任翻譯，因此與王韜結識；1880 年代之後，胡禮垣一方面進行翻譯著述之工作，譯著《萬國電報通例》、《英律全書》等著作，並曾短期經營《粵報》。〔註53〕其兼擅中英文的名聲，連過境香港的駐美公使陳蘭彬與鄭藻如，都曾欲聘其前往美國協助，皆被他婉拒；另一方面，他曾前往婆羅洲經營商業，其改革建議獲當地華裔蘇丹賞識，甚至有傳言要讓位予胡氏之傳聞，胡禮垣不受而返港。〔註54〕

〔註48〕為香港政府於 1883 年四月成立，具有監察街道清潔、授權檢查不合衛生法例平房、草擬新的衛生條例等職權的機構。參見王賡武主編，《香港史新編》上冊，頁 92。

〔註49〕高皓、鄭宏泰，《白手興家：香港家族與社會，1841～1941》，頁 30。

〔註50〕王壽南主編，《中國歷代思想家（十八）》，頁 297。

〔註51〕在胡禮垣著作《胡翼南先生全集》中〈胡翼南先生事略〉一文中提到：「先生少穎異，讀書過目成誦，十歲通四書五經，能為文，未冠應童子試，輒冠其曹，屢試不售，即棄舉業專研經史，肆力於詩古文辭……。」參見（清）胡禮垣著、沈雲龍編，《胡翼南先生全集》（台北：文海出版社，1976），頁 53。

〔註52〕王壽南主編，《中國歷代思想家（十八）》，頁 297～298。

〔註53〕王壽南主編，《中國歷代思想家（十八）》，頁 298～299。

〔註54〕（清）胡禮垣著、沈雲龍編，《胡翼南先生全集》，頁 53～54。

　　1893 年前往日本經商，在甲午戰爭期間因清廷駐日使臣遭召回，曾短暫代理日本僑領之職，而旅日期間對政府及人民的觀察，及甲午中國戰敗之經驗，給予其不小之刺激；返港擔任文學會譯員三年後退休，在家研究各國政治得失，與何啟討論法律問題，亦思考哲學宗教問題，後於 1916 年病逝。〔註55〕

　　胡禮垣與全盤西化的何啟之些許不同，來自於兩者自幼開始的啟蒙教育，何啟受擔任牧師的父親影響，其啟蒙自然也是偏向西方基督宗教的經典；胡禮垣雖在中學後轉向對英文及正式系統性西方知識的學習，但他也曾為了參加科考，而受儒家四書五經的啟蒙。可以肯定的是，他對中國語言及書寫的掌握上，仍比包括何啟在內的不少香港新型態華人菁英更為優秀，而這種特點也明顯展現在何、胡二人合著的《新政真詮》一書中。

　　《新政真詮》一書由數篇提倡變法改革之政論文章所組成，其模式主要為何啟與胡禮垣兩人討論交換概念後，由胡禮垣撰寫成文，其中部分為何啟先以英文撰寫，再由擅長中文之胡禮垣翻譯潤飾，部分為兩人討論後由胡禮垣撰寫，以下依照各篇章之時間排序概略介紹如下：

（一）1887 年：〈曾論書後〉

　　清帝國駐英、法、俄三國公使曾紀澤在任滿回國前，撰寫了〈中國先睡後醒論〉，〔註56〕內容認為中國通過自強運動，整軍經武，並在外交與置辦新式機器、礦業、鐵路等實業上皆有斬獲，足以證明中國乃先睡後醒；對此，何啟以英文撰文表達其不認同之觀點，認為曾紀澤所提皆非根本之道，真正的重點在於整頓吏治、司法等內政問題，並以民為本以獲取民心，而此文後由胡禮垣翻譯成中文並加以潤飾後發表為〈曾論書後〉一文。〔註57〕

（二）1895 年：〈新政議論〉

　　甲午戰爭前後，胡禮垣居留日本，觀察時局體悟良多，戰後他綜合對清廷辦洋務，多重視船堅炮利而忽視根本制度改革，導致甲午戰敗之反思，與何啟提供對中國施行新政的建議，撰寫成〈新政議論〉一文，除了提出改行君主立憲政體、發展資本主義經濟體系等具體改革方案外，也將西方制度中具參考價

〔註55〕（清）胡禮垣著、沈雲龍編，《胡翼南先生全集》，頁 54～56；王壽南主編，《中國歷代思想家（十八）》，頁 299～301。

〔註56〕原文為英文，題名 *China, the Sleep and the Awakening*。參見王壽南主編，《中國歷代思想家（十八）》，頁 304。

〔註57〕（清）胡禮垣著、沈雲龍編，《胡翼南先生全集》，頁 221～223。

值者加以介紹。〔註58〕

（三）1898 年：〈新政始基〉、〈康說書後〉、〈新政安行〉

此年清帝國面臨德國強租膠州灣及列強劃分勢力範圍問題，何、胡後認為清廷積弱主因之一為缺乏理財之法，被迫借用外債，致使經濟不振，故撰寫〈新政始基〉一文。〔註59〕探討理財之道，並批判官督商辦等政策之弱點，提出任用賢才及引進新式財稅改革方式以達到國富民足的目標。〔註60〕

同年，康有為等維新派在各地成立保國會，鼓吹變法以因應列強瓜分中國危機，並在北京發表「京師保國會第一集演說」，對帝國主義及殖民地政策多所批判，胡禮垣認為康氏對西方認識多所錯誤，以此施行變法有害無益，在何啟鼓勵下撰寫〈康說書後〉一文加以指正，並提出他認為可行的改革方案。〔註61〕

後康有為等人獲光緒皇帝支持，發動戊戌變法，僅百日便遭慈禧為首之保守派反撲，致使變法未成。何、胡討論後認為變法失敗原因，在於新舊黨爭，舊黨阻礙變法推行，於是撰寫〈新政安行〉一文，談論如何施行新政之法，其中一個重要論點，則是指出康、梁變法一意孤行且操之過急，致使保守派無法接受，應長期準備以取得民心，另外也提出包括財政改革、設置變法專門機構、官制與兵制改革、改革科舉制度等人才培育方法，及接納基督宗教以從根本學習西學等建議。〔註62〕

（四）1899 年：〈勸學篇書後〉、〈新政變通〉

光緒十五年（1889）至光緒三十三年（1907）間出任湖廣總督之張之洞（1837～1909），在任內多番推展漢陽鐵廠、湖北兵工廠、湖北織布局、馬鞍山煤礦、籌建鐵路、開設新式學堂及組建新軍等多項洋務政策，儼然洋務派領袖中的後起之秀；光緒二十四年（1898），張之洞發表了《勸學篇》，主張「中學為體，西學為用」之理論，似有意在同時期被視為激進之戊戌變法外，提出較為折衷的改革論點，其內容分為內外兩篇，內篇以傳統儒家體系為基礎，主要討論思想層面之內容，並表達出支持君主制度，排斥西方民權思想的觀點；外篇則較

〔註58〕（清）胡禮垣著、沈雲龍編，《胡翼南先生全集》，頁 313～324。

〔註59〕（清）胡禮垣著、沈雲龍編，《胡翼南先生全集》，頁 499～501。

〔註60〕王壽南主編，《中國歷代思想家（十八）》，頁 306。

〔註61〕（清）胡禮垣著、沈雲龍編，《胡翼南先生全集》，頁 783～784。

〔註62〕王壽南主編，《中國歷代思想家（十八）》，頁 308～309。

偏向實務層面，介紹遊學、翻譯書籍、辦報、發展實業、改制科舉、興建鐵路等各種推展洋務以強國的方式。〔註63〕對此，胡禮垣則認為其論點有誤，若循之推行新政有害無益，故撰寫〈勸學篇書後〉一文加以指正。該文主要針對兩點闡述，其一是《勸學篇》內篇主張鞏固儒家道統，排斥西方民權思想，胡氏對此則以西方採民主思想及代議制以使國家富強之論點反駁；其二則是《勸學篇》外篇中提出多項洋務強國之政策，胡氏則認為強國根本在改革現有政治體制，除了過去他曾多次提及的行政、財政改革外，也呼應前述論點提出引進代議制、施行選舉制度等方案，實際上便是學習英國君主立憲制。〔註64〕

而在撰寫了前述諸篇政論文章後，胡禮垣擬將其集結出版為《新政真詮》一書，在出版前又撰寫〈新政變通〉一文，說明施行新政的必然性，並希望打消反對者疑慮。〔註65〕該文整理當時中國五種主張變法改革論點，包括「加強武備以弭平內亂，對於西方列強則用談判虛以委蛇」、〔註66〕「西方國家以商務強國，但其經商只為以有易無，中國地大物博，應重視農工，不應變更傳統」、〔註67〕「阻礙變革之因，在居高位握權要之人多為頑固鮮恥的老耄，需加以革除，起用新人」、〔註68〕「國勢不振乃源自於清政府施政不公，屈服於列強，刑罰過酷……等惡政，欲強國便要進行革命」、〔註69〕「國家積弱主因在大多數人民不明理、不讀書、不識字，欲強國應該要發展文教，翻譯西書以開民智」。〔註70〕對這些論點，胡禮垣直言此五種論點皆有其缺陷且非根本改革之道，而真正應該且能夠實行者，是他一貫的改革思想，包括提倡民權、設立議會、發展實業、改革財政、推動新式教育；值得注意的是，他提出一種契約式的自治制度，即中央將治理之權租賃給各省，施行自治，向中央繳納稅款，而改革新政也可先各自推行，待成功再推廣至全國。〔註71〕

除了以上各篇之外，在準備出版《新政真詮》後，胡禮垣又於1901年撰寫

〔註63〕王壽南主編，《中國歷代思想家（十八）》，頁309～310。

〔註64〕王壽南主編，《中國歷代思想家（十八）》，頁310～311。

〔註65〕（清）胡禮垣著、沈雲龍編，《胡翼南先生全集》，頁1051。

〔註66〕（清）胡禮垣著、沈雲龍編，《胡翼南先生全集》，頁1057～1059。

〔註67〕（清）胡禮垣著、沈雲龍編，《胡翼南先生全集》，頁1059～1062。

〔註68〕（清）胡禮垣著、沈雲龍編，《胡翼南先生全集》，頁1062～1065。

〔註69〕（清）胡禮垣著、沈雲龍編，《胡翼南先生全集》，頁1065～1068。

〔註70〕（清）胡禮垣著、沈雲龍編，《胡翼南先生全集》，頁1069～1072。

〔註71〕王壽南主編，《中國歷代思想家（十八）》，頁311～312。

〈前總序〉與〈後總序〉兩篇序文，以總體說明其著述理念及內容概要。〔註72〕
綜上所述，《新政真詮》的成書目的簡言之，便是為了對晚清的變法改革的不足
之處，以及就張之洞、曾紀澤等洋務官員及或康有為等維新思想家對西學的錯
誤認識提出指正，並藉此闡述何啟與胡禮垣二人的政治思想。

二、《新政真詮》中之香港論述

　　《新政真詮》之目的是闡述改革思想，並非如王韜的〈香港略論〉等文
章是專為介紹香港而寫，故在本質上便不相同，但香港畢竟是何啟與胡禮垣
成長學習且長期定居的都市，故兩人在寫作時採用自身熟悉的在港見聞經驗
加強論述，通過這些散見在不同章節中的文字，呈現出一種受過西式教育的
華人菁英對香港觀察的面向。在《新政真詮》中論述香港的內容，主要出現
在卷一〈前總序〉、卷七與卷八〈新政始基〉、卷十三〈康說書後〉等篇章中，
以下將按順序分別進行介紹分析：

（一）〈前總序〉

　　此篇為全書的總序，在文中大致闡述其變法改革之思想，並列舉歷朝歷
代如財政、變法，以及以民為本之民權思想等例證互相映證。在文中何、胡
二人假借孔子等古聖人之名義來放入論述，其目的或在強化其變法思想的正
統性，以及增加對傳統知識分子的說服力。舉例來說，他們假設孔子處於戰
國時代，必定主張胡服騎射更勝過趙武靈王，而假使孔子在清初時掌政，對
於施行製船興商等接受西方制度以強國的措施，會比同時期的俄國彼得大帝
更加盛大，其用意在將孔子的思想塑造為靈活而順應時勢，加以鼓吹變法，
並讓變法者接受新事物而莫拘泥於古經典。〔註73〕在這種思考模式的基礎上，
他們提出的改革建議之一，乃是「一則謂官俸之給必從厚也」〔註74〕而對於
給予官員豐厚薪俸的建議，作者採用了在香港觀察之經驗來加強論述。

　　文中歷數春秋以降到漢、唐、宋等朝代之官俸制度，認為自宋代開始「由
是以掊尅百姓為才能，以賤待百官為清矯」〔註75〕這種對百姓聚斂、賤待百官
的流弊，一直被後世承襲而沒有改變，反觀西方國家：

〔註72〕王壽南主編，《中國歷代思想家（十八）》，頁312。
〔註73〕胡禮垣，〈新政真詮・卷一：前總序〉，收錄於《胡翼南先生全集》，頁103。
〔註74〕胡禮垣，〈新政真詮・卷一：前總序〉，收錄於《胡翼南先生全集》，頁103。
〔註75〕胡禮垣，〈新政真詮・卷一：前總序〉，收錄於《胡翼南先生全集》，頁106。

> 今中國之人第見泰西大國，凡為文臣膺重任者，無不矢志青天，凡
> 為武員當職役者，無不以身衛國。間有一、二貪惏黷貨茌苴賄賂，
> 一經察覺立予創懲，竊嘆泰西之法雷厲風行為不可及，而不知彼其
> 所以致此者無他焉，特不失其至庸至常之理耳。〔註76〕

在當時的中國人眼中，西方國家不論文武官員都盡忠職守，即使有少數貪污
舞弊情事，被查獲後也立獲嚴懲，也有部分論者認為過於雷厲風行不可取，
但作者認為，評論者不了解西方國家所以能讓官員忠於職務，僅是一種「至
庸至常之理」，即給予官員優厚的俸祿。

　　舉例來說，包括香港總督在內之英國官員的薪俸及待遇：

> 英國宰相年俸十萬元……藩部總督……在香港者三萬二千元，此其實
> 得之俸也；若其書記、衙役、門閽、胥吏以及居處出門所需諸費，如
> 宮室租項、車馬夫役等類，無不供自國家。此外尚有應酬一欵給以備
> 用者，雖以香港一隅之小，其數亦一萬，以此推之可知其概。〔註77〕

香港總督一年的薪俸三萬兩千元，且這是完全由他個人獨得，其餘在他屬下工
作的書記、門衛等職員，以及房租、供養馬車與車伕等支出，都由國家另外給
予，不需總督自行從薪俸中撥付，且以香港彈丸之地，港督還可領有一萬元的
應酬費，則其餘可以想見。而以香港與中國對比，其面積大小或許還不如中國
一個縣，但是：

> 夫香港為地未及中國一縣之廣，乃縣宰廉俸等項共不過千餘兩，而
> 縣幕一人脩脯之費，亦須數百兩，合胥吏、夫馬等費而計，為縣宰
> 者縱一文不取，亦不能以支持。〔註78〕

以一般情況來說，一個縣令薪俸加上養廉銀共千餘兩，但養一個幕府師爺便
需要數百兩，再加上需要給養胥吏等人員，就算縣令本人完全不拿取任何薪
俸也無法支持開銷，所以作者認為「中國經濟不談則已，談則必談以厚給官
祿為先；中國政令不變則已，變則必以釐正官俸為首。」〔註79〕即可學習香
港等地之西方制度，通過給予官員豐厚的薪俸以提升官員待遇，並改革官俸
制度以減少官員貪污舞弊的情事。

〔註76〕胡禮垣，〈新政真詮・卷一：前總序〉，收錄於《胡翼南先生全集》，頁106。
〔註77〕胡禮垣，〈新政真詮・卷一：前總序〉，收錄於《胡翼南先生全集》，頁106～
　　　　107。
〔註78〕胡禮垣，〈新政真詮・卷一：前總序〉，收錄於《胡翼南先生全集》，頁107。
〔註79〕胡禮垣，〈新政真詮・卷一：前總序〉，收錄於《胡翼南先生全集》，頁108。

（二）〈新政始基〉

〈新政始基〉一篇的宗旨，從本篇的序言中可以看出：

> 此篇言古來國家發憤有為，莫不由於憂患，非憂則弊不能去，非患則利不能興，而興利除弊當以理財之法為先，理財之法又以廣用賢才為要。……今惟不用賢才，故鐵路、銀行、礦務、機局則有官督商辦，不入洋股，借用洋項，抽取公欵，諸弊而民流政散，見危於外邦；亦惟不用賢才，故洋債日絀，遺累無窮，則有籌加釐稅、議設餉碼、頒行信票、減俸裁兵諸弊……弊且不除，利何由至此，無他，不用賢才之過也。〔註80〕

何、胡二人指出如果國家要興利除弊，則首重理財，而理財之要又在於要選用賢才，並認為清帝國出現號稱不入洋股，卻屢借外債，並使私人抽取公款中飽私囊的「官督商辦」政策，而也因為屢次向西方國家借貸，債臺高築之下，導致不得不有加收釐稅等政策，並因此衍生流弊，追根究底，其原因皆來自清帝國無法任用賢才。

作者以興建鐵路為例，認為清政府的政策有四種弊端，其一是「官督商辦」，何、胡理想中的模式應該是完全商辦，官方只提供法令政策上之保護，官督商辦的模式在他們看來只是半官半商，既有官方名義，一方面可能使畏懼官府的商人不敢投資，一方面在與官方合作時，若遭遇執行官員中飽私囊，商人畏懼官員權勢，也不敢反抗而導致虧損；〔註81〕其二是「不入洋股」，官督商辦之政策在一開始便主張不接受外資入股，目的在保護本國企業，欲將航運等利權從外資手中奪回。何、胡卻認為，不接受外資入股正是造成官督商辦企業中，商人屢遭官府挾制的主因，若有外資入股，官府便不敢挾制剝削，而清政府所擔心經營權遭外資奪取的問題，他們則認為如果將股權分散給不同外資，反而可達成平衡以保護經營權；〔註82〕其三是「借用外款」，雖然官督商辦不入洋股，政府卻屢借外債，這實際上卻是一種矛盾，當為建鐵路向西方國家借款時，卻是用路權作為擔保，一旦無法還款，鐵路還是落入外人之手，完全失去不讓西方國家入股以保護利權的初衷；〔註83〕其四是「議抽公款」，借

〔註80〕胡禮垣，〈新政真詮·卷七〉，收錄於《胡翼南先生全集》，頁 499～500。
〔註81〕胡禮垣，〈新政真詮·卷七〉，收錄於《胡翼南先生全集》，頁 525～528。
〔註82〕胡禮垣，〈新政真詮·卷七〉，收錄於《胡翼南先生全集》，頁 528～531。
〔註83〕胡禮垣，〈新政真詮·卷七〉，收錄於《胡翼南先生全集》，頁 531～537。

用外債興建鐵路為一重大政策，應每分錢之支出都斤斤計較，清政府卻在興建之初，便抽取十分之一的公款挪作他用，何、胡二人認為這不是促進，反而是壓抑此項目的發展。〔註84〕

　　而更進一步，何、胡二人則對於清廷因屢向西方國家借款而負債累累，為了增加收入而採用加收釐金等政策進行分析。他們認為，對所謂有理財之能的賢才來說，究竟其「理財之能」所指為何？「將在加收釐金乎？將在加征地稅乎？將在加抽大宗貨物如絲、茶等出口之稅乎？是皆不可為也。」〔註85〕對於當時被提出，不論是加收釐金、〔註86〕加徵地稅或是加抽大宗貨物出口稅等增加收入之辦法，在作者眼中看來皆不可行。

　　對於上述的問題，何、胡二人同樣採用了他們在香港觀察的經驗，以鴉片為例來加以說明：

> 之三者不惟不可以擬加，且須從之而擬減，不惟不可以擬重，且須從之而擬輕。或謂鴉片危害於民，吸食以少為貴，南洋諸島，香港一隅，華人戾止之區，工商往來之地，煙膏餉項為數不資，老少男女吸與不吸合而計之，每人每年約抽餉銀一、二圓；若以其法行於中國，二十三省中華人三萬萬，以每人一圓而計，每年可得三萬萬圓。……一以減斯民之吸食，一以濟國庫之艱難，若是其可為乎？〔註87〕

上述三種收入來源都應該從輕且減收，並以鴉片在香港抽稅為例，不論吸與不吸，平均每人每年皆抽鴉片稅一到兩圓，如果同樣施行於中國，則以中國人口計算每年預計可得三億圓，看似一方面因加收稅款使價格提高而減少吸食人口，一方面則可使國庫收入增加。但直接將此制度移植是否真的適合？何、胡進一步將香港與中國之情況加以對比分析：

> 曰理財者言取財必以其理也，故必審事勢，察人情，原始終，觀全局乃可以之其順不順，而決其行不行。南洋、香港不收稅者也，洋藥生貨之來此，未嘗有分毫之稅歸於地方有司；於此而以戒吸為言

〔註84〕胡禮垣，〈新政真詮・卷七〉，收錄於《胡翼南先生全集》，頁537～543。

〔註85〕胡禮垣，〈新政真詮・卷七〉，收錄於《胡翼南先生全集》，頁552。

〔註86〕為一種內地貨物稅，最初是來自於兩湖會館的提釐籌款辦法，在百貨商品中抽取價值百分之一的金額；在太平天國動亂之後，各地軍隊為籌措軍餉，在咸豐三年（1853）由江北大營首先在揚州週邊試行，此後亦被湘軍仿效，至咸豐五年（1855）推展至與太平軍作戰之各省。參見郭廷以，《近代中國史綱》，頁128。

〔註87〕胡禮垣，〈新政真詮・卷七〉，收錄於《胡翼南先生全集》，頁560～561。

設立餉碼，是事勢得而人情悅，宜其順而可行也。中國於洋藥進口
時既抽重稅，於土貨經卡處亦起重釐，是其示戒鴉片之心一之為
甚，復至於再，民何以堪？夫既欲令民戒猶且聽民種，是謂自相矛
盾。〔註88〕

他們認為，一種理財制度，應該要審時度勢，並觀察局勢，才能判定能否順利
施行。此處必須提出一個疑問，即在前文中何、胡曾提到在香港鴉片平均每年
每人不論吸與不吸，皆收取「煙膏稅餉」一到二圓，此處卻又說「洋藥生貨之
來此，未嘗有分毫之稅歸於地方有司」，是否說法前後矛盾？其實這牽涉到鴉
片的製造與販賣之流程。

　　就香港來說，鴉片的原料來源主要來自英屬印度的孟加拉地區，部分則來
自土耳其與波斯，亦有少部分來自中國。因鴉片主要使用方式為吸食，要達到
可吸食的程度前，必須先將生鴉片熬煮為煙膏。香港自開埠初期以來，便從印
度等產地進口生鴉片，於香港熬煮加工為熟鴉片膏後再轉售。據研究者統計，
在1840年代末，來自印度的生鴉片有四分之三皆由香港加工處理，而也因為
長期在此形成的產業鏈，香港甚至在鴉片業界建立起專屬的品牌形象，以品質
優良與味道醇厚著稱，且因越來越多的華人通過香港前往美國，香港鴉片也隨
之飄洋過海，建立起銷往美國加州的管道。〔註89〕而在香港通過對鴉片消費來
課稅的政策，同樣自開埠後不久便開始，最早是將鴉片專營權授予特定人士的
方式運作，因牽涉到眾多既得利益者而屢次失敗；1858年後香港政府改採專
營權承充制度，取得專營權者可再轉發牌照給其他人，專營權受到法律的保
護，規定只允許有專營權及被授予牌照者可熬煮鴉片販賣，違反者將受罰款甚
至監禁，此種法律一直實施至1914年才由政府收回專營權。〔註90〕

　　在上述鴉片進口、加工到販售的流程中，自產地進口至香港的生鴉片，
因第一次英法聯軍之役後，簽訂《天津條約》，開放鴉片合法化且可自由進口
買賣，並改稱為「洋藥」，每百斤稅銀三十兩，〔註91〕故何、胡所指之「洋藥
生貨」指的便是生鴉片。實際上未經加工的生鴉片，在進口到香港時亦是不

〔註88〕胡禮垣，〈新政真詮·卷七〉，收錄於《胡翼南先生全集》，頁561～562。
〔註89〕冼玉儀著，林立偉譯，《穿梭太平洋：金山夢、華人出洋與香港的形成》，頁
　　　　253～259。
〔註90〕冼玉儀著，林立偉譯，《穿梭太平洋：金山夢、華人出洋與香港的形成》，頁
　　　　269～270。
〔註91〕郭廷以，《近代中國史綱》，頁156。

收關稅的，也就是所謂「未嘗有分毫之稅歸於地方有司」；香港政府通過鴉片消費所收取的稅收來源，則是將在香港熬煮生鴉片為煙膏並販售的權利執照，授予獲得競標之經銷商的包稅制收入，而非在進口生鴉片時便收取。

在了解其流程的基礎上便可以理解，何、胡二人乃認為因香港進口生鴉片時未收取關稅，故如果以戒煙為理由，通過包稅制收取專賣鴉片之消費稅金，較能順應人情而易被接受；中國在鴉片進口時已抽了為數頗重的稅額，於國內運送途中又要收取高額釐金的內地貨物稅，經過兩次徵稅後，如果又要以戒煙為由再抽一次稅，等於是剝了三層皮，會使相關經營、販售者與吸食者皆無法接受，且雖然提倡戒除鴉片煙，國內如雲南、四川、貴州、山西、甘肅等地卻又允許人民自行種植，〔註92〕此兩種做法實則互相矛盾。

另外，何、胡二又從其他幾個層面進行分析：

> 且南洋香港華人旅寓者，果安分營生不為佚蕩，類皆有工役可為，衣食可覓，至於中國內地新政未興，百廢未舉，無告之民雖負志氣勤動作，亦多無以餬其口而聊其生。竊嘗以民之貧富觀之，而知西國通財利民、興商惠工實效之所在矣。蓋機器林立，鐵路梭織，男子年壯稍具氣力即可謀生。〔註93〕

他們認為西方國家包括香港等殖民地在內，其增加國家財富方式之根本在於發展工商，故寓居香港等地的華人基本上都有工作可做，衣食無憂，晚清中國則改革未成，雖有不少勤勞有志氣者卻仍難餬口。在清帝國此種政策本已不健全的環境上，增設新稅項來增加財政收入，何、胡認為：

> 且夫人之所以輕財不吝者，為其易於儻來耳。若其得之也艱，則其用之也必惜，其籌之也絀，則其舍之也必難，故國課之抽若減一分，則得一分之慶，若加一分，則重一分之憂，此煙餉可以施之於南洋、香港，而不可以施之中國內地者，事理始然也。〔註94〕

再次回應前述稅收應從輕並減收的論點，財富得來不易才會珍惜，以增加稅項等較簡單方式獲得的財富，往往不加思索而被濫用，太過依賴易於賺錢的財源，反而難以有所盈餘，且實際上還是無法解決政策不健全的根本問題，這也是對鴉片抽稅可施行於香港，但不適於中國的原因。

〔註92〕林滿紅，〈清末本國鴉片之替代進口鴉片（1858～1906）——近代中國「進口替代」個案研究之一〉，《近代史研究所集刊》，9（臺北：1978），頁390～397。
〔註93〕胡禮垣，〈新政真詮‧卷七〉，收錄於《胡翼南先生全集》，頁562。
〔註94〕胡禮垣，〈新政真詮‧卷七〉，收錄於《胡翼南先生全集》，頁563～564。

另一方面，兩人則從法律層面切入：

> 況煙膏之餉碼一行，則必多設巡攔，廣開搜局，不論諸色人等，不
> 拘男婦老少，皆不能免於搜身，指為夾帶，……是少許煙膏足以破
> 家而喪命，且一意中傷則插贓者更難拒捕，是無辜受累豈能昭雪以
> 申冤？……南洋、香港法令嚴明，毋枉毋縱，然而冤抑之訴猶復時
> 聞，……若中國內地涎其利而不知其害，規其法而未知其意，則未
> 有不滋擾百出，禍害叢生者也，且南洋、香港今猶欲設法以除其餉
> 碼，中國乃欲取而行之，是亦未知其中不便耳。〔註95〕

鴉片經過多次抽稅後，價格居高不下，自然容易遭到有心者覬覦，更可能因此
衍生貪汙、栽贓與藉機勒索等問題，在何、胡心中已堪稱嚴明的香港法律都無
法避免時有冤案，更不用說對他們而言尚不如香港的中國。總而言之，他們認
為如果清政府只通過增加鴉片等稅收追求收益，卻不瞭解其害處，或對設置增
稅的用意不求甚解，將會問題叢生。對於鴉片稅香港等地甚至有取消之建議，
中國反而欲增加，他們認為是因為不了解其中的不便之處。

（三）〈康說書後〉

在〈康說書後〉中對香港的觀察，應屬《新政真詮》一書中份量最多，且
論述最詳盡的一部分，而此篇章寫成之原因，在緒論已有略為提及，即與康有
為於光緒二十四年（1898）在北京保國會成立活動中公開發表談話，「京師保
國會第一次集會演說」之內容有關，則此演說中有何涉及香港之內容？何啟與
胡禮垣對康氏言論撰文指正的內容中又有哪些與香港觀察相關的論述？或許
應從康有為成立保國會及發表「京師保國會第一次集會演說」的遠因，甲午戰
爭後俄、德、法「三國干涉還遼」一事談起。〔註96〕

德國在成功阻止遼東半島割讓給日本後，取得漢口與天津之租界做為報
酬，但德國真正之目標是在中國取得一港口作為軍事基地，故並不滿意，多

〔註95〕胡禮垣，〈新政真詮‧卷七〉，收錄於《胡翼南先生全集》，頁564～565。
〔註96〕甲午戰爭中清帝國戰敗，被迫簽訂馬關條約，其中規定割讓臺灣與遼東半島予
　　　　日本。在此之前，俄國早已通過各種方式極力往遠東擴張，其本就意欲通過建設
　　　　西伯利亞鐵路穿過滿州以改變中俄疆界，而日本奪取遼東半島為殖民地的作為，
　　　　使俄國深感威脅。而為了中止日本與其在遠東利益的競逐，俄國聯合了與其有
　　　　同盟關係且不欲日本過分擴張而損及其利益的法國，以及同樣欲染指遠東的德
　　　　國，三國因不同之目的結成同盟，向日本施加壓力，使其將遼東半島歸還給中
　　　　國，此即所謂「三國干涉還遼」。參見郭廷以，《近代中國史綱》，頁323～324。

次向清帝國提出租借膠州灣的要求，皆被婉拒。〔註97〕一直到光緒二十三年（1897）有兩名德國傳教士在山東被殺，德國以此為藉口，先行攻佔膠州灣後，再向清帝國要求謝罪、賠款、路權、礦權及租借膠州灣等條款；因德國事先取得俄、英、日等國的諒解，清廷無法取得外交協助，又迫於德國武力威脅，最後同意條款，等於將山東全省利權讓予德國。〔註98〕在此之前，俄國已用干涉還遼為由向清廷邀功，取得北滿勢力範圍，清廷對德國讓步，俄國再乘勢租借旅順港，更是引發了英、法、日等國相繼投入分割中國取得勢力範圍的競逐中。〔註99〕

租借膠州灣與旅順，及列強劃分勢力範圍，「京師人人驚恐」，〔註100〕康有為等有識之士一方面上書請求變法，一方面則在各地成立粵學會、蜀學會、閩學會、陝學會等以振士氣，終於在光緒二十四年（1898）三月二十七日，於北京粵東會館召開京師保國會第一次集會，擬定章程三十條。〔註101〕在會中，康有為發表「京師保國會第一次集會演說」，內容歷數對清廷不明世界局勢而敗於歐美列強，自強運動多方受到保守派阻撓，及在甲午戰敗後仍不思徹底進行制度改變等事的不滿，並列舉緬甸、安南、印度、波蘭等國故事，強調若再不尋求變法，可預見中國四萬萬人民將受到外國勢力入侵奴役宰制的慘況。〔註102〕

香港作為英國的殖民地，自然也是康氏用以批判帝國主義的重點之一，在演說中康有為提到：

> 香港隸英人，至今尚無科第，人以買辦為至榮。英人之竂貧者，皆可為大班，吾華人百萬之富、道府之銜、紅藍之頂，乃多為其一洋行之買辦，立侍其側，仰視顏色。嗚呼哀哉！及今不自強，恐吾四萬萬人他日之至榮者，不過如此也。……即有無恥之輩，發憤作貳臣，前朝所極不齒者，而西人必不用中人；以西人之官必有專門，非專學不能承之也。若使吳梅村在，他日將並一教官不能得，安敢望祭酒哉！即欲如熊開元作僧，而西教專毀像教，佛像、佛殿將無

〔註97〕郭廷以，《近代中國史綱》，頁330～331。

〔註98〕大致包括德國可租借膠州九十九年，並擁有港口周圍一百里內自由運兵、興建鐵路、開採煤礦等權利，參見郭廷以，《近代中國史綱》，頁331～332。

〔註99〕郭廷以，《近代中國史綱》，頁332～336。

〔註100〕梁啟超，《戊戌政變記》（臺北：五南出版社，2014），頁125。

〔註101〕梁啟超，《戊戌政變記》，頁125。

〔註102〕梁啟超，《戊戌政變記》，頁129～135。

可存，僧于何依？即欲蹈東海而死，吾中國無海軍，即無海境，此
亦非我乾淨土矣！做貳臣不得，做僧不得，死而蹈海不得，吾四萬
萬之人，吾萬千之士大夫，將何依何歸、何去何從乎？〔註103〕

康有為認為香港割讓給英國後，未推行科舉取才，故華人大多以擔任買辦為
榮，來自英國的貧困者可成為大班等洋行高層，華人即便擁有百萬資財也只
能做侍立在側的買辦；他也認為洋人之官員必須具有專門學識，故絕不會任
用華人任官，更引用明清更迭之際，明朝遺民尚有可能擔任國子監祭酒，或
有遁入空門以忠於自己價值觀的選擇，反面突顯英人之酷烈更勝滿人，華人
將出仕不得，出家不得，甚至投海自盡也不得，深恐再不自強，華人未來最
高榮耀也僅是一買辦。此處康有為所指「吾華人百萬之富、道府之銜、紅藍
之頂」，指的正是前文王韜提到香港的富裕華商，對香港殖民政府輸誠，也通
過捐納取得清帝國官位，在中英兩國政府權力間求生存，在重要場合華商還
會穿戴清帝國之袍服出席，以清廷命官的身份向香港華人群眾彰顯其地位的
情況，〔註104〕這些人在康氏眼中卻只是拋卻尊嚴，仰洋人鼻息的買辦。

　　對比康有為首次遊歷香港時的驚奇與讚嘆，何以康氏此時卻對香港多所
惡評？或許一方面是在這十餘年間對西方文化與國際情勢了解漸廣，一方面
也可能出於保國會演說具有的政治性質，需要較煽動性的言論。對於康有為的
演說，胡禮垣雖對其「以牖萬民之心，而廣士大夫之志」的用心加以讚許，但
「惜觀其初集演說，似未能握要，非徒無益而又有害」，〔註105〕認為康氏以對
西學之錯誤理解逕行變法，反有害無益。經何啟鼓勵，撰寫了〈康說書後〉一
文，則對康有為批判香港的言論，胡氏以哪些對香港的觀察反駁？首先，針對
康有為所說香港「至今尚無科第」一事，胡禮垣指出：

香港開埠規模粗定，即設學校，二十年來已有科第，學校考試一年
二次，科第考試一年一次，所考各藝大同小異，惟學校之考命題，
取雋香港掌院主之，科第之考則英國掌院主之，題目文藝游船付寄，
應考者無須往返數萬里也。此不獨香港為然也，中國通商諸處皆然，
亦不獨中國為然也，天下各國凡英商所到處，土著之人，不拘男婦

〔註103〕梁啟超，《戊戌政變記》，頁132～133。
〔註104〕王賡武主編，《香港史新編》，上冊，頁111；徐承恩，《香港——鬱躁的家邦：
　　　　本土觀點的香港源流史》，頁184～185。
〔註105〕胡禮垣，〈新政真詮・卷十三〉，收錄於《胡翼南先生全集》，頁783。

> 老少有志於學者，皆能以其名函致英國倫敦貢院而考取科第。是故
> 人特患不肯學耳，苟能勤於自課，必無抑塞蹭蹬之虞。〔註106〕

胡禮垣指出香港不但初開埠便有學校設立，二十年以來已經有設有科第考試，一年舉辦一次，且不單是香港，還包括其他中國的通商口岸及世界其他有英商所到之處，只要有志於學者，都不需親自前往英國，而以去函至倫敦，再以船隻運送考題至各地的模式來進行考試，以獲取科第資格。胡氏更進一步探討香港教育之教授內容：

> 今香港所學為文理、地圖、算數、國史、文章、詩詞、古今方言、電
> 學、光學、聲學、化學、重學、音樂、丹青圖繪等各學俱分數種，而
> 算學為最多，名目甚繁，學者須循序而進然。首六事則雖初學亦必兼
> 之，非若中國之徒重文字也。學校高等則書院標識其名，科第得雋則
> 英國給以憑照，而醫學、律學、丈量、駕駛機器等專門之業為應世之
> 用者，亦能就近考取，俱由本處主司給以憑照，蓋無憑照則不能出而
> 問世也。而凡為主司者，皆精於其業之人，此與中國之主司未明數學
> 而以數學命題，未知時務而以時務課士者，頓異矣。〔註107〕

根據他的敘述，香港學生所學課程包括文、史、地理、數學等基礎課程外，已有更進階的物理、化學方面專門課程，且也涉及音樂、美術等人文素養教育，課程循序漸進，並且在基礎教育上要求各科並重，不像中國只重文字。而最重要的是，「此與中國之主司未明數學而以數學命題，未知時務而以時務課士者，頓異矣。」胡禮垣認為當時中國的一大問題，乃是由非具有專業者來擔任專業考試的命題者，反之，這便是香港相異且優於晚清中國之處。

另一方面，除了通過學校教育取得學位，或通過科第考試取得憑證外，專門職業如醫師、律師等，還要另外考取專業的執照，之後他更進一步介紹了香港教育考試制度中華人參與的情況：

> 今合港內各國生童而計，每年考於學校者約二千人，華人居其十八
> 九，考於英國者約數十人，華人居其十四五，而得雋者均約以半計；
> 此與中國之徒試空言，使僅通者多幸獲，嚴限額數致宿學者每向隅，
> 又迥殊矣。〔註108〕

〔註106〕 胡禮垣，〈新政真詮・卷十三〉，收錄於《胡翼南先生全集》，頁814～815。
〔註107〕 胡禮垣，〈新政真詮・卷十三〉，收錄於《胡翼南先生全集》，頁815。
〔註108〕 胡禮垣，〈新政真詮・卷十三〉，收錄於《胡翼南先生全集》，頁815～816。

在胡氏撰寫此文的 1890 年代，他所觀察到每年在香港通過學校考試的約 2000
人，華人佔其中的八到九成，而通過由英國出題之科第考試者每年約數十人，
華人也約佔半數之多，已占相當比例，絕非康氏所言只有西人可以學習西學的
情況，且又與中國考試徒試空言，使通曉少數學科者僥倖通過，真正有才學者
卻向隅的狀況大不相同。

　　至於康有為「西人必不用中人」的說法，胡禮垣又對華人在香港出任公職
之情況加以敘述：

> 然而辦公務、當官職尚不由此，故有並非科甲中人而作貴官、膺顯
> 秩，亦有高掇巍科之人而為商賈、居列肆，惟其不以科第為重，而
> 以能當其任為斷也。巡理府、律政司等職華人已曾署理，更有屢徵
> 署理而不肯就者。〔註109〕

他指出任官未必與通過科第考試有關，有非通過考試者擔任高官，也有考試名
列前矛者經商，判斷標準主要在於以是否勝任。嚴格來說，康有為的認知雖然
有誤解或誇大之嫌，卻也的確部分突顯出香港華人的處境。戰前的香港公務員
組成，歐籍人士仍占相當大比例，部門首長自不用說，中下階層職務也有許多
歐籍人士出任，且薪資差異等種族歧視乃毫不掩飾的出現在政府體系與法規
中，〔註110〕但要用「西人必不用中人」如此絕對的評價來定論，還是言過其實。

　　另外康有為所說香港「尚無科第」是否正確？實際上他可能有認知上的盲
區，在康、胡之外，或可從晚清外交官員宋育仁（1857～1931）的記載，〔註111〕
作為第三種視角進行映證。在其著作《泰西各國采風記》中關於英國任官制度，
大致上包括繼承爵位、被選舉為下議院議員、學校教育，及獲得官員推薦等四

〔註109〕　胡禮垣，〈新政真詮・卷十三〉，收錄於《胡翼南先生全集》，頁816。
〔註110〕　以香港警察為例，雖然華人警察語言上可與香港華人相通，理論上可大幅減
　　　　　少語言不通造成的各種麻煩，但在種族比例上，歐籍與印度籍成員皆比華人
　　　　　來得多，其主要原因出於香港殖民政府對華人的不信任，他們更相信歐籍與
　　　　　印籍警員的忠誠性，也因此開埠初期，華警的裝備甚至只有木棍而不配槍。
　　　　　在十九世紀，警員的待遇上，歐籍警員比印籍高出一倍，比華籍則高出兩倍，
　　　　　皆可看出華人擔任公務員遭到明顯的歧視。參見王賡武主編，《香港史新編》
　　　　　上冊，91；余繩武、劉存寬，《十九世紀的香港》，頁221～223。
〔註111〕　宋育仁（1857～1931），字芸子，四川富順人。少有才名，師從王闓運，二十
　　　　　九歲時中進士，任翰林院庶吉士。光緒二十年（1894）隨使英國，至光緒二
　　　　　十三年（1897）回國，在英國期間遇甲午戰爭，曾密謀雇用傭兵攻擊長崎，
　　　　　後馬關條約簽訂而事罷，著有考察英國風俗與文化之《泰西各國采風記》。參
　　　　　見王立誠編校，《郭嵩燾等使西記六種》，頁19～20。

種方式，其中學校教育一項：

> 學校。由法學院考成，為律師；由藝學院考成，為藝師；由律師，
> 政府得舉以任刑官，……由藝師，商部、工部得舉以為工商庶務
> 官，……由文學院考成者，不必入仕途；才能尤異，由阿佳底密（應
> 為 academy 之譯音）大學院眾學士得舉為學士。其入仕者，或由學
> 部總管府舉為典試官及太學大書院教習，或於學業之外，兼有治事
> 才，首項得舉為學部長官正貳。……由道學院考成者為教師。〔註112〕

宋育仁對英國學校教育及藉之出仕的觀察，與胡禮垣的說法大致上相近且符
合，則相較於自學西學的康有為，接受西式教育的胡禮垣，及曾在英國任職經
年的宋育仁之說法似乎較為可信。

　　胡禮垣所說「巡理府、律政司等職華人已曾署理」的情況，也的確發生過，
即在軒尼詩擔任總督期間被任命代理立法局議員與職務裁判官（Magistrates，
或譯為巡理府）的伍廷芳。所謂巡理府，簡言之乃是基層法院裁判官，負責審
理一般案件，並主持某些重案初級審訊，以確定是否轉交最高法院，其性質務
求快速有效率的審理微罪與違規；在香港開埠初期，此職務的選拔制度頗為粗
糙，獲選者甚至未受專業訓練，且不懂中文，難以處理華人法律事務，伍廷芳
已是其中少數兼具法律知識與熟識中文之佼佼者，他被任命之原因，部分在於
以同情華人著稱的港督軒尼詩有意為之，而任命華人擔任此職務也招致相當
大的爭議，故其公職身份在軒尼詩卸任後也隨之解除，伍氏也成為戰前唯一擔
任過相關職務的華人。〔註113〕由此可知，在當時華人代理裁判官等職務實屬
於特例。胡禮垣所說「華人已曾署理」這些官職，但署理與正式擔任其實仍有
一段距離，這又證實了康有為的說法，也呈現胡禮垣無法否認，但不欲明說之
事實：彼時香港仍對華人存有極大的歧視。

　　此外，胡禮垣敘述了他對華人擔任其他政府公職的觀察：

> 而最貴則為議政局員，其權幾與總督等，此則半由官舉，半由民舉
> 也，二十年來華人已有充當此職，且有充職十餘年者；此職合港內
> 各國之人，共舉六名，前時華人一名，今則二名，其一為文士，其
> 一即買辦也。次則為太平官紳，其權幾與巡理府等，而華人之為之
> 者十有一名，買辦居其五，行商居其三，殷戶居其二，學士則一人

〔註112〕王立誠編校，《郭嵩燾等使西記六種》，頁338。
〔註113〕王賡武主編，《香港史新編（增訂版）》上冊，頁460～463。

　　而已，商務為重於此亦見。至於陪審官員諸職，則華人之充當者已

　　指不勝屈矣，是故華人非獨以行商、買辦為榮也。〔註114〕

此處之議政局，根據描述應指立法局（Legislative Council），但必須指出的是，「議政局」一般泛指行政局（Executive Council），立法局早期的中文名稱則是「定例局」或「議例局」。在前述章節已有提到，性質上行政局屬於港督的內閣與顧問機構，立法局則偏向制定法例與監督殖民政府施政。十九世紀末，雖已有何啟等多位華人菁英出任立法局議員，但一直要到1926年始有周壽臣出任首位華人行政局議員，〔註115〕則這便與上引胡禮垣所述議政局員「二十年來華人已有充當此職」的描述不符，故推測胡氏可能在此有筆誤。

　　如第三章所述，立法局實際上只提供港督立法之意見，且港督可否決立法會議員通過法例，故在法理上港督的權力幾乎是不受限制，〔註116〕為何胡禮垣的觀察會認為立法局議員「其權幾與總督等」？這或許與香港殖民政府的實際運作狀況有關。自開埠以來，港督的確權力極大，但這並不代表其完全不受限制，其最大的壓力來自於開埠前便已在廣州之英商。他們在開埠後有不少轉移至香港，因以開拓者自居而常對港督不屑一顧，加上財雄勢大，在英國政界有一定的人脈，當港督施政違背其利益時，他們會透過在本國的政界人脈對港督施加壓力，迫使其改變政策；在華人方面，因其乃是香港社會的構成主體，故具經濟實力的華商等華人領袖之意見，尤其是涉及華人相關政策時，香港殖民政府也必須加以重視，以換取華人領袖安撫華人社會的作用，及在關鍵時刻的支持。〔註117〕

　　這種港督權力受到削弱的背景，與胡之說法有何關聯？開埠之初，立法局成員皆由政府高層兼任官守議員（Ex officio member）；但財力雄厚之英商們，欲進一步參與殖民地事務之制訂，故通過政界人脈斡旋，在第三任港督文翰（Sir Samuel George Bonham，1803～1863）任內爭取到兩席由民間人士出任的非官守議席（Unofficial Member），這便是胡禮垣所指「半由官舉，半由民舉也」。〔註118〕經歷前述軒尼詩與寶雲任內對增設華人議席等持續改革，至第十一任港督威廉・羅便臣（William Robinson，1836～1912）任內時已有7位官

〔註114〕胡禮垣，〈新政真詮・卷十三〉，收錄於《胡翼南先生全集》，頁816～817。
〔註115〕王賡武主編，《香港史新編》上冊，頁84。
〔註116〕王賡武主編，《香港史新編》上冊，頁81。
〔註117〕王賡武主編，《香港史新編》上冊，頁79。
〔註118〕王賡武主編，《香港史新編》上冊，頁82。

守議員及 6 位非官守議員，其中非官守議員華人占有兩席，〔註 119〕即胡禮垣所說「此職合港內各國之人，共舉六名」。

再連接到前面所述英商及華人領袖對港督權力制衡的背景，歐籍人士出任非官守議員者，無一不是由怡和等英資洋行的大班或銀行家等富商長期壟斷，華人出任者也都是華人社會之翹楚；〔註 120〕故無論歐人、華人用以制衡總督之權，爭取各自利益的方式，與過去並無太大改變，只是增添了立法局議員的公職身份，這應便是胡禮垣認為「其權幾與總督等」的緣故。另胡禮垣提到華人立法局議員有兩席，「其一為文士，其一即買辦也」，這兩位華人立法局議員從此文撰寫的時間點（1898）來看，其中的「文士」即為與胡禮垣共同撰寫《新政真詮》的何啟，其擔任此職務長達 24 年，直至其於 1914年去世為止；〔註 121〕而「買辦」則應是在 1896 年開始擔任該職務的韋玉（1849～1921），其出任該職務直到 1917 年退休為止。〔註 122〕

胡禮垣的觀察中，地位稍低於議政局員的，是「太平官紳」，此即為前述之太平紳士（Justice of the Peace），太平紳士有協助維持治安及處理簡單法律程序之性質，與負責基層法律案件審理的巡理府頗有共通之處，故胡禮垣才會說「其權幾與巡理府等」。在 11 名擔任太平紳士的華人中，有 10 名皆為從事商業經營者，與選拔立法局非官守議員者相同，這反映了香港殖民政府挑選的標準常以家財萬貫的殷商為優先，即胡禮垣所謂「商務為重於此亦見」。除了以上兩種公職，自 1858 年通過法例允許通曉英文的華人擔任陪審團成員後，〔註 123〕出任職務的華人正如胡禮垣所說已「指不勝屈」。他通過華人出任多種公職的情況，對康有為所說香港華人無法任官，僅能以擔任買辦為榮的說法進行反駁。

接下來胡禮垣進一步闡述他對香港華商從事公共事務的觀察：

> 而行商買辦之所以榮，又不在府道之銜，紅藍之頂也，設醫院、立善社、施藥物、行義舉，凡癘疫之疾，水旱之災，失路無告之人掩

〔註 119〕王賡武主編，《香港史新編》上冊，頁 82～83。

〔註 120〕王賡武主編，《香港史新編》上冊，頁 84。

〔註 121〕T. C. Cheng, "CHINESE UNOFFICIAL MEMBERS OF THE LEGISLATIVE AND EXECUTIVE COUNCILS IN HONG KONG UP TO 1941," *Journal of the Royal Asiatic Society Hong Kong Branch*, Vol. 9, 1969, pp 12.

〔註 122〕T. C. Cheng, "CHINESE UNOFFICIAL MEMBERS OF THE LEGISLATIVE AND EXECUTIVE COUNCILS IN HONG KONG UP TO 1941", pp 19.

〔註 123〕王賡武主編，《香港史新編（增訂版）》上冊，頁 450。

> 骼埋胔之事，中國長官既已頹惰不為，故好行其德者不能不力為肩
> 任，以故人之榮之也，由心之所發，而非強致者也。即如今春粵省
> 饑荒，米價昂貴，非得省港及外埠之行商買辦運米平糶，則不難釀
> 出禍端，此非衣頂堂皇之功，乃實惠及人之德也。〔註124〕

此處「行商買辦之所以榮，又不在府道之銜，紅藍之頂也」，明顯是對康有為所謂「吾華人百萬之富、道府之銜、紅藍之頂，乃多為其一洋行之買辦」的回應。他認為以捐納取得官職，亦並非華商最引以為榮之事，而其最引以為榮的反而是中國官紳所「頹惰不為」的「設醫院、立善社、施藥物、行義舉，凡癘疫之疾，水旱之災，失路無告之人，掩骼埋胔之事」的慈善事業。此處胡禮垣所說，即為由華商們所籌建的東華醫院及其所推動的災難賑濟、社會救助、喪葬服務、興辦義學等慈善事業，其範圍也擴及到中國國內。胡禮垣提到之今春粵省饑荒，便在東華醫院 1899 年 12 月的賑災紀錄上有所記載，通過辦米平糶的方式賑濟糧荒。〔註125〕

　　另一方面，對於康有為指出貧窮的英人都可出任大班，但在大班之下工作的華人「乃多為其一洋行之買辦，立侍其側，仰視顏色」的說法，胡禮垣則是以他對的觀察加以回應：

> 夫買辦之見大班，猶大班之見東主，其立而不坐者，以行情時價，
> 要言不煩，立語便明，毋庸久坐耳，若遇必須細談之事，則無有不
> 坐之理。推之華人往見外國總督，或外國總督來見華人，坐與不坐
> 皆視其事之當為，豈有纖毫芥蒂於中而戚戚於貧賤，汲汲於富貴者
> 哉？〔註126〕

胡禮垣認為，若買辦只是與大班討論行情時價等簡便瑣事，不需久坐，但如果是重要事務，則雙方皆會坐下細談，甚至如華人與港督見面，華人或站或坐都端看當下事務的性質，並不涉及身分地位之貴賤，亦非出於因貧窮或富貴的緣故。更進一步胡禮垣針對大班之性質加以解說：

> 大班者行店之司事，貧富皆可為之，華人之不為者或其才不勝任，
> 或其自不欲為耳，康君究何所見而謂華人不得為哉？香港華商之為
> 大班者已項背相望矣。〔註127〕

〔註124〕胡禮垣，〈新政真詮・卷十三〉，收錄於《胡翼南先生全集》，頁 817。
〔註125〕何佩然編著，《施與受：從濟急到定期服務》（香港：三聯書店，2009），頁 26。
〔註126〕胡禮垣，〈新政真詮・卷十三〉，收錄於《胡翼南先生全集》，頁 818。
〔註127〕胡禮垣，〈新政真詮・卷十三〉，收錄於《胡翼南先生全集》，頁 818。

對胡禮垣而言，所謂大班指的只是企業的事務掌理者，不論貧富皆可擔任，華人不出任大班，或因才能不足以勝任，也可能本身沒有意願，以他的觀察，已有頗多華商出任大班，無法理解康有為以何來認定華人無法出任大班？此處胡禮垣之論述，或應是將「大班」定義為公司及商號的經營者，若以此來理解，則他所說便與前述介紹華人雙語菁英出任買辦工作的情況相同；有許多華人的確在洋行中只能擔任買辦，在累積一定資本額之後，除了可以附股於原本工作之洋行，亦可投資其他產業，多角化經營，甚至自行開設公司擔任經營者，這應便是胡禮垣所指「大班者行店之司事」的說法。

此外，胡禮垣指出：「西人通商以惠工，勸農以務本，故觀時變者莫不同趨於商務，第一流者莫不注意於農功。」〔註128〕突顯他所認知之西方人對商業與農業的重視，其所謂觀時變者與第一流者，如英國女王之尊，在閒暇時也從事農業及畜牧，貴為港督卸任也轉而從商，或考慮經營農業，〔註129〕即便是英女王或是港督等上流階層，都將商業與農業視為國之根本，故而他不認為從事此兩種行業而有何羞於啟齒之處，反過來認為康有為似乎對務農經商者不加重視；康氏之所以有這種想法，是因為：「則知其於外國之情未能洞悉，原不足辯，吾請於其所最熟悉之事而一辯之，冀康君及其同志之有以教我也。」〔註130〕即認為乃康有為對西方認識的不足與錯誤所導致，且指出若康有為等人對其說法不認同，可挑選對西方文化最熟悉的部分與其辯論。

以上大致便是《新政真詮》中與香港論述相關之內容，可發現何、胡二人以其香港觀察提出之論述，雖散見於各章節中而較不具系統性，但仍思辨清晰而極富有條理，從中亦能一窺華人雙語菁英借用自身在香港之經驗與晚清中國比對而形成的改革想法。以下則將介紹的則是與此不同面向，為香港歷史上第一本由華人撰寫，從各層面完整介紹香港之著作：《香港雜記》。

第三節　陳鏸勳與《香港雜記》之香港論述

一、陳鏸勳之生平與《香港雜記》背景概述

有關於陳鏸勳其人之生平資料，雖稱不上詳盡，但歷來學者如鄭寶鴻、

〔註128〕胡禮垣，〈新政真詮・卷十三〉，收錄於《胡翼南先生全集》，頁818。

〔註129〕胡禮垣，〈新政真詮・卷十三〉，收錄於《胡翼南先生全集》，頁818～819。

〔註130〕胡禮垣，〈新政真詮・卷十三〉，收錄於《胡翼南先生全集》，頁819。

楊國雄、黃仲鳴及趙雨樂等皆曾對其進行考據，〔註131〕以目前所知的資訊來說，陳鏸勳，也名陳曉雲，為廣東南海人，有《香港雜記》、《富國自強》、《保險須知》等著作。〔註132〕在其著作《香港雜記》的〈自序〉中，陳鏸勳提及自己「肄業香江」，〔註133〕即指曾在香港求學，但在前述提到，香港開埠以來，教會學校及官方皆有創辦新式學校，則陳鏸勳是在何處接受西式教育？過去研究以陳鏸勳之名探尋皆少有發現，但近期從事皇仁書院歷史之研究者黃振威以其別名「陳曉雲」入手，指出在1897年度《香港立法會會議文件彙編》（Hong Kong Sessional Papers）之教育報告項目中，表明「陳曉雲」為皇仁書院舊生，〔註134〕實際翻閱該文件，在報告第7項中提到皇仁校友 Mr. Chan He-wan 有一本與保險相關之著作出版，〔註135〕Mr. Chan He-wan 即為陳曉雲之音譯，而該著作顯然便是其與皇仁校友及商業夥伴的譚子剛合著，向華人介紹保險內容之《保險須知》，〔註136〕則可確認陳氏所受西式教育，乃出自皇仁書院之官立學校系統。

　　另過去研究表明其主要在香港從事商業經營，1895年參與濟安洋面保險有限公司創辦，出任司理，主要經營內地外洋商貿相關業務；〔註137〕1896年則嘗試在保險之外將事業拓展至中國，曾去信當時李鴻章重要幕僚，負責籌備官方銀行之盛宣懷（1844～1916），以其接觸西方實業模式的經驗，提出銀行章程草案與建議，惟未受採納；〔註138〕此後又在1901年與譚子剛合作創辦萬益置業（Man Yik Investment Co., Ltd）、廣運輪船（Kwong Wan Steamboat Co., Ltd）等公司，同樣出任司理，1904年出任東華醫院總理，於1906年病逝。〔註139〕由

〔註131〕鄭寶鴻，香港歷史博物館顧問；楊國雄，曾擔任香港大學孔安道紀念圖書館館長；黃仲鳴，任職於香港樹仁大學新聞與傳播學系，曾任香港作家協會主席；趙雨樂，現任香港公開大學人文社會科學院教授。

〔註132〕楊國雄，《舊書刊中的香港身世》，頁2。

〔註133〕陳鏸勳著，莫世祥整理《香港雜記（外一種）》，頁2。

〔註134〕黃振威，《番書與黃龍：香港皇仁書院華人菁英與近代中國》，頁130。

〔註135〕*Hong Kong Sessional Papers*, 19th January 1897, pp 118.

〔註136〕楊國雄，《舊書刊中的香港身世》，頁2；趙雨樂，《近代南來文人的香港印象與國族意識》，頁104。

〔註137〕在2009年11月22日《文匯報》黃仲鳴撰寫之副刊專欄〈琴台客聚：香港史料專書〉中，寫作「濟安洋酒保險有限公司」，或為筆誤？參見〈琴台客聚：香港史料專書〉，《文匯報》（香港），2009年11月22日，副刊。

〔註138〕趙雨樂，《近代南來文人的香港印象與國族意識》，頁96～99。

〔註139〕楊國雄，《舊書刊中的香港身世》，頁2；趙雨樂，《近代南來文人的香港印象與國族意識》，頁104；黃振威，《番書與黃龍：香港皇仁書院華人菁英與

以上敘述可知，陳鏸勳一方面是從事保險、投資及輪船等近代化企業經營的新型華商，另一方面可出任東華總理，在彼時華人社會中應也是頗具名望之人。

此外，對陳氏的人際網絡加以探究，又能有更進一步的發現。陳氏相關資訊雖較缺乏，但從《香港雜記》一書中仍可觀察其人際網絡之端倪。其一，《香港雜記》由香港中華印務總局印刷出版，中華印務總局乃是王韜、黃勝於 1873 年購入英華書院之印刷設備後創辦，在 1874 年印刷發行《循環日報》，王韜之改革思想常藉由該報之社論刊登，而《香港雜記》同樣由中華印務總局印刷，陳氏在自序中也提及其成書目的，在於破除成見，並介紹新知，〔註140〕與王韜改革思想頗為近似。雖此時王韜已返回上海，但仍可推測陳氏與中華印務總局及《循環日報》相關人士有所認識。

其二，在〈自序〉的最後提到「南海曉雲陳鏸勳自序於香港輔仁文社」。〔註141〕如前所述，楊衢雲與謝纘泰等人 1892 年創辦之輔仁文社，成員皆為受過西式教育之香港華人，意在於開啟民智，宣傳政治改革之思想；陳氏在自序中談及輔仁文社，雖然未能證實陳氏是否為輔仁文社成員，〔註142〕但其與輔仁文社之關聯親厚是無庸置疑的。綜上可知陳氏接受西式教育，為經營近代化企業之新式商人，並與倡議改革之輔仁文社關係親密，顯然與本章定義之雙語華人菁英群體完全相符。

雖同屬香港華人中的菁英，陳鏸勳與何啟等晉身華人社會權力顛峰的佼佼者仍有段差距，但陳鏸勳仍在歷史上留下其獨特定位，即以《香港雜記》一書，呈現首個受過正統西式教育之華人知識分子對彼時香港之觀察。《香港雜記》詳細的從地理、歷史、政治、經濟、社會、教育等各個層面來對香港進行介紹。前述王韜的各篇香港記述中也具備類似內容，但與陳氏相比，王韜雖在傳統知識分子中思想超前，實際上觀點仍難完全擺脫傳統特色，則兩者觀察之出發點便有所不同，且王韜文章散見文集中，稍嫌零碎；《香港雜記》一書則是第一本實際意義上由香港雙語華人菁英寫作、內容有系統且深入詳細的香

近代中國》，頁 130。

〔註140〕陳鏸勳著，莫世祥整理《香港雜記（外一種）》，頁 2。

〔註141〕陳鏸勳著，莫世祥整理《香港雜記（外一種）》，頁 3。

〔註142〕有部分學者認為陳鏸勳為輔仁文社成員，如李金強在著作《中山先生與港澳》中有相關之論證。參見李金強，《中山先生與港澳》，頁 123、126～127。

港介紹書籍，可以從中了解 1890 年代左右之香港狀況，是此書具有之獨特性與重要參考價值所在。

二、《香港雜記》一書對香港之觀察

《香港雜記》一書中對香港各層面有廣泛詳細的介紹，部分章節尤為鉅細靡遺，如〈地理形勢〉、〈開港來歷〉、〈國家政治〉、〈街道樓房〉等章，將香港的地理、從鴉片戰爭前中英貿易到中英戰爭後開港之歷史發展、歷年港督及政策推動、香港各地之街道規劃及設施……等內容全部詳盡列出，雖極詳細，卻也因此頗為瑣碎，故在此不擬將全文列出，而是擷取各章重點與可分析討論之議題，來呈現由雙語華人菁英視角所觀察到之香港情況，以及其背後之文化現象。

首先，在〈自序〉中可看出寫作此書之用意。陳鏸勳引用《大學》之格致之道，認為齊家、治國、平天下之根基便在於此，況且在香港這種中國以外之所，「地界中西，則其例殊，人雜華洋，則其情殊，顧以不識時務者處此，拘迂成性，執滯鮮通，不合人情，不宜土俗，漫謂隨地可行也，能乎哉？」正因為風土民情有所不同，更應避免不識時務而墨守成規，必須入境問俗，了解其差異，方符合格致之理。為此，陳鏸勳自述「自肄業香江，即隨事留心，有聞必錄。公餘之暇，復涉獵西文，累月窮年，或撮其要，或記其事，爰付手民，一以便入世者知所趨，一以備觀風者知所訪焉……。」[註143]陳氏自在港求學，便對香江情況多所留心，加以記錄，對西文文獻也有所涉獵，最終集結為《香港雜記》一書，其成書目的簡言之，在於破除不知變通的成見，並介紹新知給更多有識之士，更完整而系統性的讓有心於實事者了解形勢所趨，或讓有意觀察香港者便於參考。

以下則從幾個方面歸納分析，來呈現《香港雜記》中的內容與論述：

（一）社會人文

1. 在港人口分析

陳鏸勳在〈民籍練兵〉一章中，先概述了 1841 年至 1891 年香港每十年人口的增長變化，列表如下：

〔註143〕陳鏸勳著，莫世祥整理《香港雜記（外一種）》，頁2。

表一　1841 至 1891 每十年人口增長統計〔註 144〕

年　份	人口數
1841	港島 4,000 人、九龍 800 人
1842	23,000
1861	119,321
1871	124,198
1881	160,402
1891	221,441

　　從數據來看，人口增長速度相當快，單從 1881 年至 1891 年，就增加逾 60,000 人，而到了 1891 年，這 20 幾萬的人口組成來源又是如何，陳鏸勳也加以介紹：

表二　1891 年香港各國人口分布情況〔註 145〕

國　籍	人口數
華人	210,995
英國人	1,448
葡萄牙人	2,089
德國人	208
美國人	93
法國人	89
日斯巴尼牙人（西班牙）	88
意大利人	38
土意其人（土耳其）	31
新金山人（澳洲）	26
瑞典人	26
大丹國人（丹麥）	16
國籍不明	43

陳鏸勳列出的人口資料，除了華人之外其實只有歐美籍人士，但在列出的各

〔註144〕　資料來源：陳鏸勳著，莫世祥整理《香港雜記（外一種）》，頁 50；表格為筆者依資料繪製。
〔註145〕　資料來源：陳鏸勳著，莫世祥整理《香港雜記（外一種）》，頁 51；表格為筆者依資料繪製。

國人士中，似乎也未發現俄國人、猶太人等族群，甚至是數量極多的南亞裔社群，〔註146〕則不禁讓人懷疑資料是否正確？在香港政府 1891 年的藍皮書（Blue Book）中有關人口統計一項，關於人口統計只粗略分為白人、華人、有色人種三類，人口分別為：白人 8545 人、華人 210995 人、有色人種 1901人，〔註147〕在華人數量上與陳鏸勳所述相同，則雖然未註明資料來源，但相信仍是有相當的可信度。

香港人居住的地區分布又是如何？陳鏸勳指出：「居香港中、上、下三環及山頂等處，約有一十四萬四千三百人，居英屬九龍約有二萬零六百人，餘則居鄉村及水面矣。」〔註148〕則距離九龍割讓 30 年後的 1890 年代，香港島居住人口仍然最為稠密，並將近七倍於九龍半島，其餘則散居農村或是蛋家人。

2. 交通費用

〈港則瑣言〉一章中，記述了部分相當貼近當時香港社會的內容，即介紹了各式不同交通工具、不同搭乘時間的費用，在現在讀起來頗富興味。各種交通工具搭乘費用，包括轎子：

> 如在域多厘城內計，則每僱一轎，用轎夫二名，半點鐘則銀一毫，一點鐘則銀二毫，三點鐘則銀五毫，六點鐘則銀七毫，由早六點鐘至晚六點鐘是為一日，則銀一員。如域多厘城外計，用轎夫四名，一點鐘則銀六毫，三點鐘則銀一員，六點鐘則銀一員五毫，一日則銀二員。如在山頂計，用轎夫二名半點鐘則銀一毫半，一點鐘則銀三毫，三點鐘則銀七毫半，六點鐘則銀一員，一日則銀一員半；用轎夫四名，一點鐘則銀六毫，三點鐘則銀一員，六點鐘則銀一員半，一日則銀二員。如僱轎夫二名而過域多厘城外者，則銀加半。〔註149〕

在維多利亞城內、維多利亞城外以及山頂區，僱用的轎夫人數、時間長短及價錢都不同，維多利亞城外收費最貴，其次是山頂區，最便宜的是城內，一日最貴收費可到兩圓。除了乘轎之外，還有東洋車（即人力車）：

〔註146〕如與《香港雜記》成書時間相近的 1901 年時，來自印度之人口已達 1453 人。參見丁新豹、盧淑櫻，《非我族裔：戰前香港的外籍族群》（香港：三聯書店，2014），頁 159。

〔註147〕《香港政府藍皮書》，BB1891, population，頁 2。

〔註148〕陳鏸勳著，莫世祥整理《香港雜記（外一種）》，頁 51。

〔註149〕陳鏸勳著，莫世祥整理《香港雜記（外一種）》，頁 65。

> 凡東洋車所經之地，西至摩星嶺山腳，東至銅鑼環，高則至羅便臣
> 之平陽道，如過界外則回頭時加半，如僱多一名人及行多一點鐘，
> 俱照數計。每行十五分鐘，即一骨之久，則錢五仙士，半點鐘則銀
> 一毫，一點鐘則銀一毫半，餘每加鐘一點即加銀一毫。〔註150〕

東洋車的營業範圍西到摩星嶺山腳，東至銅鑼灣，最高處則到羅便臣道，超過此範圍或增加時間與車伕要另行加價，以15分鐘為基本收費單位，逐步往上增加。水上交通則有小艇：

> 如僱小艇，每半點鐘載客二位，則銀一毫，一點鐘載客二位，則銀
> 二毫，半點鐘內加多一客則加錢五仙士，一點鐘內加多一客，則加
> 銀一毫，如日入時至日出時是為夜候，每客加錢五仙。頭等貨艇可
> 以載貨八百担以上者，或每日或每夜以十二點鐘計，艇銀十員或載
> 一儀艇銀五員。二等貨艇可以載貨四百五十担以上至八百担為額者，
> 艇銀五員或載一儀艇銀三員。三等貨艇可以載貨一百担以上至四百
> 五十担為額者，艇銀三員或止載一儀艇銀二員。四等貨艇止可載貨
> 一百担以下，艇銀一員半或止載一儀艇銀一員。〔註151〕

載客小艇以半小時兩位乘客為收費單位，增加時間與乘客數量都另行收費。貨艇則從載貨一百擔以下到八百擔以上分為四種等級，各有不同的收費標準。在交通工具之外，陳鏸勳也介紹了僱用挑夫的費用：

> 街上挑夫每日銀三毫三仙，半日銀二毫，三點鐘銀一毫二仙，一點
> 鐘錢五仙，半點鐘錢三仙。〔註152〕

僱用時間從半小時到一日，費用從三仙到三毫三仙不等。

（二）社會機構

在社會機構方面，陳鏸勳主要在〈中西醫所〉與〈英華書塾〉兩篇中分別介紹了香港的醫院與學校。

1. 醫　院

在〈中西醫所〉一篇中，陳鏸勳首先介紹了「國家醫院」：

> 港地國家醫院設在西營盤，與高陞戲院相對。是醫院乃調理皇家人
> 之有病者，外人有病亦可入院調理，每年就醫者約有二千之譜。以

〔註150〕陳鏸勳著，莫世祥整理《香港雜記（外一種）》，頁65。
〔註151〕陳鏸勳著，莫世祥整理《香港雜記（外一種）》，頁65～66。
〔註152〕陳鏸勳著，莫世祥整理《香港雜記（外一種）》，頁66。

一千八百九十一年計之，差役就醫者有五百七十名，商人就醫者有
一百三十五名，自備藥資就醫者有四百六十四名，皇家人員就醫者
有一百七十九名，打鬥致傷由巡理府發落就醫者有二百四十名，窮
民無靠入院就醫者有二百七十九名，是年統計入院就醫者有一千八
百六十七名。〔註153〕

從文中敘述的地理位置來看，所謂國家醫院，應即1874年設立之西營盤醫
院（Government Civic Hospital）。〔註154〕陳鏸勳指出，每年入此醫院治療的
人數都在2000人上下，而收治的病患包括差役、商人、皇家人員、一般民
眾與巡理府安排至此治療的鬥毆受傷罪犯，另外也對貧困民眾進行救濟治療
工作。陳鏸勳另列出1887至1891年國家醫院看診人數的相關數據，列表如
下：

表三　香港國家醫院自1887至1891年入院及病故人數統計〔註155〕

年　份	入院人數	在院身故人數
1887	1,566	89
1888	1,772	80
1889	1,793	77
1890	1,957	98
1891	1,867	84

從上表中呈現每年看診人數逐步上升，但死亡率似乎仍不低，在4%到5%左
右，或許與此時醫療技術與環境仍不足有關，對於國家醫院的營運，陳鏸勳認
為「國家痌瘝在抱，所以養民之生，恤民之死者，洵無微之不到矣」。〔註156〕

另一方面，陳鏸勳也介紹了香港的其他幾家重要醫院：

雅麗氏醫院，創自一千八百八十七年，迺港紳何君啟所建，其夫人
名雅麗氏，去世後建此以誌其思慕之枕，在荷李活道距皇后書院不
遠，今則與那打素醫院合而為一，俱志在救濟伙助，則耶穌教會中
人居多，華商簽題者亦不少，以何君啟、庇君厘剌士為董，唐人就

〔註153〕陳鏸勳著，莫世祥整理《香港雜記（外一種）》，頁48。
〔註154〕現址為西營盤賽馬會分科診療所。
〔註155〕資料來源：陳鏸勳著，莫世祥整理《香港雜記（外一種）》，頁48～49；表格
　　　　為筆者依資料繪製。
〔註156〕陳鏸勳著，莫世祥整理《香港雜記（外一種）》，頁48。

醫者屢見功效，每月有報章呈列俾眾共覽。東華醫院建在實仁街太
平山四約，創於一千八百七十二年二月，專為唐人之貧而病者設，
其診脉則用唐醫，服藥則用唐藥，事務由各行遞年推舉總理十二位，
值理四十位，以安撫華民政務司為首，每年捐助不下數萬元，華商
各店工伴，其病起頃刻及貧民之無力延醫者，俱就醫於此，頗見誼
關桑梓之情。〔註157〕

1887 年由何啟因紀念去世的妻子而設立的雅麗氏醫院，在前述介紹何啟生平
時已有提及，後與同屬倫敦傳道會之那打素醫院（Nethersole Hospital）合併，
故陳鏸勳提到其贊助者以基督教徒為主，也包含不少華商。根據陳鏸勳的敘
述，在此時華人願意接受西醫而前來此治療者已有增長，且功效頗佳。

　　而作為香港華人社會極具重要性與代表性，並兼具醫院、社會領袖及慈
善機構等多重身分的東華醫院，自然也是陳鏸勳介紹的重點之一，東華醫院
成立背景的背景在前文亦多次提及，在此不再贅述。陳鏸勳提到的「太平山
四約」，乃香港華人對維多利亞城地理的一種約定俗成分界，其總稱為「四環
九約」，所謂四環，以維多利亞城由東至西依序為：下環、中環、上環、西環，
九約則是再將四環分為九個小段，而「太平山四約」所指應該便是干諾段西
東半段一帶。〔註158〕陳鏸勳亦提到東華醫院下設十二名總理領導，與四十名
值理，亦即前述協助院務運作的協理，為一般的貧苦大眾施醫贈藥，提供免
費的醫療服務，而負責監督東華醫院運作的則是兼領華民政務司職務的總登
記官。第八任港督軒尼詩任內，因對華人友善的政策，一度架空了總登記官
之職權，使東華醫院之華人社會領袖實際承擔了協助華人社會排解糾紛及疑
難，扮演與政府之間溝通橋樑的角色，但這並不是一種符合香港正規法例的
模式，自然難被接受，故在軒尼詩離任後，繼任之港督又恢復並提升總登記
官之職權，使其成為華人的代表。〔註159〕另在陳鏸勳文中可以看出，東華醫
院在當時仍然是香港以中醫看診的主要醫院，但實際上 1894 年鼠疫爆發後，

〔註157〕陳鏸勳著，莫世祥整理《香港雜記（外一種）》，頁 49。
〔註158〕第一約：堅尼地城至石塘咀　第二約：石塘咀至西營盤　第三約：西營盤　第
　　　　四約：干諾段西東半段　第五約：上環街市至中環街市　第六約：中環街市
　　　　至軍器廠街　第七約：軍器廠街至灣仔道　第八約：灣仔道至鵝頸橋　第九
　　　　約：鵝頸橋至銅鑼灣，參見丁新豹、黃迺錕著，《四環九約：博物館藏歷史圖
　　　　片精選》，頁 8。
〔註159〕王賡武主編，《香港史新編》上冊，頁 100～101。

東華醫院便因中醫無法治療鼠疫，被迫引進西醫治療模式。〔註160〕

2. 學　校

陳鏸勳在〈英華書塾〉一篇中，先介紹了香港的幾間學校及其授課內容等資訊：

> 英廷不惜巨帑養育人才，無分畛域，原為華民而設計，通港以皇后書
> 院為最。教習華、英文字，生徒約有千餘，大半多屬華人。英文功課
> 分為八班，每班又分三等，第一班束脩每月三員，第二、三班束脩每
> 月二員，第四班至第八班束脩每月一員。唐文亦分八班，院中所有費
> 項俱屬皇家支結；院地建在荷李活道上，一千八百八十九年七月十號
> 進院，其始名中環大書院，今改名為皇后大書院。羅馬堂書院建在羅
> 馬教禮拜堂上，就學者俱屬葡萄（牙）人，由羅馬教神父掌理，專教
> 英文。拔萃書院建在文咸道下西營盤第三街，就學者俱屬本港土人，
> 專教英文，間亦涉獵於唐文。此書院乃英國禮拜堂所創，由每年推舉
> 紳董辦理，以牧師包爾騰為總理。保羅書院建在忌連厘街，就學者多
> 屬唐人，亦專教英文，牧師包爾騰為掌院。〔註161〕庇利剌士女書塾
> 建在荷李活道，即舊大書院之所地，為皇家地而創建之，費皆出自庇
> 利剌士，經營既畢，送出皇家，於一千八百九十三年十二月十八號進
> 館，館內英書分為六班，女掌教二位，女帮教二位，唐書先生三位，
> 其二是男，其一是女，并有中西針黹教習，女生徒約三百五十餘人，
> 脩金每月半元，書籍之項由皇家供給。〔註162〕

此處文中提到的數間學校，在前文中已有提及，如皇后書院，即 1894 年改名為皇仁書院之中央書院，教授課程中文與英文兼備；另外有由天主教成立的羅馬堂書院，就讀者以葡萄牙人為主，教授英文；屬於聖公會系統的拔萃書室與聖保羅書院，皆以英文教學為主，以華人為主要招收對象；以及在荷李活道的庇利剌士女書塾，於 1893 年落成於中央書院舊址，除了教授中英文外，也教授女紅的課程。〔註163〕

〔註160〕　王惠玲，〈香港公共衛生與東華中西醫服務的演變〉，《益善行道：東華三院
　　　　　135 周年紀念專題文集》（香港：三聯書店，2006），頁 52〜53。
〔註161〕　陳鏸勳著，莫世祥整理《香港雜記（外一種）》，頁 62。
〔註162〕　陳鏸勳著，莫世祥整理《香港雜記（外一種）》，頁 63。
〔註163〕　即庇理羅士女子中學，由印度籍猶太富商（E. R. Belilios）捐款興建，1965 年
　　　　　遷至港島北角現址。

　　陳鏸勳進一步統計了自 1887 至 1891 年進入皇家書館就讀、獲得政府獎助的人數，以及自 1887 至 1891 年香港殖民政府歷年補助之金額，列表如下：

表四　1887 年至 1891 年入皇家書館就讀、獲政府獎助者人數及香港殖民政府補助金額〔註 164〕

年　份	入皇家書館人數	獲政府獎助者人數	香港殖民政府補助皇家書館經費（圓）
1887	1,814	4,160	43,070.90
1888	1,933	4,325	45,518.93
1889	2,293	4,814	44,321.98
1890	2,514	4,656	56,081.75
1891	2,540	5,132	60,359.10

不論是在皇家書館就學，或是受政府獎助，五年之間人數都有明顯的攀升，而香港殖民政府補助的經費也逐年增加，對此陳鏸勳認為「不過五年之間，而年多一年，足見文風之盛，日上蒸蒸，……皇家費用如此其鉅，亦足見其善誘之苦心矣。」〔註 165〕陳鏸勳對香港殖民政府在教育方面的補助政策大加讚賞。在文末亦提及：「皇家所用之書啟、翻譯、通事等，多由皇后書院挑出，此足見皇后書院人才之盛。」〔註 166〕在政府擔任文書翻譯等工作者，多是來自皇仁書院畢業者，這與前述對華人雙語菁英介紹的內容可謂相符。

（三）公共建設

　　公共建設的部分主要體現在自來水與下水道的建設，在〈水道暗渠〉一章中，陳鏸勳提到：

> 憶昔港地初開之始，居民於山之溪澗滙流入坑處恆藉以取汲，一交冬令每虞旱涸，不得不設井泉以助之，而仍覺其艱辛。蓋水未經幼沙以隔之，則腐鼠僵虫水多積穢，飲者大為不便，迨至一千八百六十年時，制軍為羅便臣，潛心默運思所以濟通港之用者，立懸賞格，有能佈置得宜繪水塘之跡者，賜銀一千元。有兵家機器師盧今士應

〔註 164〕　資料來源：陳鏸勳著，莫世祥整理《香港雜記（外一種）》，頁 63；表格為筆者依資料繪製。
〔註 165〕　陳鏸勳著，莫世祥整理《香港雜記（外一種）》，頁 64。
〔註 166〕　陳鏸勳著，莫世祥整理《香港雜記（外一種）》，頁 64。

其選，而百步林之水塘始建。〔註167〕

香港自開埠以來，居民用水問題始終沒有解決，直到 1860 年第五任總督羅便臣（Hercules George Robert Robinson，1824～1897）上任後才開始建設百步林（薄扶林）水塘，初步建立自來水系統。而隨著遷往山頂的居民日增，原有的水塘漸不敷使用，故：

> ……迨後居民既衆而居山頂者復實繁有徒，而百步林之水始不足於用，一千八百八十八年相地經營新設大潭啟水塘，離城約五英里，於羣嶺滙流之處仰承其勢，設一水筒長有二千四百二十八碼，接水而流入大潭啟水塘，干支萬派，滴滴俱歸，每日可供給食水二百五十萬加倫……。〔註168〕

1888 年增設大潭水塘供水之後，1890 年與 1891 年也有進一步的建設：

> 一千八百九十年，百步林復設一隔沙水池，可貯食水一萬加倫……一千八百九十一年，復設分流以便居民接濟於各街道之衝，繁處並設水櫃五十餘個，凡窮民屋宇之未有水喉者，取之不禁。於文咸道、亞畢諾道、花園道三處設有機器水廠，以便灌水上山，供山頂居民之用。〔註169〕

1890 年除了擴建薄扶林水塘外，1891 年也分流設置水櫃，增設加壓的機器水廠輸水上山，方便居民用水。而除了一般民生用水外，也有關於營業用水的規定：「皇家設有水票，凡居民除日用食水外，其藉以經營貿易者，俱照水票計，納回稅餉與皇家，概不得濫用，隱寓樽節之意云。」〔註170〕營業用水者須向政府購買水票，並以此繳交水費，避免水資源濫用。

香港雖做為國際港市，但在 1883 年以前對下水道的管理卻未完備，關於下水道管理制度的改進過程，陳鏸勳提到：

> 港地屬英五十餘年矣，而一千八百八十三年以前，暗渠一道未臻盡善，不無遺憾。是時港憲關心民瘼，深慮積穢之壅塞，鬱抑而成癘疫也，疏陳英廷後，理藩院着欽差察域查辦此事，察域覆奏力陳暗渠規制近古不合時宜，欲舍舊而新，是謀特設潔淨局專司潔淨一事；局紳十人四人在官，其餘二由民間公舉，四由督憲派差，內二人屬

〔註167〕陳鏸勳著，莫世祥整理《香港雜記（外一種）》，頁60。
〔註168〕陳鏸勳著，莫世祥整理《香港雜記（外一種）》，頁60。
〔註169〕陳鏸勳著，莫世祥整理《香港雜記（外一種）》，頁61。
〔註170〕陳鏸勳著，莫世祥整理《香港雜記（外一種）》，頁61。

唐，二人屬西，衢道既一律更新，香港可稱為東道之淨土，不減於
英京。〔註171〕

香港開埠後，包括上環、西環、太平山區等下階層華人聚居區居住環境的衛
生問題一直是社會的嚴重問題，但往往西方人以偏概全，塑造出全體華人衛
生習慣不良之印象。〔註172〕對此香港殖民政府雖有意改善，但勢必要進行建
造汙水渠、排水渠與用水供應系統一類工程，當時殖民政府對支付此款項有
財政壓力，故若計畫興建便需先增加稅收，勢必又引來商人不滿。此情況一
直要到 1880 年代，因駐港英軍的患病率居高不下，軍方對殖民地部施加壓
力，才迫使殖民地部派遣曾擔任過軍隊工程師的查維克（Osbert Chadwick），
即陳鏵勳所提之察域，赴港調查環境衛生情況。〔註173〕

1882 年，查維克在調查結束後提交關於香港衛生情況之報告。在他看
來，香港其實只有低下階層華人之居住環境衛生狀況惡劣，具有改善的急迫
性，而探究其原因，並非這些華人有意為之，而是因經濟問題所導致，故查
維克也指出香港殖民政府應提供協助。對此，香港殖民政府於 1883 年四月
成立潔淨局，此單位之業務職掌，是監察街道清潔、授權檢查不合衛生法例
平房、草擬新的衛生條例等。〔註174〕這便是陳鏵勳所提到設置下水道之背
景。

必需指出的是，如陳鏵勳所述，在港督推薦的四席潔淨局議員中，有兩
席為華人，首次出任的華人議員中便包括了何啟。〔註175〕之所以在議席中
保障兩位華人名額，乃因為華人畢竟是香港市民的主要組成份子，潔淨局的
各項衛生政策或多或少都會涉及華人日常生活，故挑選華人出任潔淨局議
員，理論上更能貼近華人民眾的問題，且觀察何啟之後曾擔任立法局議員的
華人雙語菁英，其實不少都曾經出任潔淨局議員，〔註176〕或許可以說殖民
政府在設置潔淨局時，其實也提供了華人雙語菁英另一種地位爬升的途徑。

〔註171〕陳鏵勳著，莫世祥整理《香港雜記（外一種）》，頁61。
〔註172〕劉潤和，《香港市議會史，1883～1999：從潔淨局到市政局及區域市政局》（香
港：康樂及文化事務署，2002），頁7～8。
〔註173〕劉潤和，《香港市議會史，1883～1999：從潔淨局到市政局及區域市政局》，
頁12～13。
〔註174〕《香港政府憲報》，1883 年 4 月 21 日，第 144 號，頁 363～364。
〔註175〕《香港政府憲報》，1886 年 8 月 7 日，第 298 號。
〔註176〕王賡武主編，《香港史新編》上冊，頁93。

（四）商業經濟

　　《香港雜記》中的商業經濟層面包括船務與商務兩方面。在〈中西船務〉一章，開宗明義的提到「香港以商務為大宗，而商務視乎貨物，貨物視乎輪船」，〔註177〕指出輪船貿易對香港的重要性，接著作者列出從 1847 年開始，以每十年為單位的輪船出入口及載貨數量，可以明顯的看出商船與貨物進出口數量的成長，將資料整理成表格如下：

表五　1847 年至 1891 年每十年商船出入口及載貨量統計表〔註178〕

年　份	出口輪船數量及載貨量	入口輪船數量及載貨量
1847 前	出入口共 694 艘，載貨 229465 噸	
1861	1,259 艘　　載貨 658,196 噸	1,286 艘　　載貨 652,187 噸
1871	34,550 艘　　載貨 3,360,622 噸	28,635 艘　　載貨 3,158,519 噸
1881	27,553 艘　　載貨 4,533,304 噸	27,051 艘　　載貨 4,475,820 噸
1891	27,157 艘　　載貨 6,773,243 噸	26,953 艘　　載貨 6,768,918 噸

　　從 1861 到 1871 的 10 年間，出入口船隻的數量都暴增了不只十倍，載貨量也成長了近五倍，可見香港貿易驚人的成長，也顯示出香港的貿易地位得到提升，而到 1881 年之後，出入口船隻的數量雖然減少，但載貨量卻是持續穩定的攀升。

　　陳鏸勳也列出 1890 年代自香港搭船至世界其他港埠之距離與所需時間，茲整理為表六如下：

表六　1890 年代自香港行船至世界各地港埠之距離與所需時日表〔註179〕

港埠名稱	距　離	所需時日
廈門	280 英里	36 小時
檳角（曼谷）	1,450 英里	8 日
新金山鼻厘士濱（澳洲布里斯本）	5,360 英里	30 日
省城（廣州）	80 英里	6 小時半

〔註177〕陳鏸勳著，莫世祥整理《香港雜記（外一種）》，頁 42。
〔註178〕資料來源：陳鏸勳著，莫世祥整理《香港雜記（外一種）》，頁 42；表格為筆者依資料繪製。
〔註179〕資料來源：陳鏸勳著，莫世祥整理《香港雜記（外一種）》，頁 42～43；表格為筆者依資料繪製。

神戶	1,629 英里	9 日
小呂宋（呂宋）	620 英里	3 日
澳門	40 英里	3 小時半
北京〔註180〕	1,615 英里	10 日
西貢	910 英里	3 日
上海	800 英里	4 日
新架波（新加坡）	1,500 英里	7 日
新金山（澳洲）雪梨	5,700 英里	29 日
舊金山	6,480 英里	37 日
渾春（琿春）〔註181〕	1,900 英里	10 日
橫濱	1,620 英里	7 日

　　根據陳鏸勳的統計，來往於香港的輪船中，「每百艘有五十三艘屬英商，三十一艘屬華商，餘十六艘屬各處洋人。」〔註182〕也就是說，在比例上英商佔53％，華商佔31％，他國商人則佔16％，則此時華商已具有一定之商業實力，與初開埠時大不相同。

　　此外陳鏸勳介紹了華人通過香港出洋的概況。他提到「凡唐人出洋，必先在船政廳點名，總計往新架波、庇能居多」，〔註183〕引文所說的新架波即為新加坡，而庇能則是指檳城（Penang）。根據作者之觀察，從香港出洋華人的目的地似乎以新加坡、檳城一帶為最多。陳鏸勳也列出香港華人自1886至1890年出洋人數之統計資料，整理成表七如下：

表七　1886年至1890年香港出洋人口統計〔註184〕

年　份	出洋人數
1886	64,522
1887	82,897
1888	96,195
1889	47,849
1890	42,066

〔註180〕北京無港口，或應指天津。
〔註181〕中朝邊境之港市。
〔註182〕陳鏸勳著，莫世祥整理《香港雜記（外一種）》，頁42。
〔註183〕陳鏸勳著，莫世祥整理《香港雜記（外一種）》，頁44。
〔註184〕資料來源：陳鏸勳著，莫世祥整理《香港雜記（外一種）》，頁44；表格為筆者依資料繪製。

　　從數據可以看出，自 1886 年開始出洋人口不斷攀升，三年間成長了三萬
多人，進入 1889 年後出洋人口大幅衰退，每年只有 4 萬多人出洋，其原因何
在？陳鏸勳在書中的解釋是「其出口人數所以少之故，緣新、舊金山及檀香山
不準（准）人往，且新架波、庇能錫務日低，是以不無今昔之殊云。」〔註185〕
文中提及的舊金山即美國三藩市，新金山則指澳洲，因人種、宗教相異等因
素，美國長期對華人移工有所排斥，並在 1882 年通過《排華法案》（Chinese
Exclusion Act of 1882），〔註186〕澳洲在 1880 年代末期也形成對華人不友善
之氛圍，並於 1901 年進一步完善《白澳政策》，〔註187〕這或許便是作者所提
到「新、舊金山及檀香山不準人往」的背景；而大批華工出洋前往新加坡、
檳城是前往從事錫礦開採之勞力工作，陳鏸勳所提及的「新架波、庇能錫務
日低」，似乎是指此兩地之錫礦業蕭條，而使華人工作機會減少，也因此使出
洋人口銳減。

　　最後陳鏸勳提到了香港鴉片貿易的盛況：

> 至貨之多寡，港無關口之設，是以難稽其數。所可知者，惟生洋藥
> 每年入口有五萬八千四百二十九箱，出口有五萬七千九百九十八箱，
> 區區香港而通商之埠以此為最。〔註188〕

洋藥即指鴉片，在前述關於何啟、胡禮垣之部分，已略有提及香港鴉片產業的
發展，在陳鏸勳的觀察中，則可知每年自香港流通之鴉片數量高達十萬箱以
上，可以想見當時鴉片貿易的規模。

　　而在商務方面，在〈中西商務〉一章，陳鏸勳一開始便介紹 1890 年代香
港的商貿概況：

> 港地因居民日多，是以商務日起。……惟無餉稅之抽，是以出入口貨
> 並無報章之設，因而無從稽考，然舉其大署，約有四千萬磅之譜。貨
> 則洋藥、棉花、油、糖、麵粉、鹽、米、羽紗、毛絨、五金、磁器、
> 琥珀、象牙、檀香、檳榔、菜蔬、雲石、青石居多，餘難盡錄。〔註189〕

根據陳鏸勳的說法，由於香港沒有徵收關稅，所以在出入口物品的細目上無從
稽考，其總金額則高達四千萬英鎊，商品種類也五花八門，相當多元。

〔註185〕陳鏸勳著，莫世祥整理《香港雜記（外一種）》，頁 44。
〔註186〕陳靜瑜著，《美國史》（臺北：三民書局，2007），頁 260～261。
〔註187〕黃鴻釗、張秋生著，《澳洲簡史》（臺北：書林出版社，1996），頁 140～141。
〔註188〕陳鏸勳著，莫世祥整理《香港雜記（外一種）》，頁 44。
〔註189〕陳鏸勳著，莫世祥整理《香港雜記（外一種）》，頁 45。

　　此外陳鏸勳也介紹了設在香港各地製糖、製冰、打纜、鋸木、製絲、磚瓦、製紙、煤氣、電燈等的產業分佈：

> 糖局三間，若中華火車糖局，設在鵝頸，若太古糖局，設在側魚涌，若渣甸糖局亦在鵝頸；雪廠一間，設在鵝頸；打纜公司一間，設在西灣；鋸木房一間，設在鵝頸；絲局一間，設在堅利德城；香港磚瓦公司，一間設在香港仔；大成紙局一間，設在筲箕灣；香港煤氣公司一間，設在西營盤；電燈公司一間設在灣仔。〔註190〕

引文中提到的堅利德城，即今日港島西部的堅尼地城，而設在灣仔的「電燈公司」，即1889年成立之香港電燈公司，雖以電燈為名，但實際上便是提供電力之發電廠。至於華人從事的產業則有：

> 唐人之工作則如煮洋藥、吹玻璃、製銀珠、製白油、淹牛皮、染料房、製豆豉、製牙粉、製火柴、製呂宋烟。〔註191〕

華人從事的產業以手工業為主，包括熬煮鴉片、製造呂宋烟（雪茄）等產業。

　　而在商務方面，有幾個筆者認為較特別而值得討論的部份，陳鏸勳提到：

> 唐人之往新架波、庇能、霹靂、印度、般鳥、暹邏、安南者實繁，有徒年中不下十餘萬，其保平安者，有洋面、陸路之燕梳，如中外衆國保險公司、中華火燭燕梳公司、香港火燭保險公司、萬安保險公司、安泰保險公司、那千拿保險公司、於仁洋面保險公司、洋子燕梳公司，或保洋面或保陸路，各從其便。〔註192〕

從內文應該可以看出，所謂「燕梳」，其實指的便是保險，但為何要稱之為燕梳？這應是粵語由英文直接音譯為中文的慣例，將保險Insurance直接音譯為燕梳，頗具趣味，但也不難發現在1890年代之香港，保險業已如此發達，保險公司眾多，因為香港做為重要的國際貿易港市，眾多商船、客船往來，海上航行之安全顯然是相關行業經營者極為關注的重點，故也反映在保險業中。除了陸路保險外，亦有專門投保海上航行之「洋面」保險公司，當時貿易之盛況不難想像。

　　此外關於華人經營之商業活動，作者指出：

> 唐人貿易，其多財善賈者，則有若南北行約九十餘家，次則金山庄

〔註190〕陳鏸勳著，莫世祥整理《香港雜記（外一種）》，頁46。
〔註191〕陳鏸勳著，莫世祥整理《香港雜記（外一種）》，頁46。
〔註192〕陳鏸勳著，莫世祥整理《香港雜記（外一種）》，頁45。

約有百餘家，次則銀號約三十餘家，寫船館約二十餘家，磁器舖約十餘家，呂宋烟舖約有六七家，煤炭舖約有五六家，建造泥水舖約有五十餘家，花紗舖約有十五六家，麵粉舖約有十二三家，金銀首飾舖約有十六七家，生鴉片舖約有三十餘家，當押舖約四十餘家，米舖約三十餘家，茶葉舖約二十餘家，疋頭舖約五十餘家，餘則有洋貨舖、傢私舖、銅鐵舖、日本庄、席包舖、裁縫舖、藥材舖、油豆舖、油漆舖、映相舖、寫眞舖、藤椅舖、硝磺舖、辦館、酒館、硍硃舖、鐘表舖、木料舖，尚有別項生意難以盡錄。〔註193〕

華人經營的商業主要有南北行、金山庄、銀號、疋頭舖、生鴉片舖等，其餘還有一些與華人生活息息相關之商店也具有相當之數量。其中南北行在第二章外交官員記述中曾經出現過，有南北行員工協助繆祐孫匯兌並進行接待，南北行商可說是香港開埠初期華人富商中之佼佼者。隨著香港的貿易地位上升，南北行的業務不再侷限華南、華北，「南」擴大到南洋，而「北」則泛指中國全境，甚至擴展到日、美、澳等地。1868年，作為南北行商同業公會的南北行公所成立，地點位於上環的文咸東街，〔註194〕並設置有協助維持安治安的更練團體，以及用於滅火的水車，在當時的香港亦屬相當稀少，〔註195〕且在早期東華醫院歷年之總理名單中，出身南北行商者例不缺席，由此可以看出南北行商之財力與影響力。另外金山庄、生鴉片舖也是具有相當影響力之商號，金山庄負責華人出洋之相關業務，華人取道香港出洋者數量眾多，金山庄的生意自然蒸蒸日上；「公白行」則是販賣公煙與白坭之鴉片煙行。〔註196〕從作者在〈中西船務〉一章中所提到的鴉片貿易量，也不難想見鴉片業者賺得鉢滿盆溢的景況。

另外如日本庄，則應是提供日本貨品給居港日本人之商店，因早期有許多日本女性前往香港從事娼業，故居住在香港之日本人，不少從事與這些娼妓相關的飲食、理髮、化妝品、服裝等行業，也形成日本人特有之聚落。〔註197〕根據日本駐港領事館的調查，至1888年時居港日本人共達243人，

〔註193〕陳鏸勳著，莫世祥整理《香港雜記（外一種）》，頁47。

〔註194〕丁新豹主編，《香港歷史散步》（香港：商務印書館，2008），頁147～151；王賡武主編，《香港史新編》，上冊，頁164。

〔註195〕當時在香港水車只有三部，其中一部便為南北行公會所有。參見石翠華、高添強等編，《街角‧人情——香港砵甸乍街以西》，頁201～202。

〔註196〕鄭寶鴻，《香港華洋行業百年：飲食與娛樂篇》，頁230。

〔註197〕趙雨樂等編，梁英杰、高翔、樊敏麗譯，《明治時期香港的日本人》，頁80。

已具有一定的日本商品消費人口，這些人之中便有開設販賣日本商品者。〔註198〕此時也已出現繪製畫像的寫真舖，同時還有映相舖，可以推測照相技術已被引進香港，並已具有一定的普遍性。

第四節　新型態華人菁英香港論述之文本分析

　　本章中所介紹的三位華人雙語菁英，其背景皆與殖民政府官方成立之中央書院有關，似乎也一如中央書院成立時的目標，「培養親近於殖民地政府之華人菁英」一般，其香港論述的一大特點，便是普遍對香港政府的政策有正面的評價。陳鏸勳除了在書中皆未出現對香港殖民政府的惡評，反而在各篇章中多次對港督或政府之政策提出讚譽外，在他記述中所呈現的香港，殖民政府組織與制度嚴密，注重學校、醫院以及民生用水、汙水處理等基本都市建設；此外，工商業發達，各類商品齊集於此，且為配合日常生活所需，華人所經營的各類商舖應運而生，同時還具有造船等重工業，以及吹製玻璃等手工製造業；做為貿易商港，香港各類船隻除了航班密集，從香港出發，通過香港可抵達的港埠，遍及世界各地，短距到中國沿海港口，遠則可前往東亞之日本、東南亞，甚至前往更遠的美國及澳洲等地，同時眾多華工也得以藉此廣大的航運網絡移動。基本上，在他筆下呈現的香港具有政府施政良好、都市建設完備、商務繁盛且航班可通往世界各地的國際港市之正面形象。

　　何啟與胡禮垣則雖在新政始基中有提及「南洋、香港法令嚴明，毋枉毋縱，然而冤抑之訴猶復時聞」，〔註199〕但這似乎更像是在突顯中國司法環境的惡劣，更明顯的則是在〈康說書後〉一章中，針對康有為在演說中所提到諸如香港沒有科考、華人不得任官、無法學習西學、最高榮譽只能當一仰洋人鼻息之買辦等錯誤言論，胡禮垣撰文列舉英國與香港的教育考試及任官制度，指出華人出任太平紳士、立法局議員等公職，及華人擔任買辦之外，也可以自行創業擔任公司經營者等情況，對康有為之說法一一反駁。但事實究竟如何？

　　綜觀康有為與胡禮垣思想與言論的交鋒，康有為對香港的言論除了呈現一種缺乏充分了解，且將部分掌握的事實過於誇大之情況外，亦表現出傳統知

〔註198〕趙雨樂等編，梁英杰、高翔、樊敏麗譯，《明治時期香港的日本人》，頁294。
〔註199〕胡禮垣，〈新政真詮‧卷七〉，收錄於《胡翼南先生全集》，頁564～565。

識菁英的一種保守心態，如他似乎仍認為人才最好的出路是出仕為官，故在演說中才會對華人能否通過科舉擔任官職此點特別強調，且他雖然提倡變法改革，但對於新興的買辦商人階層卻頗有鄙視之意，認為他們只能仰洋人之鼻息，即便這些對西方人有較多認識的買辦商人，才更有可能是支持變法的群體。這一方面或許是在他內心仍具有傳統將商人視為四民之末的貶抑思想，一方面則似乎又因具有對買辦商人為外資企業工作不滿的華夷思想。至於受過正統西方教育的胡禮垣，自然能看出康有為言論中對西方及香港錯誤的認識，並輕易的以自身在香港的觀察一一予以反駁；然而不可否認的是，康有為指出的華人在香港艱難的處境，雖然有所誇大，但華人在社會上或是出任公職上所受到的各種歧視亦的確存在，胡禮垣對康有為之說法逐條點出其誤，卻始終無法正面回應香港具有種族歧視的事實，這反而呈現出一種出身殖民地、接受西式教育之華人菁英，刻意對香港殖民政府的施政缺點加以忽略的情況。

　　本章所探討對象香港論述的另一個特色，則是呈現出一種認為香港的制度，可作為中國推動改革模仿範本的想法。何啟、胡禮垣不論是在〈前總序〉中提出需改革財政，改革必須任用賢才，任用賢才須給付厚薪的論述時，或是在〈新政始基〉中提出稅收應從輕且減收時，前者引用港督之薪俸對照，後者則借用了香港徵收鴉片稅的案例來說明，都呈現出可以香港為參考對象的用意；在〈康說書後〉則更加明顯，胡禮垣表面上對康有提出反駁，同時也是對香港的各項政策進行宣傳，實際上欲表達的，則是對香港制度可被模仿學習的信心。

　　但從見聞中也可以發現，不論是何啟、胡禮垣或是陳鏸勳，他們著作中的香港論述亦具有侷限性，那便是將多數的關注，皆放在與他們類同的菁英階層上。這點在陳鏸勳的《香港雜記》中雖較不明顯，但在這本著作中全面性的對香港進行介紹，卻幾乎看不見一般華人社會的生活情況，雖然在〈中西商務〉一章中有對華人從事的買賣及手工業等商業活動，也僅只於此。如王韜在〈香港略論〉中所提到的華人居住環境之惡劣情形，在介紹香港都市風貌的〈街道樓房〉一章中皆未記載，而上層社會的東華醫院諸紳商領袖，或是新型態華人菁英中的佼佼者何啟，卻都出現在陳鏸勳的記述中。這種情形在何啟、胡禮垣的論述中則更為明顯。在〈康說書後〉一章中，胡禮垣為了反駁康有為在演說中錯誤的認知，故介紹了香港華人在教育及工作的各種情況，並非像康有為所說，華人被英國統治所能求得的最佳職務僅是一買辦。從他列舉的這些華人來

看，如擔任立法局議員的伍廷芳、黃勝、何啟、韋玉，幾乎無一不是與他出身相當，接受過西式教育的雙語菁英階層；在這些華人菁英之外更廣大的，處境較為弱勢的底層社會華人，卻未出現在胡禮垣的論述中，這與前述對康有為所點出，香港具有種族歧視的現象避而不談是相同的。

由此又可以衍伸出另一個問題，在他們的論述中，不論是對香港殖民政府施政多所讚譽，或是上述所提到將視角聚焦在菁英階層，其實都是以正面形象呈現居多，則其原因為何？或者換個方式提問，何啟、胡禮垣與陳鏸勳這些華人菁英，他們究竟對香港底層華人生活知不知情？事實上，香港做為他們最熟悉的「地方」，他們不大可能對此一無所悉，從其他的例證中就能了解，他們不但可能知道，甚至還非常的瞭解。

前述在介紹《香港雜記》之〈水道暗渠〉內容時，有提到基於 1882 年查維克的衛生報告書，1883 年成立了潔淨局。在 1886 年香港政府提出《公眾衛生法案》，意圖制定法規來改進衛生環境，其中包括新的房屋興建規定，要求屋前留有空地、每人需有合適的居住空間，廁所、廚房亦都有相關規定，且因新條例通過造成的房屋改建，業主須自行負擔費用。〔註200〕這引起許多華人業主的反彈，他們不欲支付修繕房屋增加的成本，而當時已漸嶄露頭角，擔任潔淨局議員的何啟，便成為代替華人業主們向香港政府抗議的管道。對此，何啟向潔淨局提出抗議，指控英國政府向來將自身的風俗習慣套用在華人身上，逼迫華人接受；另外他也從租金層面切入，指出房屋若進行修繕，增加的成本將會轉嫁到租房的華人身上，使他們難以負擔。他認為，相較於居住的舒適，華人似乎普遍更重視衣與食的需求，〔註201〕最終因為何啟帶動的輿論壓力等因素，對華人房屋改建的計畫不了了之，這也種下此後 1894 年大規模鼠疫爆發的遠因。〔註202〕何啟是擁有醫學學位的華人菁英，對居住環境惡劣可能造成的危害不會不了解，故他也提出改善渠道設計、定期清理垃圾等改善衛生方法，〔註203〕但從之後疫病爆發的結果來看，顯然成效不彰，且當他協助華人

〔註200〕劉潤和，《香港市議會史，1883～1999：從潔淨局到市政局及區域市政局》，頁 39～40。

〔註201〕Sessional Papers, 1887, Public Health Bill, *Dr. Ho Kai's protest against the public health bill, submitted to the government by the sanitary board, and the board's rejoinder thereto.* p 404～405.

〔註202〕劉潤和，《香港市議會史，1883～1999：從潔淨局到市政局及區域市政局》，頁 48。

〔註203〕徐承恩，《香港──鬱躁的家邦：本土觀點的香港源流史》，頁 201。

業主提出抗議，就從專業而單純的公衛問題上升到複雜的政治問題，因他是以華人領袖的身份代表著華人們的權益。

　　從以上案例可以看出，何啟等華人菁英應該不會不了解基層社會的問題，為何他們在著作中卻隻字未提？這可能又涉及到與他們撰寫著作所預設的讀者族群有關。如前所述，何、胡撰寫《新政真詮》，與陳鏸勳撰寫《香港雜記》，它們都有一個強烈的動機與自信，就是認為香港可以成為晚清中國模仿及學習改革的對象，而從這樣的方向來看，其實就能夠理解，他們從一開始撰寫這些書籍，針對的讀者族群主要便是晚清中國的知識分子，而非香港華人。當時大多數的香港華人識字率應仍偏低，教育專屬於菁英階層，即便將想法撰述成書，大多數的香港華人也無法讀懂，所以他們主要的目標讀者，其實是放在晚清中國的知識分子群體。為了讓著作中的說法更有說服力，相信香港是值得模仿的對象，只描述菁英階層而忽視底層華人的生活情況，便成為一種宣傳的策略，這又與殖民政府在接待晚清外交使節時，刻意安排官方行程，宣傳正面之政績而隱藏都市陰暗面的立場相近，即便那也都是香港這座都市日常的一部分。

　　另一方面，本章所討論的何啟、胡禮垣與陳鏸勳等雙語華人菁英，因背景的差異，所獲得的文化經驗又與前述兩種華人知識分子群體有所不同。與其他兩種華人知識分子相比，何啟等人在香港並非是離開熟悉的環境而進入異鄉，在這種背景下，在接觸香港的多元獨特性後，進而產生因異文化的衝擊使原有價值觀被破壞之經驗，基本上不大可能出現，實際上，三人著作中對香港的論述加以觀察，也很難發現到有此種情況。雖然異文化的衝擊等經驗在他們身上未有所呈現，但香港終究是香港中西文化兼具的環境，當西方與東方文化交會，仍不免受其影響，其具體使第三種華人知識分子群體獲得的，乃是處於東、西兩種不同文化之間，面對自我身份、角色的不同認知，遵循其社會與文化屬性，界定價值認同及價值觀認同的「文化認同」經驗。〔註204〕

　　對於華人雙語菁英的文化認同，過去研究中有幾種不同的看法，如蔡榮芳在其著作《香港人之香港史》中指出，香港的華人雙語菁英乃一種期望通過英國帝國主義勢力的介入，給予中國政府壓力而進行改革，來避免中國遭到外國勢力瓜分之「結合外國強權的民族主義」，他認為這種同時認同英國殖民體制與中國民族主義的情況，正與香港華人通過殖民體制維護自身利益的想法相

〔註204〕張雲鵬，《文化權：自我認同與他者認同的向度》，頁212～213。

同，卻有可能使中國淪為被保護國的風險。〔註205〕羅永生在《勾結共謀的殖民權力》則認為，蔡榮芳提出的帝國主義與愛國之民族主義，兩者是矛盾而難以自圓其說的，他則更傾向於何啟等華人菁英與殖民政府是一種共謀合作的關係；殖民政府通過何啟這樣的華人菁英為代理者控制殖民地，將帝國主義的利益混雜在國族主義中，再以重商主義或革命等面貌呈現。〔註206〕另外如高馬可（John M. Carroll）則指出，十九世紀末時，已有部分富裕之華人在定居香港後，認知到自己是有別於中國人的特殊存在，形成初步的香港本土意識。〔註207〕徐承恩在《香港，鬱躁的家邦：本土觀點的香港源流史》中則指出，如果何啟是中國國族主義者，則引進西方勢力即於此有所矛盾；如果視他們為與殖民主義合作的代理人，又為何他要為中國提出改革思想？故他認為何啟並不支持中國國族主義，但也並不完全接受英國的統治，他心目中真正的想法乃視香港為祖國，對晚清中國提出改革之論述，則是希望推動清帝國邁向現代化後，使香港人可以從中獲利。〔註208〕到底本章中的三個華人雙語菁英，他們可能的文化認同是甚麼？

檢視本章中作為討論對象之三人的背景，對他們來說，香港這個都市的意義與其他兩種華人知識分子群體的認知有根本上的不同。他們或出生成長於此，或即便是自中國移居至香港，也在此接受西式教育，並在此經營其事業，故與旅途中暫時停留，而對香港存有部分印象的晚清外交官員，以及寓居於此逐漸適應的王韜、潘飛聲都不同，香港是他們人生經歷中佔了相當的比重，且可說是最為熟悉的「地方」，香港的多元獨特性與他們甚至可以說具有緊密之聯繫，這已足夠讓他們認知到自己與清帝國治下中國人雖屬同文同種，實際上卻有所差異；從另一個角度來看，前述各種見聞中提到之華人遭受種族歧視等情況，正如何啟對基層華人居住環境惡劣有深刻認識的例子，與香港關係密切的他們對這些社會現實面不可能沒有觀察，這勢必又讓他們感受到自己在法理上雖屬英國殖民地之臣民，但身分與待遇上卻明顯與歐籍人士不完全相同，進而可能使雙語菁英形成不隸屬於中、英任何一方，具初步香港本土意識的文化認同。

〔註205〕蔡榮芳，《香港人之香港史》，頁63～65。
〔註206〕羅永生，《勾結共謀的殖民權力》（香港：牛津大學出版社，2015），頁101～134。
〔註207〕高馬可，《香港簡史》，頁213。
〔註208〕徐承恩，《香港，鬱躁的家邦：本土觀點的香港源流史》，頁197。

　　這種文化認同在本章中呈現的香港論述中其實是較隱晦的，但仍在某些細節中能有所察覺。如在《新政真詮》中，何、胡對官督商辦政策提出批判，認為不應阻擋外資入股，表達了他們不僅對西方資本接受甚至歡迎的態度；另一方面，在他們眼中的香港華人菁英不但可接受西式教育，還可出任太平紳士、立法局議員等政府公職，且如果願意從事商業，亦可以自營公司擔任大班，也正是這些華人菁英在香港的殖民地商業社會中，取代傳統仕紳去執行社會救濟等職能，成為與殖民政府分享統治權的社會領袖，在論述中突顯了香港華人菁英的特殊性與重要性。

　　另在《香港雜記》中某些章節，當述及歷史背景時，則會有出現使用紀年及對中、英兩國稱謂的情況，加以檢視後便可發現，實為耐人尋味且值得討論。紀年方面，首先於〈自序〉的文末，有「光緒甲午年孟秋，南海曉雲陳鏸勳自序於香港輔仁文社」的屬名，[註209] 在此處使用傳統中國的紀年方式；另外如在〈地理形勢〉一章中，提到「溯香港之開，在道光二十一年」[註210] 在〈開港來歷〉一章中，陳述歷史背景時亦有使用「道光之二十有一年辛丑歲」[註211] 與「嘉慶二十一年」的字樣，[註212] 乍看之下會認為陳鏸勳似以中國紀年為宗，但遍覽全書，除了以上幾處使用中國式紀年外，書中其他提及年代之處，又全部採用西曆式紀年，或許意味著當身處於香港這個英屬殖民地的土地上，即與清政府治下的中國與中國人形成明確的區別。

　　另一方面，在稱謂上陳鏸勳提及中、英兩國時，除了一般使用「中國」與「英國」外，大多數時候會用「中朝」來指稱清廷，用「英廷」來指稱英國。這種用法似乎是一種較為中性的方式，但在書末又有一篇〈更正〉啟事：

　　　　茲奉副安撫華民政務司師大老爺來函，命更正如下：

　　　　啟者：前印之《富國自強》及《香港雜記》兩部書中，指出「夷」字、「外國皇后」、「英廷」各字樣，皆屬不合，其「夷」字查和約內載明：無論何處概不准用，而印書尤為不可。英國無「皇后」之稱，宜稱「皇帝」；「外國」當寫「西國」。至於英廷、中廷均應一律抬寫，何以抬中廷而不抬英廷之理乎？種種破綻，前經來署面晤，自知汗

〔註209〕陳鏸勳著，莫世祥整理《香港雜記（外一種）》，頁3。
〔註210〕陳鏸勳著，莫世祥整理《香港雜記（外一種）》，頁4。
〔註211〕陳鏸勳著，莫世祥整理《香港雜記（外一種）》，頁10。
〔註212〕陳鏸勳著，莫世祥整理《香港雜記（外一種）》，頁11。

顏，今雖更正，尚未盡善。仍望詳細檢察，妥為繕正，方可發售。

更正：

「英皇后」宜稱「英皇帝」。

所有「英廷」二字，例應抬頭。〔註213〕

從告示內文可知，現存《香港雜記》內容是有經過部分更正的，在未更正前，內文似仍用帶有貶意的「夷」字來指稱西方人，引起香港政府的不滿而要求更改，且以抬頭以示尊敬的用法，最初只用於中廷，英廷則無，這卻又展現出一種對西方殖民者的疏遠。包括這些紀年、稱謂、抬頭之細節，一方面似乎中西兼具，一方面卻又與中西雙方存有距離感，其實或多或少顯露了陳鏸勳自認皆不屬於中西其中一方的心思。

必須指出的是，上述討論的文化認同，實際上並無法涵蓋所有香港雙語菁英之思想模式。舉例來說，與何啟、胡禮垣關係密切的伍廷芳，雖同樣在香港接受西式教育，前往英國留學，甚至受港督軒尼詩器重而提拔其出任太平紳士、代理立法局議員等公職，可說完全符合雙語菁英群體的定義，但以其後半生前往中國，長期擔任清廷與中華民國政府官職的經歷來看，其文化認同似乎便無法以本章的論述來逕行套用，故本章中論述的文化認同，亦只是華人雙語菁英的其中一種面相的呈現。

〔註213〕陳鏸勳著，莫世祥整理《香港雜記（外一種）》，頁67。

第五章 「地方」、「文化」與「人」之關係：
清末華人知識分子香港見聞反映之文化現象與文化經驗

　　在前幾章中，分別介紹了各種華人知識分子群體的香港見聞，也對這些見聞的內容進行分析論述，在最後的章節，則要重新突顯緒論中所提出本研究的主軸，也就是討論「文化」、「人」與「地方」之間關係的議題。在本章中，除了分析各華人知識分子群體不同「文化」視角之香港見聞會賦予香港這個「地方」形成怎麼樣的定義之外，也反過來檢視不同「文化」視角背後蘊藏的相異背景；另一方面，通過將各種見聞綜合討論，也希望能呈現出不同華人知識分子群體，在與香港的多元獨特性接觸後所形成以香港為中心的文化傳播現象，同時還有接觸過程中產生受到異文化的衝擊、文化認同等經驗。

第一節　多元「文化」視角對香港「地方」的再定義

　　前述的內容，分別對三種不同的華人知識分子在香港的觀察與見聞做了介紹和分析，雖然可以發現這些觀察與論述，在某些內容上是相同或具有關聯性的，但實際上，還是以三種不同的視角切入，用三種具有文化背景差異觀點形成的敘述模式所展開的觀察，故在本章其中一個需要完成的重要工作，便是將三種見聞集中，放在一起加以比較，了解各別的異同，並進一步分析這些落差背後所呈現之背景上的差異。值得注意的是，雖然這三種知識分子群體在背

景上具有差異，但整體來說，他們都還是被歸屬於華人這個文化與血統群體中；在這種前提下，卻也有可能產生因同一群體在某些文化認知方面較為近似，反而導致觀察中出現盲點的情況。

　　在同一時期的東亞，除了本研究所研討的三種華人知識分子群體外，日本與越南這兩個曾受漢文化圈影響極深，亦與晚清中國同為面對西力東漸之國家，也曾有知識分子到訪香港，並在著作中留下見聞。在日本方面，江戶幕府鎖國期間仍通過至長崎之商船提供情報，撰成《風說書》以了解世界情勢；〔註1〕鴉片戰爭中國戰敗，日本朝野震動，認為問題在拘泥古法，要避免重蹈覆轍，就要比中國更先掌握西學。〔註2〕故以中國為借鑑之改革思想湧現，除引進《海國圖志》等書籍了解世界情勢外，幕府也有系統的控制及翻譯外文書籍，民間則有挑戰鎖國令偷渡出洋之情形；嘉永六年（1853）美國強迫日本開國後，鎖國令解除，包括幕末至明治初期出使歐美的使節團，與各藩送出的留學生，出洋人數更增。〔註3〕慶應二年（1866）正式廢除禁止航渡海外的法令後，一般知識分子與出外經商旅遊人士也得以出洋。〔註4〕其中幕末開始派遣前往歐美之使節團，途中皆曾經過香港，部分成員並將所見所聞帶回本國，將香港做為接收世界訊息的重要窗口。〔註5〕除此之外，亦有不少知名政治家、思想家與文學家也曾到訪香港，他們所留下對香港的觀察，亦皆頗具備參考價值。

　　相較於以晚清中國為前車之鑑的日本，越南開國的歷程則與清帝國較為相近。17世紀時越南後黎朝名存實亡，進入北方鄭主扶持傀儡皇帝，與南方阮主自立廣南國對峙的南北朝時期，雙方皆利用港口發展對外貿易，並藉此取得較先進之西方武器，為達成此目的亦會適度的開放教禁；但畢竟只以經

〔註1〕李培德，〈十九世紀亞洲視野中的香港和日本〉，《日本文化在香港》（香港：香港大學出版社，2006），頁7。

〔註2〕石曉軍，《中日兩國相互認識的變遷》（臺北：臺灣商務印書館，1992），頁229。

〔註3〕于桂芬，《西風東漸——中日攝取西方文化的比較研究》，頁151～170。

〔註4〕陳湛頤，《日本人與香港——十九世紀見聞錄》（香港：香港教育圖書公司，1995），頁171。

〔註5〕分別為安政七年遣美（1860）、文久二年遣歐（1862）、文久三年遣法（1863）、慶應元年遣法、英（1865）、慶應三年（1867）分別遣美與遣法、明治六年（1873）等七次，其中明治六年由右大臣岩倉具視（1825～1883）率領的使節團，更不乏木戶孝允（1833～1877）、大久保利通（1830～1878）等主導明治維新的重要政治人物。參見李培德，〈十九世紀亞洲視野中的香港和日本〉，《日本文化在香港》，頁10～11。

濟與軍事為目的，故始終對西方傳教士及基督宗教懷有疑慮，當教徒數量增加時，執政者又會緊縮教禁，普遍來說傳教並不順利，也影響了對西方資訊的認識。〔註6〕

十八世紀西山阮勢力崛起取代後黎朝，阮氏宗室阮福映（即嘉隆帝，1762～1820）逃脫在外，獲得百多祿（Pierre Pigneau de Behaine，1741～1799）等法國傳教士之協助，消滅西山阮建立阮朝，故對西方人包容，實際上仍多所疑慮。〔註7〕明命帝（1791～1841）時以儒術治國，再度收緊教禁，對傳教士等多所迫害。〔註8〕此後教禁持續，但來自西方國家的挑戰亦開始出現。〔註9〕嗣德帝（1829～1883）初期仍維持嚴密教禁，對外關係也更缺乏彈性，禁止洋船入港，但鎖國政策仍不敵西方優勢之武力，英法聯軍之役時，法軍在1859年返航途中攻佔越南南圻，並建立殖民地，越南被迫進入世界體系，開始尋求以外交及談判方式取回失地，〔註10〕也從各種管道接收西方資訊，香港這個具有多元獨特性的港市，自然成為重要的情報來源，如嗣德帝本人便通過香港的報刊中得知法國外交動向，〔註11〕並遣送學生至香港求學，〔註12〕派遣的外交使節亦多經過香港，部分亦留下對香港的記述。

日本及越南皆歸屬東亞漢文化圈中，並在與中國的關係上，長期扮演文化接收的角色，故三者在過去具有類似的傳統文化內涵，在近代面對西風東漸的變局，卻又各自形成不同的應對與發展，使日本、越南這兩個國家具有與華人文化相似，又有所相異之情況，則在對各種華人知識分子之香港記述進行整理與比較之餘，引用此兩國知識分子對香港觀察，從不同角度切入，或可突顯華人知識分子見聞中之盲點。

根據各種在香港觀察的比較，大致可歸納出幾種重點：首先是對香港的都市印象。香港雖然緊鄰中國，但始終是英國的殖民地，在殖民政府的建設下已與中國有所不同。在各種華人知識分子的見聞中，對香港的第一印象，

〔註6〕 鄭永常，《越南史——堅毅不屈的半島之龍》（台北：三民書局，2020），頁133～146。

〔註7〕 鄭永常，《越南史——堅毅不屈的半島之龍》，頁155～158。

〔註8〕 鄭永常，《越南史——堅毅不屈的半島之龍》，頁158～161。

〔註9〕 鄭永常，《越南史——堅毅不屈的半島之龍》，頁161～163。

〔註10〕 鄭永常，《越南史——堅毅不屈的半島之龍》，頁163～167。

〔註11〕 鄭永常，《越南史——堅毅不屈的半島之龍》，頁179。

〔註12〕 陳益源，〈清代越南使節於中國廣東的文學活動：兼為《越南漢文燕行文獻集成》進行補充〉，《嶺南學報》6（香港：2016），頁272。

往往是其繁華的景象，如斌椿便對香港有「岸上洋樓，燈如繁星，光照山麓，徹夜不息」的記述，〔註13〕或如鄒代鈞亦觀察到香港「市南倚山麓，隨山勢高低為屋，望之千門萬戶，上下層疊」的壯觀景象。〔註14〕在華人知識分子之外，到訪香港的日本與越南知識分子，對香港的第一印象也多是讚嘆其繁榮，如日本著名文學家夏目漱石（1867～1916）1900 年前往英國留學，途經香港時則對其夜景有「自船上望香港，萬燈照水，與其說像映於天際之綺羅星辰，不若說像漫山鑲滿寶石。滿山滿港都掛上鑽石和紅寶石的項鍊」之華麗的描述。〔註15〕1882 年時奉派前往天津交涉中法越南戰爭事宜的越南如清使阮述，在記述沿途見聞之著作《往津日記》中對香港的印象則是：「區畫街衢，建造樓棧，其高皆四五層，窗牖間嵌以五色玻璃，華麗奪目。」〔註16〕

　　進入到城市後，開始有對市街景觀的描繪，外交官員如張德彝 1866 年的記述「迤西一帶洋樓鱗比……見道途平闊，商戶整齊。」〔註17〕或是 1879 年徐建寅航抵香港所見，「香港街路，修築寬平，……各洋房皆背山面海，階級而上，氣象似更軒昂，且樓房盡係四五層。」〔註18〕華人雙語菁英如陳鏸勳在《香港雜記》的〈街道樓房〉一章中描繪之香港市景，乃「港地風景，屋宇光明，街衢潔淨。十步、五步之間，植以樹木，涼爽宜人，洵足令遊人寓目騁懷，樂而忘返者。」〔註19〕大都認為所見街市整齊清潔，並具有歐式風格；來自日本之知識分子亦有類似觀察，如 1873 年隨岩倉使節團返回日本，途經香港的木戶孝允（1833～1877），便認為香港的市景：「市街之類酷似歐洲，亞洲各地中未見如此地之清潔。」〔註20〕

　　除了這些觀察外，最常在各類香港見聞中被提及的都市景觀，則是對公家花園的描述。公家花園即香港動植物公園，是香港最早之公園，於 1860 年開始興建，1864 年局部開放，1871 年落成啟用。公家花園最早出現在華人知識分子們的見聞中，應該是在 1865 年王韜的〈香港略論〉中，提到「總督又創

〔註13〕鍾叔河主編，《走向世界叢書‧乘槎筆記》，頁 140～141。
〔註14〕（清）鄒代鈞，〈西征紀程〉，《小方壺齋輿地叢鈔‧第十一帙》，頁 536a。
〔註15〕陳湛頤，《日本人訪港見聞錄（1898～1941）》，頁 58～59。
〔註16〕阮述著、陳荊和編註，《往津日記》（香港：中文大學出版社，1980），頁 22。
〔註17〕鍾叔河主編，《走向世界叢書‧航海述奇》，頁 453。
〔註18〕（清）徐建寅，〈歐遊雜錄〉，《小方壺齋輿地叢抄‧第十一帙》，頁 433a
〔註19〕陳鏸勳著，莫世祥整理，《香港雜記（外一種）》，頁 53。
〔註20〕陳湛頤，《日本人與香港——十九世紀見聞錄》，頁 170。

葺園圃一所，廣袤百頃，花木崇綺，遊人均得入覽。」〔註21〕在同一時期寫作的〈物外清遊〉中，亦提到黃昏時前往公園漫步的閒適，「遠客來游此間，必往公墅。公墅廣袤數十畝，雜花異卉，高下參差……每日薄暮，踆烏將落，皓兔鏇升，乘涼逭暑者翩然而來。……或並肩偶語，或攜手偕行，殊覺於此興復不淺。」〔註22〕

其餘如李圭提到「乘籃輿游公家花園，地方不甚大，亦尚幽靜娛目。」〔註23〕馬建忠記載與王韜同遊公家花園：「石磴廻環，林木清幽，樹杪下視，則海島帆檣，歷歷在目……。」〔註24〕陳鏸勳則描述公園的景觀「園中層層佈置，每層俱時花點綴，第二層設一水景，時有西人之孩子及僕婢等在此乘涼，……園中有養鳥巢及果子園，石凳、木凳安置於大樹之下，園中景色可坐而覽。」〔註25〕其他東亞國家到訪者同樣有所觀察，日本旅人對此的看法，如1886年訪港之軍人及政治家谷干城（1837～1911）所述，「園內花種甚多，據云尤勝歐洲各地之公園。男女孩童在園中遊玩，此一光景，已無復亞洲色彩矣。」〔註26〕來自越南的阮述則指出「他如遊覽之處，則有花園；樹以嘉木名花，畜以珍禽奇鳥，景物幽雅。」〔註27〕

在東亞現代化的城市發展中，香港常與上海同列於東亞的前沿，在公園方面，上海雖在1868便建立了首座公園「公家花園」，卻長期對華人出入有所限制，〔註28〕其實是較難讓華人對其有認識的。但從上述見聞中對公園的觀察則可了解，香港公家花園出現的時間與上海相近，卻似未限制入園遊客的身份及種族，這便與上海有所不同；另一方面，也可說對當時多數中國民眾來說，來自西方的「公園」此種公共設施之概念還未被普遍認識的情況下，通過華人知識分子們對香港的記述，將到公共花園遊覽此種來自西方，且現代化的休閒模式傳遞出去，使其逐漸被接受與熟悉。大體來說，在各種見聞中的香港都市形象，是一座將歐洲風情移植到東方海港所建立起來的花園城市。

〔註21〕（清）王韜，《弢園文錄外編》卷六，頁586。
〔註22〕（清）王韜，《漫遊隨錄》，頁41。
〔註23〕（清）李圭，〈東行日記〉，《小方壺齋輿地叢鈔・第十二帙》，頁125a。
〔註24〕（清）馬建忠，〈南行記〉，《小方壺齋輿地叢鈔再補編》，頁80-7。
〔註25〕陳鏸勳著，莫世祥整理，《香港雜記（外一種）》，頁53。
〔註26〕陳湛頤，《日本人與香港——十九世紀見聞錄》，頁220。
〔註27〕阮述著、陳荊和編註，《往津日記》，頁22。
〔註28〕謝佩珊，《近代上海租界的公園》（台北：國立臺灣師範大學歷史研究所碩士論文，2014），頁20～22。

　　其次則是對香港政府治理的印象。在部分華人知識分子，如王韜、徐建寅、陳鏸勳等人對香港的見聞中，都有介紹香港殖民政府的組織架構與業務職掌，基本上皆認為其組織嚴密，且分工詳細，上至政府運作、行政管理、財政收支，下至刑訊審判、修葺道路、建造房屋、收取稅金、管理船隻出入、追繳欠稅及維持治安等工作，都有明確的分配職掌，給予正面的評價。除此之外，較值得注意的是相關見聞中提到參觀學校、監獄等官方機構的內容。華人知識分子中對參觀學校與監獄之見聞最為詳盡者，當為 1875 年前往歐洲途經香港的駐英法公使郭嵩燾及副使劉錫鴻等隨員，先是在港督的帶領下參觀了中央書院，並記載了書院內部陳設及課程設計、學生組成等內容，對於其課程設計上除了學習西文外，亦同樣重視中國傳統典籍之中西並重的訓練，郭嵩燾也認為「其規條整齊嚴肅，而所見宏遠，猶得古人陶養人才之遺意。」〔註29〕此後諸人也獲邀前往參觀監獄，記述了監獄中囚犯需要進行梳麻若干斤兩、織氈毯、運石砧和鐵彈等日常活動，及對罪犯施以驅逐出境及鞭刑等刑罰方式，中西有別的監禁空間與監獄伙食，建有禮拜堂及醫院等照顧基本心理與生理需要之設施……等內容，對香港殖民政府推行的獄政大致具有刑罰嚴明、井然有序亦重視人權等正面觀察。

　　這些香港政府安排之行程有何特殊之處？很明顯，皆是香港政府相當具有自信而能拿得出手的政績，故會特意安排其他國家的外交使節前往一觀，希望能通過他們此後以文字或口耳相傳的模式傳遞，以達到正面的宣傳效果，之所以有這種論述，是因為在其他文獻中亦可發現到雷同之情形。如日本於 1867 年曾派遣使團前往法國參加萬國博覽會，途經香港時其成員澀澤榮一（1840～1931）也記錄了參觀監獄之情形：「下午 3 時參觀英國囚牢。建築宏偉，處置犯人時，因應其罪之輕重，分配至各工廠勞動。獄中設有教堂（說法場），不時聚集犯人，向其說教，……據說當中頗有痛改前非，洗心革面，重新做人者。」〔註30〕內容與郭嵩燾等人所記落差不大，故不只清帝國的外交使節，來自日本的使團亦有在香港參觀監獄的紀錄，且香港當時的監獄制度在東亞似頗為周邊國家與地區所參考；日本便曾在 1871 年派員赴港考察獄政，〔註31〕則上文中的論述實乃合理的推測。反過來說，從這些見聞中對學

〔註29〕（清）郭嵩燾，《使西紀程》，頁 146b。
〔註30〕陳湛頤，《日本人訪港見聞錄（1898～1941）》，頁 156。
〔註31〕陳湛頤，《日本人訪港見聞錄（1898～1941）》，頁 156。

校、監獄等機構的評價，也能了解香港政府特意安排的官方行程，確實已達到期望中的正面的宣傳效果，扮演了知識櫥窗的角色。

在各類見聞中，另一個較常被提及的，是香港特有的文化印記。首先是與香港文化輸出之獨特性相關，各種常領先於東亞地區的新技術與現代化建設，以及現代新型態自由海港城市之模式。關於前者比如有山頂纜車、煤氣、電力、電話、留聲機、自來水與下水道排水系統、蓄水設施、博物館等，都可發現被記述在知識分子們的觀察中；就後者而言，包括免稅自由港貿易模式、海港城市規劃、政法體制、社會文化、公共建設等西方制度與知識。

另一方面，也有記載了在港所接觸的各色人士，呈現了各種不同面相，但其中極為特殊的，便是在部分外交使節記載中經常出現，且極具存在感的王韜，郭嵩燾、李圭、馬建忠等官員在訪港時，皆曾與王韜見面晤談。以王韜布衣之身，又非在香港事業有成之巨商富賈，甚至是有向太平軍提出戰略建議嫌疑而逃至香港的敏感身分，為何郭嵩燾等人會不加避諱並特意提及？其原因可能在於王韜特殊之經歷有關。如前所述，王氏曾協助傳教士翻譯經典，遊歷歐洲多國，且久居香港這個中外資訊交匯之地，並利用香港相對自由的言論環境創辦《循環日報》，撰寫社論評論時政，提倡改革思想。單以他久居香港，撰文對地價昂貴、華人居住環境惡劣等現象加以深刻的批判，便非短期停留而只觀察到香港片面情況的赴外使節可比，更不用說其對西方文化與世界局勢之掌握，實遠勝當時大部分之知識分子；從吳廣霈的見聞中可發現，當他提出有關鴉片問題之建議時，曾留學西方的馬建忠都不得不嘆服，可知王韜之才學乃毋庸置疑。作為改革思想的倡議者，又是具備真才實學、名重一時的名士，王韜雖說有上書太平天國之罪嫌，但實際上在 1870 年代便已受到曾國藩等有力督撫的關注，當時王韜在與他密切通信的江蘇巡府丁日昌及陳蘭彬的協助下，引起曾國藩及李鴻章的注意，一度將進入江南機器製造局的翻譯館任職；因曾國藩於同治十一年（1872）去世，加之上海仍有反對他返回的聲音，故只能作罷。〔註32〕也就是說，至少在推動自強運動的重要督撫間，王韜已聲名鵲起，由此便不難理解為何郭嵩燾等人會特意於見聞中對王韜記上一筆，在途經香港時通過與王韜晤談，了解他對時局的看法，或可得到一些自身觀察以外之見解，正是其原因所在。

〔註32〕（美）柯文著，雷頤、羅檢秋譯，《在傳統與現代性之間：王韜與晚清改革》，頁71。

此種現象不只在晚清外交官員群體中出現，在同一時期到訪香港的日本與越南知識分子中，亦可發現此種情況。舉例來說，在王韜《蘅華館日記》收錄的〈悔餘隨筆〉中，曾提到有日本外交官員前來拜訪的記載：

> 七月中，有日本國人三人見訪。其一姓名名敦，號予何人。其一姓高橋，名留三郎，號恥堂。其一姓金上，名盛純，號豐山。隨其國公使池田筑自法國回，道經此間，筆談良久，皆索予詩，各饋予物而去。〔註33〕

根據陳湛頤的研究，此次為1864年江戶幕府的遣法使團，由外國奉行筑後守池田長發（1837～1897）率領，目的乃是當時江戶幕府為壓制聲浪日益升高之攘夷派反動，欲封鎖橫濱，將貿易限制於長崎與箱館，故需對西方國家說明相關政策，另外也解決攘夷份子因敵視洋人而砲擊外國船隻的賠償問題。〔註34〕王韜記述中提到的幾位來訪者，分別是此次出使的團員名倉予何人、高橋留三郎、金上佐輔（盛純）等人，乃由法國返回日本途中經過香港。〔註35〕在1867年有擅長書法之日本文人八戶宏光赴港時拜訪王韜，兩人相談甚歡，其後八戶離港前往中國，王韜撰寫〈送日本八戶宏光遊金陵序〉以壯其行。〔註36〕此後在1879年到1880年左右又分別有日本大藏大輔松方正義（1835～1924）及興亞會之日本成員到訪；〔註37〕兼具記者與政治家身分之矢野龍溪（1850～1931）亦於1884年到訪香港時，通過日本駐港領事館之協助聯繫，欲前往《循環日報》社拜訪王韜，惟當時王韜已離港返滬，致使兩人緣慳一面。〔註38〕

另一方面，在阮述的《往津日記》中亦可看到他前往拜訪王韜之記述，在他的筆下的王韜：

> 紫詮江蘇長洲人，博學能文。年前粵匪之亂，上書當事，陳破賊計；又團鄉勇以應官軍。適為讒人誣以通匪，紫詮乃避之外洋，遍遊歐洲各國。其於語言文字、人情風物，多習而知之，又能揣摩中外大局，發為議論，以寄懷抱。今在香港主循環日報館。〔註39〕

除了敘述王韜前半生經歷及避居香港、遊歷歐洲之原因外，也給予王韜頗高

〔註33〕湯志鈞，陳正青校訂，《王韜日記》，頁397。

〔註34〕陳湛頤，《日本人與香港——十九世紀見聞錄》，頁136～137。

〔註35〕陳湛頤，《日本人與香港——十九世紀見聞錄》，頁142。

〔註36〕（清）王韜，《弢園文錄外編》卷八，頁602～603。

〔註37〕周佳榮，《潮流兩岸：近代香港的人與事》，頁38～39。

〔註38〕陳湛頤，《日本人與香港——十九世紀見聞錄》，頁190～191。

〔註39〕阮述著，陳荊和編註，《往津日記》，頁23。

的評價。阮述等人與王韜見面的場景則如下：

> 聞余至，喜甚。邀坐筆談，歷敘我國派員陳梅宕、黎和軒、潘九霞諸
> 公曩時往來交遊之雅，及竹堂范協揆學識詩文，素所嚮慕，恨不得見。
> 間又訊及我國與法人交涉現情，纔片刻間，彼此談紙已盈寸矣。席間
> 贈余以所著詩集，余回寓，亦以筆野、妙蓮詩集贈之。〔註40〕

雙方顯然語言不通，但仍可用皆熟習的漢文書寫溝通，以詩文會友，也述及國
之重事。更值得留意的是，通過兩人的對話，可知阮述並非首次拜訪王韜之越
南人，在他之前已有不少越南官員與文人與王韜往來交遊，包括前述的晚清外
交官員與日本知識分子在內，過境香港時皆前來與王韜會面，似乎已成為當時
東亞知識分子必至的到訪點之一。雖說是慕其名而來，但也代表王韜在經歷香
港多元獨特性洗禮後，已融入且被視為香港這座城市鮮明文化印記之一環。

　　在一些見聞中則可看到對香港社會之觀察。在基層華人的生活方面，王韜
曾在〈香港略論〉中指出：

> 華民所居者率多小如蝸居，密若蜂房。……尋丈之地，而一家之男
> 富老稚，眠食盥浴，咸聚處其中，有若蠶之在繭，蠭之螫穴，非復
> 人類所居。蓋寸地寸金，其貴莫名，地球中當首推及之矣。〔註41〕

極言居住環境之惡劣，表達了他身為知識分子對社會的關懷，這在其他華人
知識分子的觀察中是未曾發現的。多次隨使擔任翻譯等工作的張德彝，亦曾
多次描繪基層華人之生活情況。如隨崇厚前往法國途經香港時，張德彝便記
述了至華人開設店鋪剪髮、購買水果鮮花等生活經驗，另外他觀察到香港基
層華人不論男女，衣著多較簡樸：「本地男女多赤足，頭頂草帽，似因天熱
路平之故耳。」〔註42〕他只單純認為是地勢平坦及天氣炎熱所致，在日本旅
人眼中看來則有截然不同之感，如日本《長崎新報》記者井口丑二（1869～
1901）在1899年赴英途中經過香港，其記載中便提到：「下等中國人皆赤腳，
因此足踝不免有微傷。他們常染的黑死病，據說就是由腳部的傷口入侵的。」
〔註43〕雖然對黑死病的傳染途徑道聽塗說，但以先進國看待落後地區之想
法仍隱約可見，這種觀點在華人知識分子的記述中則較難發現。

〔註40〕阮述著，陳荊和編註，《往津日記》，頁23。
〔註41〕（清）王韜，《弢園文錄外編》卷六，頁585。
〔註42〕（清）張德彝，《三述奇》，中國基本古籍資料庫，頁220。
〔註43〕陳湛頤，《日本人訪港見聞錄（1898～1941）》，頁33。

　　與之相對，華人上層社會生活在王韜眼中則是：「每歲中元，設有盂蘭勝會，競麗爭奇，萬金輕於一擲。」〔註44〕或是「熱鬧場中，一席之費，多至數十金，燈火通宵，笙歌徹夜，繁華幾過於珠江。」〔註45〕對此來自越南的阮述亦有所觀察：「居人多以奢靡相尚，鮮風雅之流；多狹斜之輩，酒樓妓館，夜費百金，近聞富商已多傾產。」〔註46〕可知當時香港華商的財力已相當可觀，香港的物質與消費生活亦已頗具規模。提到物質消費，自然不免涉及風月場所等特種行業，及酒樓飲宴等與夜生活相關的觀察。王韜在〈香港略論〉與〈香海羈蹤〉兩篇中皆有提及對秦樓楚館之觀察，如：「太平山左右，皆曲院中人所居樓閣參差，笙歌騰沸，粉白黛綠，充牣其中。」〔註47〕或「惜皆六尺膚圓，雪光緻緻；至於弓彎纖小，百中僅一二，容色亦妍媸參半。」〔註48〕王韜對當時外籍人士妾侍亦有所觀察：「其有所謂鹹水妹者，多在中環，類皆西人之外妻，或擁厚資列屋而居。佳者圓姿替月，媚眼流波，亦覺別饒風韻。」〔註49〕王韜素有出入風月場流連酒色及喜好美女之名，〔註50〕有這些見聞實不意外。配合著特種行業的興盛，供應飲宴的酒樓亦隨之出現，「旁則酒肆連比，以杏花樓為巨擘，異饌佳餚，咄嗟可辦，偶遇客來，取之如寄。」〔註51〕王韜提及「杏花樓」乃此中翹楚，實際上其對日本人來說都算是一流的酒樓，1880年2月26日的《循環日報》便有一則〈設宴欵賓〉的報導，提到三井輪船公司在此設宴。〔註52〕日本實業家及政治家正木照藏（1862～1924）於1900年前往香港時亦曾在此用餐，評價頗高：「中國菜的味道濃郁，滋味甚佳。燕窩魚翅，足以下箸的菜餚不少。」〔註53〕對一旁助興的表演與服務之華人侍應卻多所惡評，〔註54〕此種鄙視嫌惡華人風俗之發言，已明顯展露出日本在經歷明治維新

〔註44〕（清）王韜，《弢園文錄外編》卷六，頁586。

〔註45〕（清）王韜，《漫遊隨錄》，頁37。

〔註46〕阮述著、陳荊和編註，《往津日記》，頁23。

〔註47〕（清）王韜，《弢園文錄外編》卷六，頁586。

〔註48〕（清）王韜，《漫遊隨錄》，頁37。

〔註49〕（清）王韜，《漫遊隨錄》，頁37。

〔註50〕游秀雲，《王韜小說三書研究》，頁139、142。

〔註51〕（清）王韜，《弢園文錄外編》卷六，頁586。

〔註52〕內容稱三菱輪船公司設宴於杏花樓，日本駐港領事及華商等百餘人出席云云。參見〈設宴欵賓〉，《循環日報》，1880年2月26日，第二版。

〔註53〕陳湛頤，《日本人訪港見聞錄（1898～1941）》，頁63。

〔註54〕原文為「不知是否應說是樂隊吧，幾個貌同乞丐的醜陋漢子列隊在敲銅鑼、拉胡弓，所謂驢鳴犬吠，喧鬧不可名狀，實無從置喙。……其餘男侍應則脫光膀

後，自詡為先進國家而視華人為落後象徵的想法，與華人知識分子之觀察也有
所不同。

　　前述對於上層社會的描述只是華人知識分子觀察的一種面相，自然亦存
在其他的面貌。如有外交官員之記述中提到既在香港政府舉辦慶典時，不惜
投入大筆人力物力以踵事增華，又在清政府官員過境時設宴款待，體現對中
英兩國皆極力討好，在夾縫間求生存處世圓滑之面相；亦有王韜在〈創建東
華醫院序〉與胡禮垣在〈康說書後〉中，提到以東華醫院等慈善機構推動醫
療、濟貧、賑災等救濟工作，取代傳統仕紳社會職能的面相；或是王韜在〈香
海羈蹤〉中提到，華人紳商新春團拜時身穿捐官而來之「朝珠蟒服，競耀頭
銜」，以彰顯其社會領袖之身分，以及潘飛聲在〈中華會館落成記〉中觀察到
華人領袖邀請清政府官員主祭以增強官方正統性與民族凝聚的面相。

　　此外，胡禮垣等雙語菁英的視角切入所看到的華人領袖，如在〈康說書
後〉中所述，已有許多華商出任太平紳士、立法局議員等公職，分享殖民政
府給予的政治權力。當然，胡禮垣所述者有不少是與他背景類似者，從王韜
記述的時期到胡禮垣觀察的 1890 年代間，雙語菁英逐步成為了華人社會商
業、政治方面的新領袖，這在日本知識分子的觀察中亦可發現。如 1898 訪
港視察海外業務的日本橫濱正金銀行副總裁高橋是清（1854～1936），便曾
提到受邀至華人俱樂部赴宴：「同席者很多都是香港一流的紳商，他們均操
流利英語，我們過了一個很愉快的晚上。」〔註55〕可知其接觸者應皆已是雙
語菁英，他也指出招募此類華人菁英，有利於打開中國市場，表現出他對上
層社會華人的重視，與前述其他日本旅人記述中，對底層華人的鄙視有天壤
之別；其實也表現出此時的日本人雖以先進國自居，但仍會視不同情況作出
不同判斷的務實態度。

　　在部分華人知識分子的觀察中，則有關於社會經濟之內容。在陳鏸勳於
《香港雜記》的介紹中可以觀察到香港的工商業發展概況，與諸多商品及商鋪
的類型，通過分析當時中西船務的內容，則可以知曉以香港為中心擴展至世界
各地的航運網絡，以及其各類型密集的船班，並藉此了解彼時香港航運貿易的
繁榮程度。另如稅收方面，王韜提到香港政府徵收地價稅、房屋稅外，民生用

　　　　子，毛茸茸的胸膛上淌著汗，實在大煞風景……即使我等習慣東洋風習者，心
　　　　中依然覺得可厭。」陳湛頤，《日本人訪港見聞錄（1898～1941）》，頁 63。
〔註55〕陳湛頤，《日本人訪港見聞錄（1898～1941）》，頁 15～16。

水、菸酒等消費品，妓院等特種行業，及交通工具、勞力工作，都通過發給牌照收稅，繁而細的稅收，王韜稱之「取之務盡錙銖，算之幾無遺纖悉。」〔註56〕外交官員中薛福成則曾提及香港之地價與土地稅：「香港地價，每一畝值洋銀三、四萬員（圓）至六、七萬員（圓）不等，每畝歲收地稅數十員（圓）至百餘員（圓）不等。」，〔註57〕徐建寅也提及香港之地價稅：「以中國畝計，每年收課銀百餘兩之多……故彈丸一隅之地，每年收課銀八十餘萬兩。」〔註58〕每年所收地價稅可達八十餘萬兩，可說極為高昂。或如繆祐孫訪港時，正逢慶祝維多利亞女王登基 50 週年，為籌辦慶祝活動，華商大量投入人力物力，架設華麗燈飾，舉行歌舞戲劇等表演節目，通宵達旦的慶祝，「所費約十餘萬金」，〔註59〕不可謂不奢靡。

通過這些觀察，當然可簡單得出「從中了解到香港當時地價與稅收之高，以及香港華商財力雄厚」的論述，但在當時的香港社會，這些金額看似不少的「鉅款」，實際上又是怎麼樣的一種概念？或許可以換一種方式，從其他的統計資料，側面來理解這些款項的規模。在十九世紀的香港，擔任苦力等底層工作之人口比例平均約達 62%，〔註60〕可說是社會構成的主體。若參照香港史家 G. B. Endacott 的 *A History of Hong Kong* 一書，其中曾引用香港殖民政府十九世紀末的統計資料：一名苦力工人每月薪資只有 7 到 8 元，無固定工作之苦力每月甚至只有 2.5 元的薪資。〔註61〕依照薛福成描述，香港的地價每一畝要價三、四萬圓至六、七萬圓不等，土地稅的話則是每數十圓至百餘圓不等，以及徐建寅所觀察，香港的地價稅每年稅收可達八十餘萬兩；又如繆祐孫記述，華商僅為一慶祝活動便投入十餘萬金，兩相對照下則可以了解，不論是地價動輒每畝三、四萬到六、七萬，或是華商為贊助慶典耗費的十餘萬金，對每月薪資只有 7 到 8 元，甚至只有 2.5 元的一般市民來說，都可說是天文數字。就算是每年每畝數十到百餘圓的地價稅，也都是一筆不易負擔

〔註56〕（清）王韜，《弢園文錄外編》卷六，頁 585。

〔註57〕（清）薛福成，《出使英法義比四國日記‧卷四》，頁 5b。

〔註58〕（清）徐建寅，〈歐遊雜錄〉，《小方壺齋輿地叢抄‧第十一帙》，頁 433a。

〔註59〕（清）繆祐孫，〈俄遊日記〉，《小方壺齋輿地叢抄‧第三帙》，頁 415a。

〔註60〕張麗，〈20 世紀早期香港華人的職業構成及生活狀況〉，中國社會科學院近代史研究所編，《中國社會科學院近代史研究所青年學術論壇：2000 年卷》（北京：社會科學文獻出版社，2000），頁 195。

〔註61〕G. B. Endacott, *A History of Hong Kong*,（Hong Kong : Oxford University Press, 1973），p252.

的數目，而由此或許也才真正能實際理解當時香港地價之高昂、稅收之繁重，以及彼時華商經濟實力的雄厚程度。

在對香港社會觀察上，還有一項出現在各華人知識分子見聞中，且現今看來頗具趣味的類型，便是各種搭乘交通工具及收費標準等消費經驗。連接維多利亞城與太平山的山頂纜車，在 1888 年開通，而連通港島北岸東西兩端的路面電車，則要到 1904 年才正式運作，故在這兩項大眾交通工具投入服務之前，香港的陸路與上下太平山之交通，很大程度依賴乘轎及俗稱「東洋車」的人力車。此外水上交通，在 1898 年天星小輪開通前，便已有各分等級之運貨與載客小艇提供搭乘，包括這些交通工具的服務範圍、收費標準、服務時間單位、超時之收費標準、不同等級之費率差別，在陳鏸勳《香港雜記》的〈港則瑣言〉一章中，都有詳細的講解與陳列，第四章中《香港雜記》對香港之論述部分中也已有過介紹。如果只閱讀陳鏸勳的記述，應該普遍都會產生當時香港在交通工具法規上有完備且制度化的印象，這樣的論述在當時其他華人，甚至是日本知識分子的香港見聞中卻遠不是那麼一回事。如 1884 年自德返國途經香港停留的錢德培，在見聞中留下在香港搭乘交通工具價格「欺生陋習，雖英人嚴治之，而不能改，……蓋香港一帶人情險詐，更易舟輪，價格則動多需索，物件則易於遺失，行道者可不慎諸」的評論，〔註62〕對香港交通工具價格浮動的陋習有所批評；而此種指控在部分日籍知識分子的見聞中，亦有明確出現，如前述提到之矢野龍溪亦有對乘坐交通工具的經驗有所描述：

> 香港的交通工具有人力車和轎子，……在通衢上守候乘客，如人力
> 車然。香港的市區自港口依山而築，市街過半均在山腹，人力車不
> 能來往，故轎子甚為通行。……人力車夫和轎夫都胡亂要價。〔註63〕

可知他對人力車與轎夫漫天喊價頗有微詞。另一方面，他也提到「在本港，連轎夫和車夫也懂多少英語。」〔註64〕在開埠近 40 年後，香港華人為了在西方人統治的都市生活，甚至車夫轎夫等基層勞工都能操簡單的英文，這是無法在華人知識分子記述中了解的情形。

通過上述對香港見聞的比較，不難理解當時的香港便已是一個貧富差距極大，稅收及消費皆頗高的商業社會，底層華人生活環境惡劣，上層社會的豪

〔註62〕（清）錢德培、李鳳苞著，穆易點校，《歐游隨筆・使德日記》，收錄於鍾叔河主編，《走向世界叢書》，頁 139～140。
〔註63〕陳湛頤，《日本人與香港——十九世紀見聞錄》，頁 188。
〔註64〕陳湛頤，《日本人與香港——十九世紀見聞錄》，頁 187。

商們卻能一擲百金，甚至萬金而面不改色。同時這些紳商們在紙醉金迷的奢靡生活外，也在這個缺乏紳商與宗族父老的移民社會，肩負起醫藥賑濟等社會領袖的責任，而隨著時間的推移，擁有雙語能力的新派菁英們，則通過出任太平紳士、立法局議員之另外途徑，在政治上取得權力。此外通過前述日本等國知識分子的觀察，展現了香港這座都市的陰暗面，並部分突顯出華人知識較缺乏觀察或記錄之內容，也正是這些盲點的存在，才可以突顯各種華人知識分子見聞內容映射出文化背景差異的事實。

柯文在《在傳統與現代性之間——王韜與晚清改革》一書中，除了曾有將王韜視為「條約口岸知識分子」的概念，另外還提出晚清中國「沿海改革者」的光譜。柯文將清末改革者分為三種類型，越靠近沿海者通常改革思想與西方文化的聯繫及認識越深，越靠近內陸則逐步遞減，三種類型中，最靠近海邊的以何啟、容閎等人為代表；在沿海與內陸之間者，雖然也與沿海有頗強之聯繫，但同時又具有深厚的傳統中國文化背景，以王韜等人為代表；有少數改革者，基本上其思想與文化背景是從內陸發展而來，但他們又與沿海有某種聯繫，這類人則以郭嵩燾、薛福成等人為典型。〔註65〕柯文所提出的「沿海改革者」模式，雖然與本研究提出的三種華人知識分子群體略有不同，但大體上相當類似，三種族群對西方文化認識程度的落差，造成了在對香港見聞書寫上的不同，反過來看，不同的見聞中也如同鏡子一般，反映出他們各自的背景差異。

回到緒論中所提到的「文化」、「人」與「地方」之間的互動關係關係，英國文化地理學家 Tim Cresswell 在其著作《地方：記憶、想像與認同》（*Place: a short introduction*）中指出，「空間」其實是一個抽象的概念，它雖然是一種可以用面積與體積來估量的單位，但因為「空間」其實是一種抽象而缺乏意義，只是與時間相對而構成人類生活座標的領域，必須要由「人」通過某種方式投注在「空間」中（例如通過對其命名），才能給予其意義，比方說單純的「空間」被賦予一個國家或一座城市的意義，在具有意義後，「空間」即成為「地方」。〔註66〕

在「文化」、「人」與「地方」三者關係中，「人」通過將「文化」附加在「空間」之上，也是一種賦予其定義的方式。具體來說，香港最初只是單純而

〔註65〕（美）柯文著，雷頤、羅檢秋譯，《在傳統與現代性之間：王韜與晚清改革》，頁 220。

〔註66〕Tim Cresswell 著，王志弘、徐苔玲譯，《地方：記憶、想像與認同》，頁 16～19。

缺乏意義的「空間」，甚至不具有名稱，中華文化及此地原有的傳統賦予其最初的定義，使其成為一個中華帝國邊陲的「地方」，這或可說是賦予其第一層的意義。英國殖民香港後所引入的西方文化，與原有的傳統融合，創造出中西文化交匯、政治環境及文化輸出的多元獨特性，便形成一種香港獨有的「文化」內涵，並為香港這個「地方」產生了新的定義，可說是賦予其第二層之意義。這些被賦予之定義，相對而言是一種在香港客觀存在，可稱為「現象環境」之事實。〔註67〕當背景各有不同的華人知識分子們，在面對香港這個具有多元獨特性的「地方」並與之互動時，便又以他們各自不同的文化傳統及思考方式，以其各自具主觀意識之「文化」視角，在香港多元獨特性的定義上，通過書寫見聞的方式進行再詮釋，對香港賦予了第三層的意義，並使客觀的「現象環境」轉化為主觀的「行為環境」式解讀。也就是說，不同文化背景的人群，即使面對的是同樣客觀存在的環境，卻有可能會受到其自身思想、價值觀、意識形態等因素差異的影響，在主觀的判斷下賦予其不同的意義。〔註68〕

　　三種知識分子各以主觀視角「再定義」香港，但當見聞被記述時，反過來說，實際上他們看到的卻也只是自身主觀觀察的延伸。各種華人知識分子皆受不同因素的侷限，所記錄的都並不是香港的全貌，而只是像瞎子摸象一般，將片面的香港風貌與形象紀錄在著作中，更進一步而言，他們所觀察到的其實都只呈現出自己想看的、想關注的議題。具體來說，外交官員們受到的侷限除了時間太短、行程經過安排外，另一個更大的問題，在於除少數像馬建忠這種曾留學過西方者外，大多數無法跳脫「師夷長技以制夷」的器物層面，反映在見聞中，便是早期的外交官員們的確較多關注香港景物、都市景觀等較無關緊要的內容，即便是到了後期有所深化，最多卻也仍在關注學習免稅自由港、改抑商為重商、奪回利權等議題，這或許是因為初始便對西方文化瞭解不夠深入，

<hr>

〔註67〕「現象環境」，為地理學名詞，意指由自然形成或由人類創造改變形成之客觀存在的環境；參見蘇揚期、王柏山，〈「地方感」研究觀點的探討——從人本主義地理學、行為地理學到都市意象學派〉，《社會科教育研究》，10（臺中：2005），頁119。

〔註68〕「行為環境」，或稱為「識覺環境」，地理學名詞，意指帶有特別動機、偏好、思考方式及社會、文化傳統所知覺的現象環境，由客觀的「現象環境」加入人類主觀的文化與價值觀轉變而成。參見蘇揚期、王柏山，〈「地方感」研究觀點的探討——從人本主義地理學、行為地理學到都市意象學派〉，《社會科教育研究》，10（臺中：2005），頁119；王洪文，〈地理學中「人地關係思想」的演變〉，《人文社會學科教學通訊》，2：6（臺北：1992），頁32。

只知其果而不知其因，從器物層面之目的取向出發，所看到的自然只有與之相關的內容。

以王韜與潘飛聲而言，長期居住與貼近社會的觀察，雖讓他們的見聞在華人知識分子中，也稱得上較為全面，但與日本旅人之見聞比對，仍然有所不足；比如說王韜雖有對華人居住環境等社會情況批判，但也僅止於此。他與潘飛聲本身便屬於香港社會群體中，當無法跳脫此一身分，以類同於日本人之族群外他者的角度來檢視時，或許便無法體會到自己所處群體的日常風俗習慣有何特異或不足之處，而這便是一種單從華人知識分子的觀察與論述切入會產生的盲點。

何啟等第三種華人知識分子，似乎多只關心與他們相同背景、相同出身之華人雙語菁英，香港基層社會的廣大華人群眾，在他們的見聞中卻無法被看見，他們對基層社會的華人及其生活情形，或許並不是不了解，而是最初撰寫這些著作時，便是以達到將香港塑造為學習改革思想範本，並輸出給晚清中國的知識分子為目的。在這種前提下，他們在著作中所關注的，自然只有他們所認為香港制度上優良而值得參考的部分，其餘不欲人知的陰暗面，則被刻意隱藏。上述通過各種主觀視角之觀察對「地方」再定義的過程，反映了「文化」、「人」與「地方」的互動關係，而同時他們又通過此建構出「文化」現象，及獲得了因相異背景而產生之「文化」相關的經驗反饋。

第二節　相異之「人」所建構之文化現象與獲取的文化經驗

在文化現象方面，主要可以觀察到的是，華人知識分子群體間所建構之文化傳播網絡。關於文化傳播，在前述章節中已有提及並簡略介紹其意涵，在本節既欲對此文化現象進行較深入之探討，理應更詳盡的對其定義等內容再進行論述。「傳播」一詞在早期常被使用於物理、化學等自然科學學科中，用來意指「傳遞」、「擴散」等現象，但此一詞彙後來被文化社會學、人類學、民族學等人文學科所採用。〔註69〕在人文學科中，往往將其視為與社群以及人際共存關係具密切聯繫，同時也是因為建立在這些基礎上才得以運作的一種文化互動現象。〔註70〕

〔註69〕司馬雲杰，《文化社會學》（濟南：山東人民出版社，1990），頁339。
〔註70〕司馬雲杰，《文化社會學》，頁344～345。

文化傳播此一現象之成立，具備幾種要素，包括產生文化傳播的社群或人與人之間對彼此文化能夠相互理解的一種文化共享性、在社群間建立接觸與聯繫以成立文化傳播關係的管道、乘載文化以進行傳播的媒介，其中文化傳播的媒介相當多元化，乘載文化的人與他們的著作，同樣屬於一種傳播媒介。〔註71〕此種概念在日本學者平野健一郎所論述的「文化觸變」概念中也有相關的論述，〔註72〕平野氏將承載文化的人及其他媒介稱為「文化搬運者」，之所以如此稱呼，是因為文化本身無法自己進行傳播的行為，必須有搬運者來使其移動，人作為「文化搬運者」的情況，包含了留學生、被聘僱的外國人、傳教士、殖民地官員、旅行者……等類型，〔註73〕可發現本研究中所出現的各種華人知識分子群體亦包含在其中。此外在文化傳播的過程中，被往外傳播的文化內容，通常會因為傳播者自身的思想背景、意識形態等關乎好惡與價值判斷的觀念，被主觀的添加在其中，而不再是用一種客觀的樣貌被呈現在接收者的面前，此種情況被稱為「文化增值」，〔註74〕這與上一節所述，各華人知識分子群體以其思想背景相異之主觀視角對客觀的香港獨特多元性進行再定義、再詮釋的情形完全相符。

在解釋完文化傳播之定義後，回過頭來檢視，香港在東亞地區做為文化傳播樞紐這件事並無疑義，應該要討論的是，究竟在其中文化傳播通過何種方式展開？通過以下的論述分析或可略窺一二，並了解香港在其中所扮演的角色。在晚清外交使節方面，如緒論所述，從晚清最初的赫德、斌椿使團開始，總理衙門便有明文讓其記載途中見聞；〔註75〕到光緒三年（1877），又有〈出使各國大臣應隨時咨送日記等件片〉之奏摺，〔註76〕便可以了解總理衙門相當重視赴外使節記載之見聞，希冀從中獲取海外情報，以作為推動洋務

〔註71〕司馬雲杰，《文化社會學》，頁345～348。

〔註72〕簡而言之，「文化觸變」是一種文化從舊平衡過渡到新平衡的過程，此過程始於文化舊平衡所處的環境產生改變，開始部分解體，為了防止文化的整體解體，故必須接受外來的文化要素，經抵抗、轉化後，對外來文化要素再解釋與構成，以達成文化的新平衡，在此過程中「接受外來文化要素」的環節裡，文化傳播即是相當重要的外來文化要素的來源。（日）平野健一郎著，張啟雄等譯，《國際文化論》（北京：中國大百科全書出版社，2013），頁51～59。

〔註73〕（日）平野健一郎著，張啟雄等譯，《國際文化論》，頁63～72。

〔註74〕司馬雲杰，《文化社會學》，頁351～353。

〔註75〕（清）文慶等纂輯，《籌辦夷務始末・同治朝》，卷39，頁2。

〔註76〕（清）席裕福、沈師徐輯，《皇朝政典類纂》，收錄於沈雲龍主編，《近代中國史料叢刊續編》，第92輯第917冊，頁11214。

等政策之參考，也因此使節們之觀察會更具重要價值及影響力。雖然赴外使節日記匯報制度，因為程序化與雷同化的問題，以及因為派遣留學生等收集西方情報的管道日增而逐漸廢弛，是否認真記錄似乎也端看個別使節的態度，〔註77〕但使節記載見聞，再將情報匯報給總署的模式是確實存在的。以此為基礎，回歸到使節紀錄香港見聞這件事，或許可以說這個行為本身，即形成了一種文化傳播的架構：留下見聞的外交使節是記述者，香港與其蘊含的事物是被記述者，而閱讀了相關見聞的讀者則是接收者，通過記述、被記述與閱讀的模式，形成了文化的傳播。

連結到第二章所引用「知識倉庫」的概念來說，赴外使節們在記錄見聞時，便是為「知識倉庫」增添了新的知識貯藏，從「知識倉庫」中汲取新知的後繼知識分子，亦可能成為新的記述者。此論點在以下的這個例子，也可以明確的得到證明：郭嵩燾在訪港時曾參觀學校、監獄以及博物院等政府機構，並將其記錄在著作《使西紀程》中；在郭氏之後出訪的曾紀澤參觀完監獄後記述，「遍觀輕重罪犯監禁之處，作工之所。郭筠仙丈所記，無一字不符者。」〔註78〕而更晚出訪的薛福成則在參觀完學校與監獄後留下「香港有學堂，有監牢，郭筠仙侍郎已記文」的文字，〔註79〕很明顯，雖然因政治因素導致《使西紀程》遭毀版，但曾紀澤與薛福成確實都曾閱讀過該著作，並吸收了郭氏所記述對香港的觀察。在閱讀《使西紀程》的當下他們是從「知識倉庫」中繼承了新知的接收者，而當兩人到訪香港並親身印證郭嵩燾記述無誤的同時，又成為了為「知識倉庫」累積新知的記述者。

因此，雖然在曾紀澤與薛福成之外未見類似的記述，但基於總理衙門使節日記匯報制度運作的前提，可以推測閱讀相關見聞的讀者，他們或許是後繼的出訪使節，又或者是更多的知識分子，都可通過歷任外交使節在「知識倉庫」中所不斷累積，包括免除關稅的自由港、都市計畫與經營、政法體制、社會文化及在東亞居領先地位的現代化建設等香港之見聞，增進對香港的認識，進而形成了將標誌著新型態現代海港城市文化的香港之新知，傳遞給晚清知識分子的文化傳播過程。

以第二種華人知識分子群體為中心的文化傳播網絡，應在與王韜的相關

〔註77〕尹德翔，《東海西海之間——晚清使西日記中的文化觀察、認證與選擇》，頁36～37。

〔註78〕（清）曾紀澤，《出使英法日記》，頁376a。

〔註79〕（清）薛福成，《出使英法義比四國日記》卷一，頁2b。

見聞中較為具體而明顯。過去的研究中，柯文曾將上海與香港兩地，形容為王韜此類沿海改革者可移動的走廊地帶，其改革思想亦通過此傳播；〔註80〕呂文翠則認為，中、日文人通過《郵便報知新聞》、《朝野新聞》、《循環日報》、《申報》等報刊，形成在東京、上海與香港三座都市間文人交流與思想傳播的文化走廊，其核心人物同樣是王韜，〔註81〕而通過在本章第一節中所提到之各種知識分子在港見聞，可以判斷以王韜為中心的文化傳播尚不止此。華人知識分子除了晚清外交官員見聞中屢次提及王韜並多所讚譽外，還有在前文中提過在1879 年時，曾遊歷香港而受到王韜改革思想影響之康有為；慕王韜之名而來的日本知識分子也是絡繹不絕，早在 1860 年代的幕末時期便曾有日本外交使團成員來訪，在 1870 年代初，王韜編撰並分析國際局勢走向的《普法戰記》出版，並引入日本後，更是使他在日本名聲大噪。〔註82〕另外從阮述與王韜會面筆談的內容則可發現，在他之前已有多位越南官員到訪王韜與之交流，可見王韜已是當時不少中、日、越等國知識分子到訪香港時所必訪對象之一，以他為中心的文化傳播網絡，遍及從北至日本，南到越南的東亞地區。在與各地到訪的知識分子交流時，王韜或與他們互贈作品以詩文會友，或談論世界局勢發展，交換改革思想之意見，也是在這樣的過程中，王韜亦可能將與香港相關之觀察傳遞給這些知識分子，並再通過這些知識分子轉述的方式，形成直接與間接的文化傳播的過程。如當馬建忠獲李鴻章派遣前往印度瞭解，並交涉鴉片包銷與稅收問題時，因王韜久居香港，具地緣之便，以及在香港結識之人脈，較能對香港鴉片走私漏稅等問題就近觀察與了解，故可將其掌握之情況向馬建忠提出建議，這便是以王韜為中心之文化傳播途徑如何向外展開的例證。

　　至於以何啟等華人雙語菁英為中心之文化傳播網絡又是如何建構？就何、胡二人來說，《新政真詮》中之各篇政論文章，在尚未集結成書出版前，已獲晚清中國知識分子之注意，如梁啟超在光緒二十二年（1896）9月之《時務報》上刊載《西學書目表》，表列甲午戰前翻譯成中文之西學書籍達 300 餘本，粗分為西學、西政、雜類三種，其下又細分為 28 類，其中〈新政議論〉便收錄在其中；其他像〈曾論書後〉、〈新政議論〉、〈新政始基序〉、〈康說書後〉、〈勸學篇書後〉等文，也都各被收錄在《皇朝經世文新編》、《皇朝經世

〔註80〕（美）柯文著，雷頤、羅檢秋譯，《在傳統與現代性之間：王韜與晚清改革》，頁 235。

〔註81〕呂文翠，《易代文心：晚清民初的海上文賡續與新變》，頁 104。

〔註82〕周佳榮，《潮流兩岸：近代香港的人與事》，頁 38。

文三編》、《皇朝經濟文新編》、《皇朝蓄艾文編》等各種經世文編叢書中，此外亦曾被翻譯成日文後介紹往日本知識界，〔註83〕可以推斷何、胡之政論文章在彼時中、日知識分子群體間當具一定名聲。

此外，胡禮垣曾認為康有為在〈京師保國會第一集演說〉的內容對西方及香港等制度多所誤解，而在何啟鼓勵下撰寫〈康說書後〉一文予以指正，雖不知康有為對此有何回應，但從一些其他的文獻中，可以側面了解康有為之態度。在前述曾提到同屬華人雙語菁英，輔仁文社之骨幹成員謝纘泰，後與楊衢雲等其他成員聯合孫中山創立之興中會，由提倡改革思想之學術團體轉向革命。在他1924年撰寫的〈中華民國革命秘史〉一文中，敘述曾計畫與康有為領導之維新派尋求合作，除了與康有為其弟康廣仁（1867～1898）在香港會面外，楊衢雲亦曾在日本與梁啟超會面交換意見，〔註84〕故有近距離觀察過康、梁等人的紀錄。據謝纘泰回憶：「我的老朋友胡禮垣已故，他是個大思想家和哲學家，曾與已故何啟爵士（Sir Ho Kai）合譯合著了許多論述維新的書籍；康有為及其弟子曾廢寢忘餐地閱讀這些書籍。」〔註85〕則能了解康、梁二人對於何、胡提出之改革思想應極為重視。

另一方面，因對清廷失望而由改革轉向革命的孫中山，在1923年香港大學的演講中提到：「即從前人人問我：『你在何處及如何得到革命思想？』吾今直言答之：『革命思想係從香港得來。』」〔註86〕當然，這多少關係到香港具有的多元性對他產生的影響，不可否認的是，何啟創建以培養華人西醫及推廣西醫治療的西醫書院，對其影響同樣深遠。孫氏在香港就讀西醫書院時便曾受教於何啟，〔註87〕孫更曾對何啟女婿傅秉常直承「受惠于何啟之教」，〔註88〕可以想見在其學習的歷程中，同樣包含了何啟自身關於香港論述之傳授。

就陳鏸勳而言，其撰寫《香港雜記》一書，雖較沒有較明確的證據或文獻可以提出佐證，表明《香港雜記》被時人閱讀、流通及產生影響的現象，

〔註83〕李金強，〈胡禮垣〉，《中國歷代思想家（十八）》，頁304。
〔註84〕謝纘泰，〈中華民國革命秘史〉，《孫中山與辛亥革命史料專輯》，頁297～298、308。
〔註85〕謝纘泰，〈中華民國革命秘史〉，《孫中山與辛亥革命史料專輯》，頁304。
〔註86〕區志堅等著，《改變香港歷史的六十篇文獻》（香港：中華書局，2011），頁144。
〔註87〕羅香林，《國父之大學時代》（台北：臺灣商務印書館，1971），頁44～46。
〔註88〕（美）史扶鄰著；丘權政、符致興譯，《孫中山與中國革命的起源》（北京：中國社會科學出版社，1981），頁23。

但在該書的序言中陳鏸勳曾提到「一以便入世者知所趨，一以備觀風者知所訪焉，」〔註89〕表示其成書之目的乃為讓有心於實事者了解形勢所趨，或讓有意觀察時局者便於參考香港。陳鏸勳的敘述也表明了另外一個事實，即香港當時仍是許多中國知識分子接收新知，了解世界局勢的窗口。故以何啟、胡禮垣與陳鏸勳等雙語菁英為中心的文化傳播途徑，實際上主要是通過撰述著作，以及少部分通過教育，並使之對知識分子群體產生影響而展開，而其中自然也包含了對香港論述之內容。不論是何、胡或是陳鏸勳，都認為香港可以是中國改革的參考範本，他們文化傳播的主要對象從一開始針對的，便是中國甚至東亞的知識分子，而非在香港的華人。

此外從各種見聞中可觀察到的，是異文化的衝擊、文化涵化與文化認同等經驗之獲得。就異文化的衝擊來說，晚清外交使節與王韜、潘飛聲皆受到香港的多元獨特性給予其影響，異文化的衝擊帶來之影響對此兩種群體來說，卻有程度上的差異，而造成此種差異的原因，主要便是停留在香港的時間長短有所不同，才導致受到異文化的衝擊帶來之影響也有所相異。

通過檢視第一種與第二種華人知識分子群體在見聞中對香港觀察的特色，便能更明顯的突顯出兩者因停留香港的時間差異，致使異文化的衝擊所產生不同程度之影響。在本研究第二章中曾提到，香港因只是外交使節們前往駐歐美使館履任，或自海外返國途中的暫時停留地，故皆具有兩個共通性：其一是停留在香港的時間通常不會太長，其二則是因具有清帝國外交使節之官方身分，故在香港幾乎皆會有殖民地政府所安排的行程。這兩種因素所導致的結果，一方面是因時間太短，只能走馬看花式的遊覽，一方面則是他們所看到的往往是殖民地官方所包裝過的、有自信的、可作為宣傳內容，並進而希望他們看到的內容，比如說學校、監獄等在亞洲具有良好評價的施政重點。在前述日本官員途經香港時，被香港政府接待的行程中，也完全體現此種模式。

建構在此種模式上對香港的觀察與見聞，注定不會進入到香港的基層社會，自然也無法察覺到彼時香港多數華人的惡劣生活環境，以及華洋居住區隔離等頗為明顯的種族歧視政策，皆因這些內容乃香港殖民政府不欲使外人了解的城市陰暗面，所以晚清外交使節們的香港記述會呈現一種五花八門且快速瀏覽，但都不深入的風格，接觸香港的多元獨特性的確削弱他們「貌似自尊實為自卑、害怕競爭害怕開放的性格」，逼迫他們重新審視長久以傳統「華夷

〔註89〕（清）陳鏸勳著，莫世祥整理，《香港雜記（外一種）》，頁3。

之防」思想所武裝之自信心，這些都是受異文化衝擊影響之展現，卻都是短暫而不深刻的。晚清外交使節們或讚嘆香港的夜景、歐洲風格的市街及都市規劃，或紀錄博物館、電話等新奇事物，或參觀學校、監獄，或部分因香港的免稅港等政策產生對時勢的反思，似乎大多還停留在被新奇、不熟悉的異文化衝擊後倉促且表層的震撼。

第二種華人知識分子群體所受到異文化的衝擊，則因居住在香港的時間較長，而使其獲得的經驗更為完整而具連貫性。以王韜為例，其在 1862 年 10 月初到香港時，於《蘅華館日記》中之記載仍未有太多明顯的情緒反應，大多是與理雅各、黃勝等人接觸及初到香港所見，甚至在 10 月 21 日時有偕友至下環遊覽，心儀該處山水之勝的記述，與短暫停留的外交使節們頗有相似之處。

不過在 10 天之後的 10 月 31 日，適逢重陽節，王韜思鄉之愁緒開始出現，也是在此之後，在內心鬱悶情緒無處抒發，與語言不通、飲食習慣落差、無法適應濕熱氣候、經濟壓力等外在環境因素的催化下，王韜在日記中開始對香港多所批評；在他的筆下香港土地狹窄、氣候濕熱、風俗粗鄙、居民混雜，「地不足游，人不足言」，彷若一無是處的惡土，若非萬不得已，他絕不前來此地。這大抵是王韜寓居香江初期對香港評價的基調，很明顯是由文化差異而來之挫折感，及不適應生活環境，開始對香港之文化產生偏見而充滿惡評，異文化的衝擊由初來乍到的新奇逐漸過渡到對新環境不適應演變而成的惡感。

而在香港居住兩到三年後，〈送政務司丹拿返國序〉與〈香港略論〉兩篇文章中對香港的評價已有所改觀，不再像前期似乎對香港的一切都看不順眼，而開始有稱香港為「世外桃源」等正面的評價，對香港殖民政府的施政、經營香港的成效都有所正面肯定，對香港的形容從「蕞爾絕島」轉化為商業雄鎮，在〈物外清遊〉一文中也記述了夏日避暑的悠閒情景；同時他也在〈香港略論〉中對香港地價昂貴及華人惡劣居住環境批評，且還是認為香港一地缺乏文化。這種由完全惡評轉向正反評價兼具，反映出王韜經歷一段時間的異地生活，在無法改變現實困境下，開始嘗試適應陌生的異文化的情形。

王韜在 1867 年前往歐洲遊歷，1870 年返港，並投身東華醫院等社會事業，撰寫〈創建東華醫院序〉，此時他筆下的香港已不再缺乏文化、鄙視道德，文教風氣則日益濃厚；到 1883 年撰寫的〈徵設香海藏書樓序〉中，他則認為香港已是文人雅士流連，市井商賈亦具風雅高材的文化環境，評價已相當正面。到此時似乎更能融入並接受異地的文化、思想與環境，也可視為類同於前

述文化涵化的一種經驗。

如果用旅遊人類學範疇中的「舞台真實」理論，來審視上述第一種與第二種華人知識分子群體遭受異文化衝擊的經驗，應更能生動表達兩者的差異。Dean MacCannell 在《旅遊者：休閒階層新論》一書的第五章中談及此種理論，〔註90〕簡而言之，Dean MacCannell 將社會形容成一個表演的舞台，可將其劃分為前台與後台兩個區域，自異地前來的觀光客便有如在台下觀賞表演的觀眾，而生活在當地的居民則是在舞台上演出的表演者；一般來說，觀眾只待在前台，表演者則可以自由來去於前台與後台之間，前台具開放性，使觀眾一覽無遺，後台則具封閉與神祕性，不對觀眾開放。〔註91〕但正因為此種神祕性使觀眾可能產生窺探後台的慾望，即意指觀光客會有深入追求當地真實體驗之想法，但有可能當他們經過探險與追尋之後，認為已突破前台看到後台的真實，見識到當地的真實生活樣貌，實際上所觀察到的仍可能僅是經過安排的一種展示。〔註92〕

將前述兩種華人知識分子之情況放在這種理論的情境中，或許更能夠了解其涵義。對外交使節來說，他們所觀察到的香港，如學校、監獄等設施，已不止於對街道市容的描繪，超越一般觀光客可看到的光鮮亮麗的戲劇前台，似乎已進入到具有真實內容的後台，但實際上他們所看見的，仍多數是由香港殖民政府所刻意安排，精心設計過，欲讓他們看見而作為宣傳的正面展示，仍非真實的內容，自然也不會太過深入。相對於對外交官員，王韜、潘飛聲經過長期的寓居，使他們不再是觀光客，而是香港的居民，故他們已能夠看到舞台雜亂的後台，並能觀察到在香港更真實，而殖民政府不欲使外交使節們知曉的社會情況。

在異文化的衝擊與文化涵化外，三種華人知識分子群體同樣都會獲得的一種文化經驗，便是「文化認同」的問題。當不同的文化及乘載文化的人，在各自的群體中以文化為基礎形成共同價值觀、意識形態上的確認，這種現象即為「文化認同」。〔註93〕本研究中的三種華人知識分子群體，各自皆有其不同的「文化認同」，當身處在香港，與其多元獨特性遭遇，亦會產生不同的反應。

〔註90〕Dean MacCannell 著，張曉萍等譯，《旅遊者：休閒階層新論》（桂林：廣西師範大學出版社，2008），頁101。
〔註91〕Dean MacCannell 著，張曉萍等譯，《旅遊者：休閒階層新論》，頁103。
〔註92〕Dean MacCannell 著，張曉萍等譯，《旅遊者：休閒階層新論》，頁118～122。
〔註93〕張雲鵬，《文化權：自我認同與他者認同的向度》，頁212～213。

以晚清外交官員來說，其文化認同無疑大多數是與傳統中國的文化相符的，在與香港的多元獨特性產生接觸的過程中，他們所乘載的中國傳統與香港中西交匯的兩種文化形成衝突，這對原有的意識形態與價值觀產生了破壞，形成文化認同上的危機。因前述諸多的侷限性，這種認同的危機同樣是短暫的，從他們的見聞中可以發現，除了對地理形勢、都市景觀、新奇事物、政府機構等參觀而有所記述外，香港多元獨特性給外交官員們帶來的最大影響，主要是發現清帝國推動洋務施政上的各種不足，以及隨之而來對原有信念的懷疑，這多半反映在了解香港殖民政府成功將香港從荒島經營成為商業重鎮後的訝異，並因此提出學習自由港免稅政策、主張採用重商主義等建議，或是因為中、港兩地間法律不周延，致使走私逃犯等問題，而希望在香港設置領事等實際需求上。短暫的認同危機，反過來讓他們認知到自身的問題，並提出解決之道，文化認同基本上還是維持不變。這是因為文化的衝突與文化認同，兩者乃是互為因果的關係，某些時候文化認同危機的出現，卻會更進一步轉化為對文化認同的強化，劃分出彼此的界線，使文化認同更加穩固。〔註94〕

在第二種華人知識分子對香港的觀察中，則可發現王韜與潘飛聲身處在香港此具備多元獨特性之「地方」，經歷過異文化的衝擊、文化涵化等現象，並在見聞中呈現受到具體之影響。這種影響是否也意味著能使他們完全接受香港的多元獨特性？換一種說法，即是他們在「文化認同」上的抉擇，較偏向於他們長期寓居的香港？抑或是更趨向於他們所來自的原鄉中國？當然，不論王韜或是潘飛聲，從結果來看，可知他們最後都選擇離開香港返回故里；在「文化認同」上他們的選擇似乎仍更與中國貼近，在他們的見聞中，是否也透露出與這種抉擇相關的訊息？

以王韜來說，雖然從上述各篇文章分析可了解其心態演變，有一項對於香港的評價，卻似乎從最初避居香港到他離開都沒有改變過，在最早的《蘅華館日記》中有「粵中本以行賈居奇為尚，文章之士素少淹通」，〈香港略論〉中的「每歲中元，設有盂蘭勝會，競麗爭奇，萬金輕於一擲。」與「居是邦者，率以財雄，每脫略禮文，迂嗤道德。」甚至到了相當後期的〈香海羈蹤〉，評價還是相似：「港中近日風氣一變，亦尚奢華。……熱鬧場中，一席之費，多至數十金，燈火通宵，笙歌徹夜，繁華幾過於珠江。」很明顯，香港社會對經商逐利的追求，以及隨之而來的尚奢侈輕禮儀之風，讓王韜始終難以接受，也因

〔註94〕張雲鵬，《文化權：自我認同與他者認同的向度》，頁214。

此似乎無法對香港產生歸屬感。這多是王韜居於香港時的觀感，當他遠渡重洋，遊歷於千里之外的歐洲時，卻也曾留下「一從客粵念江南，六載思鄉淚未乾，今日擲身滄海外，粵東轉作故鄉看」的詩句，〔註95〕在更為陌生的歐洲，曾經讓他感受不到歸屬的香港，卻彷若成為第二故鄉，這恐怕是一種再度身處異鄉，誠實面對內心想法時，所流露出一種隱晦而矛盾的情緒。

在一些王韜居港最後幾年零散的文字中，雖未有對香港詳細的觀察記述，卻又明顯表現出其對香港不具歸屬感的線索。如1881年12月30日的《循環日報》有〈鳴鳥遺音〉一文，王韜除自述對香港氣候不適應而多病外，亦自陳在香港「多愁善病，忍垢偷生」，認為「香港一隅，金氣熏灼，多侈富厚而蔑禮義。」在此生活只能寄情於花酒，「以消其雄心，舒其鬱志」〔註96〕可見其心中鬱悶；另外〈弢園老民自傳〉中也有「老民久居粵東，意鬱鬱不歡，恒思歸耕故鄉」、〔註97〕「老民雖流徙遐裔，僻處菰蘆，而眷懷家國，未嘗一日忘」等字句，〔註98〕皆顯示其思國懷鄉之情。故總體來說，王韜應不是對香港不具認同，只是在面臨抉擇時，會更趨近於中國。

而就潘飛聲而言，在〈中華會館落成記〉中仍使用清朝紀年，其實已相當明顯，在文末則提到「整頓商務　國家之關繫重焉」、「今諸君鼎力以成此舉，其維持商務即有裨於國家也」等字句，多次皆提到「國家」，中華會館雖是在香港成立，但以「中華」為名，並邀請清政府官員前來主祭，種種跡象皆表明，此處之「國家」顯然並非英國，而是指稱中國。另外在〈遊大潭篤記〉中，潘飛聲仍以「海隅荒服」來形容香港，仍是以來自中原之心態看待，這與王韜在〈香港略論〉中視香港「僻在一隅」，可說完全相同，雖未明說，卻已透露其心思。綜上所述，王韜與潘飛聲雖都在香港寓居長達十餘年，並皆在接觸香港的多元獨特性後受到影響，中國畢竟還是他們成長並獲得思想啟蒙之地，且兩人離開中國時皆已成年，基本的思維模式早已定型；即便在香港寓居多年，受到衝擊後使思想轉向中、西與新、舊之間，但在面臨「文化認同」的抉擇時，最初始且難以扭轉的思想背景，還是會驅使他們選擇更為熟悉的中國，香港終究不是他們的歸宿。

與前述兩種華人知識分子群體相比，何啟、胡禮垣與陳鏸勳等雙語華人

〔註95〕王韜，《漫遊隨錄》（長沙：湖南人民出版社，1982），頁126。
〔註96〕王韜，〈鳴鳥遺音〉，《循環日報》，1881年12月30日，第二版。
〔註97〕王韜，〈弢園老民自傳〉，《弢園文錄外編》卷11，頁19。
〔註98〕王韜，〈弢園老民自傳〉，《弢園文錄外編》卷11，頁20。

菁英群體，因其本身便在香港成長，或接受正統西式教育，並非離鄉背井再置身異方他鄉，故基本上較難產生異文化的衝擊與文化涵化等現象，即便如此，「文化認同」同樣是他們會面對，且必須思考與抉擇的問題。在前述章節曾提及，他們與香港這個「地方」的多元獨特性不但熟悉，甚至具有一種共生關係，之所以這樣描述，是因為這些多元獨特性一方面形塑他們的思想，另一方面也可成為他們深諳且善加運用的長處。

具體來說，在從前述香港西式教育發展的介紹中可知，如中央書院的課程設計皆要求中、西並重，故他們常是在香港中西交匯的文化環境中接受正統的西式教育，使兩種文化的內涵皆深化至思想背景中。在文化與血統上他們是華人，與西方人相較他們更瞭解中國文化而易於融入中國之華人社會，完全體現教會與殖民政府設置西式學校培育華人雙語菁英時所看中的特點。與大多數的晚清中國人相比，他們較熟悉西方文化，更具競爭力，在思想上獨特靈活。

長期生活在被殖民政府統治的都市中，政治環境之獨特性成為他們巧妙運用的保護傘。舉例來說，何啟便曾利用香港不受清政府干涉的法外模糊地帶，協助孫中山策劃革命，在光緒二十一年（1895）的廣州起義中，他不但協助起草宣言，也爭取到香港《德臣西報》與《士蔑報》兩份西文報刊編輯的支持，且曾與孫中山等革命運動成員密議於杏花樓，討論革命成功後建立臨時政府之事宜，〔註99〕事後卻沒有被追究責任，顯然與他受到政治獨特性的保護有關。

香港所具備各種文化輸出的獨特性，使各種東亞最先進的技術、設施及文化潮流，常率先出現在他們周遭，讓他們能比同時期多數之中國人更迅速的掌握最前沿之知識與技術。三種多元獨特性對他們來說皆是極為熟悉，甚至是可運用之優勢，加之前述他們對香港社會中華人處於劣勢之實際處境的觀察，便有可能讓他們體會到自身既兼具中西文化，卻不完全類同於晚清中國人，但也並非英國人的特殊性，使早期「香港人」本土意識的文化認同開始覺醒。

〔註99〕謝纘泰，〈中華民國革命秘史〉，《孫中山與辛亥革命史料專輯》，頁294～295。

第六章　結　論

本研究論文以「東西交會之際」為名，題目中所謂東西交會之「際」，除了意味著本研究中十九世紀中後葉東方與西方在香港交會的時機、時刻，其實也蘊含著另外一層的含意，即香港這座海港城市乃是東方與西方交會的「邊際」，在這種特定的時間與空間範圍下，以清末知識菁英在此間紀錄的見聞，以及在過程中獲得之文化經驗，與產生之文化現象做為材料進行觀察與分析，以呈現本研究所欲探討「地方」、「文化」與「人」之間交互關係的研究主軸。

圍繞著十九世紀香港這個具有多元獨特性的海港城市，及乘載相異文化背景的華人知識菁英所建構出的，究竟是怎麼樣一種「地方」、「文化」與「人」之間的關係？各種華人知識分子群體在與香港多元獨特性接觸後，獲得相異文化之衝擊、文化涵化及文化認同等經驗，並建構出通過見聞將香港多元獨特性進行文化傳播的現象，當以此為基礎更進一步探究，可以具體表現此種關係的，其實是香港對應於各種華人知識菁英群體，而被形塑出的多種角色與功能。

首先，對晚清外交官員而言，在香港所觀察到的面相是一種流於表面，被接收的程度也深淺不一，五花八門的內容，但也正是這些觀察，便讓他們經歷了對己身意識形態懷疑，又轉而進一步穩固文化認同的過程，正如第二章中所形容，他們對香港的見聞就彷彿是百貨公司的櫥窗，將各種先進事物、知識與概念陳列於架上的概念。但更重要的是，對晚清外交使節而言，香港被形塑為何種角色？其所具有的意義，或者說所具備的功能又為何？關於這個問題，應可以連結到第二章中所提出的問題，在外交使節的旅途可能會經

過諸多國家與都市，這些都市接受西方文化的程度有可能不亞於香港，有些甚至本來便是位於歐美，則香港在其中究竟有何值得關注之處？

香港之所以特殊，除了具備中西文化交匯、政治環境以及文化輸出等獨特性之外，真正的關鍵點應該還是在於統治香港的為來自英國的殖民者，被統治者的主體則是原屬於清帝國臣民的廣大華人社會。但必須指出的是，使節們在旅途中所見與香港相似，聚集眾多華人的海外商埠並非沒有，如新加坡、檳城等城市皆有眾多華人，但香港與這些城市不同之處，一方面在於新加坡、檳城之馬來人數量亦不少，組成更為複雜；一方面則在於香港鄰近中國，其它港市即使同樣具備言論自由和西學普及的條件，也因此發展出不同的特色，卻受限於距離而無法緊貼中國的時代脈動，故較難產生與香港類似的多元獨特性。使節們到達歐美後，所見西方文教、政法、社會、經濟等當然有值得借鑑參考之處，但這些內容畢竟大多是從西方文化固有脈絡發展而來，背後蘊藏著其獨特的歷史、宗教、哲學等因素，同理中國文化發展至晚清，形成彼時的樣貌與型態也是有其脈絡可循，兩者發展之軌跡畢竟有所不同。故以在洋人為主的歐美國家施行具西方特色之文化制度可說理所當然，因這原本就是根植在其文化脈絡之上所演變而來的成果，重點是如果將這些歐美國家的文化、制度移植到晚清中國，是否適宜？是否還能達到其原本施行的效果？

正所謂南橘北枳，西方制度是否適宜施行在中國，因缺乏前例可循，無人可以保證，故此時需要的是一個可做為參考的案例，若西方文化或制度能在以華人為主體的社會施行得當，或許才能夠證明其同樣適用於中國，而香港便突顯出其重要的參考價值。舉例來說，第二章中曾提到，李圭在光緒十一年（1885）時將《香港郵政規條》譯為〈議擬郵政局寄信條規〉，以香港的郵政業務做為建立中國郵政系統之主要參考依據，在歷經波折後，清帝國之郵政終於在光緒二十三年（1897）施行，可發現其規章《大清郵政章程》受到香港郵務系統相當的影響。正如同此案例中之情形，以西方制度與文化施行於香港這個以華人為主體的社會，且取得具體的成果，或許才正是香港被晚清出訪官員投以關注的原因，而香港對他們來說扮演的則是具有借鑑與參考價值之重要窗口的角色與功能。

其次，以第二種華人知識分子來說，王韜與潘飛聲雖然曾長期寓居香港，受到多元獨特性帶來異文化衝擊之影響，但最初且最熟悉的文化養成背景，最

終仍使他們的文化認同回歸到中國，則香港對他們而言扮演了甚麼樣的角色？又具備甚麼樣的功能？王宏志曾以王韜為一種典型，提出「南來文化人」模式，這種模式或許亦可以被借用，以呈現基於王韜與潘飛聲此類華人知識分子的文化認同上，香港所被形塑出的角色與功能。王宏志認為，以王韜為典型的「南來文化人」模式大致有五種特色：

（一）因政治因素被迫離開中國逃往香港

（二）以中原心態視香港與香港文化為邊緣

（三）在香港受西方文化的衝擊

（四）利用香港特殊空間從事文化活動，並以尖銳的言詞或其他形式向祖國喊話

（五）心中仍存有「落葉歸根」返回故鄉的希望〔註1〕

　　但他也認為，這五種特點未必能涵蓋全部南來文化人之類型，對與王韜同類型的文化人來說，每個人之背景、經歷與際遇皆不相同，故可能在某些特點上展現較為強烈，某些特點則可能較模糊，故只是基本上涵蓋在此類型內。〔註2〕這五個特點是以王韜的經歷為模型出發，故潘飛聲便與王韜略有不同，他並非是因政治因素而逃往香港，是為謀生而前往香港工作，故在第一點上較不明顯，至於其他特點則大致類似。但不論是王韜或潘飛聲，在此種「南來文化人」的模式下加以檢視，可發現與香港多元獨特性間的密切關係。正是因為香港政治環境的獨特性，給予王韜得以遁逃之所，也給予王韜與潘飛聲有言論自由的空間；也因為中西文化交匯與文化輸出的獨特性，給予了他們相異文化衝擊的經驗。另一方面，以中原觀點視香港為邊緣，以及心中存有返回故鄉的希望，則表明了他們的文化認同。

　　實際上，香港長期以來一直都是中原動亂時流亡者的避居之地，以近代而言，便有太平天國戰禍，導致長江流域華商避居香港，日後成為太平天國干王之洪仁玕亦曾避居香港；進入現代後的中日八年抗戰與國共內戰，甚至中共建國後亦有因大躍進、文化大革命等政治運動而陸續偷渡至港之難民。以避居香港之「文化人」來觀察，在王韜與潘飛聲之後，清朝滅亡進入民國，部分前清遺老如賴際熙等前往香港寓居，二戰期間亦有不少文化人前往香港

〔註1〕　王宏志，〈南來文化人：「王韜模式」〉，《二十一世紀雙月刊》，91（香港：2005），頁75。

〔註2〕　王宏志，〈南來文化人：「王韜模式」〉，《二十一世紀雙月刊》，91（香港：2005），頁75。

避難。國共內戰後江山易手，部分對中共政權不認同之學者及知識分子，除了美國與臺灣外，香港亦是他們重要的避居地，如錢穆、唐君毅、饒宗頤、羅香林等重要學者，皆逃往香港，並在此地將傳統中國文化加以保存延續，〔註3〕其原因不言而喻，正是王韜、潘飛聲寓居時便已具備，直到二戰後仍持續擁有，因香港殖民政府排除了週邊政權在政治上的介入，提供遁逃者保護的政治環境獨特性，並因此形成言論與出版自由之保障。故王韜並非第一個，也不是最後一個離鄉背井逃至香港者，香港在各個歷史時刻都發揮著收容流亡者的功能，對王韜、潘飛聲及與他們相類，往香港避禍的文化人來說，香港扮演的角色與功能便是具有中西交匯文化氛圍，並提供言論自由環境的庇護之地，逋逃之藪。

其三則是何啟、胡禮垣及陳鏸勳等華人雙語菁英，對他們來說，香港又扮演甚麼樣的角色？具有甚麼樣的功能？在前文已有提到，香港在當時的政府官員及商人等外籍人士眼中常只被視為殖民地，就許多華人而言，香港則是他們找工作謀生之地，並不會在此定居，故人口流動性極高，只有少數華人菁英，通過與自身密切相關的多元獨特性，使「香港人」的自我意識初步萌芽，形成了他們的文化認同。何啟等華人雙語菁英，應可說是本研究三種華人知識分子中，與香港多元獨特性對應最完全的群體。他們兼具中西文化內涵，同時擁有華人之血統與英國臣民的身分，但卻又是不完全類同於中西任何一方的特殊存在，就像香港的多元獨特性一樣，他們更靈活也更有優勢，而香港對他們而言，是被設定為提供他們成長、學習、經營事業等行為之地的角色，反過來說，亦具有形塑並使他們意識到自身獨特性的重要功能。

另一方面，在前述章節中除了論述異文化的衝擊等文化經驗，文化傳播等現象，以及各華人知識分子群體在接觸香港多元獨特性後以各自之思想背景對香港進行再詮釋的行為外，也點出了這些知識分子們見聞中的侷限性。這些侷限性如同前述，或來自於傳統思想養成背景無法跟上新時代步伐，或受限於缺乏正規西式教育的認識，又或者是出於宣傳目的所產生之限制，不論其原因為何，皆顯示出其各自的思想背景與特色。但從另一個角度來審視，包括本論文與其他一些對中國邁向現代化之研究，當指出近代以來各種華人知識分子的侷限及不足之處時，其實都是以站在當下的角度對前人進行分析

〔註3〕鮑紹霖、黃兆強、區志堅主編，《北學南移：港台文史哲溯源》文化卷，頁213～214。

與研究。相較於清末的華人知識分子，後世研究者的知識體系及蘊含量經過數代歸納與累積，要對過去的歷史進行分析並發現其不足自然是較為容易的，但如果同樣置身於當時的時空環境中，是否還能具有此種近乎「全知」的解讀視角？反過來說，如果用一種理解歷史人物處境的心態來帶入其所處時空環境，在受到侷限之下，面對時代的問題，仍可以做出相對的反應，在見聞中記錄並提出論點、批判與解決之法，或雖仍有不足，但也已算是最符合知識分子自許，對所處時代、社會關懷的一種展現。

此外，前述所提到「地方」、「文化」與「人」之間的交互關係的具體展現，是在特定時間空間的環境中，對特定人群之見聞進行比對分析後，形成的論述，必須指出的是，雖然此關係是建立在經過選擇之時間、空間與人物交會的基礎上，但本研究認為這種論述的建構，並不是只單純能應用於詮釋本論文的主題，亦不僅限適用於分析十九世紀的香港，即使將之抽離出來，應也能在其他不同的情況中進行研究。簡言之，只要滿足其組成架構的三種條件，有歷史事件發生的地點，有相異的文化，以及以不同思想背景進行觀察的紀錄者，便能建立起一種以「地方」、「文化」與「人」之間交互關係為主軸的分析模式。

此種模式之運作具體而言，即如同本研究先挑選歷史事件發生的地點作為研究對象，它可以是一個國家，一座城市，或是任何範圍的「地方」；其次則劃定出一段特定的年代作為時間軸，最後以在同一段時間內，具有相異背景之人從不同角度對一個相同場域的觀察文本來進行比較，背景的相異除了如本論文所使用的對西方文化認識及接受程度的落差外，亦有可能是社會階級、教育程度、身分認同……等諸多背景的分歧與程度差異，由此便會形成各種族群以主觀角度記述見聞時的異同，產生以多元文化內涵對同一個場域的再詮釋。

當此種模式被建立起來後，或便可導入到大多數之時空背景中，舉例來說，同樣以香港這座海港城市為研究對象，但將觀察的時間段往後拉到 1950 年至 1970 年間，前有二戰後中國政權易手，大量政治傾向右派且親國民黨政府之難民及軍隊逃往香港避難，他們在香港與左派繼續鬥爭，後則有中國文化大革命等政治運動的爆發，香港因鄰近中國的地緣關係而受到其政治動盪的影響，包括 1956 年的雙十暴動及 1967 年的六七暴動，都使香港局勢不穩，則在這個時段中，分別具有親國民黨右派、親共產黨之左派，及親殖民地之香港

居民等幾種不同背景人士在報刊或著作中有對香港之相關見聞，勢必因背景相異產生極大的落差，這便是可以用以討論分析的重要文獻與議題。又或者是在二戰後到國民黨政府轉進初期時間段的臺灣，面對戰後物價飆升、通貨膨脹，以至於爆發 228 事件等等紛亂局勢，日治時期以來本土所培養的高學歷菁英、自中國來台的國民黨政府官員、具台籍背景但在日治時期前往中國發展的「半山」、因觀光或採訪等因素前來臺灣的中國遊客或記者，以及當時被派駐在臺灣的外國人⋯⋯等具多元背景的各種人士，自然也會對當時的臺灣產生多樣化的見聞與觀察，同樣可以將之以「地方」、「文化」與「人」之間交互關係的分析模式來進行研究。此種研究模式的建立也正是撰寫本論文所期望的一項重要目的，即通過此提出一種有別於以往，且可持續被其他研究作為參考的學術取徑。

　　最後，對於本研究核心的香港此一海港城市，在未來又有何研究上的展望？自開埠以來，數個具有重大意義的重要轉折點，皆影響了香港往後歷史的走向。1842 年，南京條約簽訂，香港島割讓，成為英國殖民地，開始與晚清中國不同的發展，在英國殖民政府的經營，以及時代風雲際會的機遇下，成為東亞重要的國際貿易港埠，握在聯合王國掌中的「東方明珠」；隨著時勢推移，中華人民共和國崛起，迫使英國與其坐上談判桌，商討香港問題的處理方式，1984 年，中、英簽屬《中英聯合聲明》，決定了香港回歸中國的走向；1997 年 7 月 1 日，香港正式回歸中國，由英國殖民地轉變為中華人民共和國的「香港特別行政區」，施行以《香港基本法》為基礎的「一國兩制」政策，香港似乎暫時仍能保持著與中國有所區別的多元獨特性。但儘管中共聲稱「馬照跑、舞照跳」五十年不變，近年來實際的施政走向上，卻明顯有逐步淡化中、港之間無形邊界的趨勢。在未來，香港能否繼續擁有本研究中多次討論，由多元獨特性而形成的言論自由等功能？或許都有待進一步的觀察。

徵引書目

一、史　料

（一）香港政府檔案

1. *Hong Kong Government Gazette*（《香港政府憲報》）
2. *Blue Book*（《香港藍皮書》）
3. *Sessional Papers*（《香港行政及立法局會議記錄》）
4. *Hong Kong Hansard*（《香港立法局議事錄》）
5. *Administrative Reports*（《香港政府行政報告》）

（二）中文史料

1. （清）文慶等纂輯，《籌辦夷務始末・同治朝》，臺北：台聯國風出版社，1972。

2. （清）王大海，《海島逸志》，《中國基本古籍資料庫》，合肥：黃山書社，2009。

3. （清）王韜，《弢園尺牘》，北京：中華書局，1959。

4. （清）王韜，《弢園文錄外編》，《續修四庫全書》集部別集類，上海：上海古籍出版社，2002。

5. （清）王韜，《漫遊隨錄》，北京：社會科學文獻出版社，2007。

6. （清）王韜，《漫遊隨錄》，長沙：湖南人民出版社，1982。

7. （清）余思詒，《樓船日記》，《歷代日記叢抄》卷125，北京：學苑出版社，2006。

8. （清）吳仲，《續詩人徵略》，《清代傳記叢刊》第24輯，臺北：明文出版社，1985。

9. （清）吳廣霈，《南行日記》，《小方壺齋輿地叢鈔再補編》，臺北：廣文書局，1964。

10. （清）李圭，《東行日記》，《小方壺齋輿地叢鈔・第十二帙》，臺北：廣文書局，1962。

11. （清）李榕，《杭州府志》，卷122，《中國基本古籍資料庫》，合肥：黃山書社，2009。

12. （清）胡禮垣著、沈雲龍編，《胡翼南先生全集》，臺北：文海出版社，1976。

13. （清）席裕福、沈師徐輯，《皇朝政典類纂》，收錄於沈雲龍主編，《近代中國史料叢刊續編》，第92輯第917冊，臺北：文海出版社，1978。

14. （清）徐建寅，《歐遊雜錄》，《小方壺齋輿地叢抄・第十一帙》，臺北：廣文書局，1962。

15. （清）徐繼畬，《瀛寰志略・凡例》，道光三十年刊本，臺北：華文書局，1968。

16. （清）馬建忠，《南行記》，《小方壺齋輿地叢鈔再補編》，臺北：廣文書局，1964。

17. （清）康有為著，《康南海自編年譜》，臺北：宏業書局，1976。

18. （清）張德彝，《三述奇》，《中國基本古籍資料庫》，合肥：黃山書社，2009。

19. （清）張德彝，《五述奇》，《中國基本古籍資料庫》，合肥：黃山書社，2009。

20. （清）張德彝，《六述奇》，《中國基本古籍資料庫》，合肥：黃山書社，2009。

21. （清）張德彝，《隨使日記》，《小方壺齋輿地叢鈔・第十一帙》，臺北：廣文書局，1962。

22. （清）郭嵩燾，《使西紀程》，《小方壺齋輿地叢鈔・第十一帙》，臺北：廣文書局，1962。

23. （清）陳鏸勳著，莫世祥整理，《香港雜記（外一種）》，香港：三聯書店，2018。

24. （清）陳鏸勳著，莫世祥整理，《香港雜記（外二種）》，廣州：暨南大學出版社，1996。

25. （清）陳蘭彬，《使美紀略》，《小方壺齋輿地叢鈔・第十二帙》，臺北：廣文書局 1962。

26. （清）曾紀澤，《出使英法日記》，《小方壺齋輿地叢鈔・第十一帙》，臺北：廣文書局，1962。

27. （清）曾紀澤，《曾惠敏公（紀澤）使西日記》臺北：文海出版社，1975。

28. （清）鄒代鈞，《西征紀程》，《小方壺齋輿地叢鈔・第十一帙》，臺北：廣文書局，1962。

29. （清）劉瑞芬，《養雲山莊遺稿》卷八，光緒十九年（1893）至二十二年（1896）刻本。

30. （清）劉錫鴻，《英軺日記》，《小方壺齋輿地叢鈔・第十一帙》，臺北：廣文書局，1962。

31. （清）潘飛聲，《老劍文稿》，收錄於《廣州大典》第 14 輯第 19 冊，廣州：廣州出版社，2015。

32. （清）繆祐孫，《俄遊日記》，《小方壺齋輿地叢鈔・第三帙》，臺北：廣文書局，1962。

33. （清）薛福成，《出使日記續刻》臺北：華文書局，1968。

34. （清）薛福成，《出使英法義比四國日記》，臺北：文海出版社，1967。

35. （清）龔自珍，《定盒全集》，《中國基本古籍資料庫》，合肥：黃山書社，2009。

36. 中國人民政治協商會議廣東省委員會文史資料研究委員會編，《孫中山與辛亥革命史料專輯》，廣州：廣東人民出版社，1981。

37. 中華書局編輯部編；湯志鈞，陳正青校訂，《王韜日記》，北京：中華書局，2015。

38. 王立誠編校，《郭嵩燾等使西記六種》，北京：生活・讀書・新知三聯書店，1998。

39. 何佩然編著，《施與受——從濟急到定期服務（東華三院檔案資料彙編系列之二）》，香港：三聯書店，2009。

40. 何佩然編著，《破與立——東華三院制度的演變（東華三院檔案資料彙編系列之四）》，香港：三聯書店，2010。

41. 何佩然編著，《傳與承——慈善服務融入社區（東華三院檔案資料彙編系列之五）》，香港：三聯書店，2010。

42. 何佩然編著，《源與流——東華醫院的創立與演進（東華三院檔案資料彙編系列之一）》，香港：三聯書店，2009。

43. 汪兆鏞輯，《碑傳集三編》，第十七卷，臺北：文海出版社，1967。

44. 阮述著、陳荊和編註，《往津日記》，香港：中文大學出版社，1980。

45. 松浦章等編著，《遐邇貫珍附解題索引》，上海：上海辭書出版社，2005。

46. 容閎，《西學東漸記》，臺北：廣文書局，1961。

47. 馬金科主編，《早期香港史研究資料選輯》，香港：三聯書店，1998。

48. 梁啟超，《戊戌政變記》，臺北：五南出版社，2014。

49. 錢仲聯編著，《廣清碑傳集》卷十八，蘇州：蘇州大學出版社，1999。

50. 錢基博著、傅道彬點校，《近百年湖南學風》，北京：中國人民大學出版社，2004。

51. 繆荃孫撰，《民國江陰縣續志》卷十五，南京：江蘇古籍出版，1991。

52. 鍾叔河、楊堅整理，《走向世界叢書·倫敦與巴黎日記》，長沙：岳麓書社，1984。

53. 鍾叔河主編，《走向世界叢書·乘槎筆記》，長沙：岳麓書社，1985。

54. 鍾叔河主編，《走向世界叢書·航海述奇》，長沙：岳麓書社，1985。

55. 鍾叔河主編，《走向世界叢書·歐美環遊記》，長沙：岳麓書社，2008。

56. 鍾叔河、曾德明、楊雲輝主編，《走向世界叢書·歐遊隨筆》，長沙：岳麓書社，2016。

（三）香港中文報紙史料

1. 《循環日報》

2. 《華字日報》

（四）香港西文報紙史料

1. *The China Mail*（《德臣西報》）

2. *Hong Kong Daily Press*（《孖剌西報》）

二、前人研究專著

（一）中文專著

1. （日）平野健一郎著，張啟雄等譯，《國際文化論》，北京：中國大百科全

書出版社，2013。

2. （美）史扶鄰著；丘權政、符致興譯，《孫中山與中國革命的起源》北京：中國社會科學出版社，1981。

3. （英）屈勒味林（G.M.Trevelyan）著；錢段森譯，《英國史》，臺北：臺灣商務印書館，1966。

4. A. W. 恆慕義主編；中國人民大學清史研究所《清代名人傳略》翻譯組譯，《清代名人傳略》，西寧：青海人民出版社，1990。

5. Dean MacCannell 著；張曉萍等譯，《旅遊者：休閒階層新論》，桂林：廣西師範大學出版社，2008。

6. Frank Welsh 著；王皖強、黃亞紅譯，《香港史：從鴉片戰爭到殖民終結》，北京：中央編譯出版社，2007。

7. Frank Welsh 著；王皖強、黃亞紅譯，《香港史：從鴉片戰爭到殖民終結》，香港：商務印書館，2015。

8. Robert Blake 著；張青譯，《怡和洋行》，臺北：時報文化出版，2001。

9. Tim Cresswell 著，王志弘、徐苔玲譯，《地方：記憶、想像與認同》，臺北：群學出版公司，2006。

10. 丁新豹，《香港歷史散步》，香港：商務印書館，2008。

11. 丁新豹、黃迺錕著，《四環九約：博物館藏歷史圖片精選》，香港：香港歷史博物館，1994。

12. 丁新豹、盧淑櫻，《非我族裔：戰前香港的外籍族群》，香港：三聯書店，2014。

13. 于桂芬，《西風東漸──中日攝取西方文化的比較研究》，北京：商務印書館，2001。

14. 尹德翔，《東海西海之間──晚清使西日記中的文化觀察認證與選擇》，北京：北京大學出版社，2009。

15. 王立群，《中國早期口岸知識分子形成的文化特徵──王韜研究》，北京：北京大學出版社，2009。

16. 王宏志，《歷史的沉重：從香港看中國大陸的香港史論述》，香港：牛津大學出版社，2004。

17. 王壽南主編，《中國歷代思想家（十八）》，臺北：臺灣商務印書館，1999。

18. 王賡武主編，《香港史新編（增訂版）》，香港：三聯書店，2017。

19. 王賡武主編，《香港史新編》，香港：三聯書店，1997。

20. 王曉秋、楊紀國，《晚清中國人走向世界的一次盛舉——1887 年海外游歷使研究》，大連：遼寧師範大學出版社，2004。

21. 司馬雲杰，《文化社會學》，濟南：山東人民出版社，1990。

22. 石翠華、高添強等編，《街角・人情——香港砵甸乍街以西》，香港：三聯書店，2010。

23. 石曉軍，《中日兩國相互認識的變遷》，臺北：臺灣商務印書館，1992。

24. 江慶柏編著，《清代人物生卒年表》，北京：人民文學出版社，2005。

25. 余繩武、劉存寬，《二十世紀的香港》，香港：麒麟書業，1995。

26. 余繩武、劉存寬，《十九世紀的香港》，北京：中華書局，1994。

27. 呂文翠，《易代文心：晚清民初的海上文化賡續與新變》，臺北：聯經出版社，2016。

28. 李金強，《中山先生與港澳》，臺北：秀威資訊科技，2012。

29. 李家園，《香港報業雜談》，香港：三聯書店，1989。

30. 李恩涵，《外交家曾紀澤：1839～1890》，北京：東方出版社，2014。

31. 李培德編，《香港史研究書目題解》，香港：三聯書店，2001。

32. 李培德編著，《日本文化在香港》，香港：香港大學出版社，2006。

33. 李揚帆，《走出晚清：涉外人物及中國的世界觀念之研究》，北京：北京大學出版社，2012。

34. 汪榮祖，《走向世界的挫折：郭嵩燾與道咸同光時代》，臺北：東大出版社，1993。

35. 沈雲龍，《近代外交人物論評》，臺北：傳記文學雜誌社，1968。

36. 冼玉儀、劉潤和等編，《益善行道：東華三院 135 周年紀念專題文集》，香港：三聯書店，2006。

37. 冼玉儀著，林立偉譯，《穿梭太平洋：金山夢、華人出洋與香港的形成》，香港：三聯書店，2019。

38. 卓南生，《中國近代報業發展史》，臺北：正中書局，1998。

39. 周佳榮，《潮流兩岸：近代香港的人與事》，香港：中和出版有限公司，2016。

40. 周佳榮，《歷史絮語：教與學的文化情懷》，香港：牛津大學出版社，2004。

41. 周佳榮、侯勵英、陳月媚等編，《閱讀香港——新時代的文化穿梭》，香

港：香港教育圖書公司，2007。

42. 岳峰，《架設東西方的橋樑：英國漢學家理雅各研究》，福州：福建人民出版社，2004。

43. 林友蘭編著，《香港史話》，香港：香港上海印書館，1980。

44. 林友蘭編著，《香港報業發展史》，臺北：世界書局，1977。

45. 金耀基，《中國現代化與知識分子》，臺北：時報文化出版公司，1991。

46. 施其樂（Carl Smith）著、宋鴻耀譯，《歷史的覺醒：香港社會史論》，香港：香港教育圖書公司，1999。

47. 柯文（Paul A. Cohen）著，雷頤、羅檢秋譯，《在傳統與現代性之間——王韜與晚清改革》，南京：江蘇人民出版社，1994。

48. 香港中文大學中國文化研究所文物館、香港中文大學歷史系編，《買辦與近代中國》，香港：三聯書店，2009。

49. 徐中約著，計秋楓、朱慶葆譯，《中國近代史》，香港：中文大學出版社，2001。

50. 徐承恩，《城邦舊事：十二本書看香港本土史》，香港：青森文化，2014。

51. 徐承恩，《香港——鬱躁的家邦：本土觀點的香港源流史》，新北：左岸文化，2017。

52. 馬昌華主編，《淮系人物列傳：文職、北洋海軍、洋員》，合肥：黃山書社，1995。

53. 高馬可，《香港簡史》，香港：中華書局，2013。

54. 高皓、鄭宏泰，《白手興家：香港家族與社會，1841～1941》，香港：中華書局，2016。

55. 區志堅等著，《改變香港歷史的六十篇文獻》，香港：中華書局，2011。

56. 張雲鵬，《文化權：自我認同與他者認同的向度》，北京：社會科學文獻出版社，2007。

57. 張禮恆，《何啟、胡禮垣評傳》，南京：南京大學出版社，2011。

58. 梁碧瑩，《艱難的外交——晚清中國駐美公使研究》，天津：天津古籍出版社，2004。

59. 許政雄，《清末民權思想的發展與歧異》，臺北：文史哲出版社，1992。

60. 郭少棠，《旅行：跨文化想像》，北京：北京大學出版社，2005。

61. 郭廷以，《近代中國史綱》，臺北：曉園出版社，1994。

62. 陳左高，《中國日記史略》，上海：上海翻譯出版公司，1990。

63. 陳國強主編，《文化人類學辭典》，臺北：恩楷出版社，2002。

64. 陳湛頤，《日本人訪港見聞錄（1898～1941)》，香港：三聯書店，2005。

65. 陳湛頤，《日本人與香港——十九世紀見聞錄》，香港：香港教育圖書公司，1995。

66. 陳鳴，《香港報業史稿，1841～1911》，香港：華光報業有限公司，2005。

67. 陳靜瑜著，《美國史》，臺北：三民書局，2007。

68. 彭淑敏等著，《香港第一》，香港：中華書局，2012。

69. 曾銳生，《管治香港：政務官與良好管治的建立》，香港：香港大學出版社，2007。

70. 游秀雲，《王韜小說三書研究》，臺北：秀威資訊科技，2006。

71. 程中山主編，《香港文學大系》，香港：香港商務印書館，2014。

72. 程美寶、趙雨樂合編，《香港史研究論著選輯》，香港：香港公開大學出版社，1999。

73. 費正清、劉廣京編；中國社會科學院歷史研究所編譯室譯，《劍橋中國晚清史》，北京：中國社會科學出版社，1993。

74. 馮爾康，《清代人物傳記史料研究》，天津：天津教育出版，2006。

75. 黃振威，《番書與皇龍——香港皇仁書院華人精英與近代中國》，香港：中華書局，2019。

76. 黃棣才，《圖說香港歷史建築：1841～1896》，香港：中華書局，2012。

77. 黃愛平、黃興濤主編，《西學與清代文化》，北京：中華書局，2008。

78. 黃鴻釗、張秋生著，《澳洲簡史》，臺北：書林出版社，1996。

79. 楊國雄，《舊書刊中的香港身世》，香港：三聯書店，2014。

80. 趙雨樂，《近代南來文人的香港印象與國族意識》，香港：三聯書店，2016。

81. 趙雨樂、鍾寶賢編，《香港地區史研究之一：九龍城》，香港：三聯書店，2001。

82. 趙雨樂等編，梁英杰、高翔、樊敏麗譯，《明治時期香港的日本人》，香港：三聯書店，2016。

83. 劉存寬，《香港史論叢》，香港：麒麟書業，1998。

84. 劉智鵬，《香港早期華人菁英》，香港：中華書局，2011。

85. 劉智鵬主編，《展拓界址：英治新界早期歷史探索》，香港：中華書局，2010。

86. 劉蜀永，《簡明香港史（第三版）》，香港：三聯書店，2016。

87. 劉蜀永，《簡明香港史》，香港：三聯書店，1998。

88. 劉詩平著，《金融帝國——匯豐》，香港：三聯書店，2009。

89. 劉詩平著，《洋行之王：怡和》，香港：三聯書店，2010。

90. 劉潤和，《香港市議會史，1883～1999：從潔淨局到市政局及區域市政局》，香港：康樂及文化事務署，2002。

91. 潘剛兒、黃啟臣、陳國棟編著，《廣州十三行之一：潘同文（孚）行》，廣州：華南理工大學出版社，2006。

92. 蔡振豐，《晚清外務部之研究》，臺北：致知學術，2014。

93. 蔡榮芳，《香港人之香港史，1841～1945》，香港：牛津大學出版社，2001。

94. 鄭永常，《越南史——堅毅不屈的半島之龍》，臺北：三民書局，2020。

95. 鄭寶鴻，《百年香港慶典盛事》，香港：經緯文化，2016。

96. 鄭寶鴻，《香港華洋行業百年：貿易與金融篇》，香港：商務印書館，2016。

97. 鄭寶鴻，《香港華洋行業百年：飲食與娛樂篇》，香港：商務印書館，2016。

98. 鄭宏泰、周文港，《危機關頭：家族企業的應對之道》，香港：中華書局，2015。

99. 黎晉偉主編，《香港百年史》，香港：心一堂出版，2018。

100. 蕭公權，《中國政治思想史》，臺北：中國文化大學出版社，1988。

101. 鮑紹霖、黃兆強及區志堅等編，《北學南移：港台文史哲溯源》，臺北：秀威資訊科技，2015。

102. 戴維‧賈里等著，周業謙、周光淦譯，《社會學辭典》，香港：貓頭鷹出版社，1995。

103. 鍾叔河，《走向世界：近代中國知識分子接觸東西洋文化的前驅者》，臺北：百川書局，1989。

104. 羅永生，《勾結共謀的殖民權力》，香港：牛津大學出版社，2015。

105. 羅香林，《香港與中西文化交流》，香港：中國學社，1961。

106. 羅香林，《國父之大學時代》，臺北：臺灣商務印書館，1971。

107. 羅香林等著，《一八四二年以前之香港及其對外交通：香港前代史》，香港：中國學社，1959。

（二）西文專著

1. Elizabeth Sinn, Christopher Munn, *Meeting Place: Encounters across Cultures in Hong Kong, 1841～1984* . Hong Kong: Hong Kong University Press, 2017.

2. G. B. Endacott, *A Biographical Sketch-book of Early Hong Kong*. Hong Kong: Hong Kong University Press, 2005.

3. G. B. Endacott, *A History of Hong Kong,* Hong Kong : Oxford University Press, 1973.

4. G. H. Choa, *The Life and Times of Sir Kai Ho Kai,* Hong Kong : Chinese University Press, 2000.

5. Steve Tsang, *A Modern History of Hong Kong.* Hong Kong: Hong Kong University Press, 2004.

（三）日文專著

1. 箱田惠子，《外交官の誕生：近代中国の対外態勢の変容と在外公館》，名古屋：名古屋大學出版會，2012。

三、學位論文

1. 丁新豹，《香港早期之華人社會，1841～1870》，香港：香港大學中文研究所博士論文，1989。

2. 尤靜嫻，《帝國之眼：晚清旅美遊記研究（1840～1911)》，臺北：國立台灣大學中文研究所碩士，2005。

3. 任天豪《胡惟德與清末民初的「弱國外交」》，臺中：國立中興大學歷史學研究所碩士論文，2003。

4. 林玉如，《清季總理衙門設置及其政治地位之研究》，臺南：國立成功大學歷史研究所碩士論文，2001。

5. 林傳濱，《潘飛聲詞專題研究》，香港：香港浸會大學中文研究所碩士論文，2013。

6. 金碧蓮，《晚清域外遊記中的西方印象》，蘇州：蘇州大學中文研究所碩士論文，2011。

7. 胥明義，《晚清歐美遊記研究》，蘇州：蘇州大學中文研究所碩士論文，2004。

8. 郭人豪，《晚清商務改革與海外華商關係之研究》，臺南：國立成功大學

　　歷史研究所碩士論文，1989。

9. 郭明中，《清末駐德公使李鳳苞研究》，臺中：國立中興大學歷史學研究所碩士論文，2001。

10. 郭思晨，《潘飛聲詞研究》，上海：華東師範大學中文研究所碩士論文，2018。

11. 陳令杰，《清末海關與大清郵政的建立 1878～1911》，新竹：國立清華大學歷史研究所碩士論文，2012。

12. 陳室如，《中國近代域外遊記研究（1840～1945）》，彰化：國立彰化師範大學國文研究所博士論文，2006。

13. 陳森霖，《中國外交制度現代化（1901～1911 年之外務部）》，臺中：東海大學歷史研究所碩士論文，1993。

14. 彭智文，《潘飛聲詞研究》，香港：香港大學中文研究所碩士論文，2010。

15. 曾秋月，《晚清駐德公使呂海寰之研究》，臺中：國立中興大學歷史學研究所碩士論文，2004。

16. 楊波，《晚清旅西記述研究：1840～1911》，河南：河南大學中文研究所博士論文，2010。

17. 葉仁昌，《何啟與胡禮垣的維新思想》，臺北：國立台灣大學政治研究所碩士論文，1982。

18. 翟芳，《王韜與十九世紀六七十年代的香港社會》，廣州：華南師範大學歷史學研究所碩士論文，2007。

19. 蔡明純，《近代中國的海外旅行文化（1866～1941）：以遊歷風氣到旅行事業的推展為中心》，臺北：國立台灣大學歷史學研究所博士論文，2017。

20. 盧瑩娟，《晚清赴美使團眼中的西方──以文化體驗為中心》，新竹：國立清華大學歷史學研究所碩士論文，2009。

21. 謝佩珊，《近代上海租界的公園》，臺北：國立臺灣師範大學歷史研究所碩士論文，2014。

22. 嚴和平，《清季建立駐外使館制度之研究》，臺北：國立台灣大學政治學研究所碩士論文，1971。

23. 蘇愛嵐，《晚清接受新式教育的先行者研究（1840～1894）》，臺北：國立台灣師範大學教育研究所碩士論文，2011。

四、期刊論文

（一）中文期刊

1. 小中，〈簡評《香港雜記（外二種）》〉，《暨南學報》，19：4（廣州：1997），頁 107～108。

2. 毛慶耆，〈潘飛聲小傳〉，《文教資料》，5（南京：1999），頁 71～79。

3. 王宏志，〈南來文化人：「王韜模式」〉，《二十一世紀雙月刊》，91（香港：2005），頁 69～77。

4. 王洪文，〈地理學中「人地關係思想」的演變〉，《人文社會學科教學通訊》，2：6（臺北：1992），頁 13～41。

5. 丘進，〈海外竹枝詞與中外文化交流〉，《海交史研究》，2（泉州：1995），頁 25～32。

6. 吳曉樵，〈關于南社詩人潘飛聲掌教柏林——兼談一段中德文學因緣〉，《中國比較文學》，1（上海：2014），頁 88～97。

7. 李家駒、黃文江合著，〈施其樂牧師：傳教士成為歷史學者〉，《香港中國近代史史學會刊》6，（香港：1993），頁 91～97。

8. 林傳濱，〈潘飛聲年譜〉，《詞學》，2（上海：2013），頁 394～460。

9. 林傳濱，〈舊文體中的新世界——潘飛聲《海山詞》的價值與特色〉，《古籍研究》，1（合肥：2016），頁 53～63。

10. 林滿紅，〈清末本國鴉片之替代進口鴉片（1858～1906）——近代中國「進口替代」個案研究之一〉，《近代史研究所集刊》，9（臺北：1978），頁 385～432。

11. 徐貫，〈布迪厄論知識場域與知識分子〉，《二十一世紀雙月刊》，70（香港：2002），頁 75～81。

12. 張宏生，〈離散、記憶與家國——論民國初年的香港詞壇〉，《文學評論》，6（北京：2019），頁 153～163。

13. 莊政，〈國父的恩師何啟博士其人其文〉，《書和人》，578（臺北：1987），頁 1～2。

14. 陳室如，〈味蕾的行旅：晚清歐美遊記的飲食書寫〉，《淡江中文學報》，29（新北：2013），頁 199～233。

15. 陳室如，〈晚清海外遊記的博物館書寫〉，《成大中文學報》，54（臺南：2016），頁 133～135+137。

16. 陳室如，〈晚清域外遊記中的博覽會書寫〉，《輔仁國文學報》，38（新北：2014），頁 125～147。

17. 陳室如，〈晚清域外遊記的海洋書寫──以張德彝《稿本航海述奇匯編》為例〉，《成大中文學報》，33（臺南：2013），頁 131～133+135。

18. 陳紅，〈輯錄晚清古籍凝聚香港歷史──評《香港雜記（外二種）》〉，《中國圖書評論》，3（瀋陽：1997），頁 52～53。

19. 陳益源，〈清代越南使節於中國廣東的文學活動：兼為《越南漢文燕行文獻集成》進行補充〉，《嶺南學報》6（香港：2016），頁 247～275。

20. 程中山，〈潘飛聲與晚清香港文學〉，《香江文壇》，33（香港：2004），頁 25～32。

21. 程中山，〈論潘飛聲德國時期之文學創作〉，《臺灣古典文學研究集刊》，1（臺北：2009），頁 445～447+449～492。

22. 黃雁鴻，〈19 世紀末檔案文獻對香港鼠疫的記載〉，《歷史檔案》，1（北京：2018），頁 110。

23. 楊云輝，〈晚清詩人筆下的異域風情〉，《尋根》，4（鄭州：2017），頁 53～62。

24. 葉仁昌，〈何啟與胡禮垣的重商主義與理財思想〉，《法商學報》，31（臺北：1995），頁 112～138。

25. 葉仁昌，〈清末的官僚改革論──何啟與胡禮垣的個案研究〉，《法商學報》，28（臺北：1993），頁 123～159。

26. 葉仁昌，〈傳統的批判與轉化──何啟與胡禮垣的合理性與實用主義〉，《法商學報》，30（臺北：1994），頁 139～172。

27. 詹杭倫，〈潘飛聲《論粵東詞絕句》說略〉，《西華師範大學學報》，1（南充：2010），頁 1～8。

28. 雷祥麟，〈公共痰盂的誕生：香港的反吐痰爭議與華人社群的回應〉，《中央研究院近代史研究所期刊》，96（臺北：2017），頁 61～95。

29. 潘光哲，〈追索晚清閱讀史的一些想法──「知識倉庫」、「思想資源」與「概念變遷」〉，《新史學》，第 16 卷第 3 期，（臺北：2005），頁 137～170。

30. 潘劍芬、潘剛兒，〈潘飛聲在澳門的文化印記〉，《文化雜誌》，89（澳門：2013），頁 103～112。

31. 謝永芳，〈潘飛聲對本土詞學文獻的整理研究及其價值〉，《圖書館論壇》，28：4（廣州：2008），頁171～174。

32. 謝永芳、施琴，〈《在山泉詩話》中的詞學文獻及其價值〉，《黃岡師範學院學報》，4（黃岡：2014），頁60～64。

33. 關國煊，〈香港三元老韋玉、何啟、何東對中國革命與現代化的影響〉，《傳記文學》，48：6（臺北：1986），頁10～19。

34. 關詩珮，〈翻譯與殖民管治：香港登記署的成立及首任總登記官費倫〉《中國文化研究所學報》，54，（香港：2012），頁97～124。

35. 蘇揚期、王柏山，〈「地方感」研究觀點的探討——從人本主義地理學、行為地理學到都市意象學派〉，《社會科教育研究》，10（臺中：2005），頁109～136。

（二）西文期刊

1. T. C. Cheng, "Chinese unofficial members of the legislative and executive councils in Hong Kong up to 1941," *Journal of the Royal Asiatic Society Hong Kong Branch*, Vol. 9, 1969, pp.7～30.

五、專著論文

1. Natascha Vittinghoff 著，姜佳榮譯，〈遁窟廢民：香港報業先鋒——王韜〉，《王韜與近代世界》（香港：香港教育圖書公司，2000），頁313～336。

2. 任天豪，〈清季使臣群體的變遷及其歷史意義〉，《近代中國、东亚与世界＝東アジア知的空間の再発見と構築》，北京：社會科學文獻出版社，2008，頁569～584。

3. 周佳榮，〈在香港與王韜會面——中日兩國名士的訪港紀錄〉，林啟彥、黃文江主編，《王韜與近代世界》，香港：香港教育圖書公司，2000。

4. 林國輝，〈十九世紀末上海文人在香港——王韜的香港羈蹤〉，《王韜與近代世界》（香港：香港教育圖書公司，2000），頁409～434。

5. 張麗，〈20世紀早期香港華人的職業構成及生活狀況〉，中國社會科學院近代史研究所編，《中國社會科學院近代史研究所青年學術論壇：2000年卷》，北京：社會科學文獻出版社，2000。

6. 陳湛頤，〈香港早年的日本娼妓〉，《日本與亞洲華人社會：歷史文化篇》，香港：商務印書館，1999。

7. 趙令揚，〈辛亥革命期間之何啟〉，《辛亥革命與 20 世紀中華民族的振興：紀念辛亥革命 90 周年論文集》（北京：團結出版社，2002），758～772。

8. 箱田惠子，〈晚清外交人才的培養──以從設立駐外公使至甲午戰爭時期為中心〉，《近代中國、東亞与世界＝東アジア知的空間の再発見と構築》，（北京：社會科學文獻出版社，2008），頁 585～599。

9. 蕭國敏，〈《西洋雜誌》的編撰學：晚清士大夫首次走向西洋的集體敘述〉，楊乃喬主編《比較文學與世界文學輯刊：第一輯》，（臺北：秀威資訊科技股份有限公司，2014），頁 240～276。

六、副刊專欄

1. 程中山，〈香江詩話：潘飛聲與香港（上）〉，《文匯報》（香港），2006 年 1 月 14 日。

2. 程中山，〈香江詩話：潘飛聲與香港（下）〉，《文匯報》（香港），2006 年 1 月 17 日。

3. 黃仲鳴，〈琴台客聚：香港史料專書〉，《文匯報》（香港），2009 年 11 月 22 日，副刊。

七、網路資料

1. 常州史志網站—余思詒條目
   http://fzg.changzhou.gov.cn/html/fzg/2016/POBKOFQN_0628/31856.html
   最近查閱時間：2022/9/18

2. 東華三院文物館檔案網站徵信錄欄目
   http://www.twmarchives.hk/zhengxinlu.php?lang=tc
   最新查閱時間：2019/12/19

3. 香港公共圖書館「香港舊報紙」電子資料庫網址
   https://mmis.hkpl.gov.hk/web/guest/old-hk-collection
   最近查閱時間：2020/01/20

4. BBC NEWS 中文版網站：〈《香港簡史》作者不滿中譯本刪敏感內容〉，2013 年 7 月 19 日
   https://www.bbc.com/zhongwen/trad/china/2013/07/130719_hk_history_book
   最新查閱時間：2022/09/27